分権・公務改革と行政法学

高橋 滋

弘文堂

は し が き

　本書は、高橋滋『科学技術と行政法学』（有斐閣、2021年）、同『環境政策と行政法学』（日本評論社、2022年）、同『争訟制度と行政法学』（第一法規、2024年）と同様に、高橋滋『先端技術の行政法理』（岩波書店、1998年）の刊行の前後から今日に至るまでに筆者が執筆した諸論稿を収録したものである。4冊目に当たる本書においては、地方分権改革をはじめとする地方自治法制に関する論稿、国・地方の公務員法制度の諸改正に関する論稿をピックアップした。

　本書に収録した諸論稿を改めて概観するならば、衆議院選挙区制度の改革、中央省庁等改革、地方分権改革（第1次地方分権改革）等の統治システムの改編に続いて、筆者の専門とする行政法分野において大きな意義をもつ法改正が模索され実施に移された時期に、これらの論稿が執筆されたものであることを気付かされる。この時期にあっては、例えば、前著『争訟制度と行政法学』がテーマとしたように、行政事件訴訟法が改正されるとともに（平成16年法84号）、行政不服審査法が全面改正されている（平成26年法68号）。東日本大震災（平成23〔2011〕年）という自然事象によって惹き起こされたものではあるが、福島原発事故は原子力法体系の大改革をもたらし、今もなお日本の政治・経済・社会に大きな爪痕を残している（前著『科学技術と行政法学』を参照）。本書の諸論稿が取り扱う地方分権改革（主に第1次分権改革以降のもの）と国・地方の公務員制度の改革も、20世紀末に実施された統治システムの大改革を受けて制度のさらなる改編を試みたものであり、これらの作業の結果、国―地方関係の再構築と再定義が行われ、公務員制度改革の試みの一部は実現した。

　このような時期にあって、1990年半ばに40歳となった筆者は、地方分権改革の作業や国・地方の公務員制度の改革に様々な立場から関与を許されることとなったが、そのようななかにあっても、自らの学問的スタンスとの整合性を意識しつつ、研究者として作業に参画し、かつ、その結果に関する分析を公表することを通じて国民に成果を還元することに意を払ってきた。本書は、その

ような筆者の学問的な作業をまとめたものである。

　なお、本書の刊行に際しては、株式会社弘文堂編集部の高岡俊英氏に本書の企画の段階から刊行に至るまでお世話になった。まず、株式会社弘文堂には、当時にあって行政法学界の末席に加わることを許されたにすぎなかった筆者に対し、最初の論文集である高橋滋『現代型訴訟と行政裁量』(1990年)を出版するチャンスを与えて頂いた。さらに、近年においても、高橋滋『行政法』(初版 2016 年、第 2 版 2018 年、第 3 版 2023 年)の出版に加えて、南博方原編著・高橋滋=市村陽典=山本隆司編著『条解行政事件訴訟法〔第 5 版〕』(2023 年)、小早川光郎=高橋滋編著『条解行政不服審査法〔第 2 版〕』(2020 年)、高橋滋=斎藤誠=上村進編著『条解行政情報関連三法〔第 2 版〕』(2023 年)等、著名な研究者、裁判官、行政官、弁護士の執筆するコンメンタールの刊行に編者として参画する機会を頂戴した。また、高岡俊英氏は、最初の論文集の刊行にお付き合いを頂いた丸山邦正氏が弘文堂を退かれて以降は、同社から刊行する筆者のすべての著書・編著書について出版の企画・校正等の労をとって頂いた。ここに同社及び高岡氏に対し、心よりお礼を申し上げる次第である。

　「改革の時代」に身をおいた一人の行政法研究者の愚直な学問的営為を通じ、本書がテーマとする諸改革が日本社会にとってどのような意味をもつものであったのかを幅広い読者の皆様にお伝えすることができるならば、筆者にとっての大きな喜びである。

　　　　　　　　　　　本書を　　亡父　高橋　治
　　　　　　　　　　　　　　　　老母　高橋　悦
　　　　　　　　　　　　　　　　妻　　高橋　あづさ　に捧げます。

　　　　　　　　　　　　　　令和 6 (2024) 年 8 月

　　　　　　　　　　　　　　　　　　　　　　　　高　橋　　　滋

初出一覧

第 1 編
第 1 部
 第 1 章 「新しい地方行政と自治体の課題」季刊 TOMORROW13 巻 4 号 1-14 頁（1999 年）
 第 2 章 「国直轄公共事業・補助事業の見直し」小早川光郎＝小幡純子編『あたらしい地方自治・地方分権（ジュリスト増刊）』130-132 頁（有斐閣、2000 年 5 月）
 第 3 章 「地方分権はどう進んだのか――"義務付け・枠付け見直し"を中心に」自治体法務研究 24 号 6-10 頁（2011 年春）
第 2 部
 第 1 章 「地方分権改革の現状と課題：第二次地方分権改革後の動き」法學志林 115 巻 4 号 45-78 頁（2018 年 3 月）
 「地方分権改革の引続きの推進に向けて」総務省『自治論文集：地方自治法施行 70 周年記念』145-159 頁（総務省、2018 年）
 第 2 章 「提案募集の更なる飛躍に向けて」自治日報 3987 号 1 面コラム「自治」（2019 年 2 月 1 日）；「地方分権改革―提案募集の総括と展望」自治日報 4044 号 1 面コラム「自治」（2020 年 3 月 20 日）；「地方分権―重点募集は計画とデジタル」自治日報 4153 号 1 面コラム「自治」（2022 年 4 月 25 日）

第 2 編
第 1 部
 第 1 章 「地方行政における行政手続の定着と発展　地方自治体行政手続条例の検討」西谷剛＝藤田宙靖＝磯部力＝碓井光明＝来生新編『政策実現と行政法：成田頼明先生古稀記念』365-387 頁（有斐閣、1998 年）
 第 2 章 「地方公文書管理法制の現状と課題」ジュリスト 1373 号 48-56 頁（2009 年）
第 2 部
 第 1 章 「行政不服審査法の改正と地方公共団体」月刊地方自治 729 号 2-19 頁（2008 年）
 第 2 章 「行政不服審査法の 5 年見直しについて」渋谷雅弘＝高橋滋＝石津寿惠＝加藤友佳編『水野忠恒先生古稀記念論文集　公法・会計の制度と理論』673-695 頁（中央経済社、2022 年）

第 3 編

第 1 章
「警察行政における国と地方の役割分担——今後の検討に向けての作業ノート」警察政策 5 巻 1 号 12-30 頁（2003 年）

第 2 章
「自治紛争処理委員による調停制度：制度の概要及びその特長」月刊地方自治 781 号 2-16 頁（2012 年 12 月）

第 4 編

第 1 部

第 1 章
「公務員制度」ジュリスト 1161 号 136-142 頁（1999 年）

第 2 章
「ブレア政権下の英国公務員制度とその動向」小早川光郎＝宇賀克也編『行政法の発展と変革：塩野宏先生古稀記念』上巻 821-846 頁（有斐閣、2001 年）

第 3 章
「公務員制度改革と公法系教育」公法研究 68 号 180-197 頁（2006 年）

第 2 部

第 1 章
「公務員への労働基本権の付与について——労使関係制度検討委員会報告を中心として」地方公務員月報 565 号 2-15 頁（2010 年）

第 2 章
「労働協約締結権付与を前提とした公務員制度のあり方——平成 23 年法案の検討（1〜2・完）」自治研究 91 巻 5 号 27-50 頁；91 巻 6 号 25-53 頁（2015 年）

第 5 編

第 1 部

第 1 章
「国家公務員制度と地方公務員制度」総務省自治行政局公務員部編『地方公務員制度の展望と課題：地方公務員法制定 50 周年記念』93-118 頁（総務省自治行政局公務員部・ぎょうせい、2001 年）

第 2 章
「地方公務員制度の改革について」地方公務員月報 464 号 2-11 頁（2002 年）

第 3 章
「地方公務員制度改革とその展望」自治研究 80 巻 5 号 3-19 頁（2004 年）

第 2 部

第 1 章
「地方公務員の勤務形態を考える：臨時・非常勤職員制度改革を踏まえて」地方公務員月報 664 号 2-12 頁（2018 年）

第 2 章
「会計年度任用職員制度の運用と今後の課題」地方公務員月報 694 号 2-12 頁（2021 年）

＊各論文の出版権はそれぞれの発行者に帰属し、無断転用、公開、第三者使用を禁ずる。

目　次

はしがき　*i*
初出一覧　*iii*

第1編　地方分権改革

第1部　地方分権改革の軌跡……………………………………………2

第1章　第1次地方分権改革——概観と展望……………………………2
　第1節　はじめに　*(2)*
　第2節　国—地方関係の見直し　*(4)*
　第3節　事務権限の委譲　*(13)*
　第4節　第1次地方分権改革後の課題　*(18)*
　【追記】　*(21)*

第2章　国直轄事業・補助事業の見直し……………………………25
　第1節　公共事業と地方公共団体　*(25)*
　第2節　国直轄事業・補助事業の見直しの視点　*(26)*
　第3節　第5次勧告と第2次地方分権推進計画　*(28)*
　第4節　残された課題　*(30)*
　【追記】　*(31)*

第3章　地方分権改革はどう進んだのか
　　　　　——義務付け・枠付け見直しを中心に……………………34
　第1節　はじめに　*(34)*
　第2節　地方分権改革の経緯　*(34)*
　第3節　民主党政権下の到達点——義務付け・枠付け見直しを中心に　*(37)*
　第4節　おわりに　*(44)*
　【追記】　*(44)*

第2部　地方分権改革の課題……………………………………………47

第1章　地方分権改革の現状と課題——第2次地方分権改革後の動き……47
　第1節　第1次及び第2次地方分権改革の到達点　*(47)*
　第2節　地方分権改革有識者会議と提案募集方式　*(61)*
　第3節　地方分権改革の今後　*(68)*
　【追記】　*(73)*

第 2 章　社会の変化と地方分権改革——国・地方関係の
　　　　　ボトム・アップ型再定義 ··· 76
　第 1 節　提案募集活動方式の回顧と展望
　　　　　——平成 30 年及び平成 31 年・令和元年　(76)
　第 2 節　提案募集方式における重点募集の仕組み——令和 2 年　(78)
　第 3 節　社会の変化とボトム・アップ型の再定義——令和 4 年　(79)
　【追記】　(81)

第 2 編　制度改革と地方公共団体

第 1 部　行政手続法と公文書管理法 ··· 88

第 1 章　地方行政における行政手続の定着と発展
　　　　　——地方自治体行政手続条例の検討 ································· 88
　第 1 節　序　　説　(88)
　第 2 節　条例（規則、要綱）化に際しての問題点
　　　　　——行政手続の定着に向けて　(89)
　第 3 節　条例その他における先駆的事例——行政手続の発展のために　(95)
　第 4 節　おわりに　(107)
　【追記】　(108)

第 2 章　地方公文書管理法制の現状と課題 ································· 111
　第 1 節　はじめに　(111)
　第 2 節　地方における公文書管理法制の状況　(113)
　第 3 節　法制定後の課題　(122)
　【追記】　(126)

第 2 部　行審法の改正と 5 年後見直し ··· 131

第 1 章　行政不服審査法の改正と地方公共団体 ································· 131
　第 1 節　はじめに　(131)
　第 2 節　検討作業の経緯　(132)
　第 3 節　制度改正の概要　(134)
　第 4 節　行政不服審査制度等の改正と地方団体の対応　(139)
　第 5 節　おわりに　(142)
　【追記】　(144)

第 2 章　行政不服審査法の 5 年後見直しについて ································· 147
　第 1 節　はじめに　(147)
　第 2 節　論点整理報告書について　(148)

第 3 節　検討会報告書について　（156）
第 4 節　おわりに――若干の整理　（162）
【追記】　（168）

第 3 編　地方自治の諸問題

第 1 章　警察行政における国と地方の役割分担
　　　　――今後の検討に向けての作業ノート……………………170
　第 1 節　はじめに　（170）
　第 2 節　戦後警察制度の展開に見る役割分担論　（172）
　第 3 節　現行警察法に見る国と地方の役割分担　（177）
　第 4 節　新たな課題の登場と今後への展望　（183）
　【追記】　（186）

第 2 章　自治紛争処理委員による調停の制度
　　　　――制度の概要及びその特長………………………………189
　第 1 節　はじめに　（189）
　第 2 節　自治紛争処理委員の制度　（191）
　第 3 節　平成 22 年第 2 号事件の経緯等　（195）
　第 4 節　調停の成立を踏まえて――制度の特長と今後への期待　（198）
　【追記】　（200）

第 4 編　公務員制度改革

第 1 部　制度改革の軌跡………………………………………………204

　第 1 章　公務員制度――1990 年代の動向……………………………204
　　第 1 節　公務員制度とその外部環境　（204）
　　第 2 節　改革の方向性と具体的内容　（207）
　　第 3 節　制度改革に関する若干の検討　（213）
　　第 4 節　おわりに　（217）
　　【追記】　（217）

　第 2 章　ブレア政権下の英国公務員制度とその動向……………225
　　第 1 節　はじめに　（225）
　　第 2 節　イギリス公務員制度の概要　（227）
　　第 3 節　中央人事行政機関とその役割　（231）

第4節　公務員の任用評価と給与　　（236）
　　　第5節　公務員大学校等における研修制度　　（242）
　　　第6節　おわりに　　（244）
　　　【追記】　（245）

　　第3章　公務員制度改革と公法系教育……………………………………250
　　　第1節　はじめに　　（250）
　　　第2節　公務員制度改革の概要　　（251）
　　　第3節　改革の成果と問題点　　（254）
　　　第4節　公務員制度改革のなかでの公法系教育　　（257）
　　　【追記】　（264）

　第2部　制度改革と労働基本権……………………………………………271

　　第1章　公務員への労働基本権の付与について
　　　　　　――労使関係制度検討委員会報告を中心として………………271
　　　第1節　はじめに　　（271）
　　　第2節　作業の経緯及び報告書の概要　　（273）
　　　第3節　「制度骨格に係る論点について」　　（275）
　　　第4節　報告書の概要　　（277）
　　　第5節　地方公務員の制度と政府の作業への期待　　（280）
　　　【追記】　（282）

　　第2章　労働協約締結権付与を前提とした公務員制度の在り方…………284
　　　第1節　はじめに　　（284）
　　　第2節　公務員の特殊性と労働基本権
　　　　　　――憲法規定・最高裁判例を手掛かりとして　　（292）
　　　第3節　立法裁量権を行使する際の考慮要素　　（303）
　　　第4節　団体協約の締結主体、範囲・効果等　　（308）
　　　第5節　人事行政機関等の在り方　　（320）
　　　第6節　まとめ　　（324）
　　　【追記】　（326）

　　　　　第5編　国家公務員制度と地方公務員制度

　第1部　地方公務員制度改革………………………………………………328

　　第1章　国家公務員制度と地方公務員制度………………………………328
　　　第1節　はじめに　　（328）

第2節　制度の同質性と異質性　(330)
　　第3節　多様な人材と勤務形態の確保　(333)
　　第4節　新たな人事管理方策の探究　(337)
　　第5節　職員団体と当局との関係及び中央人事行政機関の在り方　(344)
　　第6節　おわりに　(349)
　　【追記】　(350)

　第2章　地方公務員制度の改革について………………………………353
　　第1節　はじめに　(353)
　　第2節　「大綱」等に示された改革の内容　(355)
　　第3節　地方への示唆と今後の方向性　(358)
　　【追記】　(361)

　第3章　地方公務員制度改革とその展望………………………………362
　　第1節　はじめに　(362)
　　第2節　戦後公務員制度とその改革の方向性　(363)
　　第3節　地方公務員制度の改革（その1）——地方公務員法改正案　(366)
　　第4節　地方公務員制度の改革（その2）——任期付職員、非常勤職員の活用　(370)
　　第5節　地方公務員制度改革の展望　(373)
　　【追記】　(375)

第2部　臨時・非常勤制度改革………………………………………………377

　第1章　地方公務員の勤務形態を考える
　　　　　——臨時・非常勤職員制度改革を踏まえて………………………377
　　第1節　平成29年改正の意義　(377)
　　第2節　平成29年改正法を受けた取組み　(380)
　　第3節　地方公務員における勤務形態——課題と展望　(382)

　第2章　会計年度任用職員制度の運用と今後の課題………………386
　　第1節　会計年度任用職員制度の導入　(386)
　　第2節　令和2年度調査結果の概要　(388)
　　第3節　令和2年度調査結果を受けて——今後の運用への期待　(391)
　　【追記】　(393)

事項・判例索引　396

第 1 編　地方分権改革

〈解題〉　本書の第 1 編は、20 世紀後半から開始され、現在まで作業が継続して行われている地方分権改革に関し、改革の節目において公にしてきた諸論稿を収録したものである。第 1 次地方分権改革の終盤において、筆者は、西尾勝東京大学教授（肩書は当時のもの。以下、同じ）、成田頼明横浜国立大学名誉教授、大森彌東京大学教授、磯部力東京都立大学教授、小早川光郎東京大学教授が有識者として活躍された地方分権推進委員会の作業に参画を認められて以降、第 2 次地方分権改革における義務付け・枠付けの廃止・縮減、その後の地方分権改革有識者会議における提案募集の作業と、地方分権改革の作業に関与してきた。第 1 編の諸論稿において言及するように、地方分権改革の作業については批判的に捉えるものを含めて様々な評価がされてきた。しかしながら、この作業は、第 2 次世界大戦後の大変革とその後の復興、経済の高度成長を経て、国際環境と日本社会の変化に対応するために行われたものであって、中央省庁等改革とともに、日本の行政システムに大きなインパクトを与えた改革であったことは否定できまい。このような観点から、地方分権改革の経緯を振り返り、第 1 次分権改革及び第 2 次分権改革後における課題を示す上で、これらの諸論稿は意義のあるものと考えることから、本書第 1 編に収録することとした。

　第 1 編第 1 部は、第 1 次地方分権改革から第 2 次地方分権改革までの地方分権改革の作業につき、それぞれの作業が実施を見た時点においてこれらを振り返り、残された課題を示そうとした 3 編の論文を収録した。また、第 1 編第 2 部は、第 2 次地方分権改革以降の地方分権改革の動きを紹介し、分析する論稿を加筆・修正して収めるとともに、その後に地方分権改革有識者会議及び内閣府地方分権改革推進室において行われている提案募集方式による地方分権改革の作業を紹介する文章 3 編を 1 章にまとめて収録した。

第1部　地方分権改革の軌跡

第1章　第1次地方分権改革——概観と展望

〈解題〉　本章は、地方分権一括法（正式名称は「地方分権の推進を図るための関係法律の整備等に関する法律」（平成11年法87号）。平成11年7月成立、同12年4月施行。475本の法律を一括して改正））が国会に提案される直前の時期に執筆したものであり、第1次地方分権改革を概観し、残された課題を指摘しようとしたものである（季刊TOMORROW13巻4号〔1999年〕1頁）。なお、第1次地方分権改革に関して本章の刊行後に公表された論稿は多いものの、第1次地方分権改革及び第2次地方分権改革を振り返り、筆者の分析を示した第1編第2部第1章において、網羅的ではないものの関連文献を引用して言及していることから、本章末尾の【追記1】ないし【追記5】において最小限の追補を行った他は、本書の該当箇所を参照するにとどめた。読者の皆様におかれては、当該箇所をお読み頂くならば幸いである。

第1節　はじめに

(1)　20世紀末の社会システム改革

　20世紀末の時期において、わが国の社会システムは様々な変革の渦中におかれた。金融分野に代表される規制緩和の動きはその一例である。さらに、行政改革会議の答申を受けた中央省庁等改革基本法（平成10年法103号）の制定に続いて、内閣機能の強化、中央省庁の大括り再編とスリム化とを柱とする内閣法・国家行政組織法・各省庁設置法の改正案が策定され、通常国会へ提出された（第145回国会（常会）閣法98号以下。その後、平成11年法88号以下として成立）[1]。そして、地方分権（第1次分権改革。以下、単に「地方分権」という）の試みも、これらの社会システム改革の一環として理解すべきものといえよう。

---

[1]　これらの動きにつき、参照、ジュリ1133号（1998年）の「特集　国家の役割と統治構造改革」所収の諸論文。

（2） 地方分権の理念・目的

　まず、地方分権は、強力な中央政府の主導の下に展開されてきたまちづくり・地域づくりを、地域住民に身近な地方自治体の自主的な運営に委ねることを一つの理念として展開されたものである。その意味において、地方分権の試みは、国民生活の安定の確保及び向上と市場経済のコントロールとを強力な行政介入によって効率的に達成しようとしてきた従来の社会管理システムを転換する規制緩和等の動きと軌を一にしている。また、この点とも関連するが、国民生活と市場に対する介入に関し、効率性一辺倒のシステムを改めて、判断主体を多極化して変化に多方面から対応し得る弾力的な制度を創出することも、地方分権の狙いの一つといえよう。さらに、規制緩和・経済構造改革の動きが、病気や産業構造の変化等の理由で、競争から脱落した者に対するセーフティ・ネットワークの形成を前提としつつも、個人や企業の自己責任を強く求める方向で進められているのと同様に、地方分権に際しても、地方公共団体が自己責任をもち、行政体制の整備に向けて努力することの重要性が強調されている（この点につき、本章の【追記1】【追記2】を参照）。

（3） 本章の構成

　本章においては、このような理念・狙いに基づく地方分権の作業を概観し、地方分権の時代における自治体の政策形成の在り方を考えることにする[2]。具体的には、まず、地方分権の柱であった国―地方関係の見直しに関する一連の措置を確認する。次に、いま一つの柱となるべきであった国から地方自治体（都道府県から市町村）に対する事務権限の委譲に関する問題を検討する（ちなみに、第1次地方分権改革の関係文書においては、「委譲」の語が用いられているのに対し、地方分権改革推進会議以降の関係文書においては、「移譲」の語が用いられている。「委譲」の語が適切と考えられるものの、本書においては、引用する文書に「移譲」が用いられてい

---

[2] 第1次地方分権改革に関する論稿は多い。代表的なものとして、ジュリ1110号（1997年）の「特集 地方分権推進委員会第1次勧告」、同1127号（1998年）の「特集 地方分権・第4次勧告とその課題」、法学教室209号（1998年）の「特集 地方分権の重要問題」、法時69巻4号（1997年）の「特集 地方分権・規制緩和と都市法」（1997年）所収の諸論文がある。さらに、参照、自治体問題研究所編『地方分権の「歪み」』（1998年）、同『地方分権の法制度改革』（1999年）、同『地方分権推進計画と補助金・税財源改革』（1999年）所収の諸論文。また、地方分権推進委員会の諸勧告・地方分権推進計画の立脚点を知るには、西尾勝編『地方分権と地方自治』（ぎょうせい、1998年）が便宜である。

るときにはこれを用いる)。最後に、これらの措置の状況を踏まえて、地方公共団体がまちづくりに際して留意すべき諸課題について述べることとしたい。

第2節　国—地方関係の見直し

(1)　見直しの概要

　本章において、国—地方関係の見直しという場合、第1に、国と地方の役割分担に関する原則を確認し定着させようとする地方分権推進委員会(地方分権推進法〔平成7年法96号〕により平成7〔1995〕年5月に設置。以下、「分権委員会」という)の一連の作業が含まれる。第2に、地方に対する国の関与を再検討し縮減させるための改革も、これに含めることができよう。具体的には、機関委任事務の廃止(自治事務化と法定受託事務への組換え)と自治事務・法定受託事務に対する関与のルール化とがある。また、この作業との関連においては、第3に、国—地方関係の係争処理に関して新たな制度が導入され、国の関与に関しては第三者機関である国地方係争処理委員会の判断を経た上で、地方公共団体の長等が裁判所に対して訴訟を提起できるシステムが導入された点も重要である。そして、第4に、国の立法等で地方公共団体の組織を縛る必置規制の見直しもここに包含されよう。

(2)　役割分担に関する原則の樹立

　まず、国と地方との役割分担に関する原則の確立と定着の試みに関して述べる。この点につき、地方分権推進法は、第4条(国と地方との役割分担)において、(a)国は、国家としての存立にかかわる事務、全国的に統一して定めることが望ましい国民の諸活動若しくは地方自治に関する基本的な準則に関する事務、全国的な規模で又は全国的な視点に立って行わなければならない施策及び事業の実施を重点的に担うべきこと、(b)地方公共団体は、地域における行政の自主的かつ総合的な実施の役割を担うべきこと、を規定していた。

　そして、分権委員会の第1次勧告(「地方分権推進委員会第1次勧告—分権型社会の創造—」〔平成8年12月20日〕)において、「地方分権を推進し、国と地方の新しい関係を確立するため、国と地方公共団体とは、次の原則に従い、役割を分担することを旨とする」との記述に続き、前記のものとほぼ同内容の原則が盛

り込まれた。かつ、同勧告にあっては、まず、地方公共団体の行政に関連して制定される新たな法律（及びこれに基づく政省令）は、「地方自治の本旨」に適合し、かつ、「国と地方の役割分担の原則」に沿ったものでなければならないこと、及び、これらの法律（及び政省令）は、「地方自治の本旨」及び「国と地方の役割分担の原則」に基づいて、これを解釈運用しなければならない旨を、国と地方公共団体との関係を規律する法律のなかに明示することが求められている。特に、勧告の求める前者の内容は、戦後の地方自治改革後半世紀を経て発展展開してきた憲法規範としての「地方自治の本旨」を具体的な形で確認する意義を有しているものと評価されている[3]。

　もっとも、分権委員会の一連の勧告を受けて平成 10（1998）年 5 月に政府の策定した地方分権推進計画（地方分権推進法 8 条）においては、この内容を「地方公共団体の事務に対する国の役割等」との標題の下で記載する取扱いがされた。そのため、立法原則・解釈原則を示す立場は明示されず、勧告からの後退ではないかとの批判もみられた[4]。しかしながら、この点に関しては、政府の定める計画において立法権を拘束する判断を明示することは適当ではない点に配慮して表現が改められたとの説明を踏まえるならば[5]、この批判は必ずしも当を得たものとはいえない。

　そして、その後に自治省（現在は総務省）が公表した地方自治法の改正案によれば、この点に関し、(a) 勧告の内容にそって地方公共団体の役割を規定する、(b) その上で、(a) の趣旨を達成するため、「国においては勧告に規定された国の役割を重点的に担い、住民に身近な行政はできる限り地方公共団体にゆだねることを基本として、地方公共団体との間で適切に役割を分担するとともに、地方公共団体に関する制度の策定及び施策の実施に当たって、地方公共団体の自主性及び自律性が十分に発揮されるようにしなければならない」とする旨の規定を置く方向が確定した[6]。国の立法の在り方に関する原則を法律（地方自治法）に定めるとした勧告の要請と比較するならば、まず、「国においては……

---

3)　参照、磯部力「国と自治体の新たな役割分担の原則」西尾・前掲注 (2) 89 頁以下。
4)　参照、白藤博行「歪み続ける『地方分権』論」自治体問題研究所・前掲注 (2)（『地方分権の「歪み」』) 19 頁以下。
5)　参照、地方分権推進委員会第 174 回議事要録（詳細版）（平成 10 年 6 月 30 日。文責：地方分権推進委員会事務局) 3 頁。
6)　参照、地方分権推進委員会ヒアリング資料・自治省行政局（平成 11 年 2 月 25 日) 1 頁。

しなければならない」との国の配慮事項を定める形が採用され、また、役割分担に関しても「基本として、……適切に役割を分担する」とする控え目な表現がとられている。よって、この点に関しては議論を呼ぶ余地はあろう。しかしながら、新たな立法に際し、地方自治法に明文化された「役割分担の原則」を踏まえて国と地方の関係を規律することが求められる点には変わりはない。地方に係る立法の在り方と法律解釈の在り方に関する指針的な準則を地方自治法のなかに盛り込んだ措置には、大きな意義があるといえよう。

（3） 地方に対する国の関与の縮減
　1） 機関委任事務の廃止　　地方分権の作業における最大の成果が、機関委任事務が廃止され、自治事務及び法定受託事務等へと組み換えられたことであったことはいうまでもない。ただし、この点に関しても、(a) 改正案に示された法定受託事務の定義の仕方と定義案の変更された方向性、(b) 法定受託事務の割合が増加したこと等に対して批判が寄せられている[7]。

　しかしながら、まず、(b) の点に関しては、各省庁との合意に基づく実行可能な内容を目指した分権作業には一定の限界はもともと存在していた。かつ、後に言及するように、都市計画等の権限に関しては、機関委任事務から自治事務への組換え（さらには、地方公共団体への事務委譲）は着実に実施されている（第3節を参照）。

　次に、(a) の点に関し、第1次勧告においては、法定受託事務は、「事務の性質上、その実施が国の義務に属し国の行政機関が直接執行すべきではあるが、国民の利便性又は事務処理の効率性の観点から、法律又はこれに基づく政令の規定により地方公共団体が受託して行うこととされる事務」と定義されていた。そして、その後に、地方自治法において、「法律又はこれに基づく政令により都道府県、市町村又は特別区が処理することとされている事務のうち、国が果たすべき役割に係るものであって、国においてその適正な処理を特に確保する必要があるものとして法律又はこれに基づく政令に特に定めるもの」へと、最終的に定義は変更される方向性が示された[8]（第1号法定受託事務について。現行地方自治法2条9項1号）。

---

7) 参照、白藤・前掲注 (4) 17頁以下。
8) 参照、地方分権推進委員会ヒアリング資料・自治省行政局（平成11年1月28日）6頁以下。

機関委任事務を廃止して法定受託事務を創設する趣旨からするならば、同事務の定義に関しては、法定受託事務が合理的な根拠なく創設されることのないよう、十分に内容を限定し得る規定振りとなることが必要である。そして、この点から問題となる基準は「法定受託事務」と「自治事務」の区分に関するものというべきである。というのは、もう一つの区分の視点、すなわち、国の役割に属するものとされる事務に関して「法定受託事務」とすべきか、それとも「国の直接執行事務」とするかの選択は、多分に政策的な判断が含まれる性格のものであると考えられるからである[9]。

　さらに、前者の基準は、先に確認した国と地方との役割分担の原則によって示されているので、法定受託事務の定義においては、地方公共団体が実施するものであり、かつ、役割分担原則に照らすと国の役割の範疇に属すると判断されるべき事務である点が明示されるべきこととなる[10]。この点、先に述べた地方自治法（案）の定義においても、「国が果たすべき役割に係るものであって、国において特にその適正な処理を確保する必要がある」ものと限定されているため、その要請は最低限度において充足されている。

　2）　**自治事務・法定受託事務への関与**　　関与の縮減のいま一つの形態は、自治事務・法定受託事務に対する国（又は都道府県知事。以下、「国等」という）の関与のルール化である。第1次から第4次までの勧告・地方分権推進計画を受けて、地方自治法に以下の諸規定が盛り込まれることとなった[11]。

9）　第1次勧告の定義は、結果として、「国の直接執行事務」と「法定受託事務」との定義を明確にすることに重点が置かれるものとなっていた。しかしながら、国民の利便性、事務処理の効率性のみによって、両事務の振分けに関する立法者の判断要素が網羅されていたかどうかについては、疑問の余地もあろう。

10）　第2次勧告は、法定受託事務のメルクマールとして、(a)国家の統治の基本に密接な関連を有する事務、(b)根幹的部分を国が直接執行していて、かつ、一定の事項に該当する事務、(c)全国単一の制度又は全国一律の基準により行う給付金の支給等に関していて、かつ、一定の事項に該当する事務、(d)広域にわたり国民に健康被害が生ずること等を防止するために行う伝染病のまん延防止や医薬品等の流通の取締りに関する事務等、8項目の事務を挙げている。そして、このメルクマールは、これまで機関委任事務とされてきたものについて、それが、国の役割に属するものか、自治体の役割に属するものかを役割分担原則に照らしながら具体化していった過程で生み出されてきたものである。さらに、このメルクマールは第1次勧告に示された国の役割に関する基準よりは具体的ではあるものの、国の役割に属すると判断されるべき事務のすべてを網羅するものではない。したがって、このメルクマールを地方自治法の法定受託事務の定義のなかに盛り込む選択肢は、法技術的な観点からは適当でないことになる。

11）　国等の地方公共団体に対する関与のルールに関する分権委員会の立場を知るには、小早川光郎

① 関与のルール化　まず、関与に関して、第 1 に、法定主義の原則、すなわち、関与は法律又はこれに基づく政令によってのみ行われるものとする原則と、第 2 に、一般法主義の原則、すなわち、関与は地方自治法に定められた類型によることを基本とし、併せて、各類型が認められる基準が規定されるとの原則とが定められることになる。

さらに、一般法主義の原則から直接に導かれるものではないが、関与はその目的を達成するために必要最小限度のものとすべきこと、関与に際しては普通地方公共団体の自主性・自立性に国は配慮すべきことも規定される。

以上の原則に基づき、国等の関与は、自治事務に関しては、1. 助言又は勧告、2. 資料の提出の要求、3. 協議、4. 是正の要求、法定受託事務に関しては、1. 助言又は勧告、2. 資料の提出の要求、3. 協議、4. 同意、5. 許可、認可又は承認、6. 指示、7. 代執行、に原則として限られることになった。かつ、これらの関与のうち、一般法である地方自治法に基づき国等が行うことのできるものは、技術的助言・勧告、資料の提出要求、自治事務に関しての是正の要求及び是正の勧告、法定受託事務に関しての是正の指示及び代執行に限られる。ただし、法定受託事務については、別途、事務処理に係る基準を設定することに関する根拠規定が地方自治法に規定され[12]、また、法定受託事務に係る処分に関して国民の側から国等に対する審査請求を認める仕組み（裁定的関与）も置かれるものとされた点に、留意する必要はあろう（現行地方自治法第 2 編第 11 章第 1 節。さらに、同法 255 条の 2 第 1 項（法定受託事務）・252 条の 17 の 4 第 4 項以下（都道府県の事務処理特例条例に基づく事務に係る裁定的関与）を参照）。

また、以上のような関与方式の列挙に加え、協議（特に自治事務に係る同意付き協議）、自治事務に対する許可・認可・承認が定められる際の要件は厳格に規定され、同様に、自治事務の処理についても限定的な要件が付された。さらに、国は、できる限り基本類型以外の関与を設けることのないようにしなければならないとの配慮規定も置かれることになった（以上につき、現行地方自治法 11 章 1 節 1 款）。

「国地方関係の新たなルール」西尾・前掲注（2）101 頁以下が便宜である。
[12]　法定受託事務に関する事務処理基準の設定を通じた国の関与が制度化された点については、第 1 次勧告において法令の解釈等に関する一般的指示の権限が認められたことに遡る。参照、小早川・前掲注（11）116 頁。

② 関与手続のルール化　これまでに述べてきたことが関与の内容をルール化するものであった。そして、これに加えて関与の手続をルール化するための規定も設けられる。これらの諸規定は、行政と国民との関係を規律する行政手続法に準拠して、国等と地方公共団体との関係を規律しようとする分権委員会の基本方針（中間報告）に基づいて具体化された。具体的には、書面主義の原則、許認可等の基準の設定と公表、標準処理期間の設定と公表、到達主義の原則等である（現行地方自治法11章1節2款）。

　もっとも、本章の執筆の時点において改めてこれらの規定を精査してみると、幾つかの検討されるべきポイントも残されていることに気付く。例えば、法定受託事務における事務処理基準に関して、その法形式が限定されていないことである（通知等によることも許される）。機関委任事務と異なって法定受託事務も自治体の事務であるとの立場をとる以上は、事務処理について拘束力ある一般的な基準を発する場合には、正規の立法形式（具体的には省令・規則）でなくとも一定のルールに従った形式をとることがのぞましい（地方自治法の一般的な授権に基づく告示等）。第2点は、行政手続法7条（申請の取扱い）に対応する諸規定に関するものである[13]。この点は、申請に関して届出と同様に到達主義を定めれば7条の狙いとするところは達成されるものと、早い段階から考えられていたようである。しかしながら、形式要件の審査と実体要件の審査とを区別することによって「受理」の概念を排除し、申請の不明朗な取扱いを根絶することに7条の主な狙いはあるのであって、「到達したときは、遅滞なく……事務を開始しなければならない」と規定することによってその趣旨が明確に示されているかどうかについては、異論の余地はあろう。

　もっとも、これらの内容は分権委員会の勧告を忠実に引き継いだものである経緯に照らすならば、将来においての検討課題とされるべきものといえよう。

(4)　国地方関係の係争処理システムの創設
　1)　制度の基本的意義　これまで、地方公共団体に対する国の関与は、非権力的な技術的助言等に関してはもちろんのこと、許認可・同意等のように国が法的拘束力をもってするものに関しても、その適法性・合目的性について

---

13)　同条に関しては、参照、高橋滋『行政手続法』（ぎょうせい、1996年）203頁以下。

自治体の側から第三者的な機関に判断を仰ぐ制度は基本的に存在していなかった[14]。地方分権の作業によって設けられた国地方係争処理委員会に対する審査の申出・委員会による勧告又は審査結果の通知及び公表の制度は、国等による地方公共団体への関与に関し、国等と地方公共団体は対等・協力の関係に立つとの理念を踏まえるならば、関与に係る具体的係争について公正・中立な判断が下される仕組みが必要であるとの判断に基づいたものである[15]。この制度に関しては、第1次勧告以降、幾つかの点において構想に修正が加えられ（第4次勧告に盛られていた国の行政機関の長からの審査の申出・条例等の違法審査は見送られた）、最終的に次のような制度が地方自治法に盛り込まれることとなった[16]（現行地方自治法11章2節）。

　2）　制度の内容―国地方係争処理委員会

　　①　総理府（現在は内閣府）に国地方係争処理委員会（以下、2)において「委員会」という）を置き、委員は両議院の同意を得て内閣総理大臣が任命するものとする（なお、令和5〔2023〕年時点において国地方係争処理委員会は総務省に置かれている）。

　　②　普通地方公共団体の長その他の執行機関の長から国の関与について不服がある場合には、当該関与に係る国の行政庁を相手方として、委員会に審査を申し出ることができる。

　　③　申出の対象となる国の関与としては、処分その他公権力の行使に当たるもの、許認可等の不作為、協議がある（協議については、地方公共団体が協議に係る義務を果たしたと認められるにもかかわらず、協議が整わないときに限る）。

　　④　委員会は、審査の申出から90日以内に勧告又は審査結果を通知し、これを公表する。自治事務に関しては、地方公共団体の自主性及び自立性を尊重する観点から不当であると認められるときに、法定受託事務に関しては、違法であると認められるときに、勧告がされる。また、不作為についての勧告は

---

14) もっとも、これまでも機関委任事務に係る指揮監督に関しては、内閣総理大臣に対する申出の制度（国家行政組織法16条）等、一定の事項について自治体に意見を述べる機会を与える制度は存在していた。この点を指摘するものとして、参照、人見剛「地方分権推進計画における係争処理手続の問題点」自治体問題研究所・前掲注(2)『地方分権の法制度改革』48頁。

15) 国―地方関係争処理手続に関しては、注(14)所掲の人見論文の他に、大貫裕之「国と地方公共団体との係争処理の仕組み」ジュリ1127号85頁、小早川・前掲注(11)128頁以下を参照。

16) 参照、地方分権推進委員会ヒアリング資料・自治省行政局（平成11年1月28日）24頁。

申出に理由があると認められるときに行われ、協議については、地方公共団体の側が協議の義務を果しているか否かを審査してその結果を通知する方式が採用された。

　⑤　勧告がされた場合、勧告を受けた国の行政庁は、当該勧告に示された期間内に当該勧告に即して必要な措置を講ずるとともに、その旨を委員会に通知しなければならない。

　3）　制度の内容―勧告に係る訴訟　　国地方係争処理委員会の勧告に関連して、一定の場合に審査の申出をした普通地方公共団体の長その他の執行機関は訴訟を提起できる。その内容は、次のようなものである。

　①　訴訟の提起ができるのは、次の場合である。委員会の審査結果又は勧告に不服があるとき。勧告を受けた国の行政庁の措置に不服があるとき。審査の申出をした日から90日を経過しても審査又は勧告を行わないとき。勧告を受けた国の行政庁が措置を講じないとき。

　②　訴えの提起は高等裁判所に対してされ、原告は審査の申出をした普通地方公共団体の長その他の執行機関である。被告は国の行政庁であって、訴えは違法な国の関与の取消し又は国の不作為の違法確認という形態をとる。

　以上の訴訟は、当然のことながら機関訴訟として整理される。もっとも、ある形態の訴訟を機関訴訟と整理した場合に、このことは、当該形態をとって提起される訴訟のすべては主観訴訟（ある法主体の具体的な権利義務の存否をめぐる訴訟）の内実をもち得ないとの帰結を当然には意味しない。

　例えば、地方債の起債許可（財政構造改革期間経過後は、同意付きの協議）に関しては、主観訴訟として構成することも可能であるとの見解はこれまでも有力であり[17]、筆者はこの見解を支持している。このような立場によれば、主観訴訟として行政事件訴訟法上は提起可能な訴訟が機関訴訟としても提起できることとなったにすぎない[18]。ただし、制度が置かれた以上、勧告に係る訴訟は専らこれを利用すべきであるとの法的要請が生ずるか否かを検討する必要はある（おそらくは訴訟強制が働くものと解されよう）。

---

[17]　参照、碓井光明『自治体財政・財務法（改訂版）』（学陽書房、1995年）112頁以下。さらに、自治体の権限に対する侵害一般に関して主観訴訟としての訴訟提起を認める見解として、参照、成田頼明「地方自治の保障」『宮沢俊義先生還暦記念・日本国憲法体系5巻』（有斐閣、1964年）309頁、塩野宏『国と地方公共団体』（有斐閣、1990年）36頁（初出1981年）等。

[18]　この点につき、参照、人見・前掲注（14）58頁以下。

(5) 必置規制の見直し

　地方公共団体の行政機構の構成、職員配置、職員の資格要件、さらに、組織・職員の名称等に関し、国は、全国的な事務の統一や均一なサービスの提供の見地から、様々な形で地方公共団体に対して規制を加えてきた。もちろん、これらの規制のなかには合理性を有するものはある。したがって、一律に多様な形態の必置規制をすべて廃止するとの方針は地方分権の究極的目標にはそぐわないものの、長い期間を経るなかで必要性のなくなった規制、各自治体の実態に即した組織・職員構成の展開を阻む規制は多く、これらの見直しも地方分権の作業における大きなテーマとなった。

　紙幅の関係上、詳細は省くものの、法律政令に基づく必置規制の場合にあっても、例えば、職員に係る規制に関しては、(a) 任命権者によって本来判断されるべき当該職に必要な基本的能力や習熟度に係わる基準を示すものであるときは、ガイドラインとしての性格を明確にする、(b) 特定の事務を処理するために配置される職員の数に関する基準は、警察・学校教育に関するものを除き廃止し、一定の行政水準を示すためのものであるときも標準的・弾力的なものとする、等の見直しがされた。また、行政機関・組織・施設や審議会等附属機関に関する規制についても、組織の一元化・総合化、職員配置の効率化、類似する機関の統合を可能とするように、組織・名称に関する規定を改める（「……事務所（審議会）を置く」から「……に関する事務所（審議会）を置く」への変更）等の措置が実施されることになっている。

　さらに、法律政令に基づかない必置規制は、見直しの結果、特に存置が必要と判断されたもの（法律政令に基づくものへの変更が必要となる）を除いて全廃されることになる。特に、これまで、省令、告示、通達等によって示されてきた職員の職名・資格・配置基準等に関しては、(α) 法律政令に基づくものとして存置が認められるもの以外は、技術的助言であるとの整理からその必要性について見直しがなされ、(β) 技術的助言としての位置付けが与えられたものについては、ガイドラインとしての性格を明示することが求められている[19]。

　なお、必置規制の見直しに関しては、自治体のリストラを推進し最小限の行政サービスの切り捨てに繋がる側面が強いとの批判はあり得る[20]。しかしなが

---

19) 必置規制の見直しについては、参照、森田朗「必置規制の見直しと地方公共団体の組織」西尾・前掲注 (2) 181頁。

ら、これまでの硬直的な規制がもたらした組織の重複を解消し、地域の実情に沿った組織・職員配置を可能とすることや、限られた組織的人的資源のなかで地域の実情に沿ったサービスの提供をどのような形で達成するかを自治体の自己判断に委ねたことは、地方分権の本来の趣旨に合致する。したがって、自治体の自由な判断がおしなべて組織整理・経費削減の方向へと動き、全国的に過度の国民サービスの低下を招来したという事態が生じたときに、この批判は妥当であると評価されることになろう（必置規制の廃止・縮減について、【追記3】を参照）。

第3節 事務権限の委譲

（1） 概括的評価

　国の行政機関（本省庁であれ地方出先機関であれ）が自ら処理してきた事務の一部を地方公共団体の行政機関に処理させ、あるいは都道府県の行政機関が処理してきた事務を市町村の行政機関の処理に委ねることを目指す「事務権限の委譲」は、地方分権の柱の一つとなるべきものであった。しかしながら、西尾勝教授の指摘されるように、第1次から第4次までの分権委員会の勧告でいえば、事務権限の委譲に関する部分は全体の5％にも達していない[21]。また、平成9(1997)年12月26日の橋本総理大臣（当時）の発言（市町村への権限委譲を含む国及び都道府県からの事務権限委譲に関する更なる検討を分権委員会に求めたもの）を受けて始められた新たな勧告の作業は、国の公共事業総量のスリム化をめぐって難航し、その他の課題に関して検討は進展しなかった（なお、公共事業と公物管理に関する事務委譲に関しては、第5次勧告においてまとめられている[22]）。

　この問題を評価するに際しては、わが国の地方公共団体は公務員総数の4分の3を抱え、全政府歳出の3分の2を支出しており、わが国の地方公共団体はどこの地方政府に比べても既に幅広い事業量を大量に処理しているとする西尾勝教授の指摘を踏まえる必要はある。しかしながら、西尾勝教授が同時に指摘

---

20)　参照、白藤博行「必置規制」法学教室209号（1998年）18頁。
21)　参照、西尾勝「地方分権推進の政治過程と地方分権推進委員会の調査審議方針」西尾・前掲注(2) 30頁。
22)　参照、「地方分権推進委員会第5次勧告—分権型社会の創造—」（平成10年11月19日）。

するように、国の行政のスリム化を重視する立場からみれば、この点が残された課題のうち最も大きなものである点を否定できない[23]。もっとも、第1次から第4次までの勧告は膨大であり、これらに基づいて実施される事務権限の委譲は項目的にも多数にのぼる。また、第5次勧告及び第2次地方分権推進計画に基づいて関係省庁が措置を実施するならば、国の直轄公共事業の一部について規模要件は引き上げられ、河川・道路・港湾等の公物管理事務の一部が国から地方公共団体へ委譲されることとなる。特に、市町村に関しては、後に述べる、地先河川敷の利用等について主体性を確保するための措置が予定されていることは重要である。そこで、以下、事務権限委譲の具体例を確認していくことにする（以下の記述は、地方分権推進計画及び第5次地方分権推進委員会勧告による）。

（2） 事務権限委譲の具体例

1）　都道府県への権限委譲　　都道府県に対しては、開発行為を行う事業者に対する発掘調査の指示（文化財保護法）、猟区設定の認可、国定公園の地域地区指定・損失補償、保安林の指定・解除、公共下水道事業計画の認可権限の一部、水道事業の認可及び監督権の一部、農地転用許可権限の一部等、13項目の権限が委譲され又は委譲される予定である（自治事務又は法定受託事務）。

2）　指定都市への権限委譲　　都道府県に対する権限委譲は一律に行われるのに対し、市町村に対する委譲は、指定都市、中核市、人口20万以上の市、すべての市、すべての市町村と、委譲対象を細かく区別して行われている点に特色がある。まず、指定都市に関しては、都道府県又は都道府県知事が処理してきた事務のうち、埋蔵文化財包蔵地域における土木工事等の届出受理、毒物及び劇物の販売業の登録及び登録取消し・回収命令・立入検査、都市計画決定権限の一部、大気汚染、騒音防止・悪臭防止・振動防止に係る関係行政機関の長への協力要請、農住組合の定める交換分合計画の認可及び同計画に係る事務等、工場の新設・増設に関する届出の受理、勧告、変更命令等、10項目が委譲され又は委譲されることとなった（自治事務）。

3）　中核市への権限委譲　　中核市に関しては、地方分権推進計画に基づく要件見直しの結果、人口50万未満の市について付加されていた昼夜間人口

23）　参照、西尾・前掲注（21）30頁。

比率要件が廃止されることになった[24]。したがって、現行の中核市要件具備市（29市）に加えて、新たに横須賀市・高槻市・奈良市等の5市が中核市の要件を充足することになる。

そして、中核市に対する権限の委譲については、都道府県又は都道府県知事が処理してきた事務、都道府県・都道府県知事、指定都市・指定都市の長が処理してきた事務等がその検討対象となった。結果として、振興拠点地域基本構想の作成・促進協議会の設置（多極型国土形成促進法）、毒物及び劇物の販売業の登録及び登録取消し・回収命令・立入検査、開発審査会の設置、宅地造成工事区域の指定、大気汚染・騒音防止・悪臭防止・振動防止に係る関係行政機関の長への協力要請、農住組合の定める交換分合計画の認可及び同計画に係る事務等、12項目が委譲の対象とされた（自治事務。これらの事務のなかには、前記の機関に加え国の機関の権限でもあった事務も含まれている）。

　　4）人口20万以上の市への権限委譲　　人口20万以上の市への権限委譲の対象となった事務は多い（人口20万以上の市の制度につき、本章の【追記4】を参照）。例えば、騒音・悪臭原因物質の排出・振動に関する規制地域の指定、規制基準の設定、関係行政機関の長への協力要請、特定物質排出者に対する指導、助言及び勧告（以上、都道府県知事・指定都市・中核市の長等が処理）等、環境庁（現在は環境省）所管の法律関係の事務がその例である。

さらに、都道府県知事・指定都市の長及び中核市の長が処理してきた開発行為の許可、都市計画施設又は市街地開発事業の区域内における建築の許可、都市計画事業の施行地区内における建築等の許可、市街地再開発事業の施行地区内における建築等の許可等、建設省（現在は国土交通省）所管の法律に基づく事務もあり、まちづくりに関する重要な事務の一部が、人口20万以上の市へと委譲されることになる（自治事務又は法定受託事務。全体で13項目）。

ちなみに、人口20万以上の市に関しては、指定都市制度、中核市の制度のように、地方自治法において明確な制度的位置付けが与えられている訳ではなかった。したがって、人口20万以上の市に対する権限委譲を個々の法律に規定するのみでは、国民にとって事務権限の所在が不明確になるおそれがある。そこで、作業の結果、人口20万以上の市について、当該市からの申出に基づ

24）参照、地方分権推進委員会ヒアリング資料・自治省行政局（平成11年1月28日）34頁。

き政令で指定し、権限をまとめて委譲する特例市の制度が地方自治法上創設されることになった。

自治省行政局（当時）の整理によれば、この特例市の対象となるのは、尼崎市の他、青森市、福島市、盛岡市等、中核市の指定を受けていない県庁所在地の市のほとんど（山口市を除く）、相模原市・船橋市・寝屋川市・茨木市等の都市近郊市等、59市にのぼる。また、地方分権推進計画では、「一定の人口規模（20万人以上など）を有する市」として20万人に限定する表現は採用されていない。したがって、今後、「20万人以上」とは別に一定規模の権限をまとめて委譲する別個の制度（例えば、「人口10万以上の市」を対象とする第2特例市制度）を創設する可能性が排除されていない点に、留意する必要はあろう（なお、本章の【追記4】を参照）。

5）すべての市又はすべての市町村を対象とする権限委譲　その他、すべての市を対象として委譲がされるものとして、児童扶養手当の受給資格の認定等、商店街振興組合等の設立認可等（ともに都道府県知事の処理する事務）等の3項目が、すべての市町村を対象とするものとして、鳥獣捕獲飼育等の許可、犬の登録・鑑札の交付、注射済証の交付、用途地域・都市施設及び市街地再開発事業に関する一部の都市計画決定（ともに都道府県知事の処理する事務）等、8項目となっている（多くは自治事務）[25]。

以上に確認してきたように、限られた範囲ではあるものの、国から都道府県へ、さらには都道府県等から指定都市・中核市・人口20万以上の市・すべての市・すべての市町村へと、事務権限の一部が委譲される。特に、環境規制の権限や都市計画決定権限の一部等、まちづくりに関する事務が委譲された点は、住民に身近な地方公共団体によるまちづくりを強化する方向へと踏み出したものとして評価されるべきであろう。

（3）第5次勧告における権限委譲

1）直轄公共事業・国の公物管理の範囲の縮減　既に述べたように、第5次勧告は、国が直轄で行ってきた公共事業を限定し、公物管理の範囲を縮減す

---

[25]　さらに、地方分権推進計画の時点では、介護保険法の施行に伴い再構成が必要となる老人保健法上の指定老人訪問看護事業者の指定等、幾つかの事務の取扱いが引き続き検討されるべき課題として掲げられている。

ることによって、地方公共団体に公共事業の実施権限や公物の維持管理権限を移転することを目指したものであった。しかしながら、この作業に関しては、各省庁との交渉が難航した結果、縮減の具体的範囲・規模は明示されるには至らなかった。

　もっとも、例えば、1級水系に関しては、「a 洪水等により氾濫した場合の被害の程度、安定的な水利用の確保、河川環境の保全、都道府県間の利害調整等の観点から特に重要な水系」、「b 激甚な洪水、頻発する渇水等による被害を契機としてこれらを早急に解消することが必要とされており、技術的又は財政的な観点から国が管理を行うことが適当な水系」に限定することを基本的な方針とし、できる限り客観的な基準を具体化するように検討することが、第2次地方分権推進計画に盛り込まれることとなった。また、直轄区間の範囲に関しても、1級河川のうち特に重要な区間に限定して直轄管理を行うことを基本的方針とし、これにつきできる限り客観的な基準を具体化するよう検討することが、第2次地方分権推進計画に規定されることとなった。

　このような縮減の方針は、道路・砂防・海岸・港湾・農業農村整備・治山等に関しても同様であり、さらに、「直轄事業及び直轄公物の見直しに伴い、地方公共団体が担う事務事業が増大する場合、地方財政計画の策定等を通じて所要財源を明確にし、これに必要な地方税・地方交付税等の地方一般財源を確保する」ことも規定されている。

　2）　地先河川敷の利用等の拡大　　国の直轄公共事業や公物管理の範囲の縮減は、第1には、都道府県に対する権限委譲を目指したものである。ただし、市町村についても、河川等のように住民に身近な公物に関して、独自の構想に沿った利用を進める余地を広げることは、積極的な検討の対象となった。その結果、地元市町村が地先の河川敷利用を主体的に進めることを可能とするために、(a) 包括占用許可制度の創設、(b) 市町村が河川管理者とともにする地先の河川空間の利用のための計画の策定、(c) 市町村が施行主体となって河川工事等を行う制度の活用等が、実施に移されることとなっている。

　3）　計画体系見直しの観点の提示　　第5次勧告においては、地方公共団体のまちづくりを強く縛ってきた国土計画法体系（国土総合開発計画・大都市圏整備計画等に係る法体系）、各種地域振興立法（離島振興計画等の条件不利地域振興計画に関する立法や新産業都市建設基本計画・工業整備特別地域整備基本計画等のモデル型地域振興

計画等の立法）に関する総合的な見直しの方向性も打ち出された。その具体化は後の課題とされたにせよ、このような提示は、地方公共団体が自らの構想をもってまちづくりを進めていくために必要となる、各種法律を再検討するための視点を示すものとして評価されるべきであろう（第1次地方分権改革後の事務事業の委譲については、【追記5】を参照）。

第4節　第1次地方分権改革後の課題

（1）　地方財政の充実と自主性の確保

　地方分権の作業においては、ここまでに述べてきたものの他に、地方の独自財源を充実し、財政の自主性を確保するための作業もされた。事務委譲が抜本的には進展しなかったこともあって、この点については十分な進展があったとはいいがたい面はある。しかしながら、例えば、地方の自主性を阻害してきたとされる国庫補助金の整理合理化や一般財源化に向けた努力等のように、地道ではあるが重要な作業が行われたことは特記されてよい。第5次勧告においても、地方公共団体の自主性への制約が少ない形態の国庫補助金として、統合補助金が創設されて実施に移される予定である（建設省〔当時〕の試算によれば、同省管轄の国庫補助令のうち約1兆円がその対象となるようである）。ここでは、本章の締括りとして、今後の地域づくりの在り方について述べることにしたい（統合補助金等に関しては、本書第1編第1部第2章を参照されたい）。

（2）　地方公共団体の多様化

　わが国における地方自治制度の特色の一つとして、普通地方公共団体を都道府県と市町村とに区分し、そのそれぞれに対して法制度的な視点から画一的な取扱いをしてきたことがある。しかしながら、これまでの記述で明らかなように、今回の事務委譲にあっては、市町村に関して特例市の制度が新たに設けられ、様々な視点から細かな差異を設けた配分が進められた（特例市の制度につき、本章の【追記4】を参照）。翻って考えるならば、事務委譲を進めるための仕組みとしては、指定市・中核市の他にも重要な制度が既に存在してきた。例えば、地域保健法及び同法施行令により、指定都市、中核市以外にも、人口30万以上・地理的範囲・行財政能力の見地から適当と判断される市について、独自に

保健所を設置して地域保健行政の実施主体となることが認められている。保健所政令市の制度であり、尼崎市・小樽市・函館市・横須賀市・呉市・佐世保市等がこれに該当する。それゆえ、保健所政令市の事務権限は、今回の措置が実施されると従来の中核市にかなり近づいたものになるといえそうである。保健所政令市以外にも、他の法令に基づく指定によって事務委譲を受けている市は多い。また、これまで都道府県知事の執行する機関委任事務に関しては、知事の管理に属する行政庁の他に市町村長にも委任できる仕組みは存在していたのであり（平成11年法87号による改正前の地方自治法153条2項）、この規定を用いて積極的に事務委任が進められた例もあった。かつ、この制度は、機関委任事務廃止後は、都道府県知事の権限に属する事務を都道府県条例に基づいて市町村が処理することのできる制度へと変更される（条例の対象とされた当該事務は、市町村長が管理執行するものとされ、条例の制定に際して都道府県知事は市町村長と協議しなければならない。現行地方自治法252条の17の2）[26]。

　改正前の制度は、知事の単独の判断で事務処理主体が変更しうる点において問題を含むものであった。これに比して、改正後のものは議会の判断を経た上で行われるものであり、その点においてより適切なものとなっている。したがって、多くの事務処理が市町村によって行われる体制を、当事者である市町村の同意を得ながら積極的に推進していくよう、都道府県に対して望みたい。

　以上、特に市町村に関しては、人口・地域面積・産業構造・文化条件の他に、行財政の能力の視点から事務配分についての取扱いの細かな違いが生じており、その差異が拡大してくることは確実といえる。より多くの事務権限・事務処理権限を求める自治体は、自らの地域的文化的条件を踏まえながら、さらに積極的な自治体経営・地域づくり政策を展開していくことを求められよう。また、必置規制の見直しも、自治体の組織編制・職員配置を多様なものとするための一助となることは間違いない。

（3）　自治体間競争の時代——住民自治強化の意義

　冒頭に述べたように、地方分権の動きは、地方公共団体の行政体制整備と自己責任の明確化に対する要請の強化と密接に関連して行われており、そこでは、

---

[26]　参照、地方分権推進委員会ヒアリング資料・自治省行政局（平成11年1月28日）30頁。

自治体経営・地域政策の展開における自治体間の競争が適切に機能することも予定されている。第1次地方分権改革の理念が、例外的に国に属すると判断されるものを除いて、行政事務はできる限り地方公共団体の自主的な管理運営に委ねるという思想に由来するものであることはいうまでもない。しかしながら、より多くの権限が地方公共団体に委譲され、その管理運営に関する国の関与が縮減されるならば、地方が自主的に判断を下して、その結果に対して自らが責任をとることも強く要請されるようになる。

　そして、事務量が拡大すれば支出や経費も増大するし、自主的な判断の余地が拡大すれば、自治体の側において複雑で戦略性の高い自治体経営・地域政策を展開する必要性は増してくる。これまでの自治体経営は、わが国における従来型の企業戦略と同様、ともすれば規模拡大路線に沿ったものとなりがちであったことを否定できない。しかしながら、住民の福利・生活環境の向上を図る観点からするならば、自らの行財政能力を顧みずに規模の拡大をひたすら求める立場はもともと適当とはいえなかった筈である。加えて、日本経済は右肩上がりを続けるという幻想は崩れ、人口の減少と超高齢社会の到来とが確実である状況下にあってこのような路線を取り続けることはもはやどの自治体においても許されない状況に至っている。

　そこで、爾後の自治体政策の在り方を検討する際には、(a) 単純な拡大モデルに基づく施策の展開でなく、周辺の環境とその変化を織り込んだより戦略性の高い計画の設定が求められる点、(b) その際には、地域のもつ潜在的資源を最大限に生かす立場から、民主的かつ効率性の高い方式で政策を実施していく必要がある点、を忘れてはならない。

　第2の点に関しては、分権委員会の勧告や地方分権推進計画においても、議会の活性化や住民参加の拡大・多様化のための施策は、行財政整備の項目のなかで重要な検討事項としての位置付けを与えられている。例えば、地方分権推進計画における住民参加の拡大・多様化の項においては、行財政状況報告の充実、意見聴取や広報広聴活動の強化、民間活動との連帯、直接請求制度の要件緩和、住民投票制度の在り方の検討等、様々な項目が検討対象として列挙されている。これらの内容を確実に実行に移していくことは、自治体間の（健全な）競争が激化する時代にあって、自治体運営のための資源・エネルギーを汲み尽くすためにも重要であり、国の制度的な措置を待つことなく自治体の側におい

て自主的・先駆的に取り組む必要のあることを、最後に指摘しておきたい。

　【追記 1】　地方分権改革について、系統的に批判的な分析・評価を公にしてきた白藤博行教授は、例えば、『新しい時代の地方自治像の探究』（自治体研究社、2013 年）58 頁以下（初出 1998 年）において、地方分権のモデルとして、①規制緩和型地方分権又は市場主義的地方分権（国・地方を通じた市場に対する規制緩和を目指すもの）、②官僚主導型地方分権又は国家主義的地方分権（中央省庁による政省令・関与の範囲内での分権を目指すもの）、③地方自治的地方分権（団体自治・住民自治の徹底的な追求を目指すもの）を提示し、第 1 次地方分権改革以降の分権改革は、①と②との妥協の産物であり、かつ、①のモデルに基づく国の行政的関与法制は残存することとなった、と指摘する。この点に関しては、本文に述べた通り、第 1 次地方分権改革が、国民・企業に対する規制の仕組みの緩和それ自体を目指したものとはいえないものの、規制緩和と競争原理とを自治体間の関係にビルトインすることを目指したものであることは否定できない（晴山一穂『現代国家と行政法学の課題―新自由主義・国家・法』〔日本評論社、2012 年〕73 頁〔初出 2010 年〕、100 頁〔初出 2011 年〕等。なお、西尾勝『自治・分権再考』〔ぎょうせい、2013 年〕63 頁も参照）。

　また、第 1 次地方分権改革において、機関委任事務から自治事務への切換えは分権委員会が目指した形で完全には実現せず、法定受託事務はかなりの割合で残され、自治事務に対する国の関与が個別法において残された点に関しては、次の点を確認しておく必要があろう。まず、法令所管官庁が国民の安全や人権保障の観点から存置を強く主張したことがある。この点は、分権委員会の第 1 次勧告及び第 2 次勧告（平成 9 年 7 月 8 日）において示された「法定受託事務のメルクマール」において、①環境保全のために国が設定した環境の基準及び規制の基準、②医薬品等の製造の規制に関する事務、③広域にわたり国民に健康被害が生じること等を防止するために行う伝染病のまん延防止や医薬品等の流通の取締りに関する事務等が含まれていることからも確認し得るであろう（第 1 次勧告第 1 章 IV-2 及び第 2 次勧告第 1 章 I-2）。また、地方分権改革の作業が、分権委員会と法令所管官庁との間の協議に基づくものであり、法令所管官庁の合意なくして作業が進まなかったことも、分権委員会と法令所管府省との折衝結果に関して評価の分かれるものが残ったことの一因といえる。民法及び特別法に基づく法人の設立の許認可等の法人関係の規制・監督事務、土地収用関係事務、公有水面埋立法関係事務、海岸管理事務、法定外公共物関係事務、国立公園関係事務、廃棄物処理関係事務等がその具体例である（成田頼明「機関委任事務制度の廃止と新たな事務区分」同『地方自治の保障《著作集》』〔第一法規、2011 年〕315 頁以下〔初出 1998 年〕。さらに、参照、西尾勝『地方分権改革』〔東京大学出版会、2007 年〕63 頁以下）。

加えて、白藤教授の説かれる③の改革モデルが第1次地方分権改革においては全く実現しなかったと評価されたことに関しては、教授の憲法観に基づく憲法及び法令の「あるべき」秩序とこれまでの政権担当政党が長年にわたり立法裁量権を行使してきた結果として形成されてきた法令の体系とは大きく食い違っている点に理由があるように思われる。ちなみに、白藤教授は、この点に関連して、保育所の保育士の人員基準、居室の面積基準のように、憲法25条の定める生存権保障に係る国の法令の規律・関与は厳に維持されるべきものである立場も示されている（同・前掲書187頁以下〔初出2012年〕）が、保育所の保育士の人員基準、居室の面積基準に関する「従うべき基準」「標準」の議論に関する私見に関しては、本書第1編第2部第1章を参照されたい。

　【追記2】　第1次地方分権改革を「地方公共団体の自己決定権の実質化」の見地から分析された塩野宏教授は、①この改革を国と地方公共団体との間の事務配分について、多層的事務配分方式から一元的事務配分方式を目指すものであると理解され、②その方向は妥当であるとしても、サービスの地域総合主体である地位をすべての地方公共団体、特に市町村に要求し、市町村合併の推進を要求する方向に改革が傾くおそれのあることに警鐘を鳴らされていた（同『法治主義の諸相』〔有斐閣、2001年〕385頁以下、414頁以下〔初出いずれも1995年〕等）。この点に関しては、本書第1編第2部第1章において検討するように、第1次地方分権改革後に国の施策として市町村合併が強力に推進され、塩野教授の危惧された弊害が顕在化したことは否定できない。なお、市町村合併に関する筆者の見解に関しては、同章第1節(3) 55頁以下及び同章74頁【追記2】を参照されたい。

　【追記3】　必置規制の廃止縮減については、第1次地方分権改革の後にあっても様々な節目の作業において取組みが進められた。例えば、それらの作業のなかで繰り返し議論の対象とされた保健所長の医師要件に関しては、本書第1編第2部第1章第1節(1) 2)④ 50頁を参照されたい。

　【追記4】　第1次地方分権改革において創設された特例市の制度に関しては、平成11年法87号による改正後の地方自治法252条の26の3に規律が置かれ、小田原市、大和市、沼津市等の市が同条1項による指定を受けた。もっとも、第1次地方分権改革後において中核市の指定要件が段階的に引き下げられるにつれて特例市と中核市との要件の違いが相対化し、最終的に第30次地方制度調査会の答申（平成25年6月25日）を経て、中核市の要件が人口20万以上とされるとともに、特例市の仕組みは中核市のそれと統合されることとなった。もっとも、制度廃止時において特例市であって中核市に移行しなかったものについては、施行時特例市として引き続き特例市としての取扱いがされる（地方自治法の一部を改正する法律〔平成26年法42号〕によって特例市の根拠条項が削除されるとともに、同法律の附則2条は、制度廃止時において特例市が処

理することとされている事務に関する法令の立案を政府がするに際し、当該事務を都道府県が処理するものとすることのないよう配慮しなければならないと規定する）。

　【追記5】　(1)　地方分権改革推進会議　　事務権限の委譲に関しては、第1次地方分権改革後にあっても、継続的に作業が進められた。地方分権推進委員会の後に設置された地方分権改革推進会議（議長・西室泰三東芝取締役会長〔当時〕）においても都市計画決定権限や農地転用許可権限の更なる委譲について検討がされた（例えば、参照、地方分権改革推進会議「事務・事業の在り方に関する意見──自主・自立の地域社会をめざして」〔平成14年10月30日〕38頁〔II-3-(5)-③〕）。しかしながら、同会議の作業の重点が三位一体の改革へと移行したこともあり、必ずしも十分な進展は見られていない（同「地方公共団体の行財政改革の推進等行政体制の整備についての意見──地方分権改革の一層の推進による自主・自立の地域社会をめざして」〔平成16年5月12日〕38頁〔III-1-(3)〕。なお、三位一体の改革に関しては、本書第1編第2部第1章第1節(2)1) 52頁及び73頁【追記1】等を参照されたい）。

　(2)　地方分権改革推進委員会　　その後、平成19（2007）年4月から平成22（2010）年3月まで設置された地方分権改革推進委員会の作業にあっては、同委員会の第1次勧告（「第1次勧告──生活者の視点に立つ『地方政府』の確立」（平成20年5月28日）に示された国と地方との役割分担のメルクマール、広域自治体と基礎自治体の役割分担等についての考え方が示され、これを踏まえて政府の地方分権改革推進本部（本部長は内閣総理大臣）の「地方分権改革推進要綱（第1次）」（平成20年6月20日）が、地方公共団体への事務移譲等の検討方針を示している（第2）。その後の平成21（2009）年9月に成立した民主党主導の連立政権においても、事務権限の移譲の作業が進められ、第2次地方分権一括法（地域の自主性及び自立性を高めるための改革の推進を図るための関係法律の整備に関する法律〔平成23年法105号〕）によって、都道府県の権限を市町村に移譲する47法律の改正が実施された（この点につき、さらに、本書第1編第2部第1章第1節(2)2) 52頁以下を参照）。これに対して、国の出先機関が所掌する国直轄事業を中心とする事務の地方移譲に関しては、民主党主導の連立政権の下において検討は進められたものの、再度の政権交代等もあって、具体的な成果が得られることはなかった（この点につき、本書第1編第1部第3章第2節(2)及び第3節(1) 37頁以下を参照）。

　(3)　第2次安倍政権下の作業　　(a)　平成24（2012）年12月に成立した第2次安倍晋三政権等の下においては、事務権限の移譲に関する検討作業の結果として、平成25（2013）年に「事務・権限の移譲等に関する見直し方針について」（平成25年12月20日閣議決定）が定められ、国道管理等の48事務の地方移譲、病院の開設許可等の29項目の都道府県から政令指定都市への移譲の方針が示され、「地域の自主性及び自立性を高めるための改革の推進を図るための関係法律の整備に関する法律」（平成26年法51

号。第4次一括法）によって所要の法的措置が実施されている。

　特に、河川及び国道の管理に関しては、次のような方針が示された。①移譲の対象範囲は、「地方分権改革推進要綱（第1次）」（平成20年6月20日地方分権改革推進本部決定）（前述）に基づき、地方分権改革推進委員会第1次勧告（平成20年5月28日）の方向に沿ったものとし、具体的には、国土交通省において、都道府県知事、市町村長の意向も改めて確認して決定する（ただし、国民生活・経済を支える基幹的な社会資本の整備・維持管理は国の基本的な責務であるとの認識に立って、引き続き国が管理するものとされた）。②道路については、原則として、指定区間外国道として移譲し、河川については、当該河川の区間の一部を移譲する場合は1級河川の指定区間として、当該河川の全区間を移譲する場合は2級河川として移譲する（バイパスの現道区間は、地方道又は指定区間外国道とすることも検討される）。③移譲に伴う財源措置については、以下を基本としつつ、個別に措置する。(a) バイパスの現道区間以外の建設費につき、直轄事業における国負担率（3分の2等）並みの交付金の措置を講じ、(b) 維持管理費については、個別の箇所に係る所要額を適切に積み上げた総額を、基準財政需要額に反映し、事業費に応じた交付税措置を講ずる等の措置を実施する。(c) 建設費及び維持管理費に係る人件費及び事務費については、所要額の総額を適切に積み上げた上で、当該額に応じた地方財政措置を講ずる。

　その後、国土交通省において、移管の作業が進められ、道路についての作業結果は順次公表されている（参照、国土交通省道路局の「直轄道路の地方への移管について」〔平成26（2014）年7月及び平成27（2015）年3月〕。また、平成29〔2017〕年4月にも移譲はされているものの、国土交通省としてはこれが平成25年12月20日閣議決定に基づくものであるかは必ずしも明確ではないようである。筆者の照会に対する内閣府地方分権改革推進室の回答）。これに対し、河川に関する移譲の実績は公表されていない。

　(b)　併せて、地方分権改革有識者会議において、提案募集方式を中心として、義務付け・枠付けの廃止・縮減、同意・協議等の国の関与の廃止・縮減、個別の事務支障の除去等の課題とともに、事務事業の委譲が取り組まれている。そのなかで、農地転用許可権限の委譲、地方版ハローワークの創設等、第1次地方分権改革以来の懸案事項について解決がもたらされる事例も出てきている。そのなかで、市町村に対する事務委譲等に対して、市町村の負担であるとの批判も一部から行われるまでになっている点には留意すべきであろう（この点につき、本書第1編第2部第1章第1節(3) 3) 59頁を参照）。

第2章　国直轄事業・補助事業の見直し

〈解題〉　本章は第1次地方分権改革に関する特集をジュリストが刊行するに際し、編者の依頼に基づき、地方分権推進委員会の第5次勧告及びこれに基づいて決定された第2次地方分権推進計画（閣議決定）（平成11年3月26日）に盛り込まれた国直轄事業・補助事業の見直しに関して解説を加えたものである（ジュリ増刊『あたらしい地方自治・地方分権』130頁〔2000年〕）。なお、その後の補助金制度改革の概要については、本章の【追記】を参照されたい。

第1節　公共事業と地方公共団体

（1）　公共事業と国直轄事業・補助事業

　道路・公園等の生産や生活等のための資本を形成する事業、公共的施設（学校、病院等）や国土保全施設（ダム・堤防等）を整備する事業は一般に公共事業と呼ばれ、国・地方公共団体が直接に実施し、あるいは国・地方公共団体が他の者に補助金を支出する形で行われている。①わが国において近代化が開始された歴史は短く、社会資本整備の遅れた状況が長く続いたこと、②急峻な山岳部が多い国土条件等に規定され、治山・治水事業等の必要性は強いこと、③3大都市圏に人口・産業が集中する構造を踏まえて、他の地域の景気浮揚策として国土保全施設等の整備を主軸とする公共事業が重視されてきたこと等から、わが国の行政施策のなかでも公共事業は大きな比重を占めてきた。

　そして、わが国においては、これらの施策は国直轄あるいは国庫補助事業の形を通じて、国の強いイニシアチブにより実施されてきた。特に、高度成長期において、国家予算規模が拡大する一方で産業基盤整備や都市用水確保に対する要請が強まったこともあり、道路・河川等における国直轄部分の範囲は拡大された。例えば、昭和30年代の2次にわたる道路法改正により、国道の新設・改築は知事の機関委任事務として行われる制度は、新設・改築は国が原則として直轄で行い、維持・修繕については政令で指定した区間は建設大臣（当時）が、その他の部分は都道府県知事が行う仕組みとなった[1]。港湾、海岸整備、土地改良等、国が直接行うその他の公共事業の比重も、この時期以降飛躍

的に高まっている[2]。さらに、地方公共団体の行う事業については、事業規模に見合った財源の委譲の代わりに国庫補助金の拡大という形がとられたため、施策の実行における国の比重は大きいものとなった。そして、前記のような、国・地方間における公共事業の役割分担に関するバランスは、高度成長期以降も基本的に変化のないままに推移してきた。

第2節　国直轄事業・補助事業の見直しの視点

(1)　公共事業の在り方の見直しの動き

このような公共事業の在り方に対しては、高度成長期の終焉した時点において様々な角度からの批判が寄せられた。まず、生産活動基盤整備の分野等において一定の水準が確保されたこと等から、従来型の事業実施の必要性を疑問視する見解が出てきた。また、景気浮揚対策としての有効性についても疑念の声はあり、景気浮揚効果のみでは事業の必要性・正当性を認めるには不十分であるとする意見は根強い。さらに、環境面での負荷を理由として事業の必要性・正当性を疑問視する見解、公共事業に依拠しないまちづくりを進める必要性を指摘する見解等も示されている[3]（大規模公共事業における環境への配慮を確保することを目的とした環境影響評価法は、平成11（1999）年6月に施行された）。

各分野において、コスト・ベネフィット分析の徹底、一定期間後に事業の必要性を再点検する制度の創設、環境面での配慮の強化等を柱とする公共事業改

---

1)　昭和33（1958）年及び昭和39（1964）年の道路法改正。ちなみに、河川法も、昭和39（1964）年の改正法施行により、それまで河川の区間ごとに国又は都道府県が管理してきたもの（区間管理主義）が、水系ごとの一括管理が必要との見地から改められた（水系管理主義）。現行制度では、1級水系に属する河川で建設大臣が指定した1級河川の管理については、指定区間外は国が、指定区間は都道府県知事が行い、2級河川については都道府県知事が行うことになっている。

2)　例えば、第1次港湾整備計画は昭和36（1961）年から開始された。さらに、昭和48（1973）年には、港湾及び航路の開発等に関する基本方針を定める権限を運輸大臣（当時）に与え、港湾管理者の作成する港湾管理計画はこの方針に適合しなければならないものとする港湾法の改正が行われている。また、海岸に関する国の直轄事業は、昭和31（1956）年の海岸法制定により導入されたものである。

3)　公共事業改革関係の文献は多い。そのなかから、参照、五十嵐敬喜＝小川明雄『公共事業をどうするか』（岩波書店、1997年）、武藤博己「公共事業見直しの視点」都市問題89巻4号（1998年）3頁、立法と調査別冊「見直しが迫られている公共事業」（1998年3月）、阿部泰隆「公共事業評価の法システム」自研74巻10号（1998年）3頁。

革が進められており、これは前記のような指摘の存在を事業実施主体が認識したからに他ならない[4]。

(2) 見直しの動きの論拠

さらに、本章との関連において重要なことは、公共事業改革に際し、国が強いイニシアチブを発揮する仕組みを改変する点も、達成されるべき課題として提起されていることである。その主張を要約するならば、次のようなものとなる。まず、第1に、国・地方の役割分担を見直す見地から、国はその人的・物的資源を国際問題への対応等、国にしか担えない課題に集中すべきであり、公共資本整備について、補助事業の形で重い責任を負うのは適切ではない。第2に、全国的視点から行われる国の直轄事業では地域の実情に即した事業の遂行は図られにくく、補助事業についても複雑な申請手続は負担であり、資金導入に熱心となるあまり、地域のニーズから離れた事業が実施されやすい。このような点からは、地域の実情に通暁し、住民の批判に直接応える立場にある地方公共団体に事業の実施・決定を委ねることが効率的である。第3に、国の各省庁、地方公共団体が、独自の政策目標の下で事業を実施している現状は住民にとってわかりにくく、効果も十分にはあがらない。そのため、事業の決定と実施とを地方公共団体に一元化し、一体的かつ総合的な地域づくりを進める体制を造り上げることによって、透明性の高い効率的な事業実施を確保すべきである[5]。

(3) 中央省庁等改革基本法

前記の諸点に鑑み、行政改革の見地から制定された中央省庁等改革基本法（平成10(1998)年6月）は、その46条において、直轄事業は「全国的な政策及び計画の企画立案並びに全国的な見地から必要とされる基礎的又は広域的事業の実施に限定」すべき点を明示している（1号）。また、補助事業に関しても、個別的な補助金については、①直轄事業関連事業、②国家的事業関連事業、③先導的施策に係る事業、④短期集中施行を必要とする事業に限定し、その他の補

---

[4] この点につき、参照、高橋滋「演習行政法1」法教229号（1999年）134頁。
[5] このような考え方は、地方分権推進委員会が公共事業所管官庁との折衝を行うための叩き台として作成した「論点の整理」（1999年7月）に集約されている。

助については「適切な目的を付した統合的な補助金」(以下、「統合補助金」という)として交付すべきものとされた(2号)。第5次の勧告につながる地方分権推進委員会による直轄事業・補助事業の見直し作業は、これらの主張や中央省庁等改革基本法を踏まえて行われたものであった。

第3節　第5次勧告と第2次地方分権推進計画

(1)　勧告・計画にいたる経緯

　地方分権推進委員会の勧告作業そのものは、4次にわたる分権の作業を踏まえた上で、「地方へのもう一段の権限委譲」が必要であるとする橋本龍太郎総理大臣(当時)の要請に応えて平成10(1998)年初頭から開始された。作業の柱としては市町村に対する権限委譲の推進も考えられた。しかしながら、公共事業改革の声は強く、かつ、国の直轄事業・補助事業への言及がある中央省庁等改革基本法も成立したことから、これらの事業の見直しに関する作業を先行させて取り組むこととなった。有識者等のヒアリング(2月以降)、公共事業を所管する各省庁のヒアリング(7月以降)、地方分権推進委員会の見解を示した上での各省庁との再度の折衝(8月以降)等が行われた。莫大な国家資金の投入方法の変更を意味するこの問題の協議に際しては、当然のことながら、様々な紆余曲折、鋭い対立等はみられたものの、結局、各省庁との間に最低限度の合意が成立し、平成10(1998)年11月19日に地方分権推進委員会第5次勧告が公表される運びとなった。また、これを踏襲した第2次地方分権推進計画は翌年3月26日に閣議決定されている[6]。

(2)　勧告及び計画の概要——本章との関連において

　地方分権推進委員会第5次勧告とこれに基づく第2次地方分権推進計画は、地方公共団体の自主的な事業やまちづくりを阻害しないとの観点から、各種の計画体系についての見直しの視点も提示している。この点の紹介は割愛し、本章の主題である、補助事業の見直しについてみるならば、勧告は次のような内容を含むものとなっている。

---

[6]　作業の経緯を紹介するものとして、参照、武藤博己「第2次地方分権推進計画を読む」地方自治職員研修1999年7月号30頁、西尾勝『未完の分権改革』(岩波書店、1999年)219頁以下。

第1に、直轄事業に関しては、事業範囲について基準の客観化を図るとともに、中央省庁等のスリム化を図る視点から、範囲を見直すとの基本的立場を示している。その上で、個別の事業に関しては、事業範囲の縮減に資するための基本的視点を提示してその具体化を各省庁に委ねる方式が採用されている。例えば、道路については、国土の骨格を成し、国土を縦断・横断・循環する都道府県庁所在地等の拠点を連絡する枢要な区間と、重要空港・港湾等と高規格幹線道路・前記の枢要区間を連絡する区間とに、直轄管理を限定するとの基準が示されている。また、港湾に関しても、同様の観点から、国際・国内の基幹的ネットワーク形成のために必要な根幹的港湾施設や、全国的視点から必要性の高い避難港、効用が広域に及ぶ公害防止施設・廃棄物埋立護岸、技術的観点から困難度の高い事業に直轄の範囲を限定することとされた。河川・砂防・海岸・農業農村整備、治山等についても、直轄事業の範囲を限定する視点からの基準が示されている。

　第2に、補助事業に関しては、中央省庁等改革基本法にいう「統合補助金」を具体化した制度が設けられることになった。すなわち、この制度の下では、第1のタイプとして、①国が定める公共事業長期計画に対応した公共団体の中期計画を基として、各年度における地方公共団体ごとの配分枠が決定され、②この配分枠の範囲内で、地方公共団体が当該年度において実施する事業の箇所・内容を定めた上で補助金を申請し、③交付決定後の事業の変更は、中期計画に適合する限り、国の関与は極力要しない、との原則に基づく補助金の制度が設けられることとなった。このような制度は、2級河川、公営住宅、都市公園、農業農村整備、漁港整備等の事業について創設され、いずれも国の長期計画への適合性を確保した上で各年度における事業の具体的決定権を地方公共団体に付与するものとして、共通の性格を有している。また、第2のタイプとして、第2次地方分権推進計画においては、これとは別に、一定の政策目的を実現するために複数の事業を一体的かつ主体的に実施することができるような類型の補助金が創設されることとされた（同計画第2-3-(2)イ-(ウ)[7]。なお、本章の

---

[7] 具体的には、複数事業の一体的・主体的実施を確保することを目的として創設されたまちづくり・住宅宅地関連の公共施設に係る統合補助金がある。また、地方道路整備臨時交付金を地方公共団体の整備計画に基づいて交付することを柱とする同制度の運用の改善点や、一定の補助金の廃止・見直しに関しても言及がある。

【追記】を参照)。

第4節　残された課題

（1）　統合補助金の運用
　地方分権の観点から実施された前記の公共事業改革は、具体的な直轄事業・補助事業の範囲縮減とそれに見合う地方公共団体への財源移転という当初の目標からみると、不十分なレベルにとどまった。統合補助金についても、補助金適正化法の下での運用の変更にとどまっており、「国による箇所づけはしない」という運用が守られていくかは、統合補助金の規模の推移と併せ、慎重に見守っていく必要があろう。

（2）　改革を妨げた要因
　ちなみに、今回の作業が十分な成果を収めることのできなかった点については、①事業実施・公物管理に係る権限の委譲に対する官庁の反対が（予想通り）強かったこと、②景気対策上、国による公共事業の実施に対する期待があり、加えて、深刻な財政状況を背景として地方への財源移転に対する財政当局のガードは固かったこと、③委譲を受ける地方の側でも、財政支出の増加・管理の困難さ等から、消極的な姿勢を示す団体もあったこと等、様々な要因を指摘することが可能である[8]。
　しかしながら、抽象的ではあるものの、公共事業の縮減の必要性とその縮減に向けての方向性が閣議決定によって確認され、「箇所づけをしない」という新たな国庫補助金制度が滑り出したことは、将来における改革の足掛かりを残したという意味において、一定の意義はあったものと評価してよい。

（3）　爾後の課題
　第2次分権推進計画を受け、各省庁は、審議会等において直轄事業範囲の見直しの作業等に具体的に着手している。今後、統合補助金の運用の在り方等と並び、これらの作業が分権の視点に沿ったものとなることを確認していくこと

[8) 加えて、作業の途上において、参議院選挙の結果を受けて橋本総理が退陣し、後継の小渕恵三内閣は景気回復を最重点の課題として掲げた、という政治的状況の変化もある。

が重要である。翻って鑑みるならば、今次の地方分権に関する一連の作業にあっては、主として地方に対する国の過度の関与を廃して地方公共団体の国に対する自主性を確保する面について大きな成果が挙がったものの、権限とそれに見合う財源を国から地方公共団体に委譲する課題については僅かの進展があったにとどまった。第5次の勧告に向けての作業が開始されたのも、この点についてはさらに努力は必要であるとの認識が関係者にあったからである。その意味において、国から地方への財源委譲は、さらに達成されるべき課題である点を否定する者は少なく、第5次勧告及び第2次地方分権推進計画がこれに向けてのささやかな第1ステップの役割を果たすことを期待したい。

【追記】(1) 地方分権改革推進会議　第1次地方分権改革後の補助金制度改革に関し、以下に簡単に確認しておく。まず、地方分権改革推進会議の作業にあっては、「事務・事業の在り方に関する意見——自主・自立の地域社会をめざして」(平成14年10月30日)において、「統合補助金の拡充、統合補助金の実態調査の実施と運用関与の改善、補助金等適正化法との関わりの点検と検討」が掲げられ(34頁〔II-3-(2)〕)、「地方公共団体の行財政改革の推進等行政体制の整備についての意見——地方分権改革の一層の推進による自主・自立の地域社会をめざして」(平成16年5月12日)においても、「I事務・事業の見直しや様々な方策における地方の自由度の拡大」において、「統合補助金化、地方支分部局への権限委任」の項目が取り上げられた(社会保障関係の補助負担金についても統合補助金化の方向が示されている。同5頁(Iア(イ))。第1次地方分権改革における方向性が踏襲され、作業が進められたものといえよう。

(2) 地方分権改革推進委員会　(a) これに続く地方分権改革推進委員会の作業にあっては、税財源制度の改革に関して、平成21(2009)年1月以降に本格的な検討が行われ、その結果は、「第4次勧告——自治財政権の強化による「地方政府」の実現へ」(平成21年11月9日)として公表された。ただし、「第2次勧告——「地方政府」の確立に向けた地方の役割と自主性の拡大」(平成20年12月8日)において打ち出されて第4次勧告もその前提とした方針は、「直轄事業の縮減」と「国の出先機関の廃止・縮減」とであり、国から地方への事務権限の大規模な移譲が柱となっている(ちなみに、第1次地方分権改革における政府文書にあっては「委譲」の語が用いられているのに対し、地方分権改革推進会議以降の文書にあっては「移譲」の語が用いられている)。よって、ここでは、人員の地方移管と(一般)財源の措置が主たる検討対象となった。もっとも、国の出先機関の廃止・縮減については、関係府省が強く反対したとともに、市町村からも懐疑的な声が寄せられ、作業は難航することとなった(出先機関の廃止・

縮減につき、本書第1編第1部第3章第2節（2）及び第3節（1）37頁以下を参照されたい）。

(b) もっとも、上記の「第4次勧告」が出される前の平成21（2009）年9月には民主党主導の連立政権が成立し、同政権においては、国の出先機関の原則廃止を掲げるとともに、ひも付き補助金の一括交付金化を前面に打ち出した（「アクションプラン――出先機関の原則廃止に向けて」〔平成22年12月28日閣議決定〕）。なお、同アクションプランにおいても、道路や河川等の直轄区間等の見直し方針が示された。本書第1編第1部第1章【追記5】(2) 23頁を参照）。ただし、国の出先機関の廃止縮減に関しては、その後に発生した東日本大震災・福島原発事故への対応が急務となったことや関係府省や市町村との間において調整が難航したこと等から、平成24（2012）年11月15日に「国の特定地方行政機関の事務等の移譲に関する法律案」が閣議決定されたものの国会には提出されず、翌日に衆議院が解散され第2次安倍晋三内閣へと政権が交代することとなった。

(c) これに対し、ひも付き補助金の一括交付金化に関しては、平成23年度より投資補助金を所管するすべての府省を対象として、投資補助金の一括交付金化（地域自主戦略交付金〔仮称〕）が具体的に着手された。例えば、平成23年度予算において内閣府に都道府県分の約5000億円が計上され、平成24年度予算においては交付対象が政令指定都市まで拡大されている（総額6754億円。沖縄振興一括交付金を含めると総額8329億円）。さらに、平成24（2012）年12月の政権交代に伴って制度は廃止されたものの、平成24（2012）年12月に成立した第2次安倍晋三内閣の下において編成された平成25年度予算において、各府省の予算に地域自主戦略交付金相当額が割り振られる一方で、各府省において事務手続の簡素化、総合交付金化が措置された。例えば、国土交通省にあっては平成22年度に制度が創設された「社会資本整備総合交付金」の予算が拡充されている。この総合交付金制度は、計画期間を3年ないし5年として地方公共団体が策定する社会資本総合整備計画に基づいて毎年度に交付金が措置されるものとなっている（令和5年度における社会資本整備交付金の制度の概要については、「社会資本整備総合交付金要綱」（平成22年3月26日制定、令和6年1月25日改正）を参照されたい）。

(3) 地方分権改革有識者会議　第2次安倍晋三内閣は、平成25（2013）年5月に地方分権改革有識者会議（平成25年4月5日内閣府特命担当大臣（地方分権改革）決定）を設置し、以降、同会議において地方分権改革の作業は推進されている。まず、同会議は、農地・公共交通・雇用の個別課題について、積み残しの課題を検討するとともに、これまでの地方分権改革を総括しこれを踏まえた方針を提示する作業を実施している（その他にも、平成25年度には「事務・権限の移譲等に関する見直し方針」（平成25年12月20日閣議決定）が定められ、国道管理等の48事務の地方移譲、病院の開設許可等の29項目の都道府県から政令指定都市への移譲の方針が示され、「地域の自主性及び自立性

を高めるための改革の推進を図るための関係法律の整備に関する法律」(平成 26 年法 51 号。第 4 次一括法) によって所要の法律の整備が行われた)。そして、国庫補助負担金の仕組みにつき、作業の結果として示された地方分権改革有識者会議「個性を活かし自立した地方をつくる――地方分権改革の総括と展望」(平成 26 年 6 月 24 日) においては、これまで行われてきた統合・メニュー化、交付金化の取組みにつき、「国庫補助負担金等については、税源移譲に結びつく改革や交付金化等の取組により、一定程度地方の自由度が高まるとともに、補助金件数も着実に減少してきた。引き続き、自由度の拡大に資するよう、国庫補助負担金等の整理合理化や補助条件の見直し等を積極的に推進すべきである」(14 頁〔2-(3)〕) として、ある程度、肯定的な評価が示されている (さらに、参照、同 28 頁、31 頁、39 頁)。

(4) 小括　以上に確認してきたように、直轄事業・補助事業の総体としての廃止・縮減の課題は達成されてこなかったものの、国庫補助負担金の交付の仕組みに関しては、第 1 次地方分権改革以降、徐々にではあるものの、地方公共団体の自由度を拡大し、事務負担を軽減する方向に向かってきたものと評価し得る。ちなみに、前者の点に関しては、各地方公共団体の発行する地方債の償還財源等にも関連性を有する交付税及び譲与税配付金特別会計を含めて国の財政状況は危機的な状況にあるなかで、三位一体の改革を越えて国・地方の税財源構造を組み替えることについて財務省等の合意を得ることは困難であったものと考えられる。また、後者の点に関しては、一連の地方分権改革を経て、国・地方関係が変化するなかで、計画策定の義務付け・枠付け、特に国庫補助負担金の交付の条件となっている計画策定の義務付け等が強化されたことに伴い事務負担の増加が顕在化している。この点に関しては、本書第 1 編第 2 部第 2 章第 2 節・第 3 節以下を参照されたい。

第3章　地方分権改革はどう進んだのか
　　　——義務付け・枠付け見直しを中心に

〈解題〉　本章は、第2次地方分権改革の作業が終わりを迎えつつあった時期にあって、改革の中心課題の一つとされた義務付け・枠付けの見直し（国の法令等による地方公共団体の事務に対する義務付け・枠付けの廃止・縮減）に関し、解説・分析を加えたものである（自治体法務研究24号〔2011年〕6頁）。義務付け・枠付けの廃止・縮減に関する一連の立法（「地域の自主性及び自立性を高めるための改革の推進を図るための関係法律の整備に関する法律」〔平成23年法37号。第1次一括法〕、同名の法律〔平成23年法105号。第2次一括法〕等）が国会において成立する前の時点において執筆したものであることから、本章の【追記1】ないし【追記3】において必要な補遺を加えるとともに、本書第1編第2部に収録した論稿の関連個所を、適宜、参照することとした。これらを併せて参照して頂くならば幸いである。

第1節　はじめに

　本章は、これまで行われてきた第2次地方分権改革の作業を振り返り、その到達点を整理しようとするものである。ただし、これらの作業のなかでも地方公共団体の条例制定権の拡充等に焦点を絞ることとし、国の法令等による地方公共団体に対する義務付け・枠付けの見直しの問題（以下、「義務付け・枠付け見直し」という）を中心に取り上げることとする。なお、地方分権改革推進委員会及び地域主権戦略会議（両会議に関しては第2節を参照）において義務付け・枠付け見直しのために設置され、小早川光郎教授（成蹊大学法科大学院教授〔当時〕）が主査となったワーキンググループに筆者は参加した経緯はあるものの、本章のうち意見にわたる部分は私見である。

第2節　地方分権改革の経緯

（1）　民主党政権の成立（平成21年9月）まで

　まず、地方分権改革のこれまでの経緯を簡単に確認しておく。地方分権改革の旗印は、20世紀末以降、国の在り方を変える上で推進されるべき課題として一貫して掲げられてきた。具体的には、平成7 (1995) 年に地方分権推進法

(同年法96号)に基づいて地方分権推進委員会が発足し、平成11(1999)年には、同委員会の勧告を実現する地方分権一括法(同年法87号)が制定されたことをもって第1次地方分権改革が実現した。この改革は、国の行政機関による地方の行政機関に対する関与の在り方の見直し等を中心とするものである。もっとも、その後にあっては、地方分権改革推進会議(政令設置機関)が後継組織として設置されたものの、第1次地方分権改革に比して目立った成果を挙げることはできなかった。むしろ、小泉純一郎内閣時代において平成14(2002)年以降に実施された三位一体の改革は、国税から地方税への財源移転を行ったものの、地方交付税や国庫負担金・補助金の削減に伴って、地方公共団体の財政、特に自主財源に乏しい団体等における財政のひっ迫度が増したことにより、地方から強い批判の声が寄せられた[1]。

そこで、平成18(2006)年に第1次安倍晋三内閣の下において地方分権改革推進法(同年法111号)が制定され、同法に基づいて作業を推進する機関として、平成19(2007)年4月に地方分権改革推進委員会(委員長・丹羽宇一郎伊藤忠商事株式会社取締役会長〔肩書は当時のもの。以下、同じ〕)が発足した。同委員会は、「地方分権改革推進にあたっての基本的な考え方」(同年5月)、「中間的取りまとめ」(同年11月)に続き、「第1次勧告」(平成20年5月)から「第4次勧告」(平成21年11月)に至るまで、多くの意見・勧告を公表し、①国の地方支分部局の廃止・縮減、②権限移譲の推進、③義務付け・枠付けの見直し、④地方税財政構造の一体的改革等に取り組んだ[2]。しかしながら、例えば、地方支分部局の地方振興局(仮称)と地方工務局(仮称)への統合・廃止等を柱とする第2次勧告(平成20年12月)に関しては、関係省庁からの強い反発を招いたことに加え、強力な権限をもった機関が生まれるのではないか等の地方の疑念を招く等、作業は順調には進展しなかった[3]。このように、自民党政権の下にあって地方分

---

1) 三位一体の改革に関しては、本書第1編第2部第1章第1節(2) 1) 52頁及び同章の73頁【追記1】等を参照されたい。
2) 「第1次勧告――生活者の視点に立つ『地方政府』の確立」(平成20年5月28日)、「第2次勧告――『地方政府』の確立に向けた地方の役割と自主性の拡大」(平成20年12月8日)、「第3次勧告――自治立法権の拡大による『地方政府』の実現へ」(平成21年10月7日)、「第4次勧告――自治財政権の強化による『地方政府』の実現へ」(平成21年11月9日)等。
3) 地方分権改革委員会における国の出先機関の廃止・縮減については、同委員会の第1次勧告(参照、前掲注(2))を踏まえて決定された地方分権改革推進要綱(平成20年6月20日)において、道路や河川等の直轄部分の範囲等の見直しの方針が示された(同要綱第2)。もっとも、同委員会

権の作業が必ずしも順調には進展しなかった背景には、政権党が政治的イニシアチブを十分には発揮できなかったという事情とともに、地方分権を推進するために設けられた第三者機関ではあるものの、諮問・勧告機関である地方分権改革推進委員会が、事務局等を通じて関係省庁と事務的な調整を重ねながら作業を進めていく方式が、長年の地方分権作業のなかで限界に突き当たっていた事情がある。

（2） 民主党政権下の作業

これに対して、平成21 (2009) 年8月の第45回衆議院総選挙によって、本格的な政権交代が実現し、①「地域主権」の確立、②社会保障・義務教育関係を除く国庫補助金の廃止、③国と地方の協議の場の法定等を掲げ、「政治主導」による国政の大胆な変革を唱える民主党を中心とする連立政権が成立したことによって、地方分権をめぐる状況は変化した。

すなわち、同年9月に発足した鳩山由紀夫連立内閣（民主党、国民新党、社会民主党）は、「国と地方の協議の場の法制化」と「義務付け・枠付けの見直しと条例制定権の拡大」とを柱とする地方分権改革推進委員会の「第3次勧告」（同年10月）を尊重し、「内閣を挙げて速やかに取り組む」との姿勢を公表する（鳩山内閣総理大臣の談話）一方、同年11月には前政権時代に政府に設けられていた地方分権改革推進本部を廃止して、地域主権戦略会議を設置した（同年11月）。さらに、第3次勧告を踏まえた地方分権推進計画（地方分権改革推進法8条1項）を同年12月に決定している。また、地方分権改革推進委員会が法律に基づく設置期限を迎えて平成22 (2010) 年4月に解散した後には、内閣総理大臣以下の関係閣僚と地方公共団体の首長・有識者によって構成される地域主権戦略会議が作業の推進主体として活動し、その活動結果は、「地域主権戦略大綱」（同年6月）、「アクション・プラン——出先機関の原則廃止に向けて」（同年12月）の閣議決定において成文化された。

の「第2次勧告——「地方政府」の確立に向けた地方の役割と自主性の拡大」（平成20年12月8日）を踏まえて、政府の地方分権改革推進本部が決定した「出先機関改革に係る工程表」（平成21年3月24日）については、第2次勧告で求めた出先機関の人員の具体的な削減が盛り込まれなかったことが議論を呼んだ。参照、読売新聞平成21 (2009) 年3月24日朝刊2面、日本経済新聞同年3月25日朝刊5面等）。さらに、参照、後出注(4)及び本文該当箇所。

第3節　民主党政権下の到達点——義務付け・枠付け見直しを中心に

(1)　民主党政権下の作業

このように、民主党政権の下で、政治主導の政策決定のシステムが採用され、地方分権改革に関しても新たな施策の展開が見られた。第1に、国の出先機関の廃止の課題に関しては、出先機関単位で事務・権限を移譲することを柱とする移譲のプランが示された。ただし、抜本的な改革案をめぐって調整は難航し、平成24 (2012) 年の通常国会への関連法案の提出、平成26年度中の移譲の実施と、プランの実施時期は先送りとされている。例えば、具体的な事務の移譲に関し、1級道路・1級河川の直轄部分に関して一の都道府県で完結する区間については移譲が明記されたものの、ハローワークに関して最終的な結論は示されなかった[4]。第2に、国庫補助負担金の廃止及び一括交付金化の課題に関しては、第1段階として、平成23年度より投資補助金を所管するすべての府省を対象として、投資補助金の一括交付金化（地域自主戦略交付金〔仮称〕）に着手されることになった。平成23年度予算においては、都道府県分の約5000億円が計上されている。そして、民主党政権下の成果として挙げることのできる第3番目の措置が、義務付け・枠付け見直しに関する作業、閣議決定、法案の提出である。以下、作業の進展状況を確認することとしたい（なお、国の出先機関の廃止と国庫補助負担金の一括交付金化等につき、本章の【追記2】を参照）。

(2)　義務付け・枠付けの廃止・縮減の背景

まず、義務付け・枠付け見直しが地方分権の作業の柱として位置づけられた背景を確認する。すなわち、第1次の地方分権改革は、主として、地方の行政機関に対する国の行政機関の関与の在り方を見直そうとしたものであった。その結果として、機関委任事務の廃止、国の関与についての原則の確立（法定主

---

4)　参照「アクション・プラン——出先機関の原則廃止に向けて」（平成22年12月28日閣議決定）。なお、その後、民主党主導の連立政権は、「国の特定地方行政機関の事務等の移譲に関する法律案」の閣議決定を目指したものの、東日本大震災・福島原発事故の対応に追われたことに加え、関係府省の強い反対を説得し、かつ、市町村の疑念を解消するための調整に時間を要することとなった（例えば、参照、日本経済新聞平成23 (2011) 年7月8日朝刊2面、平成24 (2012) 年6月16日朝刊15面〔地方経済面〕）。結局、同法案は、衆議院が解散される直前の平成24 (2012) 年11月15日に閣議決定されたものの、国会には提出されず、第46回衆議院総選挙の結果、自民党公明党連立の第2次安倍晋三内閣が発足することとなった。

義・一般法主義の確立、透明性の確保等)、国地方係争処理制度の確立（国地方係争処理委員会への審査の申出、裁判所への提訴の手続の創設）等、地方行政への中央省庁の関与の在り方を大きく見直すことに、第1次地方分権改革は成功した。しかしながら、第1次地方分権改革においては、国の法令等が地方の立法権を含め、事務処理に義務付け・枠付けを行っている現状には手はつけられなかった。そこで、地方公共団体の事務遂行に関し、基準の設定を含めて法令を通じて過度に拘束をかけている状況を変え、地域の住民を代表する議会の審議を通じて、地方公共団体自らの判断と責任において行政を実施する仕組みを目指すことの必要性が意識されるようになった。

(3) 地方分権改革推進計画（平成21年12月）

1) 「第3次勧告」（平成21年10月）　義務付け・枠付け見直し作業の経緯は、次のようなものである。前記のように、地方分権改革推進委員会の調査審議を通じて自治事務に係る義務付け・枠付けに該当すると判断された法令の条項のすべてを対象として検討が行われ、見直しを行う必要があると判定されたものが「第2次勧告」（平成20年12月）において条項の単位で整理された。

第2次勧告は、「中間的な取りまとめ」に示した義務付け・枠付けの存置を認める基準及び第2次勧告において追加された基準に該当しない限りは、見直しの対象とする、との立場を示している。以下に示すのはその概略であり、正確な文言等に関しては原文を参照されたい（括弧内は、筆者が付した解説である）。

① 「中間的な取りまとめ」で示された基準（第2次勧告で表現が修正された条項がある）
  i　私有財産制度、法人制度等の私法秩序の根幹となる制度に関わる事務
  ii　補助対象資産又は国有財産の処分に関する事務
  iii　地方自治に関する基本的な準則に関する事務等
  iv　地方自治体相互間又は地方自治体と国その他の機関との協力に係る事務であって全国的に統一して定めることが必要な場合
   a　他の地方自治体との水平的共同、広域的連携のために必要な仕組みを設定するもの
   b　全国的な総量規制・管理のために必要な仕組みを設定するも

の

　　c　地方自治体に義務付けられた保険に係る規定のうち、地方自治体以外に対して義務付けられた保険と一体となって全国的な制度を構築しているもの

　　d　指定・登録機関の指定・登録（自治体の事務そのものに限定）に係るもの

　　e　国・地方自治体間、地方自治体相互間の情報連絡・意見聴取（協議・調整は除かれる）に係る規定のうち、都道府県に対して国への情報連絡を義務付けるもの、市町村に対して国・都道府県への情報連絡を義務付けるもの等

　　f　地方自治体間の権限配分に関する相互間調整及び紛争解決のための裁定の手続

　　g　国・地方自治体間の同意（ただし、先行する地方分権推進計画〔平成10年5月〕、地方分権改革推進委員会第1次勧告との関係において限定が加えられている）

　ⅴ　国民の生命、身体等への重大かつ明白な危険に対して国民を保護するための事務であって、全国的に統一して定めることが必要な事務

　ⅵ　広域的な被害のまん延を防止するための事務であって、全国的に統一して定めることが必要な場合

　ⅶ　国際的要請に係る事務であって、全国的に統一して定めることが必要な場合

② 第2次勧告で付加された基準
　ア　地方自治体による行政処分などにあたっての私人保護（例示が付されている）、地方自治体による証明書・手帳の交付等、地方自治体が設置する公物、資格、規制区域、税・保険料等の記録に係る規定
　イ　全国的に通用する士業の試験、資格の付与剥奪、全国的な事業の許可・認可・届出受理、これらに関する指導監督に係る規定
　ウ　国民の生命、身体等への危険に対して国民を保護するための対人給付サービスの内容・方法等に係る規定のうち、金額等の定量的基準、具体的な方法等を含まないもの

エ　義務教育に係る規定のうち、教育を受ける権利及び義務教育無償制度を保障したもの
オ　周辺に多大な環境負荷をもたらす施設の設置の許可等の手続・基準であって、全国的に統一して定める必要があるもの
カ　刑法で禁止されている行為を特別に地方自治体に許容するための条件に係る規定
キ　計量、公共測量等の精度の確保並びに住居表示に係る規定のうち、全国的に統一して定める必要があるもの

　その上で、第2次勧告において見直す必要があるとされた義務付け・枠付けの条項のうちで特に問題があるとされた「施設・公物設置管理の基準」、「協議、同意、許可・認可・承認」及び「計画等の策定及びその手続」に関し、その具体的な見直し措置等が、民主党政権発足直後に公表された「第3次勧告」（平成21年10月）において提示された。

　2）　第1次見直し（平成21年12月）
　　①見直しの対象条項　「第3次勧告」を受け、民主党政権は、地域主権改革を実現する上で、義務付け・枠付けの見直しと条例制定権の拡大は大きな意義を有するとして、平成21 (2009) 年10月以降に具体的な見直しの検討作業を政府部内において進めた。具体的には、第3次勧告に盛り込まれた義務付け・枠付けの条項のうちで、地方公共団体から要望のあった事項を中心として地方分権改革推進計画を策定し、平成21 (2009) 年12月15日に閣議決定がされた。これが、「第1次見直し」である。この「第1次見直し」にあっては、地方要望のあった49項目中42項目が取り上げられ、それ以外の項目を加えると63項目・121条項について見直しが加えられることとなった。具体的には、児童福祉施設の設置及び運営に関する基準、公営住宅の整備基準・入居収入基準、道路の構造基準、職業能力開発施設の運営基準等が条例委任された。それ以外にも、漁港、港湾の区域指定に関する大臣協議が廃止され（事後届出に変更）、中小企業支援や環境規制等についての国への協議・国の認可等が廃止されることになった（なお、本章の【追記1】を参照）。

　　②条例委任とその形式　なお、「義務付け・枠付け」の見直し作業の過程においては、各府省との協議の結果として、現行の規定そのものを廃止する結論が得られない場合も想定されたことから、現行の規定を見直して、地方自

治体に対して奨励する規定、条例に委任する規定等に移行する選択肢も許容せざる得ない、との判断も示されることとなった。具体的には、現行の規定そのものの廃止が困難である場合に関して、以下の基本的な方向性が示されている[5]。

「(a) 施設・公物設置管理の基準の義務付けの見直しは、基準の条例への委任の方向が検討されるべきであり、その際には、条例制定の主体、条例制定に当たって地方自治体に課すことが許容される制約の程度が主たる問題になる。

(b) 協議、同意、許可・認可・承認の義務付けの見直しは、より弱い形態への移行が検討されるべきである。

(c) 計画等の策定及びその手続の義務付けの見直しは、「できる」規定化、例示化等により単なる奨励にとどめることが検討されるべきである。」

特に、施設・公物設置管理の基準に関しては、条例への委任に際して、施設・公物の性格に応じて、「従うべき基準」、「標準」、「参酌すべき基準」の三つの方式を国が定めることも許容された[6]。各府省との協議において、項目ごとに緩和・縮減を進める上で必要であると判断された結果である。

これらの基準のうち、まず、「従うべき基準」とは、条例の内容を直接的に拘束する、必ず適合しなければならない基準であり、基準の範囲内で地域の実情に応じた内容を定める条例は許容されるものの、異なる内容を定めることは許されない。次に、「標準」は、法令の「標準」を通常よるべき基準としつつ、合理的な理由がある範囲内で、地域の実情に応じた「標準」と異なる内容を定めることが許容されるものである。最後に、「参酌すべき基準」は地方公共団体が十分参照した結果であれば、地域の実情に応じ、異なる内容を定めることが許容されるものである。以上のように、地方公共団体への拘束の度合いという観点からは、国が基準を定めるに際しては、「参酌すべき基準」として制定することが望ましいこととなる（この点につき、本章の【追記3】を参照）。

そして、地方分権改革推進計画に基づいて「地域主権改革の推進を図るため

---

[5] 地方分権改革推進委員会「義務付け・枠付けの見直しに係る第3次勧告に向けた中間報告」(平成21年6月5日) 2頁 (1-(2))。
[6] 地方分権推進委員会・前掲注(5) 5頁以下 (2-(4))。

の関係法律の整備に関する法律案」(閣法56号) 等が第174回国会 (常会) に提出された。しかしながら、鳩山由起夫氏から菅直人氏への内閣総理大臣の交代、平成22 (2010) 年夏に実施された第22回参議院選挙における与党の過半数割れにより「ねじれ国会」が再来し、その後に尖閣列島問題等を要因として議会審議が停滞したこと等により、継続審議の状況が続いた (同法案は名称を「地域の自主性及び自立性を高めるための改革の推進を図るための関係法律の整備に関する法律」に改める等の修正を経て第177回国会〔常会〕において成立した〔第1次一括法〕。なお、本章の【追記1】を参照)。

（4） 第2次見直し等

このように、「第1次見直し」を実現する法律制定の作業が国会で停滞している状況にはあったものの、「第3次勧告」に盛り込まれたものであるが地方分権改革推進計画の対象とはならなかった義務付け・枠付けについて、引き続き見直しの作業が進められた。その結果が「第2次見直し」であり、そのなかで法律の改正により措置すべき事項については、所要の一括法案等が平成23 (2011) 年の通常国会に提出されることとなった (第177回国会〔常会〕)。その数は、308項目、528条項に及んでいる。具体的には、①公立高等学校の生徒の収容定員の基準が廃止され、生活保護施設の設備・運営に関する基準や都市公園の設置基準が条例に委任されることとなった他、都道府県の山村振興基本方針の基準が廃止されることとなった。

これに加えて、②地方債の発行に係る総務大臣等の協議が一部見直され (個別の協議から包括的届出への移行)、都道府県の山村振興基本方針の策定に際しての主務大臣の同意が廃止され (事後報告への変更)、空港管理者の空港供用規程の策定・変更に際しての国土交通大臣の認可も廃止された (事後報告・通知・届出への変更)。さらに、③市町村交通安全計画の作成義務について「できる」規定化又は努力義務化がされ、また、同計画の計画内容の例示化や大枠化、地方公共団体の官民競争入札又は民間競争入札の実施方針の策定義務について「できる」規定化又は努力義務化、都道府県の児童委員の研修に関する計画の策定義務につき「できる」規定化又は努力義務化、が行われることとなった (同法案は「地域の自主性及び自立性を高めるための改革の推進を図るための関係法律の整備に関する法律」として第177回国会〔常会〕において成立した〔第2次一括法〕。なお、本章の

【追記1】を参照）。

(5) 地域主権戦略大綱（平成22年6月）

さらに、平成22 (2010) 年6月に定められた「地域主権戦略大綱」（同年6月22日）においては、①義務付け・枠付けの見直しと条例制定権の拡大を進めるため、第3次勧告の実現に向けて引き続き検討を行うこと、②第2次勧告に示したもののうち、第3次勧告で取り上げた事項以外のものについても見直しを進めていくこと、③特に、第2次勧告において取り上げられた膨大な事項については、具体的に講ずべき措置の方針等を検討・整理した上で、見直しに向けて真摯に取り組んでいくこと、以上の3点の方針が示された（同第2-3）。

これを受けて、平成22 (2010) 年12月の第10回地域主権戦略会議においては、「地域主権戦略大綱」を受けた小早川ワーキンググループの検討作業結果として、第2次勧告の対象事項のうち、新たに、①「地方からの提言等に係る事項」、②「通知・届出・報告、公示・公告等」、③「職員等の資格・定数等」について優先的に見直しを進める、との結論が得られたことが報告され、了承が得られた。①は、地方要望を最大限尊重する姿勢を示したものである。②は、「協議、同意、許可・認可、承認」に準ずる義務付け・枠付けであって、地方公共団体に多大な事務負担を生じさせていると考えられたため、追加的検討の対象となった。さらに、③は、これらの義務付け等のために、柔軟な人員配置が行えないため、地域の実情に応じたサービス提供に支障が生じていると考えられたものである。以上の趣旨に基づき、これらの3項目については、政府部内において優先的に見直しがされることになる。ちなみに、①から③に該当する条項は約1200あり、これまでの見直し対象条項と合わせるならば、第2次勧告対象条項約4000条項のうち半数以上について検討が済んだことになる[7]。

さらに、地域主権戦略会議においては、(a) 残された1648条項の義務付け・枠付けに関しては引き続き取り組む、(b) 見直しの手法としては、地方からの地域の実情に即した具体的な提案を受けて、個別の義務付け・枠付けの見直しを検討することにより進める、(c) その際、これまで検討したものの見

---

[7] 第10回地域主権戦略会議（平成22年12月27日）・資料3-3（「今後の義務付け・枠付けの見直し方針について（案）（概要）」）及び「義務付け・枠付けの更なる見直しについて」（平成23年11月29日閣議決定）。

直しに至らなかった事項や4076条項以外の義務付け・枠付けについても検討の対象とし、見直しを進める、等の方針も示されている[8]（この方針に基づいて実施された作業が「第3次見直し」である。なお、本章の【追記1】を参照）。

第4節　おわりに

　これまで述べてきたように、見直しの作業に関しては、自民党連立政権時代において地方分権改革推進委員会によって基本的な方針が示されていた。しかしながら、義務付け・枠付けの廃止・縮減（及び国と地方の協議の場の法定）に関して政府部内の調整がかなりの程度進捗したことについては、地域主権戦略会議の下において政治的イニシアチブが積極的に発揮されたことの反映であるといえよう。地方分権については、既得の権限を各府省が手放したくないために抵抗しているといわれることがある。そのような側面は全くないとは筆者も考えてはいないものの、各府省が抵抗する背景には、義務付け・枠付けによって自らの利益を保護されていると考える利害関係者がおり、これらの者の反対は無視できないという事情があることには留意が必要である。このようななかにあって、義務付け・枠付けの見直しをはじめとする地方分権を推進するためには、国民全体に対して最終的な政治責任と説明責任を負う内閣、さらには、立法府のイニシアチブが不可欠である。このような観点から、義務付け・枠付けの廃止・縮減をはじめとする地方分権改革の作業を進める上での内閣と国会の創意・工夫が期待される。

【追記1】　(1)　第1次一括法・第2次一括法の成立　　平成19(2007)年4月から平成22(2010)年3月まで活動した地方分権改革推進委員会の下で実施された義務付け・枠付けの廃止・縮減の作業のうち、まず、「第1次見直し」（第3節(3)2)を参照）に関しては、「地域の自主性及び自立性を高めるための改革の推進を図るための関係法律の整備に関する法律」（平成23年法37号。第1次一括法）において措置された（42法律の改正）。また、「第2次見直し」に関しては、同名の法律（平成23年法105号。第2次一括法）により措置されている（188法律の改正）。

　(2)　衆議院の解散―法案の廃案　　また、本章の第3節(5)において述べたように、

---

[8]　参照、前掲注(7)（「今後の義務付け・枠付けの見直し方針について（案）（概要）」1頁以下〔「今後の方針」〕）及び「義務付け・枠付けの更なる見直しについて」1頁以下（「3　今後の方針」）。

第1次一括法案及び第2次一括法案の国会提出の方針を了承した第10回地域主権戦略会議（平成22年12月27日）及び「義務付け・枠付けの更なる見直しについて」（平成23年11月29日閣議決定）においては、引き続き第3次勧告の内容を実現する方向で作業を進める方針も決定された。もっとも、この「第3次見直し」の作業結果は、第1次一括法及び第2次一括法と同名の法律の法律案（第180回国会〔常会〕閣法59号）として国会に提出されたものの、衆議院の解散に伴って廃案となっている。

(3) 第3次一括法の成立　ちなみに、前記の第1次一括法附則47条には、「政府は、……地方分権改革推進委員会……の勧告において、……義務付けに関し、具体的に講ずべき措置が提示された事項及び見直し措置を講ずべきものとされた事項のうち、この法律において措置が講じられてないもの……について、できるだけ速やかに、当該勧告に即した措置を講ずるものとする」との規定が盛り込まれていた。このような事情もあり、義務付け・枠付けの廃止・縮減の作業は、その後に成立した第2次安倍晋三政権の下においても継続的に進められた。具体的には、「第3次見直し」に加えて、①これまでの見直しで対象にならなかった条項、②これまで検討したものの見直しにいたらなかった事項、③新たに設けられた規定等地方分権改革推進委員会の勧告の対象とならなかった事項に関して、地方から地域の実情に即した具体的な提案を受けた事項について見直すことを内容とする「第4次見直し」が実施された（この点につき、「義務付け・枠付けの第4次見直しについて」〔平成25年3月12日閣議決定〕）を参照）。これを受けて、「第3次見直し」「第4次見直し」を措置する第1次一括法及び第2次一括法と同名の法律（平成25年法44号。第3次一括法）が成立している。なお、本書第1編第2部第1章第1節(2)2)52頁以下も参照。

【追記2】　参照、「地域主権推進大綱」（平成24年11月30日）第4。平成24年度予算において政令指定都市へと交付対象が拡大されたものの、平成24(2012)年12月の政権交代に伴って、地域自主戦略交付金の制度は廃止された。その後における国庫補助負担金の制度及び運用に関しては、本書第1編第1部第2章32頁【追記】(2)(b)を参照されたい。

【追記3】　義務付け・枠付けの廃止・縮減に関する作業の当初において、「条例による法令の上書き」について議論がされたものの、最終的には、条例委任の方式に基づいて義務付け・枠付けの廃止・縮減が進められることとなった。そして、この点に関して批判の強かったことも事実である（北村喜宣「牽強付会？」自治実務セミナー49巻1号〔2009年〕45頁、礒崎初仁「法令の規律密度と自治立法権──地方分権改革推進委員会の検討を踏まえて」ジュリ1396号〔2010年〕146頁）。筆者は、法律の委任に基づく政省令に関して条例による「上書き」を限定抜きに認めることについては、日本国憲法94条が「法律の範囲内」で地方公共団体の条例制定権能を認め、かつ、委任立法の定立

も憲法上許容されていることとの関係において、(理論的にではなく) 立法作業上は極めて困難なものであったと考えている (同旨、岩橋健定「分権時代の条例制定権——現状と課題」ジュリ 1396 号 141 頁)。

　すなわち、個別法が特定の事項に関して法令横断的に規律を定めた例としては環境影響評価法 (平成 9 年法 81 号) 33 条以下の横断条項もあることからは、「上書き」権の目指すところを一般法の条項として規律することはおよそ不可能なことではあるまい (上書き権を創設する提案として、参照、松本英昭「自治体政策法務をサポートする自治法制のあり方について」ジュリ 1385 号〔2009 年〕94 頁等。ちなみに、実体的規律として定める方式が困難と判断される際には、国会法における特別の審議手続を設ける方式等も立法技術上はあり得たものと考えられる〔上書き権に係る条項を含む法律案の審議につき地方 6 団体の意見聴取と意見尊重規定を導入する等〕)。他方、委任先の政省令の規律において条例による上書きを許容しない趣旨まで含む委任条項を法律に定立することが現在の日本国憲法によって禁止されてきたとは解し得ない (よって、上書き権を定める一般法を定める場合にあっても、例外を定める個別法を定立することを原則違憲とすることはできまい)。

　そこで、このような委任条項を抜本的に廃止・縮減する目的をもって洗い出し、振り分ける作業を実施する作業に関しては、このような委任条項を所与のものとしてきた法令所管官庁、関係者の合意を得ることにはかなりの困難が伴うことは、当時、予想し得たことであったといえよう。加えて、ポジティブリスト方式 (上書きを認める法令の規定を例外規定として一般法に列挙する方式) であれ、ネガティブリスト方式 (上書きを認めない規定を列挙する方式) であれ、機関委任事務廃止時における法定受託事務と自治事務との選別の作業よりも作業の困難が伴うことは必至である。既存の法体系の洗い直しには、委任立法の規範形式や規律の内容に関する詳細な検討が不可欠となり、かつ、その際には、政令・省令等の区別、再委任の可否、さらには個別条項のみならず条項に含まれる規律の内容すべてについての検討が必要となるからである。このような作業の困難さについては、義務付け・枠付け条項の数、そして、その後に実施された義務付け・枠付けの廃止・縮減に係る作業の経緯に照らすならば、容易に想像し得る。

　以上のことから、条例委任を通じて地方公共団体の条例制定に委ねられる事項及び範囲を個別に拡大する方向性が手段として採用されたことは、交渉の相手方たる法令所管府省との関係において、また、実際の作業の手順としてやむを得ざるものであったといえよう。

第2部　地方分権改革の課題

第1章　地方分権改革の現状と課題
——第2次地方分権改革後の動き

〈解題〉　本章は、第2次地方分権改革の総仕上げともいえる「地域の自主性及び自立性を高めるための改革の推進を図るための関係法律の整備に関する法律」（平成25年法44号。第3次一括法）及び同名の法律（平成26年法51号。第4次一括法）が成立した後の時点において法學志林115巻4号（浜川清教授退職記念号）（2018年）に寄稿した論稿（題名は本章と同じ）と、ほぼ同時期に総務省『地方自治法施行70周年記念 自治論文集』（2018年）に寄稿した論稿（「地方分権改革の引続きの推進に向けて」同書145頁）とを一つの論文として再構成したものである。第1次地方分権改革及び第2次地方分権改革の経緯を振り返り、第2次地方分権改革後における課題を析出しようとした論稿として、本書に収録した。

第1節　第1次及び第2次地方分権改革の到達点

(1)　改革の意義と第1次地方分権改革

1) 地方分権改革の意義[1]　20世紀末以降に行われたわが国の統治機構改革に係る重要な取組みの一つが、地方分権改革である。地方分権改革とともに、衆議院選挙への小選挙区制の導入、副大臣・大臣政務官制度の創設、中央省庁等改革に代表される重要な統治システム改革が20世紀末に行われた背景には、グローバル化の進展、経済・社会の高度化等に伴って、国レベルの施策に関しては強力な政治的イニシアチブによって推進できる体制の整備が求められたことがある。地方分権改革もその流れのなかに位置づけることはできるが、この改革が求められたことには独自の背景もある。

---

[1]　地方分権改革の意義と背景について、筆者がまとめたものとして、高橋滋「法曹実務のための行政法入門（4）——行政組織法②——地方分権改革・民営化」判例時報2332号（2017年）126頁（同『法曹実務のための行政法入門』〔判例時報社、2021年〕70頁）がある。本章第1節の叙述は、これを適宜、要約・修正したものである。

第1に、高度成長期を経て、地域の経済力と行財政能力とが向上し、地域に係る施策の国主導による実施に対する期待は薄らいできた。第2に、地域に密接に関わる施策が国によって一律・画一的に展開されることには、柔軟性の欠如、施策の基礎となる情報量の限界等の弊害がある、との認識が強まった。特に、「失われた10年」の標語に象徴されるように、中央官僚機構への信認のゆらぎも生じた。第3に、社会の成熟化が進行し、行政と連携して暮らしづくり・まちづくりを担う層が登場してきた。そこで、地域に密接に関わる施策に関しては、環境の変化に対応が可能で、かつ、地域の実情に即した施策を展開できる地方公共団体が主導的役割を担うシステムを構築することへの期待は強まってきた[2]。

　このように、地方分権改革は、地域に密接に関わる施策に係る国主導の統治システムを改め、地域の企業、NPO、市民と地方公共団体が連携しつつ、地域の実情に即し、柔軟できめ細やかな施策を展開できる枠組みを構築しようとするものであった。かつ、このような体制の構築は、「国際社会における国家としての存立にかかわる事務、全国的に統一して定めることが望ましい国民の諸活動若しくは地方自治に関する基本的な準則に関する事務又は全国的な規模で若しくは全国的な視点に立って行われなければならない施策及び事務の実施その他の国が本来果たすべき役割」（平成11年法87号による改正後の地方自治法1条の2第2項）を国が担い、グローバル化や社会・経済の高度化に対応できるガバナンスシステムを構築することを目指すものでもあった。

　2）**第1次地方分権改革**　1990年代後半から作業が開始された第1次地方分権改革においては、（ⅰ）国と地方の役割分担原則の明確化、（ⅱ）機関委任事務の廃止と自治事務・法定受託事務等への振り分け、（ⅲ）国の関与の廃止・縮減、国地方係争処理制度等の創設、（ⅳ）必置規制の緩和、（ⅴ）事務権限の委譲と事務処理特例の制度の新設、等が実施された[3]。

　　①役割分担原則の法定　日本国憲法に規定された地方自治の原則を再

---

2)　以上のような筆者の分析を述べたものとして、高橋滋「新しい地方行政と自治体の課題」季刊TOMORROW13巻4号（1999年）1頁以下（本書第1編第1部第1章2頁）がある。
3)　第1次地方分権改革に係る概説書の記述として、参照、塩野宏『行政法Ⅲ〔第4版〕』（有斐閣、2012年）139頁注1（なお、同書〔第6版〕〔有斐閣、2021年〕154頁注2にあっては第2次地方分権改革の経緯を含めた解説となっている）、宇賀克也『地方自治法概説〔第7版〕』（有斐閣、2017年）141頁以下〔同書〔第10版〕〔2023年〕154頁以下〕等。

確認する趣旨において、国と地方の役割分担の原則が地方自治法（昭和22年法67号）に明記された（前記の同法1条の2）[4]。同条は、第1項において、地方公共団体が地域における行政を自主的かつ総合的に実施する役割を担うことを明らかにした上で、先に述べたよう、第2項において、国に求められる役割は国が重点に担うものとしている。

②**機関委任事務の廃止**　機関委任事務の沿革は、明治憲法期の町村制度に遡る[5]。この制度は、日本国憲法により都道府県に直接公選制が導入された際に、都道府県の事務に大規模に導入され、地方公共団体の事務執行につき、国から都道府県、都道府県から市町村に対する指揮監督の関係は色濃く残った[6]。したがって、機関委任事務を廃止して、自治事務・法定受託事務等に振り分けたことには重要な意義がある（国の直接執行事務とされた事務もある）。もっとも、国（都道府県）が本来果たすべき役割に係るものであって、国（都道府県）においてその適正な処理を特に確保する必要があるものとして、法定受託事務が新設された。ただし、法定受託事務については、地方自治法に基づく是正の指示、処理基準の策定の他に、個別法に基づく協議等の関与は認められるものの、議会の条例制定権や関与が基本的に及ぶ[7]。また、法定受託事務は当該法令及び地方自治法の別表（第1及び第2）に明示され、明示されていない事務は自治事務である（地方自治法2条8項・9項）[8]。

③**関与の廃止・縮減と国地方係争処理制度**　過去においては、地方公共団体の事務処理につき、個別に、国の機関の許可、認可、承認等、幅広く国の行政機関による関与が認められていた。さらに、法令所管官庁は、機関委任事務のみならず、それ以外の事務に関しても法令解釈通知や事務執行に係る通知

---

[4]　小早川光郎「地方分権改革――行政法的考察」公法62号（2000年）170頁以下、磯部力「行政法の解釈と憲法理論」公法66号（2004年）89頁以下など。

[5]　市制町村制（明治21年法1号）町村制69条。参照、小早川光郎等編『史料・日本の地方自治1 近代地方自治制度の形成』（学陽書房、1999年）8頁以下［姜再鎬］。

[6]　機関委任事務に対して議会の条例制定権は及ばず、議会の統制権限も制限されていた。検閲・検査権等につき、地方自治法施行令で定める事項は対象外とされ、地方自治法100条に基づく調査権限は及ばなかった。監査委員による監査も一部事項は制限されていた。

[7]　法定受託事務に関し、議会の検査・監査委員の監査、地方自治法100条に基づく調査は、国の安全を害するおそれのあるもの等に関しては、除外されている（地方自治法98条1・2項、100条1項）。

[8]　法定受託事務・自治事務の区別につき、参照、宇賀・前掲注(3) 130頁以下（同書〔第10版〕141頁以下）、松本英昭『逐条地方自治法〔第9次改訂版〕』（学陽書房、2017年）48頁以下。

等を発出し、地方公共団体の事務執行は事実上これらに拘束された。そこで、地方自治法において、（ⅰ）国の関与を、自治事務、法定受託事務ごとに類型化し、（ⅱ）関与の法定主義（同法245条の2）を定め、（ⅲ）関与は必要最小限のものとし、地方公共団体の自主性・自立性を尊重すべきこと等が規定された。

また、国の関与、都道府県の関与に係る紛争を処理する制度として、国—都道府県間における国地方係争処理制度、都道府県—市町村等間における自治紛争処理委員による調停・審査・処理方策の提示が設けられた（同法250条の7以下、251条以下）。加えて、国・都道府県の関与については、その後、国の是正の要求、指示（都道府県知事の指示）に係る地方公共団体の不作為につき、国等が不作為の違法の確認を求める制度が創設された（平成24年法72号による改正、同法251条の7、252条[9]）。

④必置規制の緩和等　地方公共団体の組織等に関しても、特定の名称をもつ機関の設置を義務づけ（身体障害者更生相談所、知的障害者更生相談所等[10]）、特定の職につき一定の資格を求める例は多かった（麻薬取締官等に係る資格規制）。地方公共団体の組織編制等に縛りをかける仕組みは必置規制と呼ばれており、その廃止や緩和も取り組まれた[11]。ただし、保健所長の医師資格のように緩和が図られたものがあるものの、多くの規制は存続している（地域保健法施行令4条[12]）。

⑤権限の委譲と事務処理特例の制度　第1次地方分権改革においては、35法律の改正によって、国の権限が都道府県に、都道府県の権限が市町村に

---

9)　係争処理制度に関しては、地方分権推進委員会の勧告において国による提訴も提言されていたものの、法案化の際に削除された。参照、松本・前掲注(8) 1258頁以下。
10)　第1次地方分権改革後に、これらの組織は、「身体障害者の更生援護に関する相談所」（身体障害者福祉法11条、9条9項）、「知的障害者の更生援護に関する相談所」（知的障害者福祉法12条、9条6項）と定義され、他の行政機関との組織統合等が可能な規定となった。
11)　必置規制の緩和につき、参照、森田朗「必置規制の見直しと地方公共団体の組織」西尾勝編著『新地方自治法講座12 地方分権と地方自治』（ぎょうせい、1998年）181頁等。
12)　同令4条2項は、医師を充てることが著しく困難な場合に、専門的知識に関し医師と同等以上の知識を有する者等を、2年に限り充てることを認め、同条3項は、1回に限り延長を認めることできるものとした。これは、地方分権改革推進会議等の要請に基づいて平成16年11月政令339号による改正によって措置されたものである（ちなみに、厚生労働省健康局長通知「地域保健法施行令第4条に定める保健所長の資格について」（健発21年03314041号平成21年3月31日）は、同一保健所で4年を越えて状態が継続しないことを条件に引き続き医師でない者を保健所長に充てることを認めた。さらに、この点に関する「平成27年の地方からの提案に関する対応方針」〔平成27年12月22日閣議決定〕31頁も参照されたい）。

委譲された[13]。その他に、国庫補助負担金の整理合理化・統合補助金の創設等も実施された[14)15)]。しかしながら、地方分権推進委員会の勧告事項のうちの95％以上が広い意味における関与の縮減であったのに対し、事務権限の委譲に関して全体の5％に達していないとの指摘[16]に見られるように、十分な権限委譲は行われず、国から地方への本格的な税財源の委譲は未達成であった。ちなみに、都道府県の条例に基づき、都道府県の事務を市町村が処理することのできる「条例による事務処理の特例」（地方自治法252条の17の2以下）を創設したことも、第1次地方分権改革の成果の一つである[17]。

---

13) 国から都道府県への権限移譲の例としては、2ヘクタール超4ヘクタール以下の農地の転用許可権限があり、都道県から市町村への移譲の例としては、用途地域に関する都市計画決定がある。
14) 国庫補助負担金の整理合理化に関する地方分権推進委員会の第2次勧告（平成9年2月3日）を解説するものとして、神野直彦「補助金の整理合理化と地方財源の充実確保」西尾・前掲注(11) 145頁を挙げておく。
15) 統合補助金の創設につき、櫻井敬子「国庫補助金の整理合理化及び統合補助金制度の新設」ジュリ増刊・小早川光郎＝小幡純子編『あたらしい地方自治・地方分権』（2000年）107頁、高橋滋「国直轄公共事業・補助事業の見直し」同130頁（本書第1編第1部第2章25頁）を挙げておく（なお、国庫補助負担金の統合補助金化・メニュー化、整理・合理化の経緯に関しては、本書第1編第1部第2章31頁【追記】を参照されたい）。
16) 西尾勝「地方分権推進の政治過程と地方分権推進委員会の調査審議方針」西尾・前掲注(11) 30頁。
17) 条例による事務処理特例の制度（地方自治法25条の17の2）については、個別法において市町村に移譲できないとされている事務を都道府県の判断において市町村が処理できるものとする点において、安易な運用がされるならば違憲の疑いがある制度となりうる、との指摘はある（参照、白藤博行ほか『アクチュアル地方自治法』〔法律文化社、2010年〕256頁［白藤博行］）。また、この指摘を引用しつつ、事務処理特例制度そのものの違憲の疑いを指摘する論者もある（村上博「農地行政における規制緩和と地方分権」三橋良士明＝村上博＝榊原秀訓編著『自治体行政システムの転換と法』〔日本評論社、2014年〕211頁）。もっとも、最初の指摘については、事務処理特例を受ける市町村と都道府県との間の十分な協議と市町村の側の同意を取り付けることの重要性を強調する趣旨であるように思われる。
　加えて、第1に、条例による事務処理特例の制度においては、①国の行政機関による助言、資料の提出の要求又は是正の要求等は、都道府県知事を通じて行うことができるものとされ（地方自治法252条の17の3第2項）、②国の行政機関に対する協議、許認可等の申請も都道府県知事を通じ、又は経由して行われるものとされ（同条第3項）、③都道府県知事の判断により、自治事務に対する是正の要求、法定受託事務に関する地方自治法上の関与等を行うことができる等の特例が定められている（地方自治法252条の17条の4）。法令上の事務処理権限を有する都道府県の知事による必要な関与が認められている点には留意が必要である。第2に、国の立法が都道府県に事務を基本的に委ねる趣旨と解される場合であっても、それは、一律に市町村の処理に委ねることが適当でないと解されるにとどまるケースは多いものと推測される。市町村との間の協議を経て、条例による事務処理特例に委ねることまでも法令が排する趣旨であるケースは稀といえよう。第3に、市町村による処理を一切排除する趣旨の法令が仮に存在する場合においても、その場合には条例が法令に反することにとどまるものと解される。

(2) 第2次地方分権改革

1) 第1地方分権改革後の動き　（1）において述べたように、第1次地方分権改革は、国の行政機関と地方の行政機関との関係を改めるものであった。他方、税財源の委譲、権限の委譲等については顕著な成果がなかったことから、第1次地方分権改革を「未完の分権改革」と評する者もあった[18]。かつ、その後、三位一体における税財政構造の改革等の試みはされたものの、国・地方を通じた財政支出削減のなかで地方交付税の総額は削減され、地方が求める水準の自主財源の充実はされていない[19]（なお、本章の【追記1】を参照）。そこで、地方分権の作業をさらに進めるため、地方分権改革推進委員会が平成19（2007）年に設置された。第2次地方分権改革の作業であり、そのなかで顕著な進展の見られた分野が義務付け・枠付けの廃止・縮減である。地方公共団体の事務執行を拘束してきた各種法令の具体的な条項につき、統一的方針の下に見直しが行われ、地方議会の制定する条例への委任、条例制定権限の拡大が行われることとなった。

2) 義務付け・枠付けの廃止・縮減　この義務付け・枠付けの廃止・縮減は、平成21（2009）年及び平成24（2012）年に起きた自民党・公明党連立政権と民主党主導の連立政権との間の政権交代を経るなかでも、着実な進展をみせた。具体的には、自民党・公明党連立政権の下で発足した地方分権改革推進委員会の諸勧告、特に第3次勧告（平成21年10月）を踏襲する形で、民主党政権の下において、「地域の自主性及び自立性を高めるための改革の推進を図るための関係法律の整備に関する法律」（平成23年法37号。第1次一括法）、及び同一名称の法律（平成23年法105号。第2次一括法）が成立した。ちなみに、第1次一括法は、「第1次見直し」（地方分権改革推進計画〔平成21年12月15日閣議決定〕）に基づく立法であり、第2次一括法は、「第2次見直し」（地域主権戦略大綱〔平成22年6月22日閣議決定〕）に基づいて、第3次勧告のなかで第1次見直しに反映されなかった項目

---

[18]　参照、新藤宗幸「解説」西尾勝『未完の分権改革』（岩波書店、1999年）233頁以下、特に、253頁。

[19]　例えば、平成14（2002）年以降に実施された三位一体の改革においては、国庫補助金改革が約5兆円、税源移譲が約3兆円の規模で実施されたものの、同時に、地方交付税等の改革が実施され、約5.1兆円が削減された。参照、鎌田素史「分権型社会への着実な移行」立法と調査252号（2006年）20頁以下（本章の刊行後に三位一体の改革の経緯に関して詳細に紹介・分析した文献として、平嶋彰英「日本の三位一体を考える」立教経済学研究74巻1号〔2020年〕121頁を挙げておく）。

等に関して措置した立法である)。

　また、民主党主導の連立政権の下では法律としては成立しなかったものの、「義務付け・枠付けの更なる見直しについて」(平成23年11月29日閣議決定)に基づいて実施された「第3次見直し」の作業においては、義務付け・枠付けの存続を認めるメルクマールを定め、メルクマールに該当しない事項を見直すことを基本としつつ、特に問題となる事項が抽出された。「施設・公物設置管理の基準」、「協議、同意、許可・認可、承認」、「計画等の策定及びその手続」の三つである。ただし、条例への委任がされる場合において、条例制定の基準・指針となる規定を所管府省が定めることは容認され、その方式として、拘束力の強い順に、「従うべき基準」(条例を直接に拘束する基準)、「標準」(合理的な理由に基づき地域の実情に応じた異なる内容を認める基準)、「参酌すべき基準」(十分に参酌した結果であれば地域の実情に応じて異なる内容を定めることを許容する基準)の3類型が示された。地方分権の観点から、「参酌すべき基準」が望ましいものとされている[20]。

　その後、第2次安倍晋三内閣においても、義務付け・枠付けの廃止・縮減の作業に関して精力的に取組みがされた結果、前記の「第3次見直し」(平成23年11月29日閣議決定)[21]に加えて、「第4次見直し」(「義務付け・枠付けの第4次見直しについて」〔平成25年3月12日閣議決定〕)を実現する第3次一括法を提案し、成立させている(平成25年法44号。ちなみに、「第4次見直し」は、地方提案を踏まえた新たな項目、見直しにいたらなかった項目、新設の条項で見直すべき項目を対象としたものである)。

　以上の3次にわたる一括法により、自治事務のうち、条例による自主的規律

---

20)　第3次見直しの時点までの作業につき、参照、高橋滋「地方分権はどう進んだのか」自治体法務研究24号(2011年)6頁以下(本書第1編第1部第3章34頁)。また、本文に紹介した基準の区別に関しては同9頁(同41頁)に紹介がある。その他、義務付け・枠付けの廃止・縮減に関しては、斎藤誠『現代地方自治の法的基層』(有斐閣、2012年)309頁、328頁、351頁(初出、2008年、2009年、2010年)が詳しく取り上げている。ただし、北村喜宣「二つの一括法による作業の意義と今後の方向性」自治総研413号(2013年)39頁以下のように、義務付け・枠付けの範囲を狭すぎるものとして消極的な評価を示すものもある(第4次見直しを含めた義務付け・枠付けの廃止・縮減に関する筆者の見解については、さらに、本書第1編第1部第3章第4節44頁及び45頁【追記3】を参照)。

21)　参照、高橋・前掲注(20)6頁以下(本書第1編第1部第3章34頁)。また、義務付け・枠付けの廃止・縮減に係る概説書の記述として、参照、宇賀・前掲注(3)231頁以下(同書〔第10版〕250頁以下)がある。

の余地が認められていない 10057 条項が精査され、4076 の条項の抽出がされた。それらの条項の見直しの結果、「施設・公物設置管理の基準」、「協議、同意、許可・認可、承認」、「計画等の策定及びその手続」等を中心として、1316 条項の間において合意が成立した 975 条項の見直しが実施されている[22]。著名なものとしては、公営住宅の整備基準・収入基準、道路構造に関する一部基準[23]、保育所の設置基準[24]がある。

　　3)　その他の課題　　その他にも、第 1 次地方分権改革においては不十分であった事務・権限の委譲 (以下、政府の文書の紹介においては「移譲」の語を用いる) に関し、引き続き取組みがされた結果、国から地方への移譲 (看護師等の資格者に係る養成施設等の指定・監督権限等)、都道府県から市町村への移譲 (農地等の権利移動の許可、3 大都市圏の既成市街地等に係る用途地域等の都市計画決定等)、都道府県から指定都市への移譲 (県費教職員の給与等の負担、定数の決定、病院の開設許可等) 等が実施された (これらは数次の地方分権一括法によって措置されている[25])。

　さらに、平成 23 (2011) 年 4 月に、「国と地方の協議の場に関する法律」(平成 23 年法 38 号) が成立し、地方に関わる重要政策課題について、国と地方との連携を強化する目的をもって同法に協議の場が定められた[26]。かなりの回数が開かれた初年度を除いて、これまで、各年度に 2 回から 4 回の頻度で開催されて

---

22)　地方分権改革有識者会議「個性を活かし自立した地方をつくる——地方分権改革の総括と展望」(平成 26 年 6 月 24 日) 32 頁 (参考 1「これまでの地方分権改革の概要」1-(2))。

23)　道路構造令は「参酌すべき基準」である (設計車両等を除く)。参照、出石稔「義務付け・枠付けの見直しに伴う自治立法の可能性」自治体法務研究 24 号 (2011 年) 14 頁。

24)　衛生管理等は参酌すべき基準とされた。保育士の配置・保育室の面積等、安全に係る項目は「従うべき基準」とされ、待機児童数の多い大都市部については、特例的に一部を「標準」とすることが認められている。

25)　これらの措置は、本文に述べたように、「地域の自主性及び自立性を高めるための改革の推進を図るための関係法律の整備に関する法律」の名称を付されている第 2 次から第 4 次の地方分権改革一括法により、義務付け・枠付けの廃止・縮減と併せて実施された。第 2 次一括法の権限移譲部分に係る解説として、参照、上坊勝則・時の法令 1899 号 (2012 年) 13 頁、同・法令解説資料総覧 362 号 (2012 年) 11 頁以下。また、第 3 次一括法に係る解説として、奥田隆則・時の法令 1942 号 (2013 年) 42 頁、同・法令解説資料総覧 387 号 (2014 年) 17 頁を、第 4 次一括法に係る解説として、田林信哉・時の法令 1971 号 (2015 年) 26 頁を挙げておく。さらに、第 3 次一括法及び第 4 次一括法については、上林陽治・自治総研 437 号 (2015 年) 89 頁、同・自治総研 438 号 (2015 年) 73 頁がある。

26)　同法の解説として、森川世紀・時の法令 1891 号 (2011 年) 20 頁、同・法令解説資料総覧 360 号 (2011 年) 31 頁を挙げておく。さらに、参照、小幡純子「『国と地方の協議の場』の法制化」自治体法務研究 27 号 (2011 年) 47 頁。

いる[27]。

(3) 小括

1) 市町村合併の推進　これらの改革を通じて、国の行政機関と地方公共団体の行政機関との関係は改められ、地方公共団体の自主的な条例制定権の行使の余地は拡大された。ただし、義務付け・枠付けの廃止・縮減等に関しても、府省との間において合意の得られなかった項目については将来の課題とされた[28]。また、事務権限や税財源の委譲についても依然として検討課題として残されている[29]。

加えて、地方分権の作業に対しては懐疑的な意見も寄せられてきた。

第1に、第1次地方分権改革そのものではないが、第1次地方分権改革後に推進された市町村合併に対しては疑念が表明されてきた。この点に関しては、市町村合併が強力に進められた外からの要因として、国の行政機関による地方公共団体の行政機関に対する関与を廃止・縮減し、地方公共団体の行政機関の自律的な運営を確保することに第1次地方分権改革の主眼はあったことから、「地方公共団体においても自律的運営を可能とする十分な行財政能力を確立することが肝要である」との意見が政府・与党において強まったことを挙げることができる[30]。例えば、平成12（2000）年には、自民党・公明党・保守党から構成された与党行財政改革推進協議会において「基礎的自治体の強化の視点で、市町村合併後の自治体数を1000を目標とする」との方針が示され、政府等の方針に反映された結果[31]、市町村の合併の特例等に関する法律（昭和40年法6

---

27) 参照、http://www.cas.go.jp/jp/seisaku/kyouginoba/index.html.
28) 参照、前掲注(22)。
29) 地方分権改革推進委員会の後継組織である地方分権改革有識者会議が平成26（2014）年6月24日に公表した「個性を活かし自立した地方をつくる——地方分権改革の総括と展望」（前掲注(22)）においては、「具体的な改革の目指すべき方向」として、「地方に対する規制緩和の推進」（義務付け・枠付けの緩和・縮減等）と並び、「国と地方の役割分担の見直し（権限移譲等）」と「地方税財源の充実強化」が挙げられている。参照、同12頁及び13頁 (2-(1)ないし(3))。
30) 西尾勝『自治・分権再考』（ぎょうせい、2013年）66頁以下は、市町村合併が政府・与党の強いイニシアチブによって実施された点を指摘している。
31) 参照、地方分権推進委員会「市町村合併の推進についての意見——分権型社会の創造」（平成12年11月27日）、行政改革大綱（平成12年12月1日閣議決定）II-1）。これらの決定の解説として、総務省自治行政局市町村課「市町村合併の推進についての政府の取組」住民行政の窓219号（2001年）20頁を挙げておく。

号）について、①住民発議制度を拡充する、②都道府県知事による合併協議会の設置の勧告を創設する、③合併算定替（普通交付税の特例）や合併特例債を措置する等の改正が行われた[32]。さらに、平成 17（2005）年以降は、市町村の合併の特例等に関する法律（平成 16 年法 59 号。題名を含め、平成 22 年法 10 号改正前のもの。以下、同じ）に基づいて、総務大臣による基本方針の策定（58 条）、都道府県による合併の推進に関する基本構想の策定（59 条）が規定される等、国及び都道府県が積極的に関与する形で市町村合併が強力に推進されてきた[33]（なお、平成 22 年法 10 号による改正により、題名が「市町村の合併の特例に関する法律」に改められると同時に、各種規定が改正されて国・都道府県の積極的な関与に係る規定は削除されている）。

　このような動きにつき、地方公共団体の存立の根幹に関わる合併に関しては、本来、当該団体の住民の自主的な判断に委ねられるべきものであることから、特に、国・都道府県の積極的な関与の下に合併を推進したことに対する批判は強かった[34]。この点に関し、平成 22（2010）年 3 月に総務省が行った第 1 次地方分権改革後の市町村合併に関する総括においても、市町村合併による負の効果として、①周辺部の旧市町村の活力が喪失したこと、②住民の声が届きにくくなっていること、③住民サービスが低下したこと、④旧市町村地域の伝統・文化、歴史的な地名などが喪失したこと、等が挙げられている[35]。

32)　「平成の大合併」に関する研究は多い。そのなかから、後藤・安田記念東京都市研究所編『平成の市町村合併：その影響に関する総合的研究（都市調査報告 16）』（後藤・安田記念東京都市研究所、2013 年）を挙げておく。また、平成 17（2005）年前の旧合併特例法の下における合併特例債を手段とする合併推進に係る経済学的分析として、中澤克佳＝宮下量久『「平成の大合併」の政治経済学』（勁草書房、2016 年）がある。特に、参照、同 19 頁以下、53 頁以下、212 頁以下。
33)　平成 17（2005）年以降は、特に大都市部における合併をも推進するための取組みが行われている。参照、総務省自治行政局合併推進課「大都市部における市町村合併の推進（市町村の合併に関する研究会報告書）の概要について」住民行政の窓 311 号（2007 年）20 頁。
34)　第 1 次地方分権改革直後における国の合併推進に係る方針を批判するものとして、人見剛「最近の市町村合併推進論に関する一考察」同『分権改革と自治体法理』（教文堂、2005 年）87 頁以下（初出 2001 年）、三橋良士明「市町村合併は、自主・民主・公開を原則に――総務省の合併『新指針』を批判する」住民と自治 459 号（2001 年）32 頁を挙げておく。同様の立場から、自治体合併に関して触れたものとして、本多滝夫「第 2 次安倍政権と地方分権改革」本多滝夫＝榊原秀訓編著『どこに向かう地方分権改革』（自治体研究社、2014 年）15 頁以下、榊原秀訓「自治体の規模権限の拡大と地方公務員による行政サービスの提供の縮小」三橋良士明ほか編著・前掲注(17) 2 頁以下がある。
35)　総務省「『平成の合併』について」（平成 22 年 3 月）19 頁以下。http://www.soumu.go.jp/gapei/pdf/100311_1.pdf。

このように市町村合併が推進されたことに関し、筆者は、第1次地方分権改革の結果として、地方公共団体が自律的に事務事業を運用する制度へと切り換えられた以上、自律的な運営を可能とする程度の行財政能力を基礎的公共団体である市町村が備える必要はあった、と考えている。しかしながら、前記のようなマイナスの側面の顕在化することは合併推進の当初から当然に予測された筈であり、そうである以上は、市町村合併はあくまでも地方公共団体の住民の自主的な判断を尊重し、かつ、合併に伴う副作用の発生を防止・縮減する形で行われるべきであったもの考える（なお、本章の【追記2】を参照）。

2)「総合行政主体」論　次に、市町村合併の推進に関連して、市町村を「総合行政主体」として位置づける「総合行政主体」論にも批判が加えられた。特に、合併を強力に推進した上で、合併の客観的な条件のない市町村について、当該市町村を窓口としつつも都道府県等が事務処理を担うこととするか、他の基礎的自治体に編入して内部団体として一定の事務権限を担わせる、との方針を示した「西尾私案」[36]に対しては、基礎的自治体の在り方を変質させるものであるとの批判が強かった[37]。

---

[36]「西尾私案」は、平成13(2001)年11月に発足した第27次地方制度調査会において、副会長を勤めていた西尾勝国際基督教大学教授（当時）が、平成14(2002)年11月に、専門小委員会（委員長・松本英昭財団法人自治総合センター理事長）での議論を踏まえて、専門小委員会委員長の付託を受け、議論の素材として公表したものである。「西尾私案」の内容、経緯等を紹介するものとして、参照、越田崇夫「地方制度調査会の『西尾私案』——基礎的自治体のあり方と市町村合併をめぐる議論について」調査と情報417号（2003年）1頁。「西尾私案」を批判的に考察するものとして、人見剛「西尾私案に関する一考察——憲法・地方自治法から見た問題と課題」同・前掲注(34) 96頁以下、保母武彦「市町村合併　強制的な自治体再編を許して良いか——『西尾私案』の意味するもの」世界710号（2003年）60頁、白藤博行「現代自治体再編論と地方自治権の保障——『西尾私案』が問いかける悩ましい地方自治の法理論」月刊地方自治職員研修36巻2号（2003年）20頁を挙げておく。

[37] 白藤博行『新しい時代の地方自治像の探究』（自治体研究社、2013年）105頁等（なお、塩野宏教授は、憲法92条の「地方自治の本旨」の本質は自主的決定権の保障にあるとの理解〔例えば、同『行政法Ⅲ〔第5版〕』（有斐閣、2021年）146頁を参照〕から総合行政主体論は「地方自治の本旨」と必ずしも親和的なものでないとされ、補完性の原理及び総合行政主体論を根拠に市町村合併が推進されたことを批判する。参照、同『行政法概念の諸相』〔有斐閣、2011年〕359頁〔初出2004年。さらに、同『行政法論議の諸相』（有斐閣、2022年）416頁（初出2005年）等。この指摘に関しては、アメリカ・ドイツ等の連邦制国家と異なる日本においては、国全体の統治の在り方の観点から団体自治の内実を支えるだけの基礎自治体の自治行政権をどの程度まで充実させるべきかとの観点から憲法政策論として議論することは、20世紀末以降の地方分権改革の過程においては不可避であった、と筆者は考える。ただし、合併推進の方法論に関する筆者の見解は、本章の第1節(3)1)の末尾及び【追記2】において述べた通りである）。

もっとも、これらの疑念につき、まず、地方自治法には「総合行政主体」論に一定の根拠を与える規定のあることに留意が必要である。すなわち、地方自治法2条は、普通地方公共団体が地域における事務等を処理する、と規定する（2項）とともに、市町村が、基礎的な地方公共団体として、道府県が処理するものとされる事務のうちで、規模又は性質において一般の市町村が処理することが適当でないと認められるものについては、市町村の規模及び能力に応じて、これを処理することができること、を規定する（4項）。

その上で、同条は、都道府県の処理すべき事務として、広域にわたるもの、市町村に関する連絡調整に関するもの及びその規模又は性質において一般の市町村が処理することが適当でないと認められるもの、を挙げる（5項）。これらの条文からは、地方自治法が、①地域における事務について、都道府県が処理すべきものとされる事務を除き、基礎的な地方公共団体である市町村が処理すべきこと、②都道府県が処理すべき事務にあっても、その性格上、一定範囲の市町村が処理することのできるものについては、該当市町村が処理するものとすることはできること、を予定しているものと解されよう。よって、「総合行政主体」論は地方自治法に根拠のないものではない。

また、前記の「西尾私案」は、性急かつやや強引な内容であった点に問題を含んでおり、小規模の町村に対して合併を強く促すものと受け止められかねない内容であった。しかしながら、「西尾私案」に関しては、合併を自主的に選択しなかった自治体につき、必要とされる住民サービスが提供される体制をいかにして当該自治体の領域において整備されるべきかに関する叩き台を示す側面もあったと評価することは可能であろう。そして、その後、地方公共団体間の連携によって、住民に十分なサービスが供給されるための仕組みとして、伝統的な共同処理の仕組みである一部事務組合、広域連合に加えて、機関等の共同設置（平成23年法35号により、対象を議会事務局等や保健所等の行政機関に拡大）、事務の代替執行（平成26年法42号改正により創設）、連携協約（平成26年法42号により創設）等の仕組みが新設・拡充され、さらに、これらの手段を活用し、市町村間の連携を推進・助成するための定住自立圏構想[38]、連携中枢都市圏構想[39]の取組みが広がっていくこととなる。

---

38) 参照、総務省「定住自立圏構想推進要綱」（平成20年12月26日（総行応39号）制定、平成28年9月23日（総行応293号）改訂〔令和5年6月21日（総行応169号）最新改正〕）。

3) 事務権限の委譲　第3に、国・地方を通じた恒常的な財政状況のひっ迫、事務事業の民営化や民間化、公務労働における非正規化が進行する等の状況下にあって、「総合行政主体」論に基づく基礎的自治体への事務委譲に関しては「町村に対する事務の押付けとなっている」との批判も有力となってきた[40]。ただし、前記の諸事情は国においても同様であり、かつ、国の関与の廃止・縮減や義務付け・枠付けの廃止・縮減に比して事務権限の委譲の課題は順調には進んでこなかった。さらに、事務権限の委譲に際しては交付税措置その他の財政措置が基本的に伴うこととなる。もっとも、事務権限の拡大に際しては行財政能力の乏しい地方公共団体ほど負担の生ずることは否めないであろう。そこで、国・委譲元の十分な協力・支援と交付税等の十分な財政措置を確保した上で、慎重さを確保しつつ、事務権限の性格、委譲の意義、委譲先の自治体の行財政能力等を踏まえた形での委譲を引き続き推進すべきものと考える[41]。

4) 国のナショナルミニマム論との関係　最後に、地方公共団体の行政機関による自主的な判断を可能とし、義務付け・枠付けを廃止・縮減するならば、当該分野を所管する国の行政機関の関与は同時に廃止・縮減され、ナショナルミニマムとして国が定めてきたレベルを条例によって引き下げることにつながる、との批判が、特に環境、福祉等の分野において、当該分野の専門家から寄せられることとなった[42][43]。確かに、論者の指摘するように、地方分権改革が

---

39) 参照、総務省「連携中枢都市圏構想推進要綱」（平成26年8月25日（総行市200号）制定、平成28年4月1日（総行市31号）改訂〔令和5年4月21日（総行市56号）最新改訂〕）。
40) 例えば、白藤・前掲注(37) 124頁以下、榊原・前掲注(34) 4頁、同「自治体の規模権限の拡大と自治体間連携」同『地方自治の危機と法』（自治体研究社、2016年）169頁。
41) 榊原・前掲注(40) 172頁は、第2次一括法の権限移譲に係る内閣府地方分権改革推進室の調査を引用しつつ、「自治体が支障を感じていることが多数記述されているような権限については、権限移譲の妥当性自体が問題といえる」と指摘している。必要な専門性を備えた職員の配置が必要であるにもかかわらず、それが困難な団体は多い事務であった等、市町村の態勢が整わない状況下において権限委譲が進められたか否かについては精査を必要とする。もっとも、研修が不十分であるとの指摘に関しては実施体制上の問題であり、また、権限移譲が実施された場合には、相応する交付税措置のされることが原則である。
42) 保育所の人員基準・面積基準に係る義務付け・枠付けの廃止・縮減につき、参照、前掲注(24)。保育所の人員基準・面積基準に関し、このような観点から批判的に考察するものとして、本多滝夫「義務付け・枠付けの見直しと法定自治事務条例論の展開」三橋良士明ほか編著・前掲注(17) 55頁以下、榊原秀訓「保育所設備運営基準の条例化と保育所設置主体の多様化」三橋良士明ほか編著・前掲注(17) 98頁以下、103頁以下、同・前掲注(40)（『地方自治の危機と法』）182頁、191頁以下、195頁以下等がある。
43) 環境分野における地方分権に係る議論を取り上げたものとして、環境研究142号（2006年）の

これらの分野における国の方針と異なる施策を実施し得る余地を地方公共団体に与え、国が定めたレベルより緩和された基準を定めることを地方公共団体に認める側面のあることは否定できない。

　もっとも、第1に、義務付け・枠付けの廃止・縮減に際し、「国民の生命、身体等への重大かつ明白な危険に対して国民を保護するための事務であって、全国的に統一して定めることが必要とされる場合」が「義務付け・枠付けの存置を許容する場合のメルクマール」の一つとされた[44]ように、国民やサービス利用者の安全、人の生命、健康に密接な関連性を有する事項に対する配慮はされてきた。環境行政分野における義務付け・枠付けの廃止・縮減に関しては他の分野に比して限定的なものになっている、との指摘もある[45]（なお、本章の【追記3】を参照）。

　第2に、国の施策と異なる方針を採用し、国の行政機関が定めた標準、参酌すべき基準よりレベルを引き下げようとする場合には、地方公共団体は地域の住民、サービス利用者等に対して、説明責任を十分に果たすことが求められることとなる点にも留意が必要である。第3に、住民の生命、健康等を守るための規制や行政サービスの確保を図る上で、指標とする特定項目に関する基準を設定することは必須ではあるものの、それのみに依拠することには地域の実情にそぐわない画一的・硬直的な施策を押し付けるおそれはないとはいえない。例えば、第2次地方分権改革の作業のなかで焦点の一つとなった保育所の施設・人員配置の基準に関しても、保育における安全と質の確保及び向上を図る上で、施設（収容人員に対する面積）・人員（保育士）のそれぞれを画一的・一律に縛る方式のみに依拠するのではなく、施設基準と人員基準との組合せに加え、その他の補助的な指標との組合せ（職員の研修、連携施設の確保、利用者との連携）の在り方を探究するほか、人員基準に関しても、保育士のみならず、補助人員との組合せ等、画一的・硬直的でない水準確保の在り方を工夫することが求め

　　特集「《ワークショップ》地方分権と環境行政」142頁以下の諸論稿がある。そのなかでも、特に、参照、大塚直「『地方分権と環境行政』に関する問題提起」142頁以下、高橋滋「総括的コメント」173頁以下等。
(44)　地方分権改革推進委員会「第2次勧告——『地方政府』の確立に向けた地方の役割と自主性の拡大」（平成20年12月8日）第1章2-(3)。
(45)　参照、山田健吾「環境行政領域法における主体と役割の変容」三橋良士明ほか編著・前掲注(17) 228頁以下がある。

られる。この点、事案は異なるものの、地方分権改革において大きな論点であった農地転用許可の都道府県・市町村への委譲に関しては、後に紹介するように、国（都道府県）の定めた指針（基準）を踏まえて優良農地の総量確保の目標を定め、許可の運用に必要とされる体制を整備した都道府県・市町村に対して権限を委譲する措置が実施されている[46]。

このように、行政規制の重要なメルクマールとなる指標、行政サービスの安全・質を図る指標を基本的には維持しつつ、地方の実情を踏まえた柔軟な規制基準、行政サービス水準を工夫することを求めていく視点が、地方分権改革を評価する上では重要と思われる。

第2節　地方分権改革有識者会議と提案募集方式

（1）　地方分権改革有識者会議の設置

地方分権改革推進委員会の設置期限が到来し、その後の第3次一括法の成立等により第2次地方分権改革の動きが一段落した時点においても、地方分権改革の観点から様々な課題が残されているとの認識は多くの関係者によって共有されていた。そこで、第2次安倍晋三内閣は、平成25（2013）年4月、内閣府特命担当大臣（地方分権改革）決定に基づいて地方分権改革有識者会議（座長、神野直彦東京大学名誉教授〔当時〕）を設置し、地方分権の作業を引き続き推進する方針を示した。その後の地方分権改革の推進体制は、内閣に地方分権改革推進本部、内閣府に地方分権改革推進室が設置され、内閣府特命担当大臣（地方分権改革）の下に地方分権改革有識者会議が置かれる形となっている。

そして、地方分権改革有識者会議は、発足後に、「個性を活かし自立した地方をつくる——地方分権改革の総括と展望（中間取りまとめ）」[47]と「個性を活かし自立した地方をつくる——地方分権改革の総括と展望」[48]（以下、「総括と展望」

---

[46]　農地転用許可の権限移譲に対しては、農地の大量喪失、優良農地周辺の無秩序な開発を招くとして、批判的な見解を示す論者もあった。村上・前掲注(17) 212頁。実施された改正は、このような批判に対して、部分的にではあるものの応えたものと評価できよう。地方分権改革有識者会議「個性を生かし自立した地方をつくる—地方分権改革の総括と展望（中間とりまとめ）—」（平成25年12月）。

[47]　地方分権改革有識者会議「個性を生かし自立した地方をつくる—地方分権改革の総括と展望（中間とりまとめ）—」（平成25年12月）。

[48]　参照、前掲注(22)。

という)とを公表し、第1次地方分権改革、第2次地方分権改革を総括するとともに、政治経済、社会情勢を踏まえた基本的方針を示した。以下、「総括と展望」に基づいて、地方分権改革有識者会議の方針を確認することとしたい。

(2) 分権改革の方針
　1) 基本的な方向性と改革の進め方　「総括と展望」においては、第1に、①国と地方の関係を対等・平等のものに改めたこと、②2次にわたる法定委員会の設置を通じ、国の主導により集中的な取組みがされたこと、③機関委任事務の廃止、国の関与のルールの法定、規制緩和(義務付け・枠付けの見直し)を通じ、自治の担い手としての基礎固めがされたこと、を評価する一方、④住民自治の拡充、財政的な自主性自立性等の分野については踏込み不足であったこと、⑤委員会が時限設置であったことから、国民・住民に対して継続的で分かりやすい情報発信の取組に欠けていたこと、を指摘している[49]。

　第2に、これらの点を踏まえ、(a)分権の理念を堅持しつつ、(b)地域における実情や課題に精通する地方の発意に根ざした息の長い取組を重視し、そのための手段として「提案募集方式」を導入すること、(c)地方の多様性を重んじた取組を推進していくこと、(d)住民自治の拡大、財政的な自主性自立性の確立に重点を置くこと、(e)国民・住民に対して分かりやすい情報発信を重視していくこと、等が基本方針として掲げられている[50]。

　第3に、改革の進め方として、(α)地方がイニシアチブを発揮しつつ、引き続き改革を推進するために、地方6団体の意見を尊重するとともに、地方公共団体からの意見を広く取り上げるシステムとして、地方公共団体から全国的制度改正の提案を募る方式(「提案募集方式」)を導入すること、(β)各地方公共団体の規模や能力は多様であり、直面する課題も異なることから、個々の地方公共団体の発意に応じ選択的に権限委譲を行う「手挙げ方式」を導入すべきこと、(γ)内閣府地方分権改革推進室、地方分権改革有識者会議等、政府の推進体制を整備すること、(δ)効果的な情報発信を行うこと、等が提言された[51]。

---

49) 参照、前掲注(22) 3頁 (1-(1))。
50) 参照、前掲注(22) 3頁以下 (1-(2))。
51) 参照、前掲注(22) 7頁以下 (1-(4))。

2) 専門部会の設置（農地・農村、雇用対策、地域交通）　地方分権改革有識者会議には、基本方針を審議する傍ら、重点領域の課題を推進するため、当初、三つの専門部会が設置された。農地・農村部会、雇用対策部会、地域交通部会である。

①農地・農村部会　農地・農村部会（座長・柏木斉リクルートホールディングス取締役相談役〔肩書は当時のもの。以下、同じ〕）においては、当該領域における様々な課題が取り上げられた。最重要課題として位置づけられたのが、農地転用許可権限の移譲である。地方公共団体の都市計画にとって、都市中心市街地及びその周辺にある農地に係る転用許可の権限を有しないことは、主体的なまちづくりに際して障害となっており、都市計画の策定権限の委譲、国の関与の廃止・縮減と並んで、第1次地方分権改革以来の検討課題となっていた。

そして、同部会の作業の結果、平成26年度に懸案の課題に関して成果が得られることとなった。すなわち、まず、4ヘクタールを超える面積の農地転用に係る事務・権限は、これまで国のものとされていたが、国との協議を付した上で、都道府県（指定市町村を含む）に移譲されることとなった。次に、4ヘクタールから2ヘクタールまでの面積の農地に関しては、これまでも都道府県の権限であったが、転用許可に係る国への協議は廃止されることとなった。さらに、農地転用許可制度を適正に運用し、優良農地を確保する目標を立てるなどの要件を充足しているものとして大臣が指定する市町村に対しては、都道府県と同様の権限を移譲することとなった。手挙げ方式により権限移譲が行われることとなった例である[52]。

②雇用対策部会　雇用対策部会（座長・小早川光郎成蹊大学法科大学院教授）の主要課題は、ハローワークの地方移管（職業安定法、雇用対策法の改正）であった。そして、この問題に関しても、平成27（2015）年に「新たな雇用対策の仕組み」として実現されることとなった[53]。まず、地方の機関が国と同列の立場

---

52) 第5次一括法（平成27年法50号）において措置された（一連の地方分権改革一括法の正式名称について、参照、前掲注(25)）。第5次一括法の解説として、大田圭＝田林信哉・地方自治813号（2015年）17頁、上林陽治・自治総研444号（2015年）45頁を挙げておく。農地転用許可に係る地方分権の経緯につき、参照、大田＝田林・前掲29頁。

53) この制度は、第6次一括法（平成28年法47号）において措置された。第6次一括法の解説として、関口龍海・時の法令2011号（2016年）4頁、同・地方自治825号（2016年）33頁、上林陽治・自治総研457号（2016年）65頁を挙げておく。

で職業紹介の事務を行うことが可能となり、国の監督は廃止された。次に、地方公共団体と国との間で締結された協定に基づき、地方公共団体と国が連携しつつ、雇用対策を推進するものとされた。加えて、国と地方公共団体が同一施設内で国の無料職業紹介事業等と地方公共団体の雇用に関する施策とを一体的に実施する法の仕組みが創設された。これらの措置を通じて、地方公共団体の機関は、国の全国求人情報をオンラインで活用し、雇用保険の事務手続を実施できるようになった。さらに、地方の政策と連携した対策を地方公共団体が国に要請することについても法的根拠が与えられた[54]。

　　③地域交通部会　　地域交通部会（座長・後藤春彦早稲田大学創造理工学部長）に関しては、地方分権改革有識者会議が設置された直後の平成25（2013）年に2回にわたり部会が開催され、自家用有償旅客運送（関係者の合意を前提として、国土交通大臣の登録を受けた上で、市町村やNPO等が自家用車を使用して有償で運送できる制度）に関する権限移譲が議論された[55]。その結果、希望する市町村、場合によっては都道府県に権限を移譲する案が示され、実施に移された[56]。なお、以降、同部会に関しては、平成29（2017）年8月の提案募集検討専門部会との合同部会（地域公共交通に関する地方提案を審議検討）まで開催実績はない。

　ちなみに、農地転用許可に係る権限移譲のみならず、新たな雇用対策の仕組みの構築に際しても、制度の実現に向けて、地方の側において、これまでの取組みを総括して実現可能性の高い改革案を省庁に提示したことが、作業の進展に貢献した。さらに、地域交通部会の作業によって実現された自家用有償旅客運送に関する事務権限の移譲は、「手挙げ方式」により移譲の実現した最初の案件である。以上のように、これらの部会の作業には、以下に紹介する提案募集検討専門部会と共通する特長がある[57]。

---

54)　「新たな雇用対策の仕組み」につき、例えば、参照、関口・前掲注(53)（地方自治825号）46頁。
55)　自家用有償旅客運送に関する事務権限の移譲については、「出先機関改革に係る工程表」（平成21年3月24日地方分権改革推進本部決定）において都道府県への移譲の方向が示され、その後、「出先機関の事務・権限仕分け（自己仕分け）」（平成22年10月地域主権戦略会議・国土交通省報告）において希望する市町村への移譲の方向性が示されていた。
56)　「地方分権改革有識者会議地域交通部会報告書（自家用有償旅客運送関係等）」（平成25年8月29日）。
57)　岩崎忠「地方分権と提案募集方式」自治総研439号（2015年）30頁は、「提案募集方式」と「手上げ方式」を一国多制度型の分権手法として評価し（同32頁）、さらに、「提案募集方式」を「国の政策立案を補完する分権手法」と位置づけている（同44頁）。

3) 提案募集検討専門部会の設置　既に述べたように、提案募集方式は、第2次地方分権改革後の新たな段階において、改革を推進する方式として位置づけられたものであり、同方式を推進する専門部会として提案募集検討専門部会が設置された[58]。具体的には、地方分権改革有識者会議の議論を経て、平成26（2014）年4月30日の地方分権改革推進本部（第5回会合）において「地方分権改革に関する提案募集の実施方針」が決定され[59]、同決定に基づいて提案募集検討専門部会が設置された（部会長は筆者〔当時〕）。

　部会の作業内容は、概ね次のようなものである。まず、内閣府地方分権改革推進室が、提案団体からの事前相談を受け付ける（地方公共団体の共同提案も可能であり、全国知事会等の団体を含む）とともに、提案募集を開始する[60]。地方公共団体からの提案について、内閣府地方分権改革推進室が各府省との間において調整を行う。各府省の第1次回答を公表した上で、提案団体及び地方団体（全国知事会、市長会、町村長会等）に対する意見照会を行い、各府省の第2次回答を受けて、年末又は年頭の閣議決定[61]に向け、場合によっては大臣レベルでの調整が行われる。また、内閣府地方分権改革推進室の作業と並行して、地方分権改革有識者会議と提案募集検討専門部会の合同会議において、同部会で取り上げる重点事項が決定され、重点事項に関しては、提案募集検討専門部会が各府省に対する第1次及び第2次のヒアリングを実施し、インテンシブな調整が行われる（平成26〔2014〕年には提案団体ヒアリングも同部会により実施された）[62]。以下、

---

[58]　「中間とりまとめ」（前掲注(47)）において、既に提案募集方式を採用すべきことが提言されている（同7頁（1-(4)-③）。
[59]　「総括と展望」（前掲注(23)）7頁以下（1-(4)-①）においても、提案募集方式を当年度に導入することが記載されている。
[60]　平成27（2015）年以降、事前相談期間の開始が年次を追うごとに早められるとともに、提案前に事前相談を必ず行うよう求められることとなった。
[61]　「平成26年の地方からの提案等に関する対応方針」（平成27年1月30日閣議決定）。以下、平成27（2015）年においては平成27年12月22日閣議決定が、平成28（2016）年においては平成28年12月20日閣議決定において対応方針が確定されている（その後の対応方針については、平成29年12月26日閣議決定、平成30年12月25日閣議決定、令和元年12月23日閣議決定、令和2年12月18日閣議決定、令和3年12月21日閣議決定等を参照されたい）。
[62]　提案募集検討専門部会における平成26（2014）年の作業概要を紹介するものとして、大田圭＝田林信哉・前掲注(52) 23頁以下。平成27（2015）年以降の作業の概況につき、参照、髙橋滋「提案募集方式の定着に向けて」自治日報3796号（2015）1面、同「平成27年の作業を終えて―分権改革提案のポイント」自治日報3831号（2016年）1面、同「平成28年の分権改革作業―提案募集検討専門部会の活動の現況」自治日報3856号（2016年）1面。

当初3か年における作業の成果の概要を見ていくことにする。

(3) 提案募集方式の成果（平成28年まで）

　1）概要　　まず、提案募集方式が導入された平成26 (2014) 年においては、当初、提案総数953件[63]、各府省との調整の対象となったものは535件であった。そのうち、提案募集検討専門部会における調整の対象案件となったものは468件[64]、提案募集検討専門部会が直接に調整を行う重点事項は163件である。調整の結果、何らかの対応がされた案件の全体に対する割合（対応率）は63.7％であった（重点事項の対応率は84.0％である）。第2年次の平成27 (2015) 年は、提案総数334件、調整対象となったもの241件（重点事項52件）であり[65]、対応率は72.8％であった[66]。さらに、平成28 (2016) 年は、303件の提案総数のうちで調整対象となったものは209件（重点事項は50件）であり、対応率は76.5％であった[67]。特に、平成28 (2016) 年においては、国民的な関心事項である「子ども・子育て関係の案件」が重点的に取り上げられている[68]。

---

[63] 953件のうち対象外とされた提案もあった。また、これまでに議論が既にされており、その後の情勢の変化等はない提案が331件あった。さらに、省庁の第1次回答に対して提案団体から再検討を求める意見はなかった提案、事業そのものが廃止となった提案も69件あった。参照、大田＝田林・前掲注(53) 30頁。

[64] 535件のなかには、農地・農村部会で議論した提案が68件含まれている。

[65] 334件のなかには、予算編成過程での検討を求める提案34件、提案団体から改めて支障事例等が具体的に示された場合等に調整の対象とする提案50件、提案募集の対象外の提案9件があった。参照、第21回地方分権改革有識者会議・第20回提案募集検討専門部会合同会議（平成27年6月30日）・資料2（平成27年の地方からの提案と検討区分別の状況）。http://www.cao.go.jp/bunken-suishin/doc/kaigi21 shiryou02.pdf.

[66] 省庁の第1次回答に対して提案団体から再検討を求める意見がなかったもの14件は、集計外とされた。平成27 (2015) 年の提案募集検討専門部会の活動に関し、例えば、参照、関口・前掲注(53)（地方自治825号）35頁以下、特に38頁。

[67] 303件のなかには、予算編成過程での検討を求める提案33件、提案団体から改めて支障事例等が具体的に示された場合等に調整の対象とする提案45件、提案募集の対象外の提案16件があった。参照、第25回地方分権改革有識者会議・第38回提案募集検討専門部会合同会議（平成29年2月20日）・資料2（平成28年の地方からの提案と検討区分別の状況）。http://www.cao.go.jp/bunken-suishin/kaigi/kaigikaisai/kaigi25 gijishidai.html. 平成28 (2016) 年の提案募集検討専門部会の活動及び第7次一括法（平成29年法25号）につき、参照、関口龍海「法令解説」地方自治837号 (2017) 52頁、特に58頁、上林陽治「法令解説」自治総研470号 (2017年) 23頁（なお、その後においても、第8次一括法から第13次一括法まで累次の一括法が制定されている〔同30年法66号、令和元年法26号、令和2年法41号、令和3年法44号、令和4年法44号、令和5年法58号〕）。

[68] さらに、平成29 (2017) 年においては、「子ども・子育て」における「従うべき基準」の緩和・

2) **成果(その1)——従前の懸案事項の解決**　以下、平成28 (2016) 年までの成果を代表する事例を紹介する。地方公共団体からの提案はそれぞれ独自性があり多様であるものの、筆者の視点から3グループに類型化して紹介する。まず、農地転用許可権限の移譲、新たな雇用対策の仕組みの構築のように、地方公共団体の提案を受け、これまでの懸案事項に関して一定の前進があったものがある。これらの例としては、保育所の居室面積の特例期間延長（平成26年）、診療所に係る病床設置許可権限等の指定都市への移譲（平成27年）等がある。

3) **成果(その2)——地方創生等の新たな課題への対応**　経済・社会情勢の変化のなかで、地方公共団体が地域や住民のニーズに応えて新たな施策を打ち出そうとした場合に、これまで問題なく運用されてきた国の制度や運用が桎梏となり、制度や運用の修正・変更なしには、新たな施策展開を図ることはできないケースがある。この点は、義務付け・枠付けの廃止・縮減の課題において顕著である。

例えば、地方空港の活性化は、地域振興施策上の重要な課題となってきた。そこで、空港活用策として、県が国際ビジネス機の誘致を図ろうとしても、出入国手続、検疫、税関検査の体制は整わない等の問題が生じた。提案県は事務移譲を希望したが、3省庁との調整の結果、離着陸24時間前の通知を前提として受入体制を整備することを保障する形で提案県の支障は解消した（平成26年）。また、地方公共団体が、移住等を推進する施策として、短期的移住を検討する者に対して地域の空き家等を貸し出す等の政策を実施しようとした際に、旅館業法（昭和23年法138号）の規制が桎梏となった事例もあった。そこで、地方提案を受け、このような施策の実施に際し旅館業法の適用を受けない要件を厚生労働省が明確化する等の措置がとられた（平成27年）。これ以外に、欧米に比して厳しい水素ステーションの安全規制の緩和等を通じ、地方公共団体が独自の環境対策を促進することを可能とする措置も行われている（平成28年）。

4) **成果(その3)——行政の効率化・合理化**　地方提案のなかには、行政事務の一層の効率化・合理化のために制度改正を求めるものがある。例えば、

縮減に加え、「地域公共交通」の課題が重点的に取り上げられている。参照、第29回地方分権改革有識者会議・第53回提案募集検討専門部会合同会議（平成29年7月7日）資料2及び資料6。http://www.cao.go.jp/bunken-suishin/doc/kaigi29_shiryou01.pdf.

番号法（平成25年法27号)[69]において、地方公共団体の事務が法定の国の事務との間における連携事務と位置づけられていない場合には、当該事務に係る申請においてマイナンバーの情報は利用できない。番号法及び同法施行令の改正に関しては、各年次において多数の提案が寄せられている。それ以外においても、介護認定審査会委員の任期を一律に2年としていたことにつき、地方公共団体の条例によって3年に延長できるようにする等の改正が行われた（平成26年）。

(4) 提案募集方式の特色

　以上のように、項目は多岐にわたるものの、地方公共団体等から地域の実情や地方の発意に基づく提案が寄せられ、かなりの割合において解決を見てきた。これまでの地方分権改革は、有識者、地方6団体の代表者と内閣府の地方分権担当の事務局とが、地方の意見を踏まえながらも、分権の課題を抽出し、各府省との調整を経た上で、委員会勧告として公にし、実施に移す形で作業を進めてきた（以下、「委員会勧告方式」という）。これに対し、提案募集方式は、具体的な支障の提示を伴う形での自主的な地方のイニシアチブに基づく提案を踏まえるものであり、かつ、法律・政省令の改正等を伴わないものであっても、運用改善や通知の改正等、実情に即した柔軟な解決方法が採用された点に特長がある。さらに、農地転用許可権限の移譲のように、「手挙げ方式」が活用されたことによって、改革が進んだ事項のあったことも、提案募集方式の特長といえよう[70]。

第3節　地方分権改革の今後

(1) 「地方創生」時代の地方分権改革

　1）地方創生事業の展開　　ちなみに、わが国の地域政策に係る重点は「地方創生」にある。人口減少と大都市部に人口が集中する傾向は依然として顕著であり、このまま推移すれば多くの地方公共団体は維持できなくなるとする「増田レポート」[71]が公表されたこと等を契機として、政府は、平成26

---

69) 正式名称は、「行政手続における特定の個人を識別するための番号の利用等に関する法律」である。
70) 髙橋・前掲注(62)自治日報3796号1面、同・前掲注(62)自治日報3831号1面等。

(2014) 年 11 月に、「まち・ひと・しごと創生法」（平成 26 年法 136 号）及び「地域再生法の一部を改正する法律」（平成 26 年法 128 号）を制定した[72]。これらの法律に基づき、①まち・ひと・しごと創生総合戦略が、国・都道府県・市町村の単位で制定され、②地方交付税の算定を通じて配分される「まち・ひと・しごと創生事業費」（平成 27 年度当初地方財政計画の歳出に 1 兆円規模）等の財源措置が実施され、③都市再生整備計画や地域公共交通整備計画等の地域創生に関連する各種政策を地域再生計画とワンパッケージで策定する仕組みが設けられる等の施策推進の体制が構築されてきた（なお、本章の【追記4】を参照）。

　2）　地方創生と地方分権改革の関係　　このように、地域に係る政策として地方創生が前面に押し出されることによって、地方分権改革は以前に比して目立たない取扱いとなっていることは否定できない（石破茂大臣以来、地方分権改革に関し地方創生担当の内閣府特命担当大臣が兼務する形が続いている）。

　もっとも、地方創生が地域に係る政策の重点となった時点にあっても、地方分権の政策課題としての意義は失われた訳ではない。地方創生と地方分権との間には、より良い地域づくりとガバナンスのためのシステムを構築する面において課題の共通性がある。

　　①地域の活性化、総合力の発揮、民の力の引出し　　まち・ひと・しごと創生法に基づいて策定された「まち・ひと・しごと創生長期ビジョン」及びこれに基づく「まち・ひと・しごと創生総合戦略」等は、政策目標として、①地方における安定した雇用の創出、②地方に向けた新しいひとの流れの創出、③若い世代の結婚・出産・子育てに対する希望の実現、④時代に合った地域の創造、安心できるくらしづくり、を掲げている[73][74]。これらの政策目標を実現す

---

71) 日本創生会議・人口減少問題検討分科会（増田寛也座長）「ストップ少子化・地方元気戦略」（2014 年 5 月）。参照、増田寛也『地方消滅――東京一極集中が招く人口急減』（中央公論社、2014 年）。
72) まち・ひと・しごと創生法の解説として、長谷川智・時の法令 197 号（2015 年）4 頁、同・法令解説資料総覧 400 号（2015 年）16 頁、其田茂樹・自治総研 439 号（2015 年）47 頁を挙げておく。
73) 参照、「まち・ひと・しごと創生長期ビジョン――国民の『認識の共有』と『未来への選択』を目指して」（平成 26 年 12 月 27 日閣議決定）。
74) 参照、「まち・ひと・しごと創生総合戦略」（平成 26 年 12 月 27 日閣議決定）。同戦略は、平成 27（2015 年）と平成 28（2016）年に改訂された。参照、「まち・ひと・しごと創生総合戦略の変更について」（平成 27 年 12 月 24）及び「まち・ひと・しごと創生総合戦略の変更について」（平成 28 年 12 月 22 日閣議決定）。さらに、参照、「まち・ひと・しごと創生基本方針 2015」（平成 27 年 6 月 30 日）、「まち・ひと・しごと創生基本方針 2016」（平成 26 年 12 月 27 日閣議決定）、「まち・

るためには、地域を活性化させ、地域の総合力を発揮し、民間の力を引き出す等の政策的工夫が必要となる。その意味において、地方創生と地方分権とは、政策課題を共有する側面がある。

　　　②ネットワークの構築と拠点形成の重要性　まち・ひと・しごとの創生の事業を展開するためには、地域に立地する企業、地元の事業者、地域に根差した活動を行っているNPO、地域住民から構成される緊密なネットワークを形成する必要があり、地方公共団体に対しては、ネットワークの形成を担い、その拠点として機能することを期待されている。地方公共団体がこのような期待に応えるためには、自主性を発揮できる体制を地方公共団体に保障しなければならない。

　　　③ネットワーク形成、拠点の担い手の育成　さらに、ネットワークを形成し、その拠点を担う能力を地方公共団体の職員が修得することは重要であり、そのためには、自ら地域の課題を発見し、コミュニケーション能力を発揮して、自主的に事務処理を行う行政スタイルを地方公共団体が組織として確立しなければならない。

　以上に確認してきたように、地方創生の目標を達成するためにも地方分権をさらに徹底していくことが必要である。

　　3)　地方分権改革の固有の意義　これまで述べてきたように、地方分権改革の課題は地方創生と両立し得るもののみならず、地方創生と相互補完的な関係にある。さらに、地方分権の作業には、以下の三つの意義がある。

　まず、第1に、社会状況の変化に即して常に新たな立法や政策が打ち出されるが、その際、必ずしも地方分権への十分な配慮がされない場合もある。地方分権改革推進委員会の第3次勧告以降に新たに創設された「従うべき基準」の例はその典型といえよう[75]。

　第2に、地方分権改革の成果を活用しないままに法令・制度の運用が行われ続けるならば、制度の統一を図る等の効率性を重視する流れは強まり、これまで得られた成果すら空洞化するおそれもある。その象徴的な例は、規制改革会

ひと・しごと創生基本方針2017」（平成29年6月9日閣議決定）。なお、本章の【追記3】を参照。
75)　第30回地方分権改革有識者会議・第61回提案募集検討専門部会合同会議（平成29年9月8日）の地方団体ヒアリングにおいて、全国知事会は、地方分権改革推進委員会第3次勧告以降に「従うべき基準」が多く定められたことは問題である、と指摘している。参照、同会議・資料4-1・2頁。http://www.cao.go.jp/bunkenuishin/kaigi/doc/kaigi30shiryou04_1.pdf。

議及びその後継機関である規制改革推進会議が、地方における規制のバラツキを問題視し、規制改革の視点から法令による制度の統一を性急に実施しようとしたケースである。そして、このケースについては、地方団体や内閣府の地方分権改革推進室等が強い疑念を示した結果、平成29（2017）年に、複数の地方公共団体に対して同一の事業者から許認可の申請等がされる場合であって、事業者の負担となっているものについて、地方の理解と協力を得て書式の統一を図る、との方針の転換が図られることとなった[76]。継続的に分権改革を進める仕組みが重要であることを示す具体例といえよう（なお、本書第1編第2部第2章81頁【追記1】を参照）。

第3に、前記の課題を進めるとともに、これまでの地方分権の意義を新たな世代に伝え、活用を促す取組みが不可欠である。地方分権改革の取組みは、開始されてから既に四半世紀近くを経過し、地方分権改革以前の地方自治の実情を知る職員の割合もかなり低くなっている。地方分権改革が地方公共団体の自主的な運営を保障することを目的としたものであることから、改革の成果を所与のものとして活用を図ることを怠るならば、地方分権の目的は達成されたことにはならない。この点から、第1、第2の課題を推進しつつ、地方分権改革の意義を国・地方公共団体及び関係者に常に徹底していく作業を国・地方を通じて行っていくことが必要である。

（2） 提案募集方式の課題

以上、地方分権改革の作業を継続的に進めることの意義を確認した。その上で、分権の作業を進める当面の手段と位置づけられている提案募集方式の今後の在り方につき、制度的な課題を見出すことの重要性を指摘しておきたい。提案募集方式には、地域の課題・支障に即して制度の再検討を求める点に特長がある一方において、個別の支障の解消を優先しがちとなり、個々の法令改正に結び付くケースはあっても、それを越えて共通の制度改革に結び付けることが困難な場合は多い。

しかしながら、理論的には、個々の提案の背景にある制度的な要因を拾い上げることは可能である。例えば、地方提案において問題視されている「従うべ

---

[76] 規制改革推進会議「規制改革推進に関する第1次答申」（平成29年5月23日）Ⅲ-5-(2)-⑤、Ⅲ-②。参照、髙橋滋「地方における規制改革と地方分権」自治日報3913号（2017年）1面。

き基準」のなかには、地方分権改革推進委員会の第3次勧告以降に新設されたものが多く含まれていることを先に紹介した。そして、この背景には、地方自治法263条の3第5項（平成18年法53号により追加）において地方公共団体の連合組織への意見照会制度が設けられたものの、閣法の閣議決定の直前に通知がされる等、第3次勧告の趣旨に必ずしも沿わない事例も散見されるとの事情がある[77]。「従うべき基準」の策定後に個別の地方提案を受けて改善措置を実施するのではなく、地方への支障を予め生じさせない制度の工夫が求められることとなろう。その他にも、全国知事会により問題とされ続けてきた産業振興・農林漁業関係の補助金の問題がある。これらの分野においては、都道府県、市町村を経由した間接補助ではなく、事業者に対して中央省庁により直接に補助の行われる形式のものが多く、地方公共団体によって展開される産業・農林水産業振興策との未調整不整合が問題とされてきた（「空飛ぶ補助金」の問題である）[78]。これに関しても、補助手続に地方公共団体が参画することを保障する等、制度的担保が検討されるべきであろう。

（3）　地方分権の今後

　以上、地方分権改革の推進手段として位置づけられてきた提案募集方式の課題を検討してきた。もっとも、提案募集方式を中核とする地方分権改革の作業に対しては、「国において進められている提案募集方式により従うべき基準の廃止などの改革を着実に進めると同時に、改革の進むべき方向性や手法についての新たな取り組みが求められている」との指摘がされている[79]。

---

[77]　ちなみに、地方分権改革推進委員会第3次勧告は、事前情報提供制度の充実に向けての方策を具体的に示していた（地方分権改革推進委員会「第3次勧告――自治立法権の拡大による「地方政府」の実現へ」36頁（6-(2)）。しかしながら、全国知事会の発言は、その提言が必ずしも徹底されていないことを示している。

[78]　「空飛ぶ補助金」に対しては、本文に述べた諸点以外にも、事業者等と地方公共団体との関係性の希薄化等、様々な問題点が指摘されてきた。地方分権改革有識者会議・提案募集検討専門部会合同部会における全国知事会からの提出資料においても、毎年のように「空飛ぶ補助金」の廃止・縮減等が指摘されている。平成26（2014）年、平成27（2015）年の指摘につき、参照、第17回地方分権改革有識者会議・第11回提案募集検討専門部会合同会議（平成26年9月18日）資料4（地方3団体資料）4頁、第22回地方分権改革有識者会議・第27回提案募集検討専門部会合同会議（平成27年9月2日）資料2-1（全国知事会資料）3頁参照。

[79]　全国知事会地方分権推進特別委員会「『地方分権に関する研究会』報告書」（案）29頁（V）。参照、http://www.nga.gr.jp/ikkrwebBrowse/material/files/group/2/2017 0630-15_shiryou2_houkokushoan_

他方において、法定受託事務の形式で事務を委譲することや、国の出先機関を地方に移管すること等を強力に推進することは疑問である、との見解も提示されている[80]。また、国・地方を通じた深刻な財政危機のなかで、税財政構造の根本的な改革に関する目途は立っていない。そして、事務権限の委譲に関しては、専門性や地域における人材確保等の可能性を踏まえて慎重に分析・検討すること、及び委譲に際しては十分な支援体制と財政措置とを実施することが必要となろう[81]。

　ここでは、提案募集方式の実績等を踏まえ、新たな制度改革の視点として、さらに1点を指摘することにしたい。すなわち、提案募集方式は、義務付け・枠付けによって支障があり、あるいは本来されるべき権限委譲が実施されていないこと等に対する地方公共団体による異議の申出を受けるものであって、いわば、地方分権改革有識者会議、内閣府地方分権改革室を通じた苦情処理の側面をも有している。かつ、正規の争訟手続でない以上、各府省との合意の成立を基本的に前提とするという点において、苦情処理と同様の限界をもつ。これに対し、第1次地方分権改革により導入された国地方係争処理制度等においては、裁判所に対する提訴までもが認められた手続であるものの、その対象は、国・都道府県による普通地方公共団体に対する関与に限られている。そこで、前記のような幅広い地方公共団体からの提案、異議の申出に関し、裁判所の争訟手続の対象とすることは困難であっても、第三者機関による、あっせん、調停、さらには、仲裁の手続を創設することは可能と思われる。特に、政省令等を通じた義務付け・枠付けが役割分担原則に違反するものであるか否かに関し、第三者機関が判定し、問題のある場合には関係府省に対して勧告が行われる制度（各府省には勧告の尊重に係る努力義務を課すのが適当であろう）の創設は、制度的改革の一試案として検討する意味はあろう。

　【追記1】　三位一体の改革に関しては、①地方交付税総額と臨時財政対策特例債が大幅に削減されたこと、②国庫補助負担金の削減が税源移譲に結び付いた割合が低か

---

honbun.pdf.
80)　西尾勝「地方分権改革20年と政策法務への期待（上）」自治実務セミナー634号（2015年）7頁以下。
81)　参照、本章第1節（3）3)。

ったこと、③国家補助負担金の廃止・縮減についても、地方6団体等の要求通りには実施されず、特に義務教育費教職員給与分や児童扶養手当・児童手当等の補助金の削減等が地方の反対にもかかわらず実施されたこと等、地方分権改革の観点からは批判が強かった。この点を指摘するものとして、西尾勝『地方分権改革』〔東京大学出版会、2007年〕182頁、165頁を挙げておく。

【追記2】 西尾勝教授は、平成27 (2015) 年3月4日の参議院調査会の参考人意見聴取において、平成の大合併に関し、「いずれはやらざるを得なかったことなんだろう、だけど進め方として正しかったかというと、なかなか思うようにいかなかった」と総括し、問題点として、編入合併される側の町村の小さな自治を大事にしていく方策を力を入れてやらなければならなかった、と指摘している（第189回国会〔常会〕参議院国の統治機構に関する調査会会議録1号12頁〔倉林明子委員（日本共産党）の質疑に対する回答〕）。

【追記3】 この点に関連して、第1次地方分権改革とその後の三位一体の改革を契機として環境保護行政の後退を懸念する声が高まったことがある（大塚直『地方分権と環境行政』に関する問題提起」環境研究142号 (2006年) 142頁以下等を参照)。もっとも、この点に関しては、その時点において筆者が指摘したように、産業振興、国土・運輸、厚生労働、税財務等のように確立された行政分野に比して「遅れて登場した環境行政」が、地方分権改革に際しての「各分野横並びの改革論」を克服できなかったことがその要因であった（高橋滋「総括的コメント」環境研究142号175頁）。また、三位一体改革等の結果としての環境分野における補助金削減に関しても、【追記1】等において述べてきたように、行財政緊縮論のなかで、補助金の削減に見合うだけの地方税財源の充実が達成されず、さらに、地方交付税総額の大幅な削減により代替財源を確保することが困難であったところが大きい。

【追記4】 国の「まち・ひと・しごと創生総合戦略」については、令和元 (2019) 年末に第2期のものが決定され（令和元年12月20日)、その後に「まち・ひと・しごと創生基本方針2020」（令和2年7月17日閣議決定)、「まち・ひと・しごと創生基本方針2021」（令和3年6月18日閣議決定）等が決定されている。また、本文に述べたように、平成27年度予算において地方財政計画の歳出のなかに「まち・ひと・しごと創生事業費」が1兆円計上されて以降、毎年度1兆円が令和3年度まで継続して措置されている。さらに、平成28年度以降は当初予算において地方創生推進交付金が毎年度1000億円措置された以外にも、平成27年度補正予算において地方創生加速化交付金1000億円が、平成28年度第2次補正予算において地方創生拠点整備交付金900億円が措置され、平成29年度から令和元年度まで補正予算において600億円が措置されている（令和2年度第3次補正では460億円)。

なお、令和2年度には新型コロナ感染症のまん延対策の視点から地方創生臨時交付金が3兆円措置される等、特別な予算措置が実施された。また、岸田文雄内閣が「デジタル田園都市国家構想」を施策の重点の一つとして掲げて以降、「デジタル田園都市国家構想交付金」が新たに創設され（令和3年度補正予算200億円）、令和4年度当初予算においては、地方創生推進交付金、地方創生拠点整備交付金と併せて、合計1660億円のデジタル田園都市国家構想関連地方創生交付金として位置づけられている（令和5年度当初予算は1800億、令6年度当初予算は1735億。補正予算において追加）。

第2章　社会の変化と地方分権改革
——国・地方関係のボトム・アップ型の再定義

〈解題〉　第1編においては、第1次地方分権改革、第2次地方分権改革に焦点を当てて、地方分権改革の経緯を確認してきた。もっとも、これらの分析は、地方分権改革有識者会議の提案募集検討専門部会（以下、「専門部会」という）の活動のうち平成26（2014）年から平成28（2016）年までのものを対象とし、その後の動きはフォローしていない。そこで、第2章においては、専門部会の前記年度以降の活動について紹介した短い論稿3編を各節として収録し、併せて、【追記1】【追記2】において近時の新たな状況変化（2040年問題や行政のDX化、法定計画等による義務付け・枠付けの問題）に関する筆者の見解を述べることとする（なお、【追記3】も参照）。

第1節　提案募集活動方式の回顧と展望
——平成30年及び平成31年・令和元年

　地方分権改革有識者会議（「有識者会議」）が活動の重点としてきた提案募集方式は、地方公共団体や地方6団体等から制度の改革・改善の提案を受け、法令を所管する府省と内閣府地方分権改革推進室（「推進室」）とが交渉し、重点事項に関しては、有識者会議の下に置かれた提案募集検討専門部会（「専門部会」）の実施する2次にわたるヒアリングを経て提案の実現を目指す作業である。

　平成26（2014）年に開始されたこの作業は、平成31（2019）年で6年目に入る。提案のなかで実際に府省との間において交渉に入った案件の数は、初年次の535件を例外として、200件前後で推移しているものの、提案の対応率（現行制度においても提案への対応が可能とされたものを含む）は、初年次の63.7%から徐々に向上し、直近の2年次においては、89.9%、89.4%と、特筆すべき水準に到達した。

　特に、平成30（2018）年においては、長年の課題とされてきた二つの改革提案が実現した。まず、町村の都市計画に係る都道府県知事の同意が廃止されることになった。平成23（2011）年の都市計画法の改正（平成23年法37号）によって市に関して同意は廃止されたにもかかわらず、広域調整の必要性及び市と町村との行政財政能力の差異等を理由として、町村に係る同意は維持されてきた。しかしながら、国土交通省との協議の結果、都道府県と市町村との間において実質ある協議がされることを担保するルールを定着させる取り組みを進め、そ

の状況を確認して、平成31年度を目途に必要な措置を講じ、同意を廃止することが、閣議決定された（第10次地方分権一括法〔令和2年法41号〕により措置）。地方からの強い要望を受け、初年次以来、有識者会議と推進室とがこの問題について粘り強く取り組んできた結果であろう。

　また、放課後児童クラブに係る「従うべき基準」等が見直されることになった。児童福祉法等、社会福祉関係の施設に係る法令においては、人員・面積等に関して地方公共団体を強く縛る従うべき基準は多く、かつ、その数は制度改革等を契機として増加の傾向にあるとして、地方の側から強く問題点の指摘がされてきた。その代表例は放課後児童クラブの従事者とその員数に係る基準であり、今回、地方の声を受けて、子どもの安全性の確保等一定の質の担保をしつつ、「参酌すべき基準」に変更されることになった（第9次地方分権一括法〔令和元年法26号〕及び放課後児童健全育成事業の設備及び運営に関する基準の一部を改正する省令〔令和元年厚労省令61号〕で措置）。

　その他にも、例えば、公立博物館等に関し、地方公共団体の選択によって教育委員会から首長部局への移管を可能とするように地方教育行政の組織及び運営に関する法律等が見直されることとなった。これにより、観光・地域振興分野やまちづくり分野を担う首長部局において一体的に所管できるようになり、社会教育の振興はもとより、文化・観光振興や地域コミュニティの持続的発展等が図られる効果が期待されている。さらに、育児休業等の延長に係る手続の見直しは、育児休業の延長を期待してあえて競争率の高い施設への申込み等がされ、保育を真に求めている世帯に影響が生じている等の現場の切実な声に応えるものであった。

　推進室は、6回目の提案受付けに向け、2月から3月にかけて全国のブロック別に説明会を開催する等、広報・普及活動を強化している。専門部会のメンバーもブロック会議に積極的に参加する予定となっている。平成30(2018)年と同様に提案募集方式が成果を生み出すためには、現場において様々な問題、制度への疑問を数多く抱えている自治体関係者の声が実際の地方提案へと集約されていくことが重要である。説明会の開催の他にも、推進室は、「地方分権改革・提案募集方式　取組・成果事例集」、「地方分権改革・提案募集方式ハンドブック（提案検討の手引き）」や「提案募集方式データベース（提案検討支援ツール）」等の資料を内閣府のホームページにアップロードしているので、これら

の活用が望まれる。

第2節　提案募集方式における重点募集の仕組み——令和2年

　地方分権改革有識者会議（「有識者会議」）が進めている提案募集方式による地方分権改革の作業において、筆者は、有識者会議の提案募集検討専門部会（「専門部会」）の部会長として、重点事項につき内閣府地方分権改革推進室（「推進室」）とともに法令を所管する府省と折衝を重ね、地方提案の実現に向けて努力してきた〔令和5〔2023〕年まで〕。

　令和元（2019）年までの6年にわたるこの作業は、相応の成果を得るとともに、強化すべきポイントも次第に明らかになってきた。そこで、有識者会議は、今後の方向性に関し議論を重ね、令和2（2020）年2月19日の有識者会議と専門部会の合同会議において、「今後の地方分権改革の方向性」（「今後の方向性」）を決定した。併せて、令和2（2020）年の提案募集の基本方針となる「令和2年の提案募集における対応について」（「提案募集の対応」）も定められている。

　まず、「今後の方向性」は、冒頭において、人口の本格的な減少、東京一極集中の継続、革命的な新技術の導入、ライフスタイルの多様化等、日本社会は大きく変容しつつあるなかで、総合的な行政サービスの提供主体である地方の自立性を高め、地域に即した行政サービスの提供を可能とする地方分権改革をさらに推進する必要のあることを指摘している。その上で、同文書は、これまでの提案を分析し、提案に共通する政策課題を析出した。具体的には、①条例を直接に拘束する「従うべき基準」を見直すべきこと、②計画の策定や国の調査・照会について負担軽減が図られるべきこと、③地域の実情にあわない補助金の要件を緩和し、手続を簡素化する必要等のあること、④国、都道府県、市町村の間の連携を推進するとともに、企業、NPO等とのネットワークが形成されるべきこと、⑤ドローン、ロボット、ICT等の新技術を業務に取り入れることが喫緊の課題になっていること、⑥業務の効率化のためには、地方の独自性が発揮されることを確保しつつ、システム基盤や業務プロセスを標準化することが必要であること、⑦人口減少にあって地方のストックを適正化する必要性が顕在化していること、等が明らかにされている。さらに、⑧これらの課題を解決するに際しては、議会の役割が一層重要になるとともに、住民の政策

形成過程への参加を推進する必要のあることも指摘されている。

　このような6年間の活動の総括を踏まえ、「提案募集の対応」は、令和2 (2020) 年における以下の方針を打ち出している。まず、提案募集の基本線を堅持し、地方公共団体等の具体的な支障に基づく提案を幅広く受け付けるべきことが確認された。その上で、前述の課題のなかから、令和2 (2020) 年の重点募集テーマとして、(1) 補助金関係と (2) デジタル化関係の二つを取り上げることとなった。(1) に関しては、記載事項・記載内容の簡素化、添付書類の削減、弾力化、手続・協議の迅速化・合理化等に関する提案が想定されている。また、(2) に関しては、デジタル化を妨げる国の制度（法令解釈を含む）の見直し等に関する提案が念頭に置かれている。具体的には、書面での申請・報告を求めている手続のオンライン化、行政機関間の情報連携等による添付書類の省略、その他デジタル技術の活用による手続の効率化に関する提案等が考えられよう。

　第1次地方分権改革の結果として、地方公共団体の行政機関は国の行政機関の後見的な監督から解放された。また、第2次地方分権改革によって法令の義務付け・枠付けが廃止・縮減された現在、議会の条例制定権に委ねられた領域は広がっている。急激な社会変化のなかで地域のニーズに即した行政を展開しようとしたとき、国の設定した枠組み、国の法令解釈・運用等が桎梏となるケースは確実に増加している。地方分権の成果を自らのものとし、団体自治、住民自治を強化するために、提案募集方式が活用されることが望まれる。

第3節　社会の変化とボトム・アップ型の再定義——令和4年

　地方分権改革有識者会議（座長・神野直彦東京大学名誉教授〔当時〕）の下での提案募集方式による地方分権の作業は、令和4 (2022) 年で9年目となる。この作業は、地方公共団体等の改革提案を受けて、内閣府地方分権改革推進室（以下、「分権改革推進室」という）と提案募集検討専門部会が連携して府省と交渉し、地方の事務支障を取り除くものである。地道な作業ではあるものの、過去の取組みを通じ、多くの事務支障を解決することができた。省庁との交渉案件の数は毎年約200件程度となっており（平成26〔2014〕年のみ535件）、新型コロナ対応に忙殺された過去2年にあっても、168件、160件の提案が取り上げられた。

結果、提案の実現件数は累計1500件弱にまで積み上がっている。

　ちなみに、第1次分権改革の成果である地方分権一括法の成立（平成11年）から20年以上が経過し、社会状況は大きく変化した。人口減少のスピードが早まり、わが国は超高齢化社会に突入した。自然災害の多発、新型コロナ感染症のまん延等、深刻な危機に対応し得る強靱・柔軟な統治システムの構築は喫緊の課題となっている。周回遅れと批判される社会・行政システムのデジタル化も、待ったなしの状態といえよう。令和4（2022）年1月に発足した第33次地方制度調査会に対しては、DXの進展と新型コロナ感染症対応をキーワードとして、国―地方関係等の在り方に関する調査審議が諮問された。また、第32次地方制度調査会においては「2040年頃から逆算し顕在化する諸課題への対応」が諮問事項であった。政府部内におけるこれまでの検討の結果、デジタル基盤形成に関して国の役割を強化したデジタル改革関連法（令和3年法35号ないし40号）のように、国・地方関係の見直しは着実に行われてきている。もっとも、筆者は、政府部内における「国―地方関係の再定義」の試みを評価しつつも、地方行政の現実に根差した「ボトム・アップ型の再定義」が時代と社会の要請に適切に対応する国―地方関係の再構築には欠かせない、と考えている。そのための重要なツールが、提案募集方式による地方分権改革の取組みであろう。

　令和2（2020）年からは、幅広に改革提案を募集するとともに、特定のテーマについて省庁との間で集中的に議論を行うことを目的として、「重点募集テーマ」が設定されることとなった（第2節を参照）。同年においては「補助金」・「デジタル化」が、令和3（2021）年には「計画策定等」が重点募集テーマとされた。そして、同年における「計画策定等」に関する取組みを通じ、地方の実情にそぐわない計画策定の義務付け、細部にわたる策定事項や手続の法定等（以下、「計画策定の義務付け等」という）によって、地域における総合行政主体としての地方公共団体の機能が損なわれている現状が浮彫りとなった。そこで、令和4（2022）年においては、「デジタル」とともに、「計画策定等」を重点募集テーマとして作業を行うこととなった（本章の【追記2】を参照）。

　筆者の考えるところ、地方公共団体に計画策定等を義務づけ、計画を通じた国の関与が強められてきた背景には、機関委任事務の廃止、国の関与のルール化等によって、地方行政を中央集権的に国が統制できなくなった事情があり、

その代替手段として、計画策定の義務付け等への傾斜が強まっている。現場の実情を無視した形で府省から地方に対して「照会」や「調査」が乱発されることも、前記の背景に由来するものである。筆者は、計画策定の義務付け等や、「照会」「調査」の全廃を主張するものではない。ただ、公正・透明な国—地方関係の定着を目指し、そのためのツールの成熟を図るのではなく、計画策定の義務付け等に安易に国が頼ることから生じた弊害、地域における総合的な施策実施主体としての地方公共団体の機能が損なわれている病理現象について、「ボトム・アップ型の再定義」を通じて解消が図られることが求められている。

【追記1】　第1編第2部第2章の最後に、近時、地方自治制度をめぐって活発な議論の対象となっている「2040年問題」とそれをめぐる地方制度調査会等における議論、そして、そのなかでも地方行政のデジタル化（DX）の問題に関する筆者の立場を簡潔に述べておきたい。

　まず、第1点は、筆者の基本的なスタンスに関するものである。東京圏への一極集中とその他の地域における急激な人口減少等の事象は、第2次地方分権改革後に顕著かつ深刻化してきており、これに対して「バックキャスティング」の視点から地方自治制度の在り方を考えることの必要性は否定できないように思われる。同様に、新型コロナ感染症のまん延は、日本の行政体制のデジタル化、ひいては日本の社会経済構造のデジタル化が決定的に遅れている現状を如実な形で明らかにした。かつ、行政のデジタル化が少子・超高齢化の進む地域において住民サービスを円滑・適切に提供するシステムを維持・強化する有効な手段となることも否定できまい。この間、政府における取組みに対しては様々な批判・疑問が寄せられてきた（例えば、2040年問題に関し、白藤博行「『自治体戦略2040構想』と第32次地制調による法制化の検討」白藤博行ほか『『自治体戦略2040構想』と地方自治』〔自治体研究社、2019年〕7頁、榊原秀訓「第32次地方制度調査会答申から見る国の自治体戦略」自治と分権81号〔2020年〕40頁等を、デジタル化に関し、白藤博行・自治体研究所編『デジタル化でどうなる暮らしと地方自治』〔自治体研究社、2020年〕、本多滝夫＝久保貴裕『自治体DXでどうなる地方自治の「近未来」』〔自治体研究社、2021年〕を参照されたい）。これらの批判・疑問については、以下に述べるように、具体の取組みにおいて慎重な制度設計と十分な配慮がされることをもって応答がされるべきであろう。

　第2点は、2040年問題を契機として第32次地方制度調査会（会長・市川晃住友林業株式会社代表取締役社長〔肩書は当時のもの〕）等において打ち出された広域連携の強化の在り方に関するものである。第32次地方制度調査会において活発な議論の対象とな

ったように、2040年問題を意識して強化の方向性が打ち出された広域連携を推進するに際しては、財政措置が推進のための過度なインセンティブとして機能することのないように配慮されるべきことについては、議論を通じて関係者に共通の認識となったように思われる（第32次地方制度調査会第5回総会〔令和2年6月17日〕における江崎孝委員〔立憲民主党〕の意見及びこれに対する山本隆司専門小委員会委員長〔東京大学教授〕の回答。参照、同総会議事録18頁以下・35頁以下等を参照）。この点につき、財政措置は「連携により生活機能を確保しようとする際に関係市町村に発生する需要に」つき措置されるものとして（第32次地方制度調査会答申「2040年頃から逆算し顕在化する諸課題に対応するために必要な地方行政体制のあり方等に関する答申」16頁〔第4 (2) ③〕）、連携の枠組みづくり、連携内容の具体化のために必要となる協議会の設置・運営、住民説明会・討論会の開催費用、住民の意向調査・住民投票等に対するものに対しても実施されるべきである、と筆者は考える。

　第3点はデジタル化に関するものである。地方行政のデジタル化については、特に地方公共団体情報システムの標準化に関する法律（令和3年法40号）が同法の標準化対象事務（住民基本台帳関連業務、税関連業務、国民健康保険関連業務等の17事務に加え、戸籍、戸籍附票、印鑑登録の3業務を追加）を標準化の対象としたこと等に対し、地方自治行政の統一化・標準化をもたらすものであるとの批判・疑念が寄せられている。また、個人情報保護法の改正（令和3年法37号）によって地方公共団体の個人情報保護の規律が個人情報保護法の下に置かれ、個人情報保護委員会の監視権が及ぶこととなった点について、先進的な地方公共団体の規律の切下げ、地方公共団体による個人情報保護法制の先導的な発展の妨げとなるのではないかとの批判も寄せられている。

　まず、地方行政のDX化に伴う標準化の点に関しては、地方公共団体の情報システムの基盤を整備・充実することについて国の主導的な役割を認めることは地方分権改革の理念と矛盾するものではない。かつ、システム基盤の整備にあっても、業務の標準化とともに地方公共団体の自由度は当該業務の性格に応じて認められるべきである（原田大樹「デジタル時代の地方自治の法的課題」同『公共部門の組織と手続』〔東京大学出版会、2024年〕はデジタル化のなかでも、①資源の冗長性、②物的空間を共有する人的組織を通じた決定受容性の確保、③複数の決定回路の確保による決定の合理性の確保の見地から、地方自治の意義は失われない、とする〔386頁以下（初出2021年）〕。直接民主主義と地方自治との親和性等、地方自治にはデジタル化の観点から把握し得ない独自の意義もあるが、デジタル化の観点に限っても地方自治の独自の意義はあるとするものであろう）。

　かつ、そのような制度設計はシステム標準化の下にあっても可能であろう。ただし、システム標準化に関してはシステム利用者と行政窓口とのインターフェイス（手続・様式項目と理解されているもの）に係るものと決定要件に係るもの（そのように理解されて

いるもの)とがあるが、システム設計の上で両者は密接不可分な関係にある(同旨、原田・前掲書392頁。ただし、AI化とは関係なくこの点は設計上の重要課題である。この点につき、新たな社会経済情勢に即応するための地方財務会計制度に関する研究会〔座長は筆者〕の報告書「新たな社会経済情勢に即応するための地方財務会計制度に関する研究会報告書」〔令和5年12月〕10頁以下、12頁以下を参照されたい)。一例を挙げるならば、規制改革推進会議からの働き掛けによる保育所入所に係る雇用者発行の就労証明書の標準化につき、日本総研「就労証明書の標準的な様式の活用による市区町村及び企業等の負担軽減に関する実態調査」(令和3年度子ども・子育て支援調査研究事業)によれば、標準化の取組みはある程度進んだものの、標準書式の採用は抜本的には進んでいない。この点に関しては、市町村による追加項目の取扱いにつき、システムに紐付けが可能となるように項目に付番をし、APIを開放するすることによって、地方公共団体による(合理的な範囲での)追加項目を独自システムに取り込むこと、そして、企業側においても電子な就労証明書を作成することが可能となる。そして、この点を無視し、国の定めた標準項目を前提として全国システムを設計し、独自項目について地方公共団体の別個のシステムを併存させる方向に仮に進むのであれば、システム標準化はおよそ莫大な国費の浪費と経済合理性の喪失とをもたらすこととなろう。

　また、地方公共団体の個人情報保護の制度を個人情報保護法の規律の下に置くことに関しては、①個人情報保護について十分な制度整備と体制の整っていない団体があることから、これらの団体に個人情報保護法の規律を適用して個人情報保護委員会が監視するものとすることに積極的な意義のあること、②個人情報保護に係る地方公共団体独自の事情については条例要配慮個人情報の仕組み等が用意されていること、③個人情報保護委員会による個人情報保護政策は、EUをはじめとするグローバルな個人情報保護の水準・動向を反映したものであり、かつ、近時は情報の利活用と保護との適切なバランスも重視されていること、④地方公共団体に設けられてきた個人情報保護に関する第三者委員会に関しては、個人情報保護の全般的な施策については個人情報保護法の統一的な規律の下でその役割は相対的に減ずることとなる一方において、個々の事案の判断に係る第三者委員会の役割は改正後の仕組みにおいても位置づけられていること、等を踏まえるならば、法改正の意義そのものは否定されるべきではない。ただし、個人情報保護委員会は、これまで先進的な地方公共団体が個人情報保護施策の展開に果たしてきた積極的な役割を適切に評価し、地方行政における法の運営のなかで得られた地方公共団体の経験とそれを踏まえた意見を適切に施策に反映させる姿勢を保つことが肝要といえよう(詳細に関しては、高橋滋ほか編『条解行政情報関連三法〔第2版〕』〔弘文堂、2023年〕746頁以下、特に748頁〔高橋滋〕)。

【追記2】　法令等を通じた計画の義務付け・枠付けに関しては、第32次地方制度調

査会答申においても言及がされているものの、その問題点は必ずしも明確には指摘されていなかった（地方制度調査会「2040年頃から逆算し顕在化する諸課題に対応するために必要な地方行政体制のあり方等に関する答申」16頁〔第4-1-(3)-①〕）。もっとも、地方6団体を中心として、法令等を通じた計画の義務付け・枠付けが進み、このような事態は、地方公共団体が地域の実情に即して総合行政を展開することの桎梏となっているとの声が強まったことから、地方分権改革有識者会議においても、法定計画等による義務付け・枠付けの廃止・縮減に関する取り組みが行われることとなった（なお、早い時期において、法定計画等の義務付け・枠付けの問題点を指摘したものとして、今井照「『計画』による国―自治体間関係の変化―地方版総合戦略と森林経営管理法体制を事例に」自治総研477号（2018年）53頁がある。さらに、参照、勢一智子「地域の自主性を考える―行政計画策定を例に」地方自治877号（2020年）2頁、今井照「国法による自治体計画策定要請の現状と対処法」ガバナンス246号（2021年）17頁、嶋田暁文「計画策定等の（実質的）義務付けと地方分権」ガバナンス246号29頁）。

　具体的には、令和3年（2021）年11月12日の地方分権有識者会議において、「計画策定等に関するワーキンググループ」（座長は勢一智子西南学院大学教授。以下、「計画ワーキンググループ」という）の開催が決定され、同グループの作業を踏まえて、令和4（2022）年2月28日の地方分権有識者会議において、①令和4（2022）年においては「計画策定等」を重点事項の一つとすること、②地方公共団体の自主性を損なわないよう、計画策定等における基本的な考え方を示し、法令上の措置については内閣府においてチェックを行うこと、等を内容とする「計画策定等における地方分権改革の推進に向けて」（同会議資料1-3）が決定された。

　これらの動きを受けて、政府は、「経済財政運営と改革の基本方針2022」（令和4年6月7日閣議決定）において、①計画等の義務付け・枠付けについては、累次の勧告に基づき、必要最小限のものとすること、②努力義務・通知に基づくものについても、できる限り新設しないものとすること、③真に必要な場合においても、内容や手続等は団体の判断にできる限り委ねるものとすること、④計画等は、策定済みの計画等との統合や他団体との共同策定を可能とすること、等の方針が盛り込まれた（第4章 中長期の経済財政運営 4. 国と地方の新たな役割分担等）。その後も、地方分権改革有識者会議においては、計画ワーキンググループを中心として国・地方を通じた効率的・効果的な計画行政の進め方を示した「ナビゲーション・ガイド」の策定が進められ、令和5（2023）年2月20日の同会議において「効率的・効果的な計画行政に向けたナビゲーション・ガイド」が決定された（同会議資料1-2）。さらには、「経済財政運営と改革の基本方針2023」（令和5年6月16日閣議決定）においても、新規の計画策定の抑制と既存計画の見直しとに分けて、内閣府（地方分権改革推進室）及び地方6団体が関与す

るなかで各府省が計画策定の負担軽減のための取組みを行うことが明記されて（第4章　中長期の経済財政運営　4．国と地方の新たな役割分担等）、引き続き取組みが進められている。

　【追記3】　本書の初校作業の終了後に、榊原秀訓＝本多滝夫編著『地方自治をめぐる規範的秩序の生成と発展』（日本評論社、2024年）に接した。この書には本書の記述と関連する論稿として、晴山一穂「真の地方自治の実現に向けて―分権改革の限界を超えて」（同書3頁）、白藤博行「『逆分権化』の兆候と『地方自治をめぐる新しい規範的秩序の生成と発展』」（同書317頁）の他にも、榊原秀訓「附属機関条例主義とその射程」（同84頁）、稲葉一将「『デジタル社会』の形成と地方自治の再生」（同107頁）、本多滝夫「自治体の行政処分と国の『関与』の方法」（同233頁）、山田健吾「法定受託事務に対する国の行政的関与の法的検討―」（同317頁）等の興味深い論稿が収録されている。もっとも、作業のタイミングの関係上、ここでは、同書に関連して次の点を指摘するにとどめたい。まず、白藤論文の指摘するように（同書324頁以下）、社会状況が大きく変化するなかにあって国―地方関係の再定義がトップダウンの形で進められている時期であるからこそ、ボトムアップの形で再定義を試みる作業の重要性が高まっているとするが本書の立場である。また、その作業を進める際に、筆者は、晴山論文の強調するように（同書15頁以下）、「分権万能論」の立場はとるべきではないと考えている。例えば、よく問題にされる保育所の人員基準・面積基準に関する議論にあっても、画一的・機械的な基準ではなく、保育士以外の職員の基準、面積基準と人員基準との組合せ等、地域の実情に応じたフレキシブルな基準への組み換えによって、保育の質と安全の確保を同時に達成する視点が重要であることを強調してきたつもりである。

　また、本書においては、刊行のタイミングから、「国民の安全に重大な影響を及ぼす事態」における国の指示権等を新設する地方自治法の一部を改正する法律案（第213回国会〔常会〕閣法31号）に関して筆者の見解を示すまでに必要な検討を行うことはできなかった。関連資料や国会の審議録を精査した上でしかるべき時期に見解を示すこととしたい。

第 2 編　制度改革と地方公共団体

〈解題〉　本書の第 2 編は、行政法領域における通則法の性格をもつ国法の改正が実施された際に、地方公共団体がどのような対応をしたのかを分析する諸論稿を収録した。第 1 部においては、行政手続法（平成 5 年法 88 号）と公文書管理法（公文書の管理に関する法律〔平成 21 年法 66 号〕）が制定された際における地方公共団体の対応を分析した論稿を収録した。また、第 2 部においては、行政不服審査法の全面改正（平成 26 年法 68 号）の際における地方公共団体の対応とその後の運用とを分析した 2 本の論稿を収録した。なお、行政不服審査法の全面改正の経緯等を紹介・分析した論稿は、筆者の前著『争訟制度と行政法学』（第一法規、2024 年）の第 3 編（「行政不服審査法の改正」）に収録したものの、紙幅の関係上、地方公共団体の対応に焦点を絞った第 2 編第 2 部第 1 章及び刊行時期を踏まえて前著に収録しなかった第 2 部第 2 章を本書に収録した。行政不服審査法に関しては、前著に収録した諸論稿も併せて参照して頂くならば幸いである。

第1部　行政手続法と公文書管理法

第1章　地方行政における行政手続の定着と発展
　　　——地方自治体行政手続条例の検討

〈解題〉　本章は、行政手続法（平成5年法88号）の施行から約4年が経過した時点において、地方公共団体がどのように対応したのかを紹介・分析したものである。周知のように、行政手続法に関しては、「第6章　意見公募手続等」の規律を導入した平成17（2005）年の改正（同年法73号）、及び行政不服審査法が全面改正される際に「処分等の求め」（行政手続法第4章の2）及び「行政指導の中止等の求め」（同法36条の2）に関する規律を行政手続法に導入した改正が実施されている（平成26年法70号）。本章においては、地方公共団体の対応を網羅的に検討することはできなかったものの、その後の法整備状況を概観するとともに、本章において紹介した団体における対応に関する追補を末尾に置くこととした（【追記1】ないし【追記5】。なお、地方公共団体の行政手続条例の状況を新たに調査する際には、それぞれの団体のご担当者から貴重な情報を提供して頂いた。ここにお礼を申し上げる）。また、筆者には、本章の刊行の前年に公表した別の論稿（「地方自治と行政手続」都市問題88巻5号〔1997年〕57頁）があるものの、より詳しく紹介・分析した本章の方を収録することとした。

第1節　序　　説

　平成5（1993）年に公布された行政手続法（同年法88号。以下、条文の引用の際に「法」という）は、地方自治体行政に係る手続の一部を適用除外としている。具体的には、法3条2項に規定されているように、地方公共団体の機関がする処分及び地方公共団体の機関に対する届出のうち処分及び届出の根拠となる規定が条例又は規則に置かれているものが、また、地方公共団体の機関のする行政指導に関してはそのすべてが、行政手続法の適用除外とされた。そして、法38条（現行法46条。以下、「同じ」。ただし、文言は同一ではない）は、「地方公共団体は、第3条第2項において第2章から前章までの規定を適用しないこととされた処分、行政指導及び届出の手続について、この法律の規定の趣旨にのっとり、

行政運営における公正の確保と透明性の向上を図るため必要な措置を講ずるよう努めなければならない。」と規定し、地方公共団体に対して適用除外とされた領域に関して規律を整備することを促している。そして、自治省行政局（現在は総務省自治行政局。以下、同じ）行政体制整備室の調査によれば、すべての都道府県、政令指定都市において行政手続条例の制定が終了しており、その他の団体についても整備作業は進展している[1]。

平成 8 (1996) 年の時点において、筆者は、地方公共団体における行政手続条例の制定作業に関するサンプル調査を行った。そのなかで、一部地方公共団体における注目すべき例に触れるとともに、自治体の措置に関して問題を感ずる場合があった。そこで、本章にあっては、地方自治行政における行政手続の定着と発展を促す見地から、幾つかの問題に焦点を絞って地方自治体行政手続条例等（規則、要綱を含む）の検討を行うことにする（以上につき、本章の【追記 1】【追記 2】を参照）。

第 2 節　条例（規則、要綱）化に際しての問題点
　　　——行政手続の定着に向けて

（1）　はじめに

地方公共団体の措置の内容を個々に検討する前に、条例、規則および要綱（以下、「条例その他」という）の制定に際して、行政手続法の保障する内容を地方行政に着実に定着させる上で地方公共団体が留意すべき点を指摘しておきたい。

行政手続法は、長年にわたる判例学説の蓄積と関係者による慎重審議の結果として制定されたものであり、行政手続を通じた事前的権利保護の充実、行政運営の透明性の向上を図る上で高く評価されるべきものである。地方公共団体が独自の措置を実施するに際して法の趣旨にのっとってこれを行うべきことを法 38 条（当時）が要求しているのは、立法者がこの点を自覚していたからに他ならない。

ただし、法の趣旨にのっとることと、法の文言をそのまま条例その他に移し替えることとは同一でない。例えば、法 27 条 2 項（当時）の定める異議申立て

---

[1]　自治省行政局行政体制整備室の調べによれば、平成 9 (1997) 年 3 月末現在、都道府県、政令指定都市を除く市町村（都の区を含む）3243 団体のうち 2416 団体において措置は終了しているという（要綱等による場合を含む。全体の 74％。なお、本章の【追記 1】を参照）。

の制限に関し、条例に基づく処分についての不服申立てに関しても行政不服審査法（昭和37年法160号。平成26年法68号による全面改正前のもの）が適用され、自治体の条例によって行政不服審査法の適用除外を設けることはできないことから、同項と同趣旨の規定は条例その他のなかには盛り込めない。この点は早くから指摘されていたこともあって、行政不服審査法に明らかに抵触する措置をとった例は見当たらない（なお、法27条2項は、行政不服審査法の改正の際に異議申立ての制度が廃止されたことに伴って削除された）。しかしながら、このような明文の法令違反に至らないまでも、法の文言を最小限手直しして条例その他に移し替えることに性急となるあまり、疑問の残る措置がとられた例は少なくない。

(2) 処分等の定義規定と行政指導規定

条例その他においては、条例等に基づく処分届出の手続、地方公共団体の機関がする行政指導についての規律が置かれる。それゆえ、「処分」、「行政指導」等に関し、条例等に根拠を置くものや地方公共団体の機関が行うものに限定する定義規定が条例その他に盛り込まれることになる。

そして、この点に関して、地方公共団体の機関の行う行政指導に関して法第4章と同一の内容を条例その他に盛り込む際には、申請に関連する行政指導（参照、法33条）、許認可等の権限に関連する行政指導（参照、法34条）に関して、国の法令に基づく申請に関連して行われる行政指導や国の法令に基づく許認可権限に関連して行われる行政指導を視野に収める必要がある。申請、許認可等に基づく処分等の定義を条例等に基づくものに限定して定義する場合は、法第4章に対応する規定において、国の法令に基づくそれを含む（市町村条例の場合には、都道府県条例に基づくものを含む）趣旨が明示される必要がある。この点に関しては、手続条例の整備を念頭において公表された諸文献にも指摘されているため、都道府県の多くの条例において必要な手当てがされている[2]。しかし

---

[2] 参照、宇賀克也『自治体行政手続の改革』（ぎょうせい、1996年）80頁、出口裕明『行政手続条例運用の実務』（学陽書房、1996年）50頁、室井力＝紙野健二編『地方自治体と行政手続』（新日本法規、1996年）170頁［紙野健二］。もっとも、例えば、広島県行政手続条例（平成7年県条例1号）31条においては、申請に関連する行政指導を規定するに際して、本文に述べたような措置が実施されていない（条例等の定義について、31条につき条例等を除く法令を含むとする例外規定も置かれていない。この点は、現行条例においても同様である）。また、例えば、政令指定都市のレベルにおいても、相模原市行政手続条例（平成9年市条例13号）31条が、中核市のレベルにおいても、旭川市行政手続条例（平成11年市条例2号）31条、熊本市行政手続条例（平成10年市条例

ながら、市町村のレベルにあっては、平成8 (1996) 年の時点において制定された条例のなかにもこの点に関する配慮を欠く例は多い。加えて、市町村の整備作業に際して参考に供されるべき資料として全国市長会、全国町村会が作成した標準条例がこの問題を意識した規定となっていない点には、強い疑問を感ずる。平成8 (1996) 年4月22日各都道府県総務部長あて自治省行政局行政課長通知において、整備に際し参考とされるべき例としてこの標準条例を各市町村に周知するよう都道府県に依頼のされていることからも、是正措置がとられることを期待したい。

なお、「処分」を条例等に基づくものと定義した場合には、行政指導に関する法の定義のなかに「処分に該当しないもの」との文言が用いられていることとの関係上、先に述べたのと同趣旨の配慮が行われなければならなかった筈である。徳島県行政手続条例（平成7年県条例48号）2条3号のようにこの種の措置がとられている場合はあるものの、都道府県条例のレベルにも配慮を欠く例のあった点を指摘しておきたい。

(3) 複数の行政庁が関与する行政処分

(2)に類似する問題は、複数の行政庁が関与する処分を規律する法11条に対応した規定を置こうとする場合にも生ずる。地方公共団体の場合、多くの処分権限は知事・市町村長等にあるが、その権限が補助機関や分掌機関に委任されることもあるため、条例等に基づく処分相互間においても法11条が想定するのと同様のケースが発生することは予想される。したがって、条例その他において法11条と同様の規定を設けてこれらのケースに対処することには意味がある。

その際、条例等に基づく処分と国の法令に基づく処分（国の機関が行政庁となっている場合を含む）が相互に関連する場合はあり、地方公共団体としては、このケースにおける審査の促進を図ることが必要となる点にも留意しなければならない。実際、この点に配慮し、行政手続条例の中の法11条に相当する規定のなかで、関連する申請に国の法令に基づくものが含まれる旨を明示した幾つかの例があり、注目に値する[3]。

42号) 31条が、同様の規定となっている。ちなみに、静岡市行政手続条例（平成15年市条例8号) 32条との関係における同条例2条4号中の「許認可等」の定義に関しても検討が必要であろう。

ただ、あえて付け加えるならば、国の法令に基づく処分権限を有しているのが国の機関であるケースにあっては、複数の行政庁の一方が条例の規律対象に属さない機関となるので、法11条の文言に機械的に準拠した規定によって当該ケースを処理しようとすることは技術的な見地からは適当ではない。この点に留意した例として注目されるのが、青森県行政手続条例11条3項であり、同項は、条例等に基づく申請を処理する行政庁に関して、国の法令に基づく申請を処理する行政庁（国に属する場合も含む）と連絡して審査を促進するよう努めるべきことを定めている（同趣旨の措置が実施された例として、参照、山口県行政手続条例10条2項、愛媛県行政手続条例11条2項）。この例は、行政手続法の趣旨を的確に実現するために自治体が創意を発揮したものとして評価されるべきであろう[4]。

　さらに、既に述べたように、地方公共団体の場合には法令上の処分権限者を知事・市町村長としている例が大部分を占める。これらの権限が補助機関・分掌機関に委任されていない場合には、関連する申請の処分権限を有しているのは複数の行政庁ではなく、知事または市町村長である。したがって、地方公共団体において法11条の趣旨を真に生かすためには、複数の行政庁間の審査促進とともに、相互に関連する申請に係る事務を所掌する補助機関・分掌機関相互における審査促進をも視野に収める規定を置くことが重要となろう。この点については指摘があったにもかかわらず、横浜市行政手続条例（平成7年市条例15号）11条2項等、実際に措置された条例が少ないのは残念である[5]。

3）　参照、宇賀・前掲注(2) 128頁。同書に紹介されているものの他、福島県、福島市、山梨県、群馬県等の条例に類似の規定がある。
4）　島根県行政手続条例（平成6年県条例34号）11条は、法令の他に他の地方公共団体の条例及び規則に基づく申請についても言及している。当該公共団体以外の行政主体に属する行政庁との間の関係を明らかに意識している点において、本章の観点からも興味深い（もっとも、同条は平成27年県条例6号により「他の行政庁」と文言が修正されている）。
5）　この点を指摘した文献として、参照、宇賀克也『行政手続法の理論』（東京大学出版会、1995年）57頁以下（初出1994年）、出口・前掲注(2) 61頁以下（この点につき、令和6〔2024〕年4月の時点にあっても都道府県のレベルにおいては東京都をはじめとして多くの団体において措置はされていない）。なお、横浜市条例と同趣旨の規定は、秋田市、千葉市、福岡市等にある。なお、宇賀・前掲注(2) 57頁以下に紹介のある鳥取県行政手続条例（平成6年県条例34号）11条3項等の例は、相互に関連する申請が複数の行政機関にまたがる場合における申請者の書類作成面での負担軽減を図る規定であり、手続促進の観点のなかの一つを取り上げたものといえる。

(4) 機関委任事務と行政指導等

　行政手続法の規律内容を地方行政に移し替える際に検討されるべきいま一つの点として、国の機関委任事務に係る行政指導をどのように扱うべきかという問題がある（なお、以下の論述に関しては、第1次地方分権改革によって機関委任事務の制度が廃止され、かつ、法定受託事務について地方公共団体の条例制定権が及ぶこととなったこと等から別途の検討を必要とするものとなっているが、論文集の性格上、削除せずに収録することとした）。

　この点に関し、国の機関委任事務を条例で規律することはできないので、機関委任事務であってもその手続に関しては自治事務に属すると解さない限りは、行政手続条例の対象になり得ない、とする見解がある[6]。機関委任事務に係る行政指導を行政手続条例の規律の下に置くことは困難であるとするこの見解に対し、筆者の見解はやや異なる。

　一口に「国の機関委任事務に係る行政指導」といっても、①国の法令が一定の要件の下に行政指導に関する定めを置き、これを地方公共団体の機関委任事務として位置づけている場合と、②国の法令が特定の処分を機関委任事務として位置づけ、当該事務を執行する地方公共団体の機関が処分権限の行使に関連して行政指導を行う場合とがある。そして、②の場合には、地方公共団体の機関のする行政指導そのものが当該法令において機関委任事務と位置づけられている訳ではない。

　また、地方公共団体の機関のする行政指導が一括して適用除外とされた背景には、地方自治の尊重という視点に加えて、行政指導に関しては国の法令が目指す公益の実現を目的とするものか、地方自治体に独自な公益の実現を目指すものかを区別することが困難であるとの事情もあったと説明されている[7]。これらの理由によって行政指導に関しては事務区分によって適用関係を決することが放棄されたのであるから、地方公共団体の機関がする行政指導は、それが国の機関委任事務の権限行使に関連して行われるものであっても、法によって自治体条例による規律の範囲内にされたものと解すべきであろう。

　もっとも、国の法令が特定の行政指導そのものを機関委任事務として位置づけている場合（①の場合）には当該法令の趣旨が優先され、当該事務は自治体

---

6) 宇賀・前掲注(2) 88頁以下。さらに参照、出口・前掲注(2) 39頁以下。
7) 参照、高橋滋『行政手続法』（ぎょうせい、1996年）163頁以下。

行政手続条例の規律の外にあると解すべきである[8]。地方公共団体の措置において機関委任事務に係る行政指導を条例の適用外として扱う例として紹介されている東京都の施行通達は、このような場合を念頭に置くものである。

ちなみに、地方自治法153条2項（平成11年法87号による改正前のもの。以下、同じ）は、都道府県知事の事務の一部を市町村長に委任することを認めている。そして、この規定に基づいて都道府県知事の事務が市町村長に委任された場合、都道府県行政手続条例・市町村行政手続条例において当該事務をどう扱うかも問題となる。この点につき、まず、行政指導に関しては、国の機関委任事務として（あるいは機関委任事務に関連して）行われる行政指導の場合と同様に考えてよかろう。したがって、都道府県の条例や規則に行政指導が規定されている場合には都道府県行政手続条例が適用されるが、それ以外の場合は市町村行政手続条例が適用される[9]。

次に、処分及び届出に関しては、法令に基づく処分とのアナロジーを用いて（当該事務は都道府県条例の関心事であると把握することによって）、都道府県行政手続条例が当該処分届出に適用されるとの結論を導く見解がある[10]。しかしながら、国と地方公共団体との適用区分に関する考え方を都道府県と市町村との間について直接に及ぼす意図を、行政手続法の立法者が有していたとは考えにくい。この点に関しては、法の考え方を参照しつつ、さらに地方自治法153条2項の委任の実体に即して問題を考察すべきものと考える。

すなわち、当該委任は、地方自治法153条2項を根拠として都道府県知事の判断で行うことができる。したがって、行政手続法が適用される地方公共団体の事務について、当該団体又はその機関の事務であることが法律等に具体的に示されているのとは異なり、地方自治法153条2項の場合には市町村長の執行する事務である点が事務の根拠となる条例等に明示されていない。このような場合について、市町村長による事務執行であることのみを理由として市町村行

---

8) 参照、「東京都行政手続条例の施行について（通達）」第2条関係（定義）-第二-6。東京都は行政手続法が直接適用になると解しているものの、行政手続法も適用除外となるので、地方自治体は機関の規則等により措置を実施すべきであるとの見解もある。参照、佐藤英善編著『行政手続法』（三省堂、1994年）210頁［鈴木庸夫］。
9) 宇賀・前掲注(2) 90頁、出口・前掲注(2) 40頁と、結論はやや異なる。
10) 参照、金崎健太郎「都道府県の事務を市町村に委任した場合の行政手続条例の適用」自治実務セミナー34巻6号（1995年）24頁、宇賀・前掲注(2) 83頁、出口・注(2) 415頁。

政手続条例の適用を受けるものと解することは、先に確認した行政手続法の考え方との均衡を失する。以上の理由から、この場合に都道府県行政手続条例が適用されるものと解される（なお、現行法においては、同法第 2 編第 11 章第 4 節〔252 条の 17 の 2 ないし 252 条の 17 の 4〕において、都道府県条例に基づく事務処理の特例の制度が設けられている。そして、252 条 17 の 2 第 1 項は、都道府県条例に基づいて市町村が事務を処理することとされた場合には当該事務は市町村の長が管理し執行することとなる点を明記している）。

ただし、このことは、市町村長による処分に関する手続（届出も同じ）の当事者等の便宜を図る観点から、処分等に関する規律を市町村の行政手続条例その他に委ねる規定を都道府県の行政手続条例のなかに置くことを妨げるものではない（市町村における措置が実施されていることがその前提となろう[11]）。

第 3 節　条例その他における先駆的事例
——行政手続の発展のために

(1)　はじめに

ここでは、地方行政におけるデュープロセスの発展の見地から注目すべき諸規定を検討していきたい。まず、申請に対する処分、不利益処分、行政指導、届出等の諸章のうちの複数にまたがる措置を確認することにする。その上で、申請に対する処分等のそれぞれに関わる事例について、順次、検討することにしたい（総則に関連するものであっても各章の内容に係る事例は、それぞれの箇所で扱う）。

(2)　複数の章に関連する措置

1)　基準の策定手続　　行政手続法は、命令規則等の制定手続を規律対象から除外している。この点につき、鳥取県行政手続条例 38 条 1 項は、審査基準、標準処理期間、処分基準及び複数の者を対象とする行政指導に共通してその内容となるべき事項につき、その制定、変更、廃止に際して県民から意見を聴取するよう努めるべきことを規定している。また、同条 2 項においては、審

---

11)　参照、注(9)所掲の諸文献。なお、鳥取県行政手続条例は、同条例の適用となる処分の主体を知事等と定義し、そこから地方自治法 153 条 2 項（当時）に基づいて当該事務を委任した場合における市町村長を除外している。しかしながら、本文に述べた学説と同一の趣旨によって同条例がこの措置をとったものであるか否かは明らかではない（現行条例において除外規定は削除されている）。

査基準又は処分基準の内容となるべき執行機関の規則の制定、改正、廃止に関して同様の規定が置かれている（現行条例においては、38条3項において行政指導指針の制定、変更・廃止について独立した規律が設けられている）。

具体的には、県民室、中部総合事務所、西部総合事務所において県民への閲覧に供し（2週間以上とされる）、所轄の意見書の提出を認める。所轄課は、その意見につき反映すべき点があれば、内部的な検討を経てこれを反映させ、意見の取扱いや反映結果を原則として意見書を提出した者に回答することとされている。さらに、重要な案件については議会（常任委員会）の意見を聴く手続も置かれている（参照、鳥取県「行政手続法及び鳥取県行政手続条例に係る常任委員会事務取扱要綱」別紙8。なお、本章の【追記3】を参照）。

この規定は努力義務規定にとどまっているものの、国民の意見提出の機会を認め、重要な案件には議会の関与を認める等、意欲的な内容を含んでいる[12]。

 2) **努力義務規定の義務規定化** 標準処理期間の設定（6条）、情報の提供（9条）、公聴会の開催等による第三者の意見聴取（10条）、複数の行政庁が、複数の行政庁が関与する処分（11条）、処分基準の設定・公開（12条）等、法には努力義務規定とされた事項が多い。これに対し、幾つかの自治体において努力義務規定を義務規定に変更している例があり、注目される。

まず、鳥取県行政手続条例では、前記の事項すべてを義務規定へと変更している（鳥取県行政手続条例6条、9条、10条、11条、12条）。かつ、標準処理期間、処分基準等についてはほぼ例外なく運用されている。他方、公聴会の開催等については、条例制定後、第三者の意見を聴くことが必要となった処分例はないようである（平成8〔1996〕）年末時点[13]）。鳥取県の場合には補助金に係る行為について処分又は届出として手続条例の適用がある（参照、鳥取県行政手続条例39条〔ちなみに、現行条例41条は補助金等に係る行為を処分とみなす旨を定める〕）ため、適用件数は少なくないにもかかわらず、この種の義務規定が遵守されていることは注目に値する。

また、京都市行政手続条例（平成8年市条例15号）7条は標準処理期間の設定

---

[12] 鳥取県行政手続条例の紹介として、参照、入江清人「鳥取県行政手続条例」ジュリ1074号（1995年）4頁。基準等の制定手続につき、参照、宇賀・前掲注(2) 120頁以下、室井＝紙野・前掲注(2) 191頁以下〔榊原秀訓〕。

[13] 鳥取県総務部人事課に筆者が問い合わせた結果である（なお、本章の【追記3】を参照）。

について、同条例13条1項・3項は不利益処分の設定と公開に関して義務規定としている。大阪市行政手続条例（平成7年市条例10号）6条、12条1項・3項も同様であり、これらの規定も興味深い。事実、大阪市においては、標準処理期間、処分基準の設定と公開の率は高い数字を記録しており、義務規定としたことの実効性は挙がっているものといえよう[14]。

　　3）　写しの交付　　不利益処分の原因となる事実を証する資料（18条）、審査基準（5条）、標準処理期間（6条）、処分基準（12条）、複数の者に対して行われる行政指導の共通の内容となるべき事項（36条）等、行政文書へのアクセスは法で認められているものの、写しの交付に関する規定はない。しかしながら、聴聞規則等により写しの交付を認めることは禁じられていない[15]。

　この点において注目されるのが、鳥取県行政手続条例37条である。まず、同条1項は、審査基準、標準処理期間、処分基準、複数の者に対する行政指導の共通の内容とされるべき事項（現行条例の文言上は「行政指導指針」）を記載した書面の写しの交付を、写しの作成や送付に関する費用を徴収したうえで認めるものである（参照、同条4項）。また、同条2項は聴聞手続における閲覧対象書面について、同条3項は聴聞調書及び報告書について、写しの交付を認めている（費用に関しては、審査基準等と同様）。

　さらに注目すべきは、行政手続法に基づく審査基準、処分基準、閲覧文書、聴聞調書・報告書に関しても、同様の扱いがされている点である（同条5項・6項）。行政文書への国民のアクセスを充実させるこれらの規定は高く評価できるものといえよう。

　なお、聴聞手続における閲覧文書、聴聞調書・報告書に関しては、かなりの自治体が条例又は聴聞規則のレベルにおいて写しの交付を認めている[16]。その

---

14)　平成8（1996）年2月の段階で、標準処理期間に関する規定の対象となる処分件数は318件であり、そのうち、設定・公開されたものは310件であった。また、処分基準に関しては、対象処分290件のうち273件が設定・公開されている（ちなみに、筆者の照会に対する大阪市総務局行政部行政課の回答によれば、令和4〔2022〕年11月現在において、標準処理期間は320件、処分基準は224件である。なお、母数の統計はとっていないとのことであった）。なお、大阪市条例を紹介するものとして、参照、宇賀・前掲注(2) 131頁を挙げておく。

15)　参照、髙橋・前掲注(7) 131頁。

16)　宇賀・前掲注(2) 135頁以下に、写しの交付を認める県条例の例（神奈川県等）が紹介されている。同書に紹介されている例の他に、条例において写しの交付を認めるものとして、埼玉県、水戸市、京都市、神戸市等が、規則において認める例として、宮城県、仙台市等がある。

際、法に基づく聴聞手続における閲覧等に関しても、同様の措置をとっている例もある[17]。この点については、多くの自治体において情報公開条例が制定され、写しの交付による開示を認めていることに関連していよう[18]。国の行政機関情報公開法においては、写しの交付による開示が積極的に認められる方向にあるため、この取扱いが国の行政に定着することを望みたい[19]（行政機関情報公開法〔平成11年法42号〕14条1項は開示の方法として閲覧又は写しの交付を認めた）。

(3) 申請に対する処分
1) 標準処理期間徒過に際する説明　標準処理期間が設定された場合にその徒過に対してどのような法的効果が与えられるのかに関しては、議論がある[20]。仙台市行政手続条例（平成7年市条例1号）4条2項は、この議論から離れて、標準処理期間徒過に際し行政庁に説明の努力を求める規定を置くことによって規定の実効性を高める措置をとっている。

2) 拒否処分の前段階としての意見聴取　昭和58 (1983) 年に公表された行政手続法研究会（第1次）「行政手続法律案要綱（案）」にあっては、競願事項における拒否処分に関して申請者に対する告知聴聞が必要であると規定していた。この点は行政手続法研究会（第2次）の段階において修正されたものの、学説においては、第1次研究会の案等を参照しながら、申請に対する処分について意見陳述の機会を与えるべきであると主張する見解は有力であった[21]。また、自治体の措置として意見聴取手続を置くべきであるとする有力な見解もあった[22]。

この点に関し、広島県行政手続条例（平成7年県条例1号）等においては、申請拒否処分の前段階において申請者に意見陳述の機会を与えるよう（又は意見聴取の機会を設けるよう）努めるべき旨を定める例のあることが注目される（同条

---

[17] 宇賀・前掲注(2) 135頁以下に紹介のある神奈川県、鳥取県の他に、埼玉県、水戸市、神戸市でも同様である。
[18] それは、神奈川県、埼玉県、水戸市等の条例が、交付を義務づけられる行政庁を情報公開条例に規定される実施機関に限定している点からも窺うことができる。
[19] 参照、行政改革委員会「情報公開法制の確立に関する意見」III-15-(9)（本文のかっこ書きを参照）。
[20] 参照、髙橋・前掲注(7) 197頁以下、200頁。
[21] 参照、髙橋・前掲注(7) 123頁以下。
[22] 参照、兼子仁ほか編著『行政手続条例制定の手引』（学陽書房、1995年）36頁〔安達和志〕。

例7条2項、横浜市行政手続条例7条2項、鳥取市行政手続条例7条2項等)。さらに、広島県条例の場合は、法の適用のある処分（第2章の適用が除外されるものを除く）に関して同様の取扱いを求めている。

　　3) **形式的に不備な申請の補正指導**　　法7条は、形式的に不備のある申請に対しては、速やかに、申請の補正を求めるか申請により求められた許認可等を拒否するかのいずれかを行うよう求めている。もっとも、行政手続法は二つの選択肢の間に優先順位を設けていない。これに対しては、行政手続法の下においても行政庁には補正を求める条理上の義務があるとの見解が提示されていた[23]。さらに、条例のなかに行政不服審査法と同様の規定を置くことはあってよいとの見解もある[24]。

　この点に関し、仙台市行政手続条例5条1項は、「補正が不可能であるとき又は当該申請の補正を求めることが困難であると認められる特段の事情がある場合」を除いて補正指導を義務づけている[25]。自治体の創意を示すものといえよう。

　　4) **申請内容を制限する許認可等と理由の提示**　　法の解釈として理由の提示が必要とされる拒否処分に一部拒否が含まれることに関しては、争いがない。しかしながら、附款付きの認容処分が一部拒否に含まれるものであるか否かは必ずしも明確になっていない[26]。この点について、福岡県行政手続条例（平成8年県条例1号）8条1項は、「申請者に何らかの負担を伴う条件を付す場合」に理由の提示が必要なことを明示している。

　　5) **公聴会の開催**　　許認可を行うに際して利害関係を有する第三者の意見を聴取するよう努めるべきことを規定する法10条は、法制定段階において活発な議論の対象となった条項の一つである[27]。

　この規定に関しては、まず、先に述べた鳥取県行政手続条例10条が義務規定としているのが注目される。さらに、福岡県行政手続条例10条及び同条例

---

23)　参照、高橋・前掲注(7) 205頁。
24)　参照、兼子ほか・前掲注(22) 23頁。
25)　さらに、東村山市行政手続条例7条2項は、補正を求め、あるいは拒否処分をする場合には、①申請の期間内に補正ができるか、②申請の先後が処分の決定に影響するかを配慮して、申請人の権利を不当に侵害しないようにしなければならないと規定する。
26)　参照、高橋・前掲注(7) 214頁。
27)　参照、高橋・前掲注(7) 225頁。

施行規則は第三者の意見聴取の方法について詳細な規定を置いており、注目を集めている。すなわち、同条例 10 条は、①意見聴取の方法として、公聴会の開催の他に意見書の受取や協議会設置を明文で規定した点、②公聴会の開催や協議会での協議について具体的規定を置いた点、③公聴会、意見書の受取、協議会の協議を行う場合に、目的と趣旨を事前に告示し、事後に議事録等と行政庁の意見および処分内容を公にすることにした点に特色がある。特に、協議会における協議方式は、アメリカの規則制定手続において活用されている方式（Reg-Neg 法における交渉による規則制定方式）を参考にしたものである[28]。

この規定に関しては、処分を決定する際に行われる行政庁による情報収集手続としての性格が強く、当事者参加としての側面を強化することが望まれるとの評価もある。しかし、この論者も、国の行政手続法が抽象的に努力義務規定を置くにとどまっているのに対して、条例で積極的な試みがされた点は高く評価している[29]。ちなみに、この規定に基づく協議会方式も動き出している[30]。

6) その他の例　第 2 章に関しては、その他にも、理由の提示が求められる場合に一部拒否処分が含まれる点を明示した例等、法と異なる規定が盛り込まれているものがある。これらに関しては、本章の刊行時より前に発表された諸文献を参照されたい[31]。

（4）不利益処分

1) 弁明手続に関する上乗せ規定等

行政手続法における弁明手続は簡易

---

[28] この規定を紹介するものとして、参照、宮崎宏「福岡県行政手続条例 10 条について」自研 72 巻 9 号（1996 年）103 頁、平田百合「福岡県行政手続条例」時の法令 1522 号（1996 年）66 頁、谷本拓也「福岡県行政手続条例」ジュリ 1098 号（1996 年）4 頁。さらに、参照、室井＝紙野・前掲注(2) 180 頁以下等。また、アメリカの Reg-Neg 法（交渉による規則制定法）につき、参照、常岡孝好「Reg-Neg の実験とアメリカ行政法の基層」自研 69 巻 6 号 10 号・11 号、70 巻 4 号（1993 年、1994 年〔同『パブリック・コメントと参加権』（弘文堂、2006 年）246 頁〕）、同「交渉による規則制定法（Negotiated Rulemaking Act）と今後」明治学院論叢 573 号（法学研究 60 号）（1996 年）261 頁（同・前掲書 299 頁）、比山節男「アメリカ合衆国規則制定協議法逐条論点解説」大阪学院大学法学論集 34 号（1995 年）61 頁。

[29] 参照、室井＝紙野・前掲注(2) 180 頁以下〔榊原秀訓〕。

[30] 平成 9（1997）年 1 月までに、2 件の申請（ゴルフ場建設と一般廃棄物最終処分場建設に関する申請）について協議会が設置されている（福岡県総務部人事課調べ。なお、筆者の照会に対する福岡県総務部行政経営企画課の回答によれば、令和 2 年度以降に協議会の開催実績はないとのことであった）。

[31] 参照、宇賀・前掲注(2) 118 頁以下。

な意見聴取手続として位置づけられており、文書閲覧請求権等、聴聞手続において当事者等に与えられる権利は認められていない。そこで、条例において弁明手続における当事者の権利をより積極的に保障すべきであるとの意見も有力であった[32]。

　この点に関し、まず、滋賀県行政手続条例（平成7年県条例40号）28条は、弁明手続の当事者（不利益処分の相手方）に対して文書等の閲覧請求権を認め、同条例27条2項においてこの権利が認められることの教示を義務づけている。かつ、滋賀県聴聞等に関する規則（平成6年県規則50号）18条4項（現行規則18条3項）は行政手続法に基づく弁明手続においても条例と同様の形で閲覧の機会を与えることを規定している。この点については、将来における手続法の発展方向を指し示すものとして注目に値しよう。なお、大阪府行政手続条例（平成7年府条例2号）29条及び28条2項は、滋賀県行政手続条例と同一の内容を規定するものであるが、大阪府聴聞等の手続に関する規則（平成6年府規則69号）14条は法に基づく弁明手続に文書等の閲覧を認める措置をとっていない[33]。

　また、自治体の弁明手続に関する規則のなかには、口頭による弁明の機会の付与（参照、法29条1項）に関する実施細則を置くに際して、①行政庁がその職員のなかから弁明聴取者を指名すること、②予定される不利益処分の内容、根拠となる法令の条項及びその原因となる事実につき、弁明の日時の冒頭において弁明録取者が弁明をする者（＝弁明者）に説明すること、③弁明の後に弁明録取者が弁明調書を作成した上で弁明者に示してその記名押印を求めること、④弁明者が記名押印を拒否した場合にはその旨を記載しておくべきこと等、詳細な定めを置く例がある（神奈川県聴聞及び弁明の機会の付与に関する規則17条、岡山県聴聞及び弁明の機会の付与に関する規則15条等[34]）。これらの規定は、弁明手続の充実を図るものとして高く評価されてよい。

　2）　**聴聞手続に関する特則**　　聴聞手続に関しては、行政手続法が充実し

---

32)　参照、兼子ほか・前掲注(22) 73頁［村上順］。
33)　これらの例を肯定的に紹介するものとして、参照、宇賀・前掲注(2) 134頁、室井＝紙野・前掲注(2) 125頁以下［市橋克哉］。
34)　福岡県聴聞及び弁明の機会の付与に関する規則（平成8年県規則2号）17条は、①弁明録取者を指名すること、②弁明等を記録した書面を提示し、弁明をした者の記名押印を求めること、③記名押印を得られなかった場合はその旨を記載すること等を、規定している。さらに、参照、静岡県聴聞及び弁明の機会の付与に関する規則（平成6年県規則71号）18条・19条。

た規定を置いているためか、条例その他において同法と異なる定めを置く例は少ない（写しの交付等の特例につき、参照、(2)-3)）。もっとも、条例に法と異なる規定を盛り込んでいる例も存在し、聴聞等に関する規則にまで視野を拡げるならば、自治体独自の工夫がされている多くの例を確認し得る。以下、若干の例を紹介したい。

まず、第1に、聴聞の公開に関して具体的要件を定めている例がある。例えば、岡山県聴聞及び弁明の機会の付与に関する規則（平成8年県規則21号）9条は「当事者が聴聞の期日の審理の公開を求めている場合又は当該事案についての社会的関心が高い場合で、当該行政庁が相当と認めたとき」に公開すると規定している。なお、水戸市行政手続条例（平成7年市条例39号）21条6項は「市長等が公開することを相当と認める場合で、当事者が公開することに同意するとき」と規定することによって公開を当事者の同意に委ねているが、やや疑問が残る。

第2に、聴聞調書に関して関係人による訂正請求手続を定めている例がある[35]。例えば、仙台市行政手続条例22条5項は、聴聞調書のなかに自己の発言と相違するものがあるときは主宰者に対し書面によりその訂正を求めることができると規定し、同条6項は、理由があると主宰者が認めるときにつき訂正義務を課し、同条7項は、求めを拒否するときはその旨を併記することを義務づけている[36]。なお、秋田市行政手続条例（平成7年市条例44号）23条5項ないし7項においても同様の措置は採用されている。

第3に、参考人に関する規定（行政手続法に明文の規定はない）の置かれている例がある。条例に規定するものとして葛飾区行政手続条例（平成7年区条例1号）20条5項があり、聴聞等に関する規則において規定されている例は多い[37]。特に、滋賀県聴聞等に関する規則（平成6年県規則50号）16条は、参考人に対して出席に要する費用を支給する規定が置かれている点が興味深い。

なお、最後に、法15条1項及びこれに対応する規定にいう通知から聴聞期

---

[35] この措置の必要性を主張するものとして、参照、、高橋・前掲注(7) 331頁以下。
[36] 同条例の規定を評価するものとして、参照、宇賀・前掲注(2) 139頁以下、室井＝紙野・前掲注(2) 23頁［市橋克哉］。
[37] 聴聞規則に規定のある例としては、栃木県、岡山県、沖縄県、宇都宮市等がある。参考人の規定例を紹介するものとして、参照、宇賀・前掲注(2) 144頁、室井＝紙野・前掲注(2) 114頁［市橋克哉］。

日までに置かれるべき「相当の期間」に関し、自治体の聴聞規則等において一律に最短期間（「少なくとも1週間前まで」等）を定める例がある[38]。しかしながら、最短期間を明示するとこの期間を遵守すればよいとの扱いがされがちであるし、あまりに長期の期間が定められると聴聞の実施に支障をきたす場合の生ずるおそれもある[39]。それゆえ、処分の性質に応じて最短期間を定める方式が望ましいといえよう。

(5) 行政指導

多くの自治体が条例その他において法の規定と異なる措置をとっているのは行政指導に関する部分であり、これらの規定に関する紹介は既にある。そこで、法32条に対応する規定における公表の取扱い、法32条に対応する措置における行政指導継続規定について本章において検討することとし、その他については他の文献に委ねることにする[40]。

1) 行政指導への不協力と公表　　行政指導への不協力の事実があった場合に、当該事実を公表する措置が定められていることは多い。そして、法32条2項の禁止する「不利益な取扱い」に公表措置が含まれるか否かに関する議論の結果、立法関係者の間においては、制裁目的の場合に「不利益な取扱い」に該当するが、国民に必要な情報を提供する趣旨でされる場合にはこれに該当しないとの整理がされた[41]。

この点に関連し、自治体における措置のなかには、①行政手続条例その他のなかで一定の要件の下に公表を認めるもの（広島県、富山県等）、②個別条例の定めによって公表できる旨を規定するもの（神奈川県、沖縄県等）の2種類が見受けられる。

目的の如何にかかわらず、事実関係の公表に伴い刑事制裁に等しい重大な不利益が関係者に及ぶことのある点を筆者は重視するので、制度を運用する側の主観的な意図によって不利益な取扱いに該当するか否かを区別することに対しては懐疑的である[42]。しかしながら、条例制定権者に刑罰制定権が付与されて

---

38)　ただし、北九州市の3週間から滋賀県の1週間まで、長さにバラツキがある（なお、北九州市の現行規則においては1週間前と規定されている）。
39)　参照、室井＝紙野・前掲注(2) 106頁以下［市橋克哉］。
40)　参照、宇賀・前掲注(2) 147頁以下、室井＝紙野・前掲注(2) 165頁以下［紙野健二］。
41)　参照、高橋・前掲注(7) 369頁。

いることとの対比において、明確な要件の下に不協力の事実の公表を認める規定を個別条例に盛り込むことは条例制定権限の範囲内にあると解される。したがって、②の類型に関して問題はなく、公益実現の手段として積極的に活用されるべきものと考える。他方、条例その他により公表に関する一般的な授権を行うことができるとの前提に立つ①の類型に関しては、重大な不利益を及ぼす行為の授権として一般的な規定で十分であるかの疑念は残る。

　　2）　行政指導の継続規定　　申請に関連する行政指導について規定する法33条に関しては、(a) 国の法令に基づく申請について法7条（及び対応する条例その他の規定）が適用となるため、応答を留保する取扱いはこれとの関係において一切許されないとする見解、(b) 相手方の不協力の意思が明確かつ真摯なものでないとき、相手方の不協力が社会通念上正義に反するような特段の事情があるときは、応答の留保も許されるとの見解、(c) 地方行政においては、指導の根拠、措置の実施、救済の在り方等に関する明確なルールが定められていることを条件として、地域的生活秩序の維持を目的とする行政指導に従わない者を不利益に取り扱うことも許されるとする見解、等が存在した[43]。

　そして、条例その他の規定においては、(b) の立場を踏襲して「公益を著しく害するとき」等の要件の下に行政指導を継続できる規定を置く例は多い[44]。もっとも、指摘のあるように、法33条が禁じているのは行政指導の継続に伴って相手方の権利行使を制限することであって、相手方による不協力の意思表明により、以後、任意の指導を行う余地が完全に奪われてしまう訳ではない。問題の本質は行政指導の継続の是非にあるのではなく、応答留保をはじめとして行政指導の実効性を確保する措置が実施し得るか否かにあるといえよう[45]。このように解する筆者の立場からすれば、前記の自治体の措置は、法33条の

---

42)　参照、高橋・前掲注(7) 369頁。
43)　(a) および (b) の見解について、参照、高橋・前掲注(7) 374頁以下。また、小早川光郎教授は、法33条が「申請者の権利の行使を妨げるようなことをしてはならないなどと規定していることについては、正当な権利行使の阻害を禁止しているにすぎず、権利の濫用にわたる行為に対して様々な措置を実施することまでは禁止されていない」、と主張している（参照、小早川光郎編『行政手続法逐条研究』〔有斐閣、1996年〕271頁等）が、これは (b) に近い立場と解することができよう。そして、(c) の見解を主張するものとして磯部力「自治体行政の特質と現代法治主義の課題」公法57号以下（1995年）170頁等がある。
44)　宇賀・前掲注(2) 151頁に掲げられている例の他にも、相当数の県条例に同趣旨の規定がある。
45)　参照、宇賀・前掲注(2) 152頁。

ややミスリーディングな文言に引き摺られて、解釈運用に困難な規定を条例その他に盛り込んでしまったもののように思われる。そして、自治体がこれらを解釈運用するに際しては、次の点への留意が必要となろう。まず、(a)相手方の不協力の意思が明確である場合でも、相手方の協力を求めて任意の指導を行うことは公益上の必要があるときには可能であると解すべきである。さらに、申請に対する応答留保が許される要件としての「公益を著しく害するとき」等の文言に関しては、判例にいう「相手方の不協力が社会通念上正義の観念に反するような特段の事情の存するとき」と同一のものとして、限定的に解釈運用されるべきであろう[46]。

(6) 届出およびその他

条例その他の措置に関する検討の最後として、届出に関する独自規定およびその他の特筆すべき措置を検討する。

1) 届出に関連する規定　法37条は、適法な届出が当該届出先とされている機関の事務所に到達したときに、当該届出をすべき手続上の義務が履行されたものとする規定である。この規定に関連する措置としては、まず、申請に関する法9条2項と同様に、提出書の記載内容や添付書類に関する事項等、届出に必要な情報の提供に努めるべきことを求める例がある。神奈川県行政手続条例37条2項等が、それである[47]。

ちなみに、届出を受け付けた行政機関が形式的に不備であるとの判断を下し、届出をした側がこれに不服のある場合において、訴訟上、どのような形で救済が与えられるべきかの点に関しては争いがある。この点につき、筆者は取消訴訟の対象となる争訟上の「処分」に行政側の判断は該当するとの立場が妥当であると考えている[48]。形式的要件の充足不充足をめぐる紛争は、取消訴訟の提起を認めることで適切な救済が与えられると考えたからであるが、本章ではさらに次の点を付加しておきたい。すなわち、法2条7号は「届出」を「行政庁

---

[46]　同旨、宇賀・前掲注(2) 152頁。なお、広島県行政手続条例31条2項は、相手方の権利行使が公共の利益に反するときに行政指導の継続を認めるものであって、筆者の立場からは解釈運用に困難を感ずる規定である。

[47]　同種の措置を規律する例として、参照、福岡県行政手続条例35条2項、熊本県行政手続条例35条2項、沖縄県行政手続条例(平成7年県条例28号)35条2項(現行条例37条2項)等。

[48]　参照、髙橋・前掲注(7) 402頁。

に対して一定の事項を通知する行為」と位置づけており、この規定からは、形式的要件の充足に対して公権的判断を下す権限が届出を受け付ける行政機関（＝行政庁）に与えられると考えられていた点が窺われる。したがって、この判断権を行使して形式的に適法な届出が提出されたことを否認する行政庁の行為は訴訟上の「処分」としての性格を与えられるべきであろう[49]（もっとも、行政事件訴訟法の改正〔平成16年法84号〕によって、公法上の法律関係に関する確認の訴えが例示されたことにより、届出のされたことを理由とする法令上の義務の不存在確認訴訟が可能であるとする立場が有力な論拠を加えたことを筆者も否定しない）。

そして、訴訟上の救済方法と直接の関連性を有しないものの、手続的要件の具備をめぐる紛争が起きることを予想して、その際の行政側の行動準則を定めている例があるので紹介しておく。すなわち、横浜市行政手続条例38条2項、葛飾区行政手続条例38条は、手続的に不適法な届出に対して補正を求めることを当該機関に義務づけており、この規定により、届出をした者は、手続的要件が具備されていないとの行政側の判断を前提とする次の行動（行政の判断に従って補正をするか、この判断を不服として救済を求める手続をとるか）を迅速にとることが可能となる[50]。

　　2）　苦情処理の手続　　法27条1項（現行法27条）は、聴聞手続においてされた処分に関し不服申立て（さらには訴訟）を排除している。手続においてされた派生的処分に関する不服は最終処分に関する争訟のなかで争わせるのが適当であるとの判断に基づくものであるが、迅速な救済の道を別途開くことは立法的にあり得たものと考えられる[51]。

さらに、違法不当な行政指導に対する救済に関して、オンブズマンの創設を含めた苦情処理手続の整備は重要な課題であるとの指摘は以前からされていた[52]。この点、例えば、葛飾区行政手続条例39条は、条例に違反した行為に

---

[49]　筆者の見解に対しては、法2条7号にいう「行政庁」の用語は、届出を受け付ける機関としての属性に着目したものでなく、届出を受けて別個の処分を発動する機関としての属性に着目したものであるとの見解が寄せられるかもしれない。しかしながら、周知のように、法制度上、届出に対して行政庁が一定の処分をすることを予定していな場合は多く、前記の見解によっては法2条7号が届出の定義において「行政庁」の概念を立法者が用いたことを合理的には説明できないように思われる。

[50]　滋賀県行政手続条例36条2項（現行条例37条2項）は、形式的要件が不備の場合には届出をした者に通知することを義務づけている。

[51]　参照、高橋・前掲注(7) 336頁以下。

対して執行機関に苦情の申出のあった場合に、適切な措置をとるか、理由がない旨を通知するかのいずれかを実施することを執行機関に義務づけている。

その他、行政指導に対して当該機関への苦情（異議）申立手続を置くものとして、神奈川県、滋賀県、横浜市、長野市、郡山市等の例がある[53]（なお、本節の末尾を参照）。特に、横浜市の場合には、横浜市行政手続審議会という中立性の確保された機関の意見聴取を経て処理がされることになっている。これらの例は、行政指導、さらには行政手続における様々な措置に関する救済を充実させていく方向として注目に値しよう[54]（なお、行政不服審査法の全面改正に伴って実施された行政手続法の改正によって「行政指導の中止等の求め」「処分等の求め」の仕組みが行政手続法に設けられた。このことに伴って、前記の地方公共団体における行政指導に対する苦情処理の仕組みのなかには修正・変更が加えられたものがある。この点に関しては、本章の【追記4】【追記5】を参照。また、市の行為等につき広く是正請求の途を与えるものとして、多治見市是正請求手続条例〔平成21年市条例42号〕がある）。

第4節　おわりに

地方自治体における行政手続の準備作業に関し、平成8（1996）年末の状況を概観してきた。一方において、自治体の独自性を生かし、地方行政におけるデュープロセスを充実・発展させていく道筋を示そうとする意欲的な例がある。しかしながら、他方において、法の文言を最小限手直しすることによって対応作業を済ませようとしたことにより、かえって法の目指す手続保障のレベルを地方行政において実現する視点からは問題のある措置が実施されてしまった例もある。

本章の公表される時点においては、ほとんどの自治体が独自の措置を済ませていた。しかしながら、制定された条例等は改訂不可能なものではない筈のものである。また、地方自治を発展させるためには、自らの措置に対する不断の

---

52) 参照、行政手続法研究会（第1次）研究会報告―法律案要綱（案）第1307条に関する塩野宏教授の解説（ジュリ810号〔1984年〕58頁）。
53) 参照、神奈川県行政手続条例35条、滋賀県行政手続条例34条、長野市行政手続条例20条、横浜市行政手続条例37条、郡山市行政手続条例35条。
54) この点を指摘するものとして、参照、宇賀・前掲注(2) 154頁、室井＝紙野・前掲注(2) 171頁〔紙野健二〕。同趣旨の規定として、横須賀市行政手続条例36条がある。

自省と他の自治体の例に学ぶ謙虚な姿勢が求められよう。その意味において、地方行政におけるデュープロセスの実現と発展に向けた努力を注意深く見守る必要はあろう。

【追記1】 総務省自治行政局行政体制整備室（当時）の調査によれば、平成21（2009）年10月1日時点において、行政手続条例（規則等）の制定率は、都道府県、政令指定都市、中核市及び特例市（当時）が100％であり、その他の市区町村も新潟県加茂市を残して措置済みであった（筆者の電話照会の際の加茂市の担当者の回答によれば、令和5（2023）年4月現在において条例制定に向けて検討中であるとのことであったが、同年中には個人情報保護条例の制定はあったものの、行政手続条例の制定はなかった）。

【追記2】 総務省自治行政局行政体制整備室（当時）の調査によれば、意見公募手続に関しては、平成21（2009）年10月1日時点において、都道府県及び市区町村1843団体中の809団体が意見公募手続について措置済みであった（意見公募手続条例等によるものも含む）。制定率については、都道府県97.9％、政令指定都市83.3％、中核市97.6％、特例市（当時）90.2％、その他の市区町村39.6％であった。これに対し、同局経営支援室が平成30（2018）年3月に取りまとめた「行政手続条例等の制定状況に関する調査結果」によれば、都道府県及び市区町村1788団体中の1041団体が措置済みとなっていた。制定率については、都道府県が97.9％、政令指定都市が100％、中核市が100％、施行時特例市が97.2％、その他の市区町村が54.5％であった。もっとも、要綱、要領、指針等によって措置した団体が、都道府県では44団体（95.7％）、政令指定都市で11団体（55.0％）、中核市で38団体（79.2％）、施行時特例市で16団体（45.7％）、その他の市区町村で700団体（78.5％）と、かなりの割合の団体が要綱等によって措置している点が特徴的である。

なお、平成17年の行政手続法の改正（同年法73号）による意見公募手続の導入に関する論稿として、常岡・前掲注(28)1頁以下、29頁以下、62頁以下等（初出2005年、2006年、書下ろし）を挙げておく。

【追記3】 鳥取県においては、公聴会の形式による意見聴取は、鳥取県県民参画基本条例（平成25年県条例3号）の趣旨を踏まえて、「鳥取県パブリックコメント実施要領」に基づいて実施されている。同要領等においては、手続の実施前及び実施後における県議会への報告（県議会常任委員会への報告）も規定されている。この実施要領に基づくパブリックコメントの実施例は多い（鳥取県のパブリックコメント（意見公募）に関するホームページを参照）。

これに対して、令和4（2022）年11月に鳥取県地域づくり推進部県民参画協働課に筆

者が照会した結果によれば、令和の時代に入ってからは、行政手続条例に基づく公聴会の開催実績はないようである。他方において、都市計画関係の公聴会の実施実績は2件あり（令和2〔2020〕年10月30日「南北線の都市計画素案に係る公聴会」、令和3〔2021〕年1月27日「都市計画区域マスタープラン見直し素案に係る公聴会」)、また、子ども教育に関する公聴会の実施実績もある（令和3〔2021〕年8月24日「子ども自身が子どもの権利を学び、意見表明をする公聴会」)。さらに、前記の鳥取県県民参画基本条例の趣旨を踏まえて、鳥取県においては行政手続条例以外にも個別条例において公聴会の開催が定められている。例えば、鳥取県星空保全条例（平成29年条例47号）9条5項にあっては、知事は星空保全地域の指定に際し、原案に異議のあった場合又は必要がある認める場合に公聴会を開催することができる、と規定している。

　【追記4】　総務省自治行政局経営支援室が、平成30（2018）年3月に取りまとめた調査によれば、行政手続法の一部改正において、「処分等の求め」「行政指導の中止等の求め」が新たに同法に盛り込まれたこと等を踏まえ、行政手続条例等の改正を行った団体は、1788団体中の1654団体（92.5%）であり、そのうち、都道府県、政令指定都市、中核市及び施行時特例市は100%、その他の市区町村は1503団体（91.8%）であった。また、その他の市区町村のうち改正予定としたものが、80団体（その他の市区町村に占める割合は4.9%）となっている。

　【追記5】　神奈川県、滋賀県にあっては、平成27（2015）年における行政手続法の改正に伴って県行政手続条例が改正された際に一般的な苦情（異議）申立手続の仕組みは廃止されている。この点に関し、筆者の照会に対する滋賀県総務部総務課からの回答によれば、改正前の条例においては、苦情の申出を受けたときに、「県の機関は……迅速に対応しなければならず、当該申出に理由があると認めるときは、速やかに行政指導の是正その他の適切な措置を講ずるものとする」とされていた（改正前の条例34条2項）。これに対して、改正された行政手続法の条文上、①申出の記載事項が法定されていること、②調査の規定があること、③法令に適合しないときには必要な措置をとらなければならないものとされていること等、より具体的で強い義務規定となっていると解されることから、改正行政手続法の条文に即した改正が措置されたとのことであった（また、条例に基づく行政指導を含むものとされ、改正条例の要件に該当しない申出に対しても対応しない趣旨ではない点を同時に明らかにしているとのことであった）。同様に、神奈川県政策局政策法務課の回答においても、当該措置は「行政指導の中止等の求め」が設けられたことを踏まえて実施したとのことであった。

　これに対し、横浜市、長野市、郡山市においてはこの仕組みは存置された。もっとも、横浜市行政手続審議会は、設置後、開催頻度が年1回程度にとどまり、審議内容に関しても「行政指導の趣旨等の公表」や「行政指導に対する異議の申出」に係る案

件に関する審議実績はなく、「審査基準及び処分基準の設定状況」や「意見公募手続の導入状況」の報告等となっていた。そのため、平成23年度に横浜市内部で実施された附属機関等の見直しの結果として、平成24（2012）年3月31日限りで廃止されている（筆者の照会に対する横浜市総務局総務部法制課の回答）。

第 2 章　地方公文書管理法制の現状と課題

〈解題〉　本章は公文書の管理に関する法律（平成 21 年法 66 号。以下、「公文書管理法」という）が制定される直前の時点にあって、同法の制定作業の際に設置された公文書管理の在り方等に関する有識者会議の最終報告（平成 20 年 11 月 4 日）を踏まえ、同法制定後における地方公共団体の公文書管理の在り方に関して考察したものである。本書の刊行の時期が公文書管理法の制定から 15 年を経過したものである点を踏まえ、公文書管理法制定後における地方公共団体の公文書管理法制の整備状況とその評価等に関し、本章の【追記 1】において概観したことに加えて【追記 2】ないし【追記 5】において最低限の補遺を記述した。詳細な分析と評価とに関しては、高橋滋ほか編著『条解行政情報関連三法〔第 2 版〕』（弘文堂、2023 年）179 頁以下（第 34 条〔地方公共団体の文書管理〕［高橋滋］）を参照して頂くならば幸いである。

第 1 節　はじめに

（1）　有識者会議の最終報告

公文書管理の在り方等に関する有識者会議最終報告（平成 20 年 11 月 4 日）（以下「最終報告」という）は、作成から利用までのライフサイクルを通じた公文書管理法制を確立……すること……が必要である」と述べた上で[1]、公文書管理法（仮称）の制定をはじめとして公文書管理法制の整備に関する様々な提案を行っている。具体的には、①公文書の作成・整理・保存、保存期間の延長・国立公文書館等への移管・文書の廃棄、国立公文書館等への移管後の利用等、国の各府省における文書管理サイクルの各過程における文書管理の体制やその適正を確保するための法制度の整備、②国において公文書管理に責任を有する公

---

[1]　参照、公文書管理の在り方等に関する有識者会議「時を貫く記録としての公文密管理の在り方――今、国家事業として取り組む」2 頁。最終報告に至る検討過程に関しては、参照、高橋滋「国立公文書館における公文書等の保存管理とその公開」『一橋大学法学部創立 50 周年記念論文集 変動期における法と国際関係』（有斐閣、2001 年）209 頁、同「『公文書管理法研究会・論点整理』の公表に際して――公表にいたる経緯、概要」ジュリ 1316 号（2006 年）46 頁、同「要綱案作成の経緯と基本的考え方」総合研究開発機構＝高橋滋共編『公文書管理の法整備に向けて――政策提言』（商事法務、2007 年）3 頁、高橋滋「文書管理のための法整備について」レコード・マネージメント 55 号（2008 年）48 頁、同「公文書管理法制はいかにあるべきか――比較法的視点から」都市問題 99 巻 10 号（2008 年）68 頁等を参照されたい。

文書管理担当機関の在り方等について、踏み込んだ提案がされている。そこで、本章においては、最終報告の提案を踏まえて、地方公共団体の公文書管理はいかにあるべきか、その法的規律の在り方等に関して、検討することにする。

(2) 検討の視角

　もっとも、国の行政機関にあっても、文書管理の現状は様々であり、先進的な取組みを行っている機関もあれば、ずさんな文書管理について厳しい指摘のされた機関もあった[2]。このような国の現状に照らすならば、行財政能力に著しい差異のある都道府県・市町村における文書管理の在り方は各団体によって千差万別であることが容易に想像できる。さらに、効率的な行政運営の前提であり、情報公開・個人情報保護制度の適切な運用の基盤となるのが公文書管理制度であるとはいっても、日々の行政執務から生ずる行政文書について、作成・管理・保存、さらには歴史的意義のある公文書の保存・利用の在り方に関し、画一的な制度・基準を定め、国の法律をもってその遵守を求めることは、地方分権の時代にあっては適当なものではない。この点に配慮し、最終報告も、地方公共団体に対し「保有する文書の適切な管理・利用の実現のために必要な措置を講ずるよう努める」ことを求める規定を公文書管理法に盛り込むことが適当である、との立場を採用している[3]。また、文書管理は日々の行政執務と密接に関連するものであって、公文書管理に関する独自の条例整備は行っていなくとも、文書管理システムを導入して効率的かつ適切に公文書管理を進め、これを将来の公文書館での保存に結び付けようとする取組みを行っている例もある[4]。しかしながら、法律学からのアプローチをとる本章においては、文書管理の実態に配慮しつつも、条例・規則及びその内容等の考察に重点を置くこととしたい。そこで、まず、本章においては、本章刊行時における都道府県・

---

[2] 2008年4月に上川陽子公文書管理担当大臣（当時）が実施した各省庁視察結果による。参照、公文書管理の在り方等に関する有識者会議第5回会合（平成20年5月15日）配付資料「資料4 上川大臣の各省庁視察結果の概要」2頁。
[3] 参照、最終報告25頁。
[4] 例えば、江東区においては、平成16（2004）年度から文書管理体制が見直され、電子自治体構築に向けた環境整備の視点からも文書管理システムを導入し、文書管理体制を強化することが決定されている（なお、江東区は、令和5〔2023〕年4月時点において市長部局について文書の管理、保存、廃棄、歴史的に重要な文書の文書主管課長への引継ぎ等の規律を盛り込んだ江東区文書管理規則〔平成13年区規則53号〕を定めている）。

市町村における公文書管理制度の状況に関して概観する。その上で、最終報告が想定する国の公文書管理制度の在り方を踏まえ、地方公共団体において、どのような方向で制度の充実を図っていくべきか、その際の問題点はどこにあるかを探っていくことにしたい[5]。

第2節　地方における公文書管理法制の状況

（1）　公文書管理に関する条例・規則

　1）　国の状況　　本章の刊行時においては、地方はもとより国の公文書管理に関して包括的に規律する法律はなかった。行政機関情報公開法（行政機関の保有する情報の公開に関する法律〔平成11年法42号〕。公文書の管理に関する法律〔平成21年法66号。以下、「公文書管理法」という〕附則5条による改正前のもの）のなかに、文書管理の適正を確保するための規律が22条（行政文書の管理）として置かれ、その上で、行政機関情報公開令（当時）16条及び「行政文書の管理方策に関するガイドライン」（平成12年2月25日各省庁事務連絡会議申合せ）等に基づいて、各行政機関の長が各組織の内部規定として文書管理規程を定めているにすぎなかった。そこで、最終報告は、このような状況を改め、公文書管理法（仮称）に基づき、①各府省における現用文書の作成、管理、保存、国立公文書館等への移管について規律し、②各府省における公文書管理体制と公文書管理担当機関の各府省に対する監視・監督権限を強化し、③歴史的価値のある公文書等の国立公文書館等への移管について法的拘束力を与える、等の提言を行った。ここでは、特に、公文書管理担当機関について内閣府と総務省の二元的な体制から内閣府へと一元化されたこと、さらに、公文書管理委員会（仮称）の設置等により内閣府の体制が強化されたことに注目する必要があろう[6]。

　2）　地方の状況　　東京都をはじめとする地方公共団体の公文書管理制度の状況も、先に述べた国の状況と大差はない。公文書管理に関しては、東京都、大阪府、神奈川県等の規模の大きい地方公共団体にあっても、首長の規則によって文書の作成、管理、保存の体制に関する規律が置かれているにとどまる[7]。

5）　本章を執筆するに際しては、独立行政法人国立公文書館公文書専門官（現総括公文書専門官）梅原康嗣氏に多大なご協力とご示唆とを頂戴した。ここにお礼を申し上げる。
6）　なお、平成21年度の概算要求に基づき内閣府の公文書管理室は公文書管理課へと拡充された。

さらには、京都府、愛知県等のように、都道府県レベルにおいても、首長の発する訓令の形式で文書管理ルールを定めている例がある（地方公共団体の文書管理法制の整備状況に関し、本章の【追記1】を参照。また、東京都については、さらに本章の【追記2】を参照されたい)[8]。

もっとも、公選制の首長の下で行政運営が行われる地方公共団体においては、首長の規則ではあっても、①文書作成、管理、保存に関して法的拘束力をもって規律すること、②各部署における文書の作成、保存、管理について公文書担当部局に監視・監督権限を付与すること、③歴史的価値のある公文書等が公文書館等に移管されることに関し法的拘束力を伴って規律すること等について、実効性を有する仕組みを設けることは可能である[9]。

さらに、情報公開法制・個人情報保護法制が整備されるなかにおいて公文書管理の在り方が注目を集め、さらに、公文書管理の現状と問題点について関心を寄せてきた福田康夫内閣官房長官（当時）が平成15 (2003) 年12月に「公文書等の適切な管理、保存及び利用に関する懇談会」を同長官の下に置かれる組織として設置したこと[10]等を契機として、公文書管理制度への関心は一部の地方公共団体において高まった。そのなかで、少数ではあるが公文書管理条例を制定し文書管理体制を強化する試みが現れた。まず、平成13 (2001) 年に宇土市文書管理条例が制定され、これに、金光町文書管理条例、ニセコ町文書管理条例が続き、平成18 (2006) 年には大阪市が公文書管理条例を制定した[11]。

---

7) 東京都においても、情報公開条例（平成11年都条例第5号）35条が、情報公開の適正かつ円滑な運用に衰するため、文書管理について都規則によって定めるものと規定し、これを受けて、東京都文書管理規則（平成11年都規則第237号）が制定されている（なお、本章の【追記2】を参照)。
8) 参照、京都府文書規程（昭和30年京都府訓令第26号）、愛知県行政文書管理規程（平成16年訓令第4号）、和歌山県公文書管理規程（平成13年訓令第12号）。
9) 後述のように、東京都、神奈川県等においては、一定類型の文書について公文書館への文書移管が義務化されている。
10) 平成15 (2003) 年4月には「歴史資料として重要な公文書等の適切な保存・利用等のための研究会」（座長、高山正也慶應義塾大学文学部教授（当時））を内閣府大臣官房長が設置している。
11) 参照、宇土市文書管理条例（平成13年市条例3号）、ニセコ町文書管理条例（平成16年町条例25号）。ちなみに、金光町文書管理条例は、合併により平成18年3月に廃止されている。また、大阪市公文書管理条例（平成18年市条例15号）を紹介するものとして、橋本浩典「大阪市公文書管理条例の策定と課題」レコード・マネージメント55号（2008年）62頁がある。

（2） 公文書館に関する法律・条例等

　1）　公文書館法　　公文書管理とは別に、歴史的価値のある公文書を保存する施設としての公文書館に関し、地方の施設を含めて規律する法律として、昭和62（1987）年に制定された公文書館法（昭和62年法115号）がある。ただし、この法律は全7か条の短いものである。かつ、①歴史的公文書等の保存及び利用に関する国・地方公共団体の責務を規律する（同法3条）ことの他に、②公文書館の定義を置き、館長・専門職員の公文書館への配置を定め（4条）、③公文書館の設置に必要な資金の融通やあっせんに国が努めるものとし（6条）、④内閣総理大臣が求めに応じて地方公共団体に技術上の指導又は助言を行うことができるとしている（7条）にとどまるなど、内容的に見ても地方の公文書館整備を強力に推し進めるものではなかった[12]。もっとも、公文書館法は、地方公共団体の設置する公文書館の設置に関する事項は、地方公共団体の条例で定めなければならない（5条2項）と規定しており、同法の制定以降にあっては公文書館を設置する際に条例によって設けている例は多い[13]。

　2）　公文書館の設置状況　　ちなみに、地方公共団体にはじめて公文書館が設立されたのは山口県（昭和34〔1959〕年）であり、設立の契機は旧長州藩主毛利家から藩政文書（毛利家文書）が寄贈されたことであった。その後、昭和30年代に京都府、昭和40年代に下関市、東京都、埼玉県等が続き、公文書館法が制定される前後から都道府県レベルにおいて、公文書館設立の動きが活発化した。内閣府大臣官房公文書管理室（当時。現在は公文書管理課）が平成20（2008）年4月に調査した結果によれば、30都道府県、7政令指定都市、15市区町村の計52の地方公文書館が設置されていた。さらに、同年10月に芳賀町に設置され、他にも5団体（2県、3市）が計画中であるなど、公文書館を設置する地方公共団体の数は増えている[14]。もっとも、1700を超える普通地方公

---

12)　ちなみに、国立公文書館法（平成11年法79号。平成11年法161号による改正後のもの）11条2項の規定に基づいて、地方公共団体に対する内閣総理大臣の技術上の指導又は助言については、内閣総理大臣の委託を受け、本来的な業務の遂行に支障のない範囲内で国立公文書館が行うこととされている（公文書管理法制定前の仕組みである）。

13)　もっとも、公文書館は地方自治法244条の「公の施設」に該当し、かつ、地方自治法244条の2が公の施設の設置・管理に関する事項は条例によって定めるとしているため、公文書館法の規定はこの趣旨を確認する意味を有するにとどまる。同法を所管する内閣府も同様の見解をとっている。参照、総理府「公文書館法解釈の要旨」（昭和63年6月1日）。

14)　参照、公文書管理の在り方に関する有識者会議第5回会合配付資料「資料8地方公文書館につ

共団体の数と比較するならば、設立数が 60 に満たない現状は、歴史的公文書を管理、保存する体制としては不十分である。さらに、公文書館が設置された団体にあっても、設立の当初から予算・人材の確保についての課題が恒常的に発生している。加えて、自治体財政の悪化から建替えや増設の経費が確保できないために、資料の一部を屋外の倉庫に保管し、場合によっては資料の一部廃棄を行う例も出ている。さらに、一部の自治体にあっては指定管理者制度を導入するなど、職員研修や管理等が手薄になり、職員が減らされる等の影響も表面化した[15]（なお、本章の【追記3】を参照）。

（3） 条例・規則の内容——先進的事例

　前記のように、多くの地方公共団体において、公文書管理・公文書館に関する条例等の制定は遅れており、公文書館の整備も十分とはいえない。しかしながら、一部の先進的な自治体において公文書管理条例が制定され、あるいは条例を制定していなくとも文書管理規則に一定の規律を設けている例がある。さらに、公文書館条例の形式により、公文書館における歴史的公文書の保存のみならず、公文書館への公文書の移管等に関する規律を置いている場合もある。以下、地方公共団体における事例を紹介しながら、公文書管理法が制定された場合における地方公共団体の制度整備に関する課題を探っていくことにする。

　1）公文書の作成、管理、保管　　まず、条例の規律を設けている先進的な自治体にあっては、文書の作成、管理、保管について、ある程度詳細な規定が置かれている。例えば、第三セクターの破綻をめぐる過去の意思形成の在り方が問題となったことを契機として、平成 18（2006）年に制定された大阪市公文書管理条例においては、説明責任の観点から意思決定に際しての文書作成主義を厳密に採用する[16]など、文書の作成、保存、廃棄のルールを明確にしている。また、ニセコ町公文書管理条例においては、さらに、①組織的及び効率的な文書管理と事務の適正化及び能率化のために、職員で構成する文書管理委員

　　いて」1 頁。
15）参照、前掲注（14）配付資料 3 頁。
16）大阪市公文書管理条例 4 条 1 項は、①意思決定は軽微なものを除き文書をもって行われなければならないとし、かつ、②作成上の困難があり意思決定と同時に文書を作成できなかったときは、当該意思決定をした後に速やかに公文書を作成しなければならない、と規定している（現行市条例 4 条 1 項・2 項）。さらに、参照、宇土市文書管理条例 11 条等。

会を町長が設置し、②情報公開審査会に対し、町長が文書管理の運用状況等を報告する、としている点が特徴的である[17]。

　もっとも、前記のように、多くの都道府県にあっては首長の文書管理規則のレベルにおいて、首長部局に関してではあるものの、同様の規定を設けている。例えば、東京都文書管理規則（当時）においては、①事案の決定につき、原則として電子決定方式（場合によっては書面決定方式）により起案文書に基づいて決定権者が決定するとして、決定における文書主義の原則を明示する（都規則3条。ただし、現行規則において文言は修正されている）とともに、②文書主任、文書取扱主任、ファイル責任者等の文書管理組織体制が整備されている（都規則5条以下）。また、③文書の作成、管理システムとして、統一的な「文書総合管理システム」が導入され、起案から意思決定についての基本的なシステムを知事部局において共通化している（都規則20条以下）。さらに、④文書の整理・保存についての規律が設けられており（都規則38条以下）、⑤その際には、各文書の内容に応じ、あらかじめ定められた文書保存期間表に基づき、長期、10年、5年、3年、1年、1年未満に区分された保存期間が定められることとなっている（相互に密接に関連する文書は、一群の公文書として主たる文書の保存期間に併せて整理することが認められる。都規則39条2項）。このように、東京都文書管理規則は、国における公文書管理の課題として最終報告が指摘した諸事項のかなりの部分について、一応の対処を済ませているものと評価できよう。なお、東京都においては、警視庁の他にも、公安委員会、教育委員会等の保有する文書に関し、これらの委員会が独自に規定を設けている。また、東京都の文書管理規則においては、東京都の行政組織として最終的に公文書管理に関して責任を有する部局を指定しておらず、文書作成部局における文書管理の状況等について、調査権限を行使した上で監督・指導する体制はとられていない（以上の記述につき、本章の【追記2】を参照）。

　この点に関連して、神奈川県の行政文書管理規則においては、①法務文書課長（現在は文書課長。以下、同じ）が本庁及び所における行政文書事務を総括するものとした上で、②法務文書課長は、課長、課内室長及び所長に対し、必要な指導を行うことができ、必要があると認めるときは、実態を調査し、若しくは

---

17) ニセコ町文書管理条例12条・13条等。

報告を求め、又はその処理に関し改善の指示をすることができる、と規定し、法務文書課長に一定の責任と権限とを付与している[18]。かつ、「課長及び所長は、それぞれの課又は所における行政文書事務を統括する」と規定して、文書管理に関する責任体制を整備している[19]。大阪府行政文書管理規則においても、行政文書の管理の実態を調査し、又は文書管理者に対し報告を求め、若しくは改善のための指示を行うことができる権限を法務課長（現行規定では府情報室長）に付与している[20]。

　2）　公文書の廃棄、移管、保存　　次に、文書作成部局から歴史的価値のある公文書の移管を受け、保存をする体制、保存期間を経過したそれ以外の文書を廃棄する体制に関して、検討することにする。

　まず、既存の公文書管理条例のなかには、公文書の廃棄、移管、保存に関する規律が設けられている。例えば、大阪市公文書管理条例においては、規則に基づいた文書の廃棄、歴史的価値ある公文書の市長への引継ぎ等が定められている[21]。この点、宇土市文書管理条例は、歴史的文化的価値がある文書の移管を受け保存する権限を教育委員会に付与している。同条例によれば、①教育委員会は、保存の必要があると認めるときは、市長に廃棄対象文書の引継ぎを求めることができ、②市長は、廃棄文書の引継ぎを求められたときは、その文書が法令等により廃棄しなければならないとされている場合等、特別な理由がある場合を除いて求めに応じなければならない。さらに、教育委員会に対しては、引継ぎを受けた文書の歴史的資料としての価値を評価し、引き続き保存する必要があるか否かを決定し、必要があると決定したときは、整理・保存し、管理する義務が課されている[22]。

　また、公文書館を先駆的に整備してきた自治体にあっては、公文書館条例において歴史的価値のある公文書の移管、文書の廃棄に関する規律を設けている例もある。その典型が神奈川県であり、神奈川県立公文書館条例によれば、県

---

18)　参照。神奈川県行政文書管理規則（平成12年県規則15号）4条1項・2項。
19)　神奈川県行政文書管理規則4条3項。ちなみに、神奈川県の行政文書管理規則のレベルにおいては、東京都にあるような起案や決裁に関する手続は定められていないものの、神奈川県行政文書管理規程（平成11年訓令1号）において詳細な規律が置かれている。
20)　大阪府行政文書管理規則（平成14年12月27日大阪府規則122号）19条。
21)　大阪市公文書管理条例7条1項・2項（現行市条例8条1項・2項）。市長以外の機関についても引継ぎの義務が課される（7条3項。現行市条例8条3項）。
22)　宇土市文書管理条例24条・25条（現行市条例25条）。

の機関（知事、議会、公営企業管理者、病院事業管理者〔現行県条例は削除〕、教育委員会、選挙管理委員会、人事委員会、監査委員、労働委員会、収用委員会等〔現行県条例は地方独立行政法人を追加〕。ただし、公安委員会は除かれている）は、その保存する公文書等が現用でなくなったときは、速やかに当該公文書等を公文書館に引き渡さなければならず、知事は、引き渡された公文書等について、知事が別に定める基準により、歴史資料として重要な公文書等を選別し、保存しなければならない。また、知事は、引き渡された公文書等のうち、保存する公文書等以外の公文書等を、確実にかつ速やかに廃棄しなければならないとされている[23]。このように、神奈川県においては、公文書館条例に基づき、公文書の廃棄と歴史的公文書の移管が知事の責任において行われる体制がとられている。

　他方、公文書管理規則のレベルで規律する団体にあっては、廃棄、移管、保存に関する規律は最小限度にとどめられている例も多い。例えば、大阪府行政文書管理規則においては、適正な文書の廃棄と歴史的意義のある文書の保存について、それぞれ1か条の規律を置くにとどまる（参照、現行規則16条ないし18条。さらに、現行大阪府行政文書管理規程〔平成14年訓令39号〕24条ないし26条を参照）。他方、東京都の場合においては、①長期の文書については、作成又は取得した日の属する会計年度を基準として9年を経過しない時点において公文書館長に引き継ぐことが義務づけられている[24]。また、公文書館長は、長期保存文書以外の文書等についても必要と認める場合には、文書を管理する主務課長に文書等の引継ぎを求めることができ、主務課長は、その文書等が法令により廃棄しなければならない場合等特別の理由がある場合を除き、求めに応じなければならない、とされている点が、注目に値する[25]（なお、本章の【追記2】を参照）。

23)　神奈川県立公文書館条例（平成5年県条例24号）3条・4条。
24)　東京都文書管理規則49条（当時。以下、同じ）。もっとも、同41条の規定により、主務課長が常用文書と指定したものであるときはその限りではないが、その際には文書総合管理システムにその旨を明示することが原則として義務づけられる（49条3項・41条。なお、本章の【追記2】を参照）。
25)　東京都文書管理規則54条（当時）。ちなみに、愛知県行政文書管理規程は、保存期間が満了した文書のうちさらに一定の期間は保存が必要な文書に関し、一部の例外を除いて法務文書課長に引き継ぐこととし（59条）、さらに、文書の保存期間の満了前に、主務課長及び法務文書課長が当該文書についての公文書館長による選別を受けるべきことを定めている（65条）。また、和歌山県公文書管理規程（平成13年訓令12号）も、当初保存期間と最終的な保存期間の区別を設け、総務学事課長（現在は総務課長）に文書を引き継ぎ、文書の保存、移管を確保する体制を整備している（61条・62条・69条・70条）。これらの規程は訓令であるものの、一応の手当てがされているもの

3) **歴史的公文書の保存と利用**　最後に、歴史的文化的に価値があるものとして公文書が公文書館等に移管された後の保存と利用の体制について、検討する。既に述べたように、公文書館法は公文書館の設置については条例で定めるとしているので、公文書館が設置された場合には公文書館条例が同時に制定されるのが通例である（前出（2）1））[26]。もっとも、公文書館が歴史的文化的公文書の利用を住民に提供する施設である点に鑑みるならば、公文書館は地方自治法244条の「公の施設」に該当するため、同法244条の2に基づき、その設置・管理に関する事項は条例をもって定める必要がある[27]。

ちなみに、条例設置のものであれ、それ以外の設置形態によるものであれ、公文書館への入場、閲覧の申込みは広く認められることは当然としても、情報公開制度・個人情報保護制度と同様に利用の対象となる文書には一般の閲覧に供することが不適当な情報が含まれていることがある。例えば、東京都や神奈川県においては、国の行政機関情報公開法の不開示事由にほぼ準拠して、一般の利用における閲覧制限を課している[28]。他方、国立公文書館においては、①保存文書は現用を終了したものであること、②昭和43（1968）年のICA（国際公文書館会議）マドリッド大会において「利用制限は原則として30年を超えないものとすべきである」とする「30年原則」が定められたことから、行政機関情報公開法と比較して一般の閲覧の制限は限定的に運用してきている。具体的には、①犯罪取締情報、審議検討情報、事務事業情報等は、閲覧制限事由から除外されており、②個人識別情報に関しても、30年以上経過したものについては、学歴・職歴、財産等、国籍・人種・民族、家族、信仰、思想、伝染性の

と評価できよう。
26)　東京都公文書館は、東京都公文書館処務規程（昭和43年訓令甲197号）に基づいて運営されてきたが、これは公文書館法の制定前に設立されたことに起因するもののようである（令和元〔2019〕年の東京都公文書の管理に関する条例の改正〔令和元年都条例23号。東京都公文書等の管理に関する条例に改称〕に伴い、東京都においては東京都公文書館条例〔令和元年都条例24号〕が制定されている。本章の【追記2】を参照）。
27)　参照、前掲注（13）。
28)　参照、東京都公文書館における公文書等の利用に関する取扱規程（平成14年3月29日公告）2条2項（なお、現行東京都公文書等の管理に関する条例19条1項・2項は、公文書管理法の利用制限事由に準拠しつつ、時の経過・実施機関が付した意見を参酌して決定がされるものと規定している）、神奈川県立公文書館条例5条1項及び同施行規則（平成5年県規則第86号）4条（現行において、東京都と同様の配慮規定を置くものとして、神奈川県立公文書館資料の閲覧制限の審査基準〔令和2年2月22日館長決定〕を参照）。

疾病等、門地、遺伝性の疾患等に着目し、時間の経過とともに利用制限を解いていく方式が採用されている[29]。

そして、この点につき、有識者会議の最終報告は、不開示事由が限定的であることを理由として文書作成官庁が移管への不安を表明していたこと等を踏まえて、①「可能な限り移管の前後を通じて整合的なものと〔するとともに〕……、必要な場合は移管元の府省が意見を述べることができる仕組みとする」こと、②公開のルールの策定に際しては、「一般的に時の経過とともに不開示とすべき事由は減っていくものであることや、国際的動向・慣行（……「30年原則」等）を踏まえたものとする」ことを、指摘している。

したがって、地方公共団体における歴史的文化的公文書の利用に際しても、行政機関情報公開法・行政機関個人情報保護法（現行個人情報保護法）の不開示事由を踏まえつつも、最終報告に示された歴史的文化的公文書の性格、地方公共団体の文書の性質等を踏まえて、利用制限の要請と住民の利用の便宜とのバランスがとれた利用制限の基準を設けることが求められよう（令和5〔2023〕年4月時点における規定の例に関しては、注（28）を参照）。

ちなみに、歴史的公文書の利用請求に際し、その全部又は一部の利用が制限されたときに、請求者は行政不服審査（平成26年法68号による改正前のもの。以下、同じ）上の行政不服申立てや行政事件訴訟法（昭和37年法139号）上の取消訴訟が提起できるか否かの点に関し、国立公文書館における利用と同様に地方公共団体の公文書館における利用等についても問題となった。

国立公文書館の制度にあっては、国立公文書館法等の解釈として、行政不服審査法や行政事件訴訟法にいう処分に閲覧制限は該当しないというのが一般的な解釈であったものの、地方公共団体の場合に関しては、「公の施設を使用する権利に関する処分」について行政不服審査法上の不服申立てを認める地方自治法244条の4を根拠として閲覧制限に処分性を認める見解もあったことから、行政不服申立てに応じた自治体もあった[30]。処分性を拡張する判例の流れのな

---

29) 参照、独立行政法人国立公文書館利用規則（平成13年規程第7号）4条2項、別表（4条関係）（現行・独立行政法人国立公文書館利用等規則12条。さらに、独立行政法人国立公文書館における公文書管理法に基づく利用請求に対する処分に係る審査基準〔平成23年4月1日、最終改正令和4年4月1日。館長決定〕を参照）。
30) 参照、高橋・前掲注（1）一橋大学法学部創立50周年記念論文集231頁以下。そこに紹介したように、地方公文書館の利用制限に対する不服に対し、これを行政不服審査法上の不服として処理

かにあって、このような地方公共団体の取扱いは住民の権利保護に資するものではある。加えて、有識者会議の最終報告は、「移管後の文書の利用制限について、利用者が不服を申し出た場合に、その制限が適切であったのかどうかについて第三者がチェックする仕組みを含め救済の仕組みを整備する」としていたことからは (11頁)、利用制限に対して行政不服審査制度・行政訴訟制度の利用を認める仕組みを構築することが、国の法制的整備に際しては強く期待されていた[31] (現行の公文書管理法16条・17条は利用請求権を付与している)。そして、このような制度が国において実現した場合には、少なくとも情報公開条例・個人情報保護条例を制定している地方公共団体においては、文書へのアクセスに関する住民の権利を、移管前と移管後の均衡を踏まえて保障する観点から、歴史的公文書の閲覧請求権を付与することが望まれる。その場合には、行政不服審査制度・行政訴訟制度の利用が住民に認められることはいうまでもない (現在はすべての地方公共団体が個人情報保護法の規律の下に置かれている。なお、本章の【追記4】を参照)。

第3節　法制定後の課題

(1)　条例・規則による制度化

　1)　公文書館等での保存・閲覧、移管・廃棄　　前節において、地方公共団体における公文書管理法制の状況を紹介するとともに、①文書の作成、管理、保存、②文書の廃棄、歴史的公文書の移管、③公文書館における利用と閲覧制限に分けて、地方公共団体の条例、規則等の規律内容を確認し、公文書館での閲覧等に関する在るべき姿に関する筆者の考え方を述べた。本節においては、公文書管理法が制定された後における地方公共団体の制度の在り方を総括的に検討することにしたい。

　　した例として神奈川県の事例がある (同書233頁注42)。また、国立公文書館における利用制限に関しても処分性を肯定すべきであるとする見解として、早川和宏「行政機関情報公開制度と国立公文書館制度」成城法学63号 (2000年) 142頁がある。他方、筆者と同様の見解をとるものとして、参照、宇賀克也「公文書等の適切な管理、保存および利用」書時57巻4号 (2005年) 19頁以下。ちなみに、宇賀教授 (当時) が指摘するように、平成16 (2004) 年の行政事件訴訟法の改正により公法上の確認の訴えを提起する新たな可能性が出てきたものの、現行法の解釈として公文書館における利用と公文書の開示請求との差異を強調する立場もあり得る。

31)　高橋・前掲注 (1) (都市問題) 74頁以下。

ここまで確認してきたように、文書の作成、管理、保存について一応の規律を置いている地方公共団体にあっても、公文書管理に関して全般的な責任をもち、各部署における文書の作成、管理、保存について監督・指導する権限を有する部署を置いている例は稀である。さらに、公文書の廃棄、歴史的文化的価値のある文書を保存、管理する機関への公文書等の移管等に関しては、一部の自治体を除く他は法令上の十分な手当てはされていない。

　これに対し、公文書管理法の制定後にあっては、これらの点につき、国の制度改正の趣旨を踏まえて必要な制度を構築するための努力義務が自治体に課されることになる。第1に、その場合の法形式であるが、首長制をとる地方公共団体においては、前記のように、首長部局について統一的な文書管理体制を規則により措置することは可能であるし、首長の定めた文書管理担当機関が一定の権限と責任とを有して各部局における作成、管理、保存の体制を監督・指導する制度を構築することも可能であろう。さらに、公文書の廃棄、移管等に関するルールが行政内部のものにとどまると考えるならば、一部の公共団体のように、訓令の形で規律したとしても、行政機関に対して内部的には拘束力を有するため、廃棄・移管に関する厳格なルールが定められていれば問題はないとする見解も成り立つ（ただし、知事・市長村長がどのような公文書管理施策を採用するかに左右される可能性はある）。

　しかしながら、公文書管理法の制定は、歴史的な意義をもつものを含めて公文書が適切に作成され、管理、保存されることが、現用文書についての情報公開・個人情報保護制度の適切な運用の成否を左右する重要な意義をもつのみならず、現在の国民が過去の意思決定の過程を知り、かつ、将来世代に対する行政の説明責任を確保する上で不可欠であることを踏まえたものである。したがって、少なくとも情報公開条例と個人情報保護条例とを保有している団体においては、歴史的公文書の閲覧等に関する規律、歴史的公文書の移管、その他の公文書の廃棄に関する規律に関して条例によって基本的措置をとることが求められよう（第2節末尾に記載したように、現在はすべての地方公共団体が個人情報保護法の規律の下に置かれている。なお、本章の【追記4】を参照）。

　その際、予算面等の制約が許すならば、歴史的公文書の保存、利用に関する専門的施設である公文書館を整備し、歴史的公文書の性格に適合した利用規定を設けることが望ましい。その場合、包括的な文書管理条例を制定することは

望まれるものの、歴史的公文書の保存、利用に関し公文書館条例の形式により規律することも許されよう。特に、公文書館を設ける場合には、それが「公の施設」としての性格を有すること及び公文書館法の規定を踏まえて、条例により規律することが適当である。

　2）　現用文書の作成、利用、保存　　「現用文書の作成、利用、保存が適切に確保されることは、情報公開制度・個人情報保護制度の適切な運用の前提となるものではあっても、情報公開・個人情報保護の仕組みそのものではないため、法律・条例による規律の対象とする必要はない」とする理解は、国の制度に関しては公文書管理法の制定によって基本的に修正された。過去における意思決定についての説明責任、将来世代の国民に対する説明責任を確保する上でも、現用文書の作成、利用、保存を適切に確保する仕組みを構築することは重要な意義を有する。したがって、このような観点からは、首長による首長部局・地方機関に対する訓令のみによって文書管理を規律する形式については改められるべきであろう。さらに、歴史的公文書の閲覧においての利用請求権を付与する趣旨を明確にするためには、規則のみの形式をとるのではなく、住民の代表である議会の定めた条例によることが望まれる。

（2）　盛り込まれるべき規律内容
　1）　歴史的公文書の保存、利用、移管・廃棄　　公文書館等における歴史的公文書の保存、利用に関して盛り込まれるべき規律の内容については既に述べた。ちなみに、公文書館を置いている自治体にあっては、閲覧の制限に対する不服等を判断する際には、住民に与えられた閲覧の請求権（個人情報保護法制上の本人開示請求権を含む）と不開示事由によって保護される各種の利益との間において適切な判断のされることが求められるのであるから、閲覧制限に関する決定と不服申立ての処理とに関する事項を指定管理者による管理の範囲から除外することが必要となろう。他方、予算の制約等から、公文書館等、歴史的公文書の保存、利用を担当する施設・機関を設けることが困難である自治体にあっても、歴史的公文書の保存や利用について、教育委員会又は総務部の法規課等の専門部署を置き、その部署が責任をもって移管を受け、保存に当たる体制を設ける必要がある。担当部署への歴史的公文書の移管、それ以外の文書の廃棄に関しては、歴史的公文書の管理あるいは公文書管理全般を担当する部署が

関与できる仕組みを設けることが望まれる。行財政能力のある自治体、あるいは規模が小さく文書管理の体制を整備しやすい自治体においては、保存期間が満了した文書をすべて移管し、担当部署における選別に委ねる等の踏み込んだ措置を実施することも可能であろう。このような措置が実施されない場合においても、具体的かつ明確な移管基準を担当部署が策定し、基準に従って実際に移管・廃棄がされているかを当該部署が調査、監督できる仕組みを設けることが適当である。

　2)　公文書の作成、管理、保存　　文書の作成、管理、保存に関しては、意思決定に際しての文書作成主義、公文書管理担当部署の設立、当該部署に対する文書作成状況の調査、監督権限の付与等が、これまでの規則・訓令等の内容に付加されるべきである。文書管理システムの導入による文書の起案、登録、意思決定の仕組みの整備と併せて、これらの制度を整備することも先進的な自治体においては検討されてよい。公文書管理担当機関としては、総務部の法規課等が考えられることに加えて、教育委員会に専門的な部署を設けることも場合によってはあり得よう。

　3)　議会文書等、公安委員会・警察関係文書　　国の場合においては、議会文書や司法文書をどのように位置づけるかが問題となった。地方公共団体においても、議会文書及び議会事務局の文書、さらに公安委員会や都道府県警察が作成・管理する文書の位置付けが問題となる。議会文書に関しては、積極的に公文書館等へと移管する制度が議会のイニシアチブの下で構築されることが望まれる。他方、公安委員会に関しては、国の外交については外交資料館等の特別な施設が設けられていることから、知事部局とは別に、文書の作成、管理、保存及び歴史的価値のある文書について移管を受け、保存及び利用に供する部署・施設を設けることは考えられる。

　なお、警察関係文書に関しては警視庁のように訓令の形で規律が置かれているのが通例である[32]。警察関係文書の作成・管理・保存等については、公安委員会と同様の配慮をすることは検討されてよい。少なくとも文書管理について訓令のみによる形式は改めるのが望ましいといえよう。この点につき、犯罪の調査・取締りに関する文書のように、歴史的公文書にあっても一般の利用に広

---

32)　警視庁文書管理規程（平成13年3月21日訓令甲6号）。

く供するには問題のあるものが多いことは当然である。しかしながら、文書の管理、保存が適切に行われ、将来のしかるべき時期において部分的であっても利用されることが確保される仕組みの設けられることは、警察行政に対する国民の理解を確保する上でも必要であるように思われる（なお、本章の【追記5】を参照）。

【追記1】 公文書管理法制定から15年が経過するなかで、地方公共団体において公文書管理法制の整備は緩やかなペースではあるものの進んできている。

もっとも、公文書管理に関する条例のなかには、現用文書の保存・管理・利用に関する規律とともに、現用文書の廃棄又は移管、歴史的に重要な公文書（以下、「歴史公文書」という）の保存・管理・利用等に関する規律を置くもの、現用文書の保存・管理・利用に関する規律等を置くにとどまるものが含まれている。さらに、歴史公文書を保存・管理し、利用に供する施設の設置条例等と規律の役割分担をするもの等、規律の在り方は様々である点には注意が必要である（条例を分類・分析するものとして、早川和宏編『自治体の公文書管理』〔第一法規、2019年〕89頁以下〔早川和宏〕を挙げておく。他の文献に関しては、高橋滋ほか編著『条解行政情報関連三法〔第2版〕』〔弘文堂、2023年〕179頁以下〔34条（地方公共団体の文書管理）〔高橋滋〕〕を参照されたい）。加えて、条例とともに規則による規律にも考察を広げる必要はあり、規則にあっても条例施行細則のように地方公共団体の行政機関等に広く適用されるもの、規則制定機関にのみ規律が及ぶものを区別しなければならない。

　(a)　**都道府県**　まず、都道府県にあっては、公文書管理法の制定の後において徐々に整備は進展し、令和6 (2024) 年4月の時点にあって島根県、熊本県、鳥取県、香川県、東京都をはじめとして約3分の1の団体が公文書管理条例を制定している。加えて、規則や訓令等を含めるならば全都道府県において公文書管理制度に係る措置が実施されている。また、本文に紹介した神奈川県の他に、沖縄県も早い時期に公文書館の設置及び管理に関する条例（平成7年県条例6号）及び県公文書館管理規則（平成7年県規則50号）を制定していた。さらに、福岡県は、本法制定後に県立公文書館条例を制定し、特定歴史公文書の利用の基準、利用に係る審査請求における県特定歴史公文書利用審査会への諮問の手続等に関する規律を置いている（平成24年県条例3号。同条例13条1項）。ただし、京都府や愛知県等にあっては、本法制定時と同様に訓令による定めがされるにとどまっている（例えば、知事部局につき、京都府文書規程〔昭和30年訓令26号〕、愛知県行政文書管理規程〔平成16年訓令4号〕が定められている）。

　(b)　**市区町村**　都道府県において条例に基づく整備は進んできたのに対し、

市区町村にあっては条例上の整備は進展していない。本文に紹介したように、大阪市、宇土市、ニセコ町等、公文書管理法制定前に条例を整備していた団体もあるものの、公文書管理法制定後の令和6 (2024) 年4月時点においても、政令指定都市にあっては、名古屋市、札幌市等の計8団体が、それ以外の市区町村にあっては、安芸高田市、志木市等の計37団体が条例を制定しているにとどまる。

　　(c) **特別地方公共団体**　東京都の特別区はもちろんのこと、広域連合を含む組合等の特別地方公共団体についても、普通地方公共団体に準じて公文書管理体制の整備がされることが望ましい（宇賀克也『逐条解説 公文書の管理に関する法律〔第3版〕』〔第一法規、2015年〕255頁）。例えば、関西広域連合にあっては、公文書管理法制定後に情報公開条例が改正され（平成23年広域連合条例4号）、同条例36条2項が、「公文書の分類、作成、保存及び廃棄に関する基準その他の公文書の管理に関し必要な基本的事項について定めなければならない」と定めた上で、関西広域連合文書管理規則（平成22年連合規則4号）において文書の作成、管理、保存、廃棄に関する規律を設けている。

　【追記2】　東京都公文書の管理に関する条例は平成29 (2017) 年に制定されたものである（同年都条例39号）が、同条例は令和元 (2019) 年の都条例23号によって改正された。令和元 (2019) 年の改正は、名称を「東京都公文書等の管理に関する条例」に変更するとともに、①「歴史公文書等」の仕組みを創設して、保存期間満了後の措置（移管又は廃棄）をあらかじめ決定した上で、移管の決定をした歴史公文書等は期間満了後、確実に公文書館へ移管、保存するものとし、②公文書館の保存する歴史公文書等（特定歴史公文書等）の利用請求を制度化し、③公文書管理制度の円滑かつ適正な運用を図るため、公文書管理委員会を設置するものである。また、東京都文書管理規則（平成11年都規則237号）等も必要な改正を受けて、条例の関連規定を受けた条文構造となっている。これらの改正により、東京都の条例は公文書管理法の仕組みに近似したものとなった。

　ただし、東京都の条例にあっては、公文書館管理委員会への諮問事項は、保存期間が満了したときの措置に関する指針の制定又は改正（都条例7条4項）と特定歴史公文書の廃棄（同26条）との2項目であり、保存期間満了時の措置に関する基準の制定又は改正は報告事項とされている（同39条1項・2項）。また、実施機関に対する知事の関与は、実施機関に対する知事の助言にとどめられている（都条例15条）。また、東京都文書管理規則においては、知事部局内での局長、庶務主管課（文書主任）、主務課（文書取扱主任）等に公文書管理上の事務配分を行い、かつ、総務局総務部文書課長に対して局長の実施した点検・管理状況を報告するものとしている（都文書管理規則56条の2、56条の3）。以上のことからは、東京都の知事部局においては、各局の責任にお

いて公文書管理の点検・管理を実施する運用がされているものと解される。

　なお、同条例は令和 4（2022）年にも改正されているが、この改正は個人情報保護法（平 15 法 57）において公的部門における個人情報の定義を照合可能性から容易照合可能性に変更されたことに伴って、公文書管理に関して個人情報の定義を変更したものである（同年都条例 128）。

【追記 3】　指定管理者や民間事業者に事務委託した際の委託先、さらには、地方公共団体が出資している法人等における文書管理体制の整備も公文書管理における一つの課題である。この点に関し、公の施設の指定管理者に関して独自の規律を条例のなかに置く団体がある（滋賀県条例 32 条、岩手県条例 48 条等）。また、指定都市のなかでは、名古屋市の条例は、実施機関として、市長、議長、教育委員会等の委員会、公営企業管理者、消防長、地方独立行政法人を挙げる他に、出資等法人に関しての規律を設けている（平成 16 年市条例 41 号 2 条 1 号・33 条。指定管理者に関しては受託業者等に位置づけて規律している〔2 条 8 号〕）。新潟市の条例も地方独立行政法人・公社を実施機関に含めるとともに、出資法人等及び指定管理者に関する規律を設けている（令和 3 年市条例 3 号 2 条 1 項・26 条・27 条）。また、大阪市の条例は、地方独立行政法人及び大阪市住宅供給公社について「法人公文書等の管理」に関する規律を設け、併せて出資等法人及び指定管理者に関する規律も定めている（平成 18 年市条例 15 号 3 章）。

【追記 4】　(1)　情報公開・個人情報保護　　本文に述べたように、条例において情報公開・個人情報保護の制度が定められている地方公共団体にあっては、歴史公文書に関する規律を条例の形式により定めることが望まれることは、公文書管理法制定時にも指摘されていた（宇賀克也『逐条解説　公文書の管理に関する法律〔初版〕』〔第一法規、2015 年〕245 頁、右崎正博＝三宅弘編『情報公開を進めるための公文書管理法解説』〔日本評論社〕61 頁〔森田＝三宅〕等）。

　(ⅰ)　特に個人情報保護との関係においては、令和 3（2021）年の個人情報保護法の改正によって地方公共団体における個人情報保護は同法の規律の下に置かれることとなった（同年法 37 号による改正後の同法第 5 章）。もっとも、個人情報保護法 60 条 1 項及び同法施行令 16 条（令和 4 年政令 177 号による改正後のもの）は、地方公共団体の長が指定した施設において保存・管理・利用がされる公文書に関し個人情報保護法の適用を除外している。この取扱いは、情報公開の制度とともに歴史公文書の制度についても（個人情報保護の観点を含めて）地方公共団体における制度整備に委ねる、との考え方に基づくものである。しかしながら、歴史公文書のなかには個人情報が含まれ得ることを踏まえるならば、現用文書の状態に置かれている間は本人開示請求権等が保障されるのに対し、歴史公文書として整理された後にはこれらの権利が保障されなくなることは、制度上のバランスに欠ける。この点を踏まえて、公文書管理法は国立公文

書館等の特定歴史公文書につき本人利用の制度を設けている（17条）。よって、地方公共団体の保有する歴史公文書に関しても同様の制度を設けることが求められる。

　ただし、この点に関しては、個人情報保護条例を制定しなかった団体において、情報公開条例の仕組みを利用して本人等がした請求に対して非公開とされた決定につき、本人自身による公開請求であることは明らかであるとして当該決定を違法とした最高裁判所の判断がある（最判平成13年12月18日民集55巻7号1603頁）。そこで、歴史公文書の利用に際しても、個人情報保護に関する明示的な仕組みのない団体においては、「一般の利用」の制度をこのような解釈に基づいて運用することも可能であろう。しかしながら、利用者から見て分かりにくい運用となることは否定できない。さらに、地方公共団体の保有する現用文書が個人情報保護法の規律の下にある今日にあっては、本人利用の請求権を公文書管理条例又は公文書館等の施設に関する条例によって付与することが強く望まれる。

　（ⅱ）次に、情報公開条例等との関係に関しては、次のように考えられる。すなわち、個人情報保護法施行令16条に基づき地方公共団体の長が指定した施設に保存されず、実施機関等の文書管理部署又は行政機関等のなかの文書管理を所管する部署において保存・管理がされる文書に関しては、個人情報保護法とともに地方公共団体の情報公開条例等の規律が及ぶ。この場合において、歴史公文書に相当する文書の開示に際しては、作成・取得の時点から相当の時間が経過し、又は現用の必要のなくなったこととの関係上、情報公開条例等の適用に際して困難の生ずることを否定できない（個人識別情報の公開の是非はその典型である）。

　この点に関し、公文書管理法16条1項は、特定歴史公文書の利用請求について、行政機関情報公開法5条1号（個人識別情報）・同条2号（法人情報）又は6号イ（監査等に関する情報）若しくはホ（独立行政法人等の経営に関する情報）・同条3号（国の安全情報）・同条4号（犯罪取締情報）、及び独立行政法人等情報公開法5条1号・同条2号又は4号イからハ若しくはト（国の安全情報、犯罪取締情報、監査等に関する情報、企業経営上の情報）を除いて、利用制限を禁止している。かつ、同条2項は、これらの利用制限事由に該当する否かを国立公文書館長が判断するに際しては、当該文書が作成又は取得されてからの時の経過を考慮するとともに、行政機関の長又は独立行政法人等から利用制限に関する意見が付されているときには（本法8条3項、11条5項）、当該意見を参酌しなければならない、と規定している（この点に関する文献として、早川・前掲書〔追記2〕190頁以下・194頁以下を挙げておく）。よって、歴史公文書に相当する文書を情報公開条例等の適用の下に置き続ける場合には、このような要件を情報公開条例等のなかに明文化しておくことが望まれる。

　他方、地方公共団体が歴史公文書として文書を一般の利用に供する場合にあっては、

移管元機関の意見聴取について、行政機関内部の手続によって処理し得るものの、時の経過等の考慮に関しては「作成又は取得されてからの時の経過を考慮する」との判断基準を条例等において明文化しない限りは、公開・非公開の判断に困難が生ずる。かつ、本来は歴史公文書のなかに含まれる情報として広く国民の利用に供されるべき文書又はその一部が、非公開のままとされる可能性も高い。個人情報保護の観点から条例による規律が望まれる以上は、一般の利用に関しても公文書管理条例又は公文書館等の施設に関する設置条例においてこの点を明示する規律を置くことが望ましい。

(2) 諮問機関の設置　本章刊行時においては指摘しなかった点であるが、公文書管理法下の公文書管理委員会に対応する、地方における機関・組織の権限行使の専門的・技術的正当性を付与する上で重要な第三者機関（執行機関の付属機関）を設置するためには、条例をもって行う必要がある（地方自治法138条の4第3項。高橋滋ほか編著『条解行政情報関連三法〔第2版〕』〔弘文堂、2023年〕201頁〔高橋滋〕）。なお、行財政能力等の観点から第三者機関の設置等の負担が懸念される団体にあっては、県や近隣市町村との共同設置等を検討すべきであろう。

【追記5】　条例を制定した都県においては、実施機関として公安委員会及び警察本部長（警視総監）等を挙げている。もっとも、公文書管理規程の形式としては、兵庫県以外の団体にあっては、訓令で定めることを明文で許容している（兵庫県警察公文書管理規程も条例制定前と同様の告示の形式を採用している。令和3年県警察本部告示17号）。この点につき、都道府県のなかで警視総監・警察本部長の下に置かれる組織に関しては、犯罪取締りの緊急性・密行性に照らして規則の形式で定めることに異論のあり得ることは理解するものの、他の組織については内部的な拘束力をもつにとどまらない規則等によって規律することが望ましいといえよう（高橋滋ほか編著・前掲書〔追記1〕200頁〔高橋滋〕）。

第2部　行審法の改正と5年後見直し

第1章　行政不服審査法の改正と地方公共団体

〈解題〉　本章は、旧行政不服審査法（昭和37年法160号）を全面的に改正する目的をもって、平成20（2008）年の第169回国会（常会）に行政不服審査法案、行政不服審査法の施行に伴う関係法律の整備等に関する法律案、行政手続法の一部を改正する法律案（同閣法76号ないし78号）が提出され審議された際に、総務省自治行政局の依頼を受けて雑誌「地方自治」の巻頭に掲載した論稿である（729号〔2008年〕2頁）。これら3法案は継続審議の後に廃案となったものの、現行の行政不服審査法（平成26年法68号）は前記の行政不服審査法案の骨格を一部修正の上で踏襲したものとなっている。また、行政不服審査制度の全面的な改正に際して地方公共団体がどのように対処すべきかについて正面から論じたものであることから、行政法上の通則的な制度改正に際しての地方公共団体の対応の在り方を論ずる本書第2編第2部第1章として収録した。なお、現行の行政不服審査法（平成26年法68号）と前記の行政不服審査法案との異同に関しては、筆者の前著『争訟制度と行政法学』（第一法規、2024年）第3編第1部第2章293頁【追記1】において紹介したものの、読者の便宜のため本章においても【追記1】として再掲した。

第1節　はじめに

（1）　法案の提出

　行政不服審査制度の改正に関しては政府部内において検討作業が行われてきたが、平成20（2008）年4月11日に、「行政不服審査法案」（閣法76号）、「行政不服審査法の施行に伴う関係法律の整備等に関する法律案」（閣法77号。以下、「行政不服審査関係法整備法案」という）、「行政手続法の一部を改正する法律案」（閣法78号。以下、「行政手続法改正法案」という）が閣議決定されて、同日衆議院に提出された。国会審議の関係により継続審議となったものの、国民の権利保護の向上を目指すこれらの法案について、政府は本年度中の成立を目指すこととし

ている(ただし、本章の〈解題〉を参照)。

　そして、これらの法案が政府の方針通りに成立するならば、昭和37(1962)年制定以来修正が加えられることのなかった行政不服審査制度に大きな改革が加えられることになる。かつ、その内容も、①異議申立てと審査請求との区別を廃止して審査請求へと一本化したこと、②審査請求の手続を整備して審査請求人等の手続的権利を抜本的に強化したこと等、制度の内容を大きく変えるものとなる。さらに、③標準処理期間等の定めを置いたことの他に、審理の計画的な進行等を確保するために審理関係者の義務を明確化し、審理担当者の権限を強化する等、審査の迅速かつ円滑な進行が確保されるような配慮もされている。加えて、④審査庁における行政不服審査の審理を担当する任務に当たる者としての審理員の職を新設し、⑤審査庁の諮問に応じて第三者的な立場から行政不服審査について判断を下す行政不服審査会等を設置する等、行政不服審査手続を担う組織が整備されることになった。したがって、地方公共団体においても法改正に対応した法制上の措置を実施することが求められることになる。

(2) 本章の内容

　そこで、本章においては、制度改正の経緯を簡単に振り返った上で(第2節)、提案されている制度改正(行政不服審査関係法整備法案、行政手続法改正法案を含む)の概要を紹介し(第3節)、併せて、地方公共団体への改正の影響を検討することにしたい(第4節)。最後に、残された課題と行政不服審査実務への期待とを述べてまとめに代えることにする(第5節)。

第2節　検討作業の経緯

(1) 検討作業の開始

　法制定の時点から様々な批判のあった行政不服審査法(平成26年法68号のもの。以下、同じ)[1]であるが、改正に向けての本格的な検討作業は平成8(1996)年

---

1) 現行の行政不服審査制度に対してどのような問題点の指摘がされてきたかに関しては、高橋滋「行政不服審査制度検討会最終報告の概要」自研84巻2号(2008年)3頁以下、特に、5頁、33頁注5(同『争訟制度と行政法学』〔第一法規、2024年〕260頁以下、264頁、263頁注5)に紹介したので、参照されたい。

に開始された。

(2) 研究会等における作業

1) 事後救済制度調査研究委員会等　まず、「事後救済制度調査研究委員会」（座長・小早川光郎東京大学教授〔肩書は当時のもの。以下、同じ〕）による検討作業が、行政手続法（平成5年法88号）の制定を受けて行政不服審査法の改正の方向性と選択肢とを探る目的をもって行われた（総務省委託研究。平成8〔1996〕年から平成10〔1998〕年）。また、この調査を補完するものとして「事後救済における審理主宰者に関する調査研究委員会」〔座長・筆者〕による調査が実施されている。総務省委託研究。平成10〔1998〕年から平成11〔1999〕年）[2]。

2) 行政不服審査制度研究会　行政不服審査制度研究会（座長・小早川光郎教授。以下、「研究会」という）は、（ⅰ）行政不服審査法の改正課題を本格的に検討するための準備を行う目的の下に設置された（総務省委託研究。平成17〔2005〕年から平成18〔2006〕年）。作業の結果は、「行政不服審査制度研究報告書」（平成18〔2006〕年3月。以下、「研究会報告書」という）として公表され、これにより改正の基本的方向性が示されることとなった[3]。

3) 行政不服審査制度検討会　「行政不服審査制度検討会」（座長・小早川光郎教授。以下、「行政不服審査制度検討会」という）は、前記の検討作業を受けて、行政不服審査法の改正の具体的な内容を確定するために総務省行政管理局が設置した（平成18〔2006〕年から平成19〔2007〕年）。約1年間の検討期間とパブリックコメントの実施とを経て、最終報告書である「行政不服審査制度検討会最終報告」（平成19〔2007〕年7月。以下、「検討会最終報告」という）が公表されている[4]。

---

2) 「事後救済制度調査研究委員会」の検討結果は、「事後救済制度に関する調査研究報告書」（平成10年10月）として公表されている。また、「事後救済における審理主宰者に関する調査研究委員会」の検討結果は、「事後救済における審理主宰者に関する調査研究報告書」（平成11年3月）として公表された。なお、後者の概要に関しては、高橋滋「行政救済制度の審理主宰者に関する比較法的考察の結果―行政救済制度における審理主宰者に関する調査研究報告書より」自研76巻2号〔2000年〕114頁〔高橋・前掲注(1) 234頁〕を参照されたい）。

3) 研究会報告書については、ジュリスト1315号（2006）年において、「特集2 行政不服審査制度改正に向けて」（同50頁以下）として取り上げられている他に、第6回行政法研究フォーラムにおいても検討がされている（参照、ジュリ1324号（2006年）「特集 行政不服審査制度の再検討」同2頁以下）。その他の文献については、参照、高橋・前掲注(1) 261頁注2。

4) 検討会の作業を紹介・検討する文献として、検討会の中間取りまとめに関するものを含め、次のようなものがある。本多滝夫「行政不服審査制度の改革」法時79巻9号（2007年）64頁、越智敏裕「行審法改正の意義と課題」自研84巻3号（2008年）3頁以下、田中孝男「行政不服審査法改

(3) 政府内部での検討作業

　政府部内における法案作成作業は、約半年間行われた。法案化に向けて更なる法制的検討が必要とされたことに加えて、行政不服審査法に関しては個別法に多数の特例的な制度があることから、膨大な関連法令の整備も必要となった。結果として、当初想定されてたよりも1月遅れの平成20（2008）年4月に法案は国会に上程された。

第3節　制度改正の概要

(1)　行政不服審査法案等の概要

　まず、行政不服審査法案及び行政不服審査関係法整備法案の概要を紹介する。

　1)　不服申立ての対象　　当初は、行政契約等に関しても救済の対象とすることが検討されていたものの、契約類型は多様であること、判断の基準となる実体法理は十分に形成されていないこと等の理由により、行政指導についてのみ救済の対象を拡張することとされた。ただし、救済の仕組みは行政手続法改正法案のなかに設けられている。

　2)　不服申立ての態様

　　①異議申立て、再審査請求の廃止　　これまで、処分庁に上級行政庁があるか否かによって、不服の手段が異議申立てとなるか審査請求となるかが定まり、不服申立人の手続的権利保障に大きな差異が生じてきた。そこで、処分庁に上級行政庁があるか否かに関わりなく、手厚い手続的権利を保障すべきであるとの観点から、異議申立てを廃止して審査請求に一本化することとなった（案2条及び3条。以下、行政不服審査法案の条項について案を付して表記する）。他方、手続を慎重なものとすることとのバランスにおいて、個別法において認められてきた第2段階の不服申立てである再審査請求は廃止することとし、また、同様に個別法により認められてきた審査請求に異議申立てを前置する制度については、簡易・迅速な救済手続であることを徹底した仕組みである再調査の請求[5]

正の意義と課題」自研84巻4号（2008年）3頁以下等。
[5]　再調査の請求の請求期間は3月、1年である（案53条）。ただし、請求後2月を経過した場合に、直ちに審査請求できることの教示が義務づけられている（案55条）。また、再調査の請求に関しては、標準審理期間、証拠書類の提出等に関する審査請求の規定が準用されているものの（案59条）、審査請求に関する詳細な手続規定は準用されていない。

を前置することを、前置の要件を限定した上で認めることとしている。その例としては、国税・関税等、健康保険・社会保険等に係る処分等がある[6]（なお、本章の【追記1】を参照）。

　　②裁定的関与の存置（附則4条）　ちなみに、制度の1段階化等との関係において議論になった仕組みが、市町村、都道府県に対する都道府県、国による裁定的関与である。すなわち、地方公共団体がした処分に対して国民が不服をもつ場合において、それが法定受託事務であるときについては都道府県知事等又は法令所管大臣に審査請求をすることとされている（地方自治法255条2）。このように、法定受託事務に関しては、基本的に1段階の不服申立てによることになる[7]ものの、地方公共団体の決定した内容に関して都道府県や国によって見直されることを広く認めることに対しては地方自治の観点から強い批判があった。加えて、自治事務に関して個別法において認められてきた裁定的関与[8]については、都道府県知事又は法令所管大臣に対する再審査請求を認める規定が設けられているのが通例である[9]。法定受託事務にあっても、都道府県

---

[6]　参照、行政不服審査関係法整備法案89条（関税法改正部分）・94条（国税通則法改正部分）、10条（健康保険法改正部分）、115条（労働者災害補償保険法改正部分）、130条（社会保険審査官及び社会保険審査会法改正部分、「社会保険に係る処分についての不服審査に関する法律」に法律名を変更）、132条（労働保険審査官及び労働保険審査会法改正部分、「労働保険に係る処分についての不服審査等に関する法律」に法律名を変更）等（なお、本章の【追記1】を参照。社会保険・労働保険に関する処分についての再審査請求制度は存置されたことに伴って、法律の名称にも変更はない）。

[7]　ちなみに、市の長等が行う法定受託事務としての処分に関して、生活保護法（昭和25年法144号）66条、廃棄物処理法（廃棄物の処理及び清掃に関する法律。昭和45年法137号）24条の2第2項のように、国の大臣に対する再審査請求を提起できることを規定し、2段階の不服申立て制度を設ける等の特例的な規定を置く例もある。

[8]　自治事務に対する裁定的関与の例としては、住民基本台帳法（昭和42年法81号）31条の4（市町村長の処分に対する都道府県知事への審査請求〔現行法においては廃止〕）、土地収用法（昭和26年法219号）129条（土地収用委員会の裁決に対する国土交通大臣への審査請求）、国民健康保険法（昭和33年法192号）91条（保険給付に関する処分に対する国民健康保険審査会への審査請求）に例がある。

[9]　例えば、地方自治法206条6項（給与その他の給付に関する処分）、238条の7第6項、244条の4第6項、（公の施設を利用する権利に関する処分）、255条の3第4項（過料の処分）等の地方自治法の規定に基づくものがある（なお、本注の末尾を参照）。これらの場合においては、市町村長、都道府県知事に対する審査請求の他に異議申立てもできるものとされている（地方自治法206条1項、238条の7第1項、244条の4第1項〔なお、本注の末尾を参照〕）。よって、異議申立てが選択された場合にあっては、都道府県知事の処分に対しても2段階の不服申立てがされることになる（ただし、現行法にあっては、これらの規定に係る裁定的関与が廃止されたことから、2段階の不服申立ての仕組みも廃止されている）。

の権限に属する事務を当該都道府県の条例に基づいて市町村が処理することとされた場合（地方自治法252条の17の2第1項）には当該処分に対する審査請求について法令所管大臣に対する再審査請求が認められる（地方自治法252条の17の4第3項〔現行法同条4項〕）。このように、裁定的関与にあっては様々な形で2段階の不服申立て制度が設けられており、制度の1段階化を目指した改正の趣旨に反するものと評価された。

　そこで、「最終報告」は、裁定的関与を基本的に廃止する方向を打ち出したものの、地方分権の観点からの措置に関しては地方分権改革推進委員会において議論が進められていることから、「その在り方についての地方分権改革推進委員会等における結論を待つこと」とされた。その結果、行政不服審査法案は、附則において、当面の間、裁定的関与を存置し、改正前の行政不服審査法の規定を適用するものとしている（案附則4条）。当初の提言どおりに裁定的関与が廃止されることになるか否かに関し、注視する必要があろう（本章の【追記1】を参照）。

　　③義務付け裁決の創設　　平成16（2004）年改正（同年法84号）によって行政事件訴訟法（昭和37年法139号）に新設された処分の義務付けの請求に対応する仕組みに関しては、申請への応答の不作為、却下又は拒否（一部拒否を含む）の処分について不服のあるケースに限り、行政不服審査法に手続を設けることとなった（案45条2項、48条3項）。

　これに対し、申請権の行使を経ずに直接に処分の義務付けを求める請求に関しては、事前的性格が強いことから、行政手続法に相当する仕組みが設けられることとなった。また、処分差止めの請求は行政不服審査法案には設けられていない。その理由としては、まず、処分の差止めは事前手続の要素が強く、授益処分の差止めについて相反利害関係人に対する意見聴取に関する行政手続法の規定（同法10条）と適用場面は重なり合う点を挙げることができる。また、不利益処分の差止めに関しても、不利益処分に関する行政手続法の諸規定（同法12条以下）と重複することに加えて、執行停止の活用により求められる機能の一部を代替し得ることも考慮された。

　3)　審理員と行政不服審査会等

　　　①審理員制度の創設　　冒頭に述べたように、審理員の制度を置くこととなった。審理員は、審査庁に所属する職員から指名されるものの、処分の決

定に関与した者等や処分に利害関係を有する者等は除外される（案8条2項）。また、審査庁となるべき行政庁は、審理員となるべき者の名簿を作成するよう努めるとともに、名簿を公にすることを義務づけられる（案16条）。

　　②行政不服審査会等の創設等　　行政不服審査法案は、審理員の制度に加えて、国にあっては行政不服審査会（以下、「審査会」という）を、地方公共団体にあってもこれに準ずる機関を置くこととし、諮問と答申の手続を設けた（案60条以下）。国の場合には内閣府情報公開・個人情報保護審査会を拡充改組し、内閣府の所掌事務の整理の観点から総務省に移管することとしている（案60条。なお、本章の【追記1】を参照）。これに対し、地方公共団体にあっては、地方自治を尊重する立場から、審議機関を置くことのみを義務づけ、どのような機関に事務を処理させるかは自治体の判断に委ねている（案73条。以下、国・地方の組織を総称して「審査会等」という）。

　審査会等への諮問の要件に関しては、立案過程において何度か変更が生じた。最終的には（ⅰ）処分又は処分に対する審査請求の裁決をするに際し、審議会への諮問と答申の手続を実施することが個別法によって設けられている処分について審査請求がされたとき、（ⅱ）審査会等が「国民の権利利益及び行政運営に対する影響の程度その他当該事件の性質を勘案して諮問を要しないものと認めた」とき、（ⅲ）審査請求が不適法であり却下すべきものであるとき、（ⅳ）処分を全部取り消し、又は事実行為の全部の撤廃を命じ若しくは撤廃することとするとき等を除いて、諮問がされることとなった（案42条1項。なお、本章の【追記1】を参照）。なお、審査会の判断を経るべき処分は広い領域にわたり、高度の専門知識を必要とする場合も多い点に照らして、専門委員を審査会に置くことができるものとされている（案63条）。

　4）審理手続の改善

　　①不服申立期間　　審査請求は処分があったことを知った日から3月を経過するとすることができない（案17条1項。ただし、正当な理由があるときは例外とされる〔行政不服審査法にあっては、「天災その他審査請求をしなかつたことについてやむをえない理由があるとき」である〕。現行に比して約1月の期間延長にとどまったのは、訴訟提起の判断と準備に必要な期間と不服申立てのそれとは質的に異なると判断されたためである（処分があった日から1年について審査請求期間とする点、正当な理由のあるときを例外とする点には変更はない）。

②**審査請求人の手続的権利等**　審査請求人の手続的権利は著しく強化された。第1に、「処分庁等」（不作為庁を含む）からの弁明書の提出は義務であることが条文上明らかにされ、記載事項も明確にされた（案28条2項及び3項）。また、処分庁等は、事前手続中に作成された書類（聴聞調書・報告書、弁明書）を所持するときは、これらを弁明書に添付するものとされている（案28条4項)[10]。加えて、口頭意見陳述に際して、審査請求人等（口頭意見陳述の申立てをした参加人を含む）は処分庁等に対して質問を発することができるようになった（案30条5項）。

③**審理員の権限**　また、事実関係の解明、審理の促進のための権限が審理員に付与され、関係者の協力義務が規定された。まず、手続の計画的進行に関し、審査請求人、参加人及び処分庁等の協力義務等が規定されている（案27条）。次に、審理員は、事案が複雑である場合等には、当事者の意見を聴取し、審理終結の予定時期等を決定する等、審理の計画的遂行を図るものとされている（案36条）。さらに、弁明書、反論書、参加人の意見書、処分庁やその他の者が所持する書類等に関して、一定の期間を定めて提出が求められたにもかかわらず提出がないときは、審理員は手続を終結することができるものとされた（案40条2項）。書類の提出のないままに手続が終結されるならば、審理員の心証は提出をしなかった側に不利に働く。この規定により審理員の職権行使の実効性が確保されることを、立法者は期待している。

（2）　行政手続法改正法案の概要

　次に、行政手続法改正法案の概要を確認する。まず、行政指導の中止等の求めに関して述べる。

1) **行政指導の中止等の求め**　行政指導に関して救済の仕組みが設けられることになったものの、その範囲は限定的なものとなった。すなわち、当初、救済対象とされていた行政手続法34条（法令上の権限行使をする意思がない等にもかかわらず、権限を殊更に示して行政指導することが禁止される）に違反する「権限濫

---

[10]　ちなみに、処分庁等による書類その他の物件の提出は権利であり義務ではない（案31条2項）。審理員は、処分庁等を含め書類その他の物件の所持人に対してその物件の提出を求めることができる（案32条）ものの、その求めには強制力はないと解されている。その意味において、現行法からの改善はないとの評価もあり得るものの、審理員は、後述するように、一定期間を定めて提出を促しても提出のないときには、審理を終結することができる（案40条2項）。

用型」の行政指導に関しては、不服申立てを認めるよりも、権限を行使し得る旨を示そうとする際には、根拠条項や具体的要件、権限行使が要件に該当する理由等を相手方に示すこと等を義務づけるべきである、と判断された（改正法案35条2項）。その結果、制度が設けられたのは「法令違反型」のみである。具体的には、法令違反行為の是正を求める行政指導の相手方は、指導が法律の要件に適合しないと思料するときは、指導の中止等を求めることができる（改正法案36条の2第1項）。行政機関は、申出があったときは調査を行い、要件に適合しないと認めるときは、必要な措置をとらなければならない（改正法案36条の2第3項）。申出に対して通常は結果が通知されることになるものの、「申出」の文言を採用したのは諾否の応答について処分性のないことを示す趣旨であると解されている。

　2) 処分等の求め　先に述べたように、直接型義務付け請求に対応する仕組みは行政手続法において定めるものとされ、「処分等の求め」の規定が新設された。この規定によれば、何人も法令違反の事実がある場合において、是正のための処分又は行政指導（法令に根拠のあるもの）がされていないと思料するときは、行政庁又は行政機関に対し、処分又は行政指導を求めることができる（改正法案36条の3第1項）。この場合において、行政庁又は行政機関は、調査をし、必要があると認めるときは、処分又は行政指導をしなければならない（改正法案36条の3第3項）。もっとも、行政指導の中止の求めと同様に、検討の結果を申出人に通知する取扱いは予定されているものの、諾否の応答には処分性はないと解されている。

第4節　行政不服審査制度等の改正と地方団体の対応

(1)　行政不服審査法の改正への対応

　1) 審理員の設置　行政不服審査法が改正されると、地方公共団体においても審理員となるべき者を定めておくことが必要となり、また、その者の名簿を作成して公にすることが求められるようになる。処分に関与した者は除外されることから、総務部門に所属する職員を定めておくか、弁護士等の法曹有資格者に予め依頼しておくことが望ましい。職員を審理員とする場合にあっては、処分担当部局との均衡からは課長レベル以上の者であることが望ましいで

あろう[11]。

  2) 行政不服審査会等の設置

　　① 地方公共団体での設置形態　　地方公共団体の場合に関しては、定められた権限に属する事項を処理するための機関を執行機関の附属機関として設置することのみが求められている。執行機関の附属機関については、地方自治法138条の4第3項に定めがあり、同項においては、自治紛争処理委員、審査会、審議会等が例示されている（合議制の機関である必要は必ずしもない）。地方自治法上、これらの機関を組織する委員その他の構成員は非常勤とされているものの（同法202条の3第2項）、それ以外の点について当該組織をどのように構成するかに関しては、地方公共団体に比較的広い裁量が認められている。そのため、多くの自治体において設けられている情報公開や個人情報保護に関する審査会を活用することの他に、行政不服審査員等の名称の下で監査委員や弁護士等を任用することもあり得よう（以上につき、本章の【追記1】を参照）。

　　② 審査会等における審議　　まず、審査会等への諮問に際し、審査庁は、（ⅰ）審理員意見書及び事件記録の写しを諮問に添付し、（ⅱ）審理関係人（処分庁等が審査庁である場合には、審査請求人及び参加人）に対し、諮問をした旨を通知するとともに、審理員意見書の写しを送付することされている（案42条3項）。次に、審理手続に関しては、審査会等は、審査請求人、参加人又は審査会に諮問をした審査庁（以下、審査関係人という）に対し、その主張を記載した書面又は資料の提出を求めること、適当と認める者にその知っている事実の陳述又は鑑定を求めること等、必要な調査をすることができる（案66条）。また、審査会等は、審査関係人に口頭で意見を述べる機会を与えなければならないこと（案67条）に加えて、審査関係人は審査会等に主張書面又は資料を提出することができる（案68条）。このように、審査会等の審査の手続における行政側の当事者は、審査庁であって審理員ではない。したがって、審査庁は、審理手続における主張・立証に関して審理員意見書の内容に必ずしも拘束されない。もちろん、審査庁が審理員意見書の内容と異なる主張・立証をしようとするときは、審査会等に対してその旨を明示して説明する必要があろう。

　　③ 審査会等事務局等の役割　　前述のように、審査会等における審理手

---

11) 検討会最終報告は、主任の大臣が審査庁の場合に関し、本省大臣官房総務課長、本省大臣官房企画課長等の順で審理員に指名することが考えられる、としている（同19頁）。

続の当事者は審査庁であり、その際、審査庁は、審理員意見書等を踏まえつつ、審査庁の責任において主張・立証をすることを求められている。

ちなみに、国の情報公開・個人情報保護制度における運用においては、情報公開・個人情報保護審査会の審理手続に際しての諮問庁の窓口となる機能は、各府省の官房総務課等におかれた情報公開・個人情報保護室等が担っており、同時に、情報公開・個人情報保護制度の解釈・運用を担当する所管部署として、前記審査会に対する主張・立証に関する府省の組織全体の観点からの調整機能を担っていた。したがって、行政不服審査法が改正されるならば、国にあっては、行政不服審査室等、行政不服審査を担当する部署が各府省に置かれ、これが審査会に対する各府省の窓口として機能することが期待される。

もっとも、この点に関しては、情報公開法・個人情報保護法と異なって、行政不服審査法は純然たる手続法であって、審査の判断基準は基本的には担当部署が所管している個別実体法に規律されているため、窓口部署に対してどこまで各法令等を所管している部署の判断に踏み込んで調整機能を発揮する権限を付与するかは、各府省の組織的判断に委ねられることになる。しかしながら、筆者としては、行政の権利救済制度の運用を所管する部署として、審査庁の主張についてある程度踏み込んだ調整機能を発揮することを、窓口部署に対して望みたい（この点に関しては、本章の【追記2】を参照）。

これに対して、地方公共団体の場合にあっては、審査庁（審査庁が処分庁等である場合には審査庁の処分担当部局等）の主張・立証についての審査会等の窓口となる機能は、一般に、審査会等の事務を担当する部署（地方自治法202条の3第3項）が担うことになろう[12]。しかしながら、審理員意見書等を踏まえつつ、審査庁の責任に基づく主張・立証を組み立てる機能についても審査会等の事務局に担わせることは、審査会等の判断の中立・公正を確保する見地からは適切でない。よって、審査庁の当該事務は審査会事務局から切り離された部署が担うことが求められる。他方、処分庁等の主張・心証が何らの検証も経ずして審査会等に提出されることを認めることは、審査庁としての責任ある主張・立証という観点からは問題がある。この点につき、地方公共団体の規模等があるため画一的に断ずることは適当でないものの、総務部門等の部署（審理員・審査会事

---

12) 附属機関の庶務は、地方自治法202条の3第3項の規定に基づいて、附属機関が属する執行機関において掌るものとされている。

務局との組織的分離が確保されるべきであろう）が、このような調整機能を発揮することが望まれる（この点については、本章の【追記2】を参照）。

（2）　行政手続法の改正への対応

　行政手続法改正法案の概要に関しては先に言及した。国の場合にあっては、処分等の求め、行政指導の中止の求め等への対応について、各担当部署において窓口を整備する他に、各府省の官房総務課等に総合窓口を設けることも考えられよう。ちなみに、地方公共団体の機関の職員がする行政処分のうちの一部（その根拠となる規定が条例又は規則に置かれているもの）及び地方公共団体の機関がする行政指導に関しては、行政手続法の適用が除外されている（同法3条3項）。したがって、行政手続法の適用を受けない前記の処分や行政指導に関しては、一定の処分を求める申出の制度、行政指導に対する是正の申出の制度に関する行政手続法の規定の適用はない。

　もっとも、行政手続法の適用を受けない処分や行政指導に関し、行政手続法46条は、「この法律の趣旨にのっとり、行政運営における公正の確保と透明性の向上を図るため必要な措置を講ずるよう努めなければならない」と規定し、同法を踏まえた措置を実施することを求めている。したがって、これらの処分、行政指導に関する前記の申出の制度に関し、地方公共団体が自身の条例において整備する必要があり、その際にあっては国と同様の組織的な措置を実施することが望ましい。

第5節　おわりに

（1）　各種の制度的措置

　これまで述べてきたように、行政不服審査制度の改革が実現した場合には、地方公共団体においても、審理員となるべき者を定め、国の不服審査会に対応する調査審議機関を設ける等の組織的な措置が必要となる。また、一定の処分を求める申出、行政指導の中止等を求める申出に関しては、地方公共団体の独自の条例において措置する必要性も生ずることになる。この点に鑑み、行政不服審査法案にあっては制定から2年間を、行政手続改正法案にあっては同法案成立の翌年の4月1日までを、施行準備期間とする旨を規定しており（行政不

服審査法案附則1条、行政手続法改正法案附則1条)、その時点までに地方公共団体はこれらの措置を済ませる必要がある。

(2) 処分担当者への影響

　職員研修等を通じた筆者の経験からは、自らのした処分が行政不服審査の対象となった経験をもつ地方公共団体の職員の割合は少ない(訴訟を経験した職員の割合はさらに低い)。その意味において、行政不服審査の仕組みは地方公共団体の職員にとってこれまで存在感のないものであったことを否定できない。しかしながら、国及び地方における情報公開・個人情報保護制度の運用実績を踏まえる限りは、行政不服審査制度の改正が実現した場合において、行政不服審査に関する国民の信頼は向上し、制度の利用は増えることも予想される。そして、審査請求がされた場合に、その手続は基本的には審理員及び第三者機関によって担われることになる。かつ、新たな審査請求の手続にあっては、処分担当者は審査請求の手続において審査請求人等の質問等を受け、反論を行うことを求められる。さらに、審理に必要な文書や証拠書類等を審理員に提出する義務が処分庁等に課され、審理員が所持する証拠書類等に係る閲覧請求権が審査請求人等に認められているので、処分担当者は、自らの手の内を基本的に晒した上で、相手方の攻撃防御に対応しなければならない。

　これまで、処分庁の職員は審査庁等の審理権限の背後に隠れた存在として、攻撃防御の直接的な負担を免れる立場から不服審査に対応することを許されてきた。このような状況は、改正後は大きく変化することが予想されるのであり、自らの担当する処分権限の行使に際しては、根拠法令の解釈、法律問題の所在、担当事案の事実関係、相手方との紛争の所在・原因等について、より深い知識、慎重な配慮、的確な分析力をもって判断を行う必要が生ずるものと思われる。

(3) 審理員・審査会等への期待

　審査会等への諮問に際しては、審理員が作成した裁決に関する意見書及び事件の記録が審査会等に移送されることになる。諮問等による手続の遅延を招かないためには、審理員の段階において争点・証拠等が整理され、事件記録が充実したものとなっている必要がある。さらに、審査会等が国民の信頼を獲得するためには、適任の人材を委員に確保すべきことは当然のことながら、審査会

等の窓口となる事務局の担当職員及び審査庁の事務を担う職員に関して、行政不服審査法に加えて、行政手続法や行政事件訴訟法等の手続法のみならず、各種自治行政領域の主要法令等の解釈問題等にもかなりの程度通暁する人材を確保することが望ましい。

　【追記1】　本章の〈解題〉において述べたように、現行の行政不服審査法（平成26年法68号）は本章において取り扱った行政不服審査法案の骨格を基本的に踏襲しているものの、幾つかの点において変更が加えられている。
　例えば、行政不服審査法そのもののではないものの、個別法において、民主党政権時代において検討された審査請求前置の廃止・縮減の方針を踏まえ、審査請求前置の規定が大幅に廃止され縮減されるとともに、二重前置の廃止が実施された（参照、小早川光郎ほか編『条解行政不服審査法〔第2版〕』〔弘文堂、2020年〕39頁以下、47頁以下〔髙橋滋・田中良弘〕等）。これらに伴って、現行の行政不服審査法の定める再調査の請求に関しても、再調査の請求をするか審査請求を直ちに提起するかに関しては不服申立人の選択に委ねられることとなった（行政不服審査法5条1項）。また、行政不服審査法案においては、国に設置される第三者機関に関し、情報公開・情報保護審査会を改組し統合するものとされていた（案60条3項）。これに対し、新行政不服審査法は独自に設置するものとされている（同法67条）。その他にも、次の諸点において、行政不服審査法法案と現行の行政不服審査法には差異がある。
　第1に、行政不服審査法案にあっては、裁定的関与及びそれ以外の再審査請求の仕組みに関して、審理の1段階化の観点から基本的に廃止することとし、裁定的関与に係る不服申立てについては改正前の旧法を適用し、新法の適用については地方分権改革の議論を待って対応することとされていた。これに対し、行政不服審査法においては、裁定的関与及び労働保険・社会保険に関する処分に関する不服に関して再審査請求の仕組みを存続させ、これを適用することとされた（その場合にあっても、訴訟との関係においては自由選択主義が採用されている）。
　第2に、処分庁、他の参加人及び第三者から提出された書類等物件に関し、行政不服審査法案においては法令上閲覧の権利のみを規定していたのに対し、行政不服審査法においては閲覧とともに謄写の権利も認めている（同法38条1項）。
　第3に、行政不服審査会への諮問に関し、行政不服審査法においては、行政不服審査法案になかった諮問対象外事項として審査請求人が希望しない場合が追加された（同法43条1項4号）。
　第4に、行政不服審査法案においては、行政不服審査会に相当する合議制機関は当

該地方公共団体の附属機関として置くこととされたのに対し、行政不服審査法においては、共同設置、他団体への委託、臨時に委員を任命する方式等の選択肢が予定されている（同法81条2項・4項）。

　第5として、行政不服審査法においては不服申立ての手続や不服申立ての処理状況等に関する情報の提供に関する努力義務規定（同法84条）が置かれており、これらの規定は行政不服審査法案にはなかった。

　【追記2】（1）国の運用　　行政不服審査会等における調査・審議において処分の経緯等に関して調査を行う場合において、まず、国の行政不服審査会においては、審査庁に対して回答を求めることされている（筆者の照会に対する行政不服審査会事務局の回答）。行政不服審査法74条が調査の対象を審査庁とした条文及び審査庁による諮問の制度の趣旨に即したものといえる。もっとも、本書第2編第2部第2章において取り上げる行政不服審査法の5年後見直しの作業においては、処分担当部署が各府省の複数の部局に分かれているときにおいて、審査庁としての主張・立証を含めた行政不服審査会における調査審議への対応に関し、審査庁としての窓口・調整を担当する部署（通常は大臣〔長官〕官房に置かれている）が責任をもってその機能を果たしているかに疑義のある例が確認された。運用上の課題と言えよう（本書第2編第2部第2章160頁を参照）。

　（2）地方公共団体の運用　　次に、地方公共団体に関し、筆者が会長を務めていた東京都行政不服審査会にあっては、行政不服審査会が審査請求の対象とされる処分の経緯等に関して調査を実施する際には、審査庁業務を担当する審査庁ライン（東京都総務局総務部法務課に配置されている）に対してではなく、処分庁に対して直接に調査を実施している。なお、この調査は、行政不服審査法74条（地方公共団体の審査会等につき同法81条3項による準用）によって「その他必要な調査」を実施する権限が認められていることを根拠として実施されるものである（74条調査。参照、小早川光郎ほか・前掲書（【追記1】）356頁［濱西隆男］等）。そして、東京都においてこのような運用がされている背景の一つには、東京都において諮問案件はかなりの数にのぼること、そして、審査庁事務を担当する審査庁ラインと処分庁とは組織関係上は離れた関係にあることがあるものと考えられる（都道府県の場合にあっては、処分庁が市区町村である裁定的関与の案件が審査対象となるケースも多い。加えて、都区制度との関係において東京23区内にある固定資産に対する固定資産税の課税は都が行うもの等とされている）。

　ただし、この点に関しては、審査庁が検討を尽くして諮問をしているとの前提から、処分の経緯等に関しても審査庁に74条調査を実施している滋賀県の例はあるものの（滋賀県行政不服審査委員の田中良弘立命館大学教授〔当時〕による情報提供）、多くの団体にあっては同様の運用がされているようである（行政不服審査法施行後に毎年度開催

されている行政不服審査交流会における経験交流等を通じて得た経験である。行政不服審査交流会につき、高橋滋『争訟制度と行政法学』〔第一法規、2024年〕346頁注14を参照)。審査庁事務を担当する部署と処分庁との組織的関係が離れたものでない場合にあっても、審理員の審理の結論を受けて、直ちに行政不服審査会への諮問を行うものとしている団体は多いこと、処分庁に対して直接に74条調査を実施する方が時間的にも迅速性が期待されること等によるものと考えられる。しかしながら、諮問件数が多く、審査庁ラインと処分庁とが組織的に離れた関係にある東京都のような場合は別として、案件数や組織的関係に照らして可能な団体にあっては、滋賀県のように諮問の前に審査庁による案件に関する吟味のされる運用が望ましい。

第2章　行政不服審査法の5年後見直しについて

〈解題〉　本章は、旧行政不服審査法（昭和37年法160号。以下、「旧行審法」という）を全面改正した行政不服審査法（平成26年法68号。以下、「行審法」という）附則6条に基づいて実施された行審法の施行5年後見直しの作業について紹介したものである（渋谷雅弘ほか編『水野忠恒先生古稀記念論文集　公法・会計の制度と理論』〔中央経済社、2022年〕673頁）。内容的には高橋滋『争訟制度と行政法学』（第一法規、2024年）に収録した諸論稿と近いものではあるが、本章の公表時期と同書の刊行時期とが近接することが想定されたことから本書に収録した。なお、5年後見直しの作業において筆者は座長を務めたが、5年後見直しに関する分析・評価にわたる記述に関しては、筆者の私見である。

第1節　はじめに

（1）　改正行審法の概要

　昭和37（1962）年に制定された旧行政不服審査法（同年法160号。以下、「旧行審法」という）を全面改正した行政不服審査法（平成26年法68号。以下、「行審法」という）は、令和3（2021）年4月をもって施行日である平成28（2016）年4月1日から5年を経過した。行審法は、①審理員による審理手続と行政不服審査会等の第三者機関に対する諮問手続を導入し、②不服申立ての手続を審査請求に一本化し、③審査請求期間を3か月に延長する等、行政不服申立ての制度に関し、(a) 公正性の向上、(b) 使いやすさの向上、(c) 国民の救済手段の充実・拡大の観点から、旧行審法の制度を抜本的に改めた。また、行審法と同時に国会において可決され成立した行政不服審査法の施行に伴う関係法律の整備に関する法律（平成26年法律69号）は、（$α$）旧行審法の下で同法の特例を定めていた361法律に関し、行審法と同等以上の手続水準を確保することを基本としつつ、個別法の趣旨を踏まえて改正し、（$β$）不服申立前置（不服申立てを経なければ出訴できないとする定め）を廃止・縮小することを内容とするものであった。特に（$β$）については、旧行審法の下で認められていた二重前置（出訴の前に、異議申立て〔当時〕の決定後に審査請求の提起を求め又は審査請求の裁決の後に再審査請求の提起を求める制度）を廃止している。

（2） 5年後見直し（行審法附則6条）

　近時の立法の通例ではあるが、行審法の附則6条には「政府は、この法律の施行後5年を経過した場合において、この法律の施行の状況について検討を加え、必要があると認めるときは、その結果に基づいて所要の措置を講ずる」旨が規定されている（以下、附則6条の求める検討を「5年後見直し」という）。かつ、施行後の5年の間に国及び都道府県・市町村等において行審法に関しての運用経験は着実に蓄積されてきた。

　そこで、同法を所管する総務省行政管理局は、令和2年度に、5年後見直しの作業を視野に入れて、一般財団法人行政管理研究センター（以下、「センター」という）に対し「行政不服審査制度の見直しに向けた論点整理に関する調査研究」を委託した（以下、この委託研究を「論点整理」という）。そして、論点整理の結果は、一般財団法人行政管理研究センター「令和2年度『行政不服審査制度の見直しに向けた論点整理に関する調査研究』報告書」（令和3年3月。以下、「論点整理報告書」という）として公表されている[1]。その上で、総務省行政管理局は、令和3（2021）年5月に「行政不服審査法の改善に向けた検討会」を設置し（同月26日総務省行政管理局長決定。以下、同検討会を「検討会」という）、検討会は同年10月から11月のパブリックコメントを経て最終報告案を審議し、令和4（2022）年1月に総務省行政管理局から検討結果が公表されている（以下、検討会の最終報告を「検討会報告書」という）。筆者は、論点整理に座長として参加し、検討会においても座長を努めたことから、本章において論点整理と検討会の作業及び論点整理報告書と検討会報告書の概要を紹介することとしたい。

第2節　論点整理報告書について

（1）　論点整理の概要

　1）　作業の枠組み　　論点整理に関しては、センターの委嘱を受けた行政法の研究者5名（以下、「参画研究者」という）[2]とともに調査研究の受託主体であ

---

[1]　本文に関し、https://www.soumu.go.jp/main_content/000745608.pdf を、資料編に関し、https://www.soumu.go.jp/main_content/000745610.pdf を参照されたい。
[2]　筆者（座長）の他に、大江裕幸信州大学経法学部准教授（肩書は当時のもの。以下、同じ）、折橋洋介広島大学法学部教授、田中良弘新潟大学法学部教授、宮森征司長野県立大学グローバルマネジメント学部助教である。

るセンターの研究員が担当した。また、総務省行政管理局の職員も、毎回の検討会にオブザーバーとして参加している。

なお、行審法に関する国会審議の際には、衆議院の附帯決議において、①第三者機関及び審理員についての適切な人材の確保、②審査請求すべき行政庁についての住民への十分な説明、③「再調査の請求」の制度に関する国民への十分な説明、④審理関係人又は参考人の陳述の内容が記載された文書の閲覧・謄写についての検討が、政府に対して要請されており、参議院の附帯決議においても、①制度の不断の見直し、②新たな行政不服審査制度を利用するに当たって必要となる情報の住民への周知、③第三者機関及び審理員についての適切な人材の確保、④審理関係人又は参考人の陳述の内容が記載された文書の閲覧・謄写についての検討が要請されている。論点整理においては、両院の附帯決議に留意して作業が実施された。

　2）　作業の手順　　調査に際しては、以下の3項目に関して作業を行った。第1に、サンプル抽出した地方公共団体とともに、日本弁護士連合会、日本行政書士会連合会、日本税理士会連合会、全国社会保険労務士会連合会に対して直接にヒアリングを実施した。第2に、地方公共団体についてはヒアリング調査よりも対象を拡大してアンケート調査を行った。ただし、調査対象については、回答の負担を考慮し、新型コロナウイルス感染症の影響も勘案して、調査の信頼性を損なわない程度まで範囲を限定している。第3に、総務省行政管理局が運用している行政不服審査裁決・答申データベースに公開された裁決例及び答申例について、全体の動向を把握する目的の下で第1次の文献調査を行うとともに、論点整理に当たり重要な事項については裁決例・答申例の内容を精査する第2次の文献調査を実施した[3]。

　3）　作業の視点　　論点整理は、その名称が示すように、総務省において引き続き実施の予定されている本格的な見直しに向けて、論点の所在を洗い出し、その位置付けを明確にすることを目的とするものであった。すなわち、検討の結果として、法令上の手当てが必要とされるもの、あるいは望ましい論点に関しては、検討会における正規の議論に委ねるのが適当である。運用上の改善によって対応し得るものに関しても、制度の全体に関わる改善となるか、当

---

[3]　これらの調査結果については、論点整理の資料編に収録されている。

該課題に係る個別的な対応で済ませることのできるものであるかによって、報告書における取扱いは異なるものとなる。

また、抽出された論点には自ずと軽重はあり、論点整理の段階において作業グループとしての結論の方向性を示し得る性格のものがある。他方、国会決議において示された制度運用の方向性や留意点はもちろんのこと、制度の担い手である弁護士、税理士、行政書士、司法書士等の団体から提起された課題に関しては、正規の検討会において取扱いが慎重に議論されるべきものである。加えて、課題の所在は明確であり、かつ、改善の方向性が明らかなものに関しては、論点整理報告書において方向性を示すことが可能である一方で、課題の所在や改善の方向性に関して論点整理の段階においては明確な合意の得られなかった論点については、検討会での議論に委ねるのが適当である。

以上の点を踏まえ、論点整理報告書においては、抽出された項目ごとに、検討会に対して報告する必要性の度合いを検討した上で、①検討会において法令改正について検討されるべき論点、②検討会において法令改正の要否を含めて検討されるべき論点、③検討会において行審法の運用課題として検討されるべき論点、④対応の要否を含めて検討されるべき論点に区分し、［結論］においてその判断を、［理由］においてその根拠を記載した。また、協議の結果、検討会において検討されるべき方向性が得られた論点に関しては、これを［方向性］として記載している。以下、論点整理報告書の概要に関して、その構成に即して述べることにしたい。

（2）論点整理報告書の概要

1）報告書の構成　行政訴訟と比較した場合において、行政不服審査の権利救済制度としての特色は簡易迅速性にあり、行審法の改正の重点は、(a) 公正性の向上、(b) 使いやすさの向上、(c) 国民の救済手段の充実・拡大にある。そこで、論点整理報告書は、抽出した論点を、(α) 簡易迅速性の確保((2))、(β) 公正性の向上((3))、(γ) 国民の利便性の向上((4))、(δ) その他((5))、に分類した（目的が重複する論点についても、便宜上、(2)〜(5)のいずれかに分類している）。その上で、前記の項目に分類された論点ごとに行審法の条文の順に、それぞれ①問題の背景、②論点整理の結論、③検討の方向性又は理由について記載し、個別意見のあったものに関しては、④意見として記載した。さ

らに参画研究者（座長を除く）において補足説明が必要と判断した論点に関しては、末尾に参画研究者の責任において補足説明を付している。

　2) **簡易迅速性の確保に関する論点**　以下、簡易迅速性の確保に関する項目に分類された論点の概要を紹介する（以下、各論点に関し、論点整理報告書の整理番号とともに記載する）。

　　(ア)　**法令改正の検討を含む論点等**　簡易迅速性の確保の項目に該当するものとして整理された論点のなかでは、まず、法令改正の検討を含むものとして、「2.8 口頭意見陳述の機会の付与の例外（行審法31条関連）」（地方公共団体からの分権提案に関連する論点である。以下、該当論点については「分権提案事項」との説明を付する）を挙げることができる。行政機関情報公開法（平成11年法42号）に基づく処分に対する審査請求について、審理員の口頭意見陳述の付与を不要とされているのに対して、地方公共団体の情報公開条例に基づく処分に同種の例外は認められていないことに着目した改善要望であるものの、国・地方関係に関わる性格のものであることから、検討会に対応の要否を含めて議論を委ねるべき論点として整理がされた[4)5)]。

　その他に、「2.2 標準審理期間の設定（行審法16条関連）」に関して義務規定化を求める提案や類型別に期間を定めることのできる点を明確化する要望等があり、行政手続法（平成5年法88号）9条1項に類する規定の創設を検討すべきであるとの意見もあったものの、作業グループとしては運用改善を図ることが適当であるとの結論となった。同様に、検討会において法令改正の要否に関する検討が望まれるとの意見はあったものの、運用改善が望ましいとされた論点と

---

4)　この論点は地方分権改革有識者会議提案募集検討専門部会（部会長は筆者〔当時〕）における平成30（2018）年の地方分権改革提案募集において提起されたものであり、総務省行政管理局は、「地方公共団体における運用実態、支障等の把握等に努めており、また、令和3年5月28日から、『行政不服審査法の改善に向けた検討会』を開催し、口頭意見陳述の機会の付与の例外について、論点として取り上げている。今後総務省において、8月頃から実態把握のためのアンケート調査等を行い、12月に検討会の検討結果を公表予定」とするフォローアップへの回答を公表した（令和3〔2021〕年6月30日現在）。

5)　地方公共団体からの要望は基本的には情報公開に係る審査会における審理で足りるとの見地からの提案である。なお、兼子仁教授は、第三者機関である審査会の審査手続の前段階において、審査庁が口頭意見陳述等の手続を実施し、その結果をもって審査会に諮問を行うことが、審査会の審議の公正・中立を損なうおそれがあるとする見地から、口頭意見陳述（行審法31条）や審理関係人への質問（同法36条）の読替え規定は適用されないとの条文解釈（審査会への前記審理権限の一元化）を採用すべきである、との提案をされていた（同・自研93巻1号〔2017年〕11頁）。

しては、「2.4 審査請求書の補正が不要なケースの例示（行審法23条関連）」、「2.6 弁明書への処分の要件充足性の記載の義務付け等（行審法29条3項関連）」（士業団体からの提案がある。以下、「士業団体提案」と付記する）、「2.7 必要な証拠書類等の弁明書への添付の義務付け等（行審法29条4項関連）」（士業団体提案）がある。

　　(イ)　運用改善が望ましい論点等　　(ア)に掲げたものの他に、運用改善が望ましいとされた論点としては、「2.10 口頭意見陳述における申立人の陳述の制限（行審法31条4項関連）」、「2.14 審理員意見書の送付時期（行審法43条3項関連）」（審理員意見提出後「速やかに」との文言の挿入。士業団体提案）、「2.15 裁決の時期（行審法44条関連）」（答申後「遅滞なく」との文言の挿入。士業団体提案）を挙げることができる。

　　(ウ)　検討会に委ねる論点　　さらに、「2.13 地方議会や審議会等への諮問の是非（行審法43条1項1号関連）」（行政不服審査会に諮問することを許容すべきとの提案）に関しては、地方議会の権限に関わる改正提案であることから、検討会に委ねることとされた。同様に、検討会における慎重な検討を要するものとされた論点として、「2.11 争点が共通する事案の審理員指名前の併合（行審法39条関連）」（国が処分の基準を改定した等の場合について）、「2.12 弁明書等が提出されない場合の請求の認容（行審法41条2項関連）」（士業団体提案）がある。

　また、対応が必要である否かに関して検討会が最終的に判断するのが適当であるとされた事項として、「2.1 審理員の指名の迅速化（行審法9条関連）」（「速やかに」の文言の挿入。士業団体提案）、「2.3 審査請求期間の徒過に関する「正当な理由」の例示（行審法18条関連）」、「2.5 大量請求事案等について却下できる規定の導入等（行審法24条関連）」、「2.9 口頭意見陳述における代理人の出席制限（行審法31条関連）」（多数の代理人が選任されている場合について）がある。

　　3）　公正性の向上に関する論点　　次に、公正性の向上に関する項目に分類された論点の概要を紹介する。

　　(ア)　法令改正を含む論点等　　該当項目として整理された論点のなかでは、まず、法令改正の検討を含むものとして、「3.1 審査庁の調査権限（審査庁関係）」（審理員指名の要否等に必要な調査権限の付与）を挙げることができる。審理員の指名の要否に関して調査が必要とされる場合、「現時点で棄却すべきでない」旨の答申がされた場合にあっては、審査庁において調査が必要となるものの、審査庁の調査権限に関する明示の規定のないことについて、ヒアリング等

において問題提起がされたものである（ただし、審査庁には当然に調査権限があるとの見解もあった）。

　また、検討会において法令改正の要否を含めた検討のされることが望まれるとの意見があったものの、運用改善が望ましいとされた論点としては、「3.5 口頭意見陳述や職権調査の結果等の閲覧・謄写（行審法38、78条関連）」（士業団体提案。国会附帯決議事項である）、「3.8 裁決書の審査会への送付（行審法51条関連）」（送付の義務付け）、「3.11 裁決の公表の義務付け等（行審法85条関連）」（士業団体提案）[6]がある。

　　(イ)　運用改善が望ましい論点等　　運用改善が望ましいとされた論点としては、「3.2 調査結果の書面化の義務付け等（行審法33-36、74条関連）」（審理員又は審査会による職権調査の結果の書面化。士業団体提案）、「3.4 審理員による争点整理等（行審法37条関連）」（審理員による法律専門家等への意見照会制度の創設）、「3.6 職権による提出書類等の交付（行審法38、78条関連）」（職権送付が可能であることの明文化。国会附帯決議事項である）、「3.7 審理員意見書・答申・裁決の記載の適正化（行審法42、50、79条関連）」（士業団体提案）、「3.10 答申書への職権調査事項の記載の義務付け等（行審法78条関連）」（士業団体提案）、「3.12 審査庁に対する事案に関する情報提供の義務付け等（処分庁関連）」（審査庁に対する職権取消し等の情報の提供を処分庁に義務づける提案）を挙げることができる。

　　(ウ)　検討会に委ねる論点　　「3.3 第三者に対する物件提出等の義務付け（行審法33、74条関連）」（第三者の保有する物件について）に関しては、行審法上の手続の性格にも関わることから、対応の要否も含めて検討会に委ねるべきものとされた。その他にも、対応の要否も含めて検討会において議論されるべき論点として、「3.9 審査会の調査対象に処分庁を明記（行審法74条関連）」（解釈上は既に含まれているものの、明記を求めるもの）がある。

　4）　国民の利便性の向上に関する論点　　続いて、国民の利便性の向上に関する項目に分類された論点の概要を紹介する。

　　(ア)　法令改正を含む論点等　　この項目に該当するものとして整理された論点のなかには、法令改正の検討を含むものとされたものはない。なお、法令改正の要否に関して検討会での検討がされることを望むとの意見はあったも

---

[6]　国が審査庁である場合に裁決を義務づける選択肢もあり得るとの意見があった。

のの、運用改善が望ましいとされた論点としては、「4.6 個別案件の処理状況に関する審査請求人への情報提供（行審法84条関連）」（処理状況に関する情報提供の義務付け）、「4.7 審査請求人に対する士業団体等の紹介（行審法84条関連）」（紹介できることの明確化）[7]がある。

　　(ｲ)　運用改善が望ましい論点等　　運用改善が望ましいとされた論点としては、「4.2 オンラインによる審査請求（行審法19条関連）」（士業団体提案）、「4.3 執行停止に関する手続の整備等（行審法25、82条関連）」（教示の義務付け規定の創設。士業団体提案）、「4.4 オンラインによる口頭意見陳述の促進（行審法31条関連）」（審査請求人の自宅等でも可能することの明確化。士業団体提案）、「4.5 不服申立てに関する教示の徹底（行審法82条関連）」（書式の統一による教示の徹底。士業団体提案）を挙げることができる。

　　(ｳ)　検討会に委ねる論点　　「4.1 審査請求期間の更なる延長（行審法18条関連）」（士業団体提案）については、行審法の手続の性格に関連することから、対応の要否も含めて検討会に委ねるものと整理されている。

　5)　その他の論点　　次に、その他の項目に分類された論点の概要を紹介する。

　　(ｱ)　法令改正を含む論点等　　これらの論点のなかで法令改正の検討を含むとされたものとして、「5.2 審査庁が地方公共団体の長でない場合の諮問の可否（行審法43条1項関連）」（分権提案事項）を挙げることができる[8]。現行制度において教育委員会は教育長の上級行政庁ではなく、教育委員会が教育長に委任した処分に係る不服につき教育長が行政不服審査等に諮問できる規定もないことから提起された問題である。この問題は教育委員会制度の改革に伴って生じたものであり、平成26（2014）年の行審法改正時には想定されていなかった論点であることから、法令改正の要否を含めて検討会において検討されるべ

---

[7]　「4.6」「4.7」に関しては、行審法84条の「不服申立てをしようとする者又は不服申立てをした者の求めに応じ」を「不服申立てをしようとする者又は不服申立てをした者の求めに応じ又は職権で」とする法令改正を検討してもよい、とする意見があった。

[8]　平成29年度の地方分権改革提案において、教育長に委任された処分に係る審査請求についての審査庁を明確にする要望がされ、要望を受けて、文部科学省はこの場合の審査庁は教育長であるとの解釈通知を発出した。今回の問題はこの措置に伴って顕在化したものである。参照、文部科学省初等中等教育局初等中等教育企画課事務連絡（各都道府県教育委員会総務担当課及び指定都市教育委員会総務担当課宛て）「教育委員会から教育長に委任された事務に関する処分に係る不服申立ての審査庁について」（平成30年3月28日）。

きものと整理された（この点につき、第3節(2) 5)を参照）。「5.3 全部認容相当や却下相当の場合の諮問の可否（行審法43条1項関連）」（これらのケースについても諮問できることを明確にすべきであるとの提案）、「5.8 付言への応答義務（行政の適正な運用の確保関連）」（付言への応答義務の明記を求めるもの。士業団体提案）についても、同様の整理がされている。

また、法令改正の要否に関して検討会での検討は望まれるとの意見があったものの、運用改善の事項とされた論点としては、「5.10 審理員・審査会・審査庁・処分庁の質の確保及び能力の向上」（体制整備関連、責務規定の創設。国会附帯決議事項である）[9]がある。委員からは法令改正の意見は提起されなかったものの、「5.11 審査会・審理員事務の委託等の促進（体制整備関連）」（他の団体への事務委託等を推進すべきであるとの提案。国会附帯決議事項である）も、「5.10」と同様の問題関心を含むものといえよう。

　　(イ) 運用改善が望ましい論点等　　運用改善が望ましいとされた論点としては、前記のもの以外に、「5.5 裁決書の個人情報等の秘匿（行審法51条関連）」[10]、「5.9 データベースの充実化（体制整備関連）」（士業団体提案）[11]を挙げることができる。

　　(ウ) 検討会に委ねる論点　　「5.1 非開示情報の閲覧・謄写（行審法38条関連）」（非開示情報の閲覧・謄写の請求につき非開示とする旨を明確すべきであるとの提案。士業団体提案）に関しては、対応の要否も含めて検討会での検討を要すべきものと整理された。また、「5.4 義務付け裁決の在り方（行審法46条2項関連）」（義務付け裁決の活用のための手当てをすべきであるとの提案）、「5.6 答申の対象（行審法79

---

[9]　具体的には、体制整備に関する国や地方公共団体の責務規定を設けることを検討すべきであるとの意見もあった。

[10]　この論点に関しては、令和2 (2020) 年の地方分権提案においても指摘されており、総務省行政管理局は、「地方公共団体における運用実態、支障等の把握等に努めており、また、令和3年5月28日から、『行政不服審査法の改善に向けた検討会』を開催し、裁決書の個人情報等の秘匿について、論点として取り上げている。今後、審査請求人の氏名については法令上裁決の記載事項ではないことから氏名を秘匿化した裁決書もあり得るという方向で検討を進め、12月に検討会における検討結果を公表予定」との回答を公表している。

[11]　この論点に関しては、令和元 (2019) 年の地方分権提案においても提起されており、総務省行政管理局は、「地方公共団体における運用実態、支障等の把握等に努めており、また、令和3年5月28日から、『行政不服審査法の改善に向けた検討会』を開催し、データベースの充実化について、論点として取り上げている。12月に検討会における検討結果を公表予定」とするフォローアップへの回答を公表している。

条関連）」（答申の対象は、処分そのものの取扱いか、審査請求への対応か、諮問時の審査庁の意見かを明確にすべきであるとの提案）、「5.7 審査会に提出された書類等の審査庁への送付（行審法79条関連）」、「5.13 審査請求先に関する特則の導入」（国の基準改定に対する不服について国への審査請求を認める規定の創設）に関しても同様の整理がされている。

また、「5.12 制度の国民への周知」（国会附帯決議事項）は国会附帯決議に関わる論点であり、総務省内に総合案内書を設置することも検討し得ることから、対応の要否を含め検討会に委ねるべきものとして整理された。「5.14 不当性審査の在り方」についても、行政不服申立て制度の在り方に関連することから、検討会の議論に委ねるものとされている。

第3節　検討会報告書について

（1）　検討会の作業の概要

論点整理報告書を受けて、総務省行政管理局は、検討会[12]を令和3（2021）年5月に設置し、論点整理報告書に基づく議論（計3回）を経て、8月に府省、地方公共団体、士業団体に対してのヒアリングが、行政庁（国の機関・都道府県・政令市・市町村等）へのアンケートと並行して実施された。その後、9月には中間報告（パブリックコメントに付す案）の原案及びヒアリング、アンケート結果に関して議論を行い、パブリックコメントの結果に関する議論を踏まえて、12月に最終報告書案の審議を行い、令和4（2022）年1月に総務省により検討結果が公表されている。

（2）　主な議論と報告書の結論

1）　**本章において取り上げる項目**　検討会においては、まず、論点整理報告書に示された論点に関して議論を円滑かつ効率的に進めるために、①特に重要な論点（「検討会で特に方針を議論いただく重要な論点」）、②重要な論点（「検討会で方針を議論いただく論点」）、③事務局の方針を検討会で確認する論点（「事務局で方

---

[12]　メンバーは、筆者（座長）の他に、大江裕幸東北大学法学研究科教授、大橋洋一学習院大学法科大学院教授、折橋洋介広島大学法学部教授、田中良弘立命館大学法学部教授（肩書は当時のもの）、前田雅子関西学院大学法学部教授、渡井理佳子慶應義塾大学大学院法務研究科教授である。

針を作成し、検討会で確認いただく論点」)に分類した上で、議論を進めた。

　本章においては、紙幅の関係上、①に分類された論点の他に、国会附帯決議及び地方分権提案に係る論点、そして、法令改正の要否の検討を含む論点に関する議論を中心に、検討会における議論の概要と検討会報告書における結論とを紹介する。なお、検討会報告書においては「平成26年法改正の評価等を踏まえた総括」も示されていることから、当該項目に取り上げられた内容にも言及することとしたい(検討会報告書が公表されるに際しては、「『行政不服審査制度の見直しに向けた論点整理に関する調査研究』において整理された各論点と対応」が別紙として併せて公にされている。以下において、本別紙を「検討会報告書『別紙』」という))。

　2) 簡易迅速性の確保に関する論点　　まず、「(2) 簡易迅速性の確保に関する論点」のなかでは、「2.2 標準審理期間の設定」、「2.6 弁明書への処分の要件充足性の記載の義務付け等」、「2.7 必要な証拠書類等の弁明書への添付の義務付け等」が①に分類され、論点整理報告書や検討会における議論を踏まえて、運用の改善の方策が具体的に示されている[13]。また。これらの論点のいずれについても、「5.10 審理員・審査会・審査庁・処分庁の質の確保及び能力の向上」との関連を意識した整理がされている(検討会報告書18頁以下を参照)。

　なお、論点整理報告書において法令改正の検討を含む論点とされ、分権提案に係るものでもある「2.8 口頭意見陳述の機会の付与の例外」に関しては、地方における実情を把握した上で改めて議論することとされた。そして、この点を踏まえて行われた作業の結果、国の情報公開・個人情報保護審査会におけるのと同様の実質的な調査審議を地方公共団体の情報公開審査会等が行い得る体制を構築している場合に関し、国と同様の措置を実施することも検討されるべきであるものの、同水準の調査審議が担保されている点を法制的にどのように規定し得るかについて課題がある、との判断がされるに至った。併せて、審査請求人の同意を得た上で、情報公開審査会等における調査審議のなかで口頭意見陳述を実施し、審査庁と審査会が連名で口頭陳述を実施する等の運用が考え得ること等をマニュアル(現在の名称は「行政不服審査法事務取扱ガイドライン」。以

---

13) 「2.2」に関しては、分野ごとに標準審理期間の設定が可能であること、行政不服審査会等に諮問される場合と省略される場合とを区別して設定することが可能であること等を示すこと、「2.6」に関しては、弁明書の様式等を作成した上で、処分庁に対して定期的・継続的な研修を実施する等の措置を講じるものとされている(「2.7」も同様)。

下、同じ。なお、本章の【追記】を参照）において示す方向性が示されている（最終報告書「別紙」「2.8」14頁以下を参照）。

　　3）　公正性の向上に関する論点　「(3)　公正性の向上に関する論点」のなかでは、「3.4　審理員による争点整理等」、「3.5　口頭意見陳述や職権調査の結果等の閲覧・謄写」、「3.7　審理員意見書・答申・裁決の記載の適正化」、「3.11　裁決の公表の義務付け等」が①に整理され、論点整理報告書と検討会の議論を踏まえて運用改善の具体的な方向性が示された[14]。これらの論点のいずれに関しても、(2)　簡易迅速性に関する論点と同様に、「5.10　審理員・審査会、審査庁・処分庁の質の確保及び能力の向上」との関連を踏まえた整理がされている（検討会報告書34頁以下を参照）。

　また、法令改正の要否の検討を含む論点とされた「3.1　審査庁の調査権限」に関しては、審査庁は裁決を行うに際し必要な調査を当然に行うことができるとの整理が行われた上で、この整理を踏まえた運用改善の方向が示されている（検討会報告書「別紙」「3.1」27頁を参照）。なお、「3.8　裁決書の審査会への送付」は、法令改正の要否の検討を含むものとして整理された事項、分権提案事項、国会附帯決議事項のいずれにも該当しないものの、審査会委員経験者からは強い要望のあった項目であった。検討会における議論の結果として、マニュアル等において裁決の内容を行政不服審査会等に提供すべき点を明記するとの整理がされている（検討会報告書「別紙」「3.8」38頁を参照）。

　　4）　国民の利便性の向上に関する論点　「(4)　国民の利便性の向上に関する論点」に関しては、①に整理されたものはなかった。これらの論点のうち、「4.3　執行停止に関する手続の整備」に関しては、士業団体から執行停止に関する教示を義務づける提案もあったところであるが、どのような場合において執行停止が活用され得るかを含めて、積極的に情報提供に努めるようマニュアルを充実される方向が望ましい、と結論づけられている（検討会報告書「別紙」

[14) 「3.4」に関しては、審理員の能力向上の課題であると整理されている。「3.5」に関しては、審査請求人等への提示及び職権交付において、審査請求人等に不意打ちとならない運用となるよう、マニュアルで具体的な運用を示すとの方針が、「3.7」に関しては、処分要件該当性に関する判断の明示をマニュアルにおいて求める、審理員等の研修等を実施する等の具体策が記載されている。「3.11」に関しては、公表の仕方（結論のみならず、それにいたった事実関係や理由等を示す）、黒塗り等の方法を示した上でデータベース等を活用しながら公表するようマニュアル等で促す、等の方策が示されている。

「4.3」47頁を参照）。

　5）　その他の論点　「(5) その他の論点」に分類されたものであって、検討会において重点的に議論した論点のうち、「5.4 義務付け裁決の在り方（行審法46条2項関連）」、「5.14 不当性審査の在り方」に関しては、論点整理報告書と検討における議論とに加えて、総務省によるヒアリングやアンケートの結果を踏まえて、義務付け裁決が活用された事例（「5.4」）や不当性審査が行われた事例（「5.14」）について整理したものをマニュアル等において示す等の方針が示されている（義務付け裁決につき、検討会報告書25頁及び検討会報告書「別紙」「5.4」63頁を、不当性の審査につき、検討会報告書57頁及び検討会報告書「別紙」「5.14」84頁を参照）。さらに国会附帯決議事項である「5.10 審理員・審査会・審査庁・処分庁の質の確保及び能力の向上」については、「簡易迅速性の確保に関する論点」や「公正性の向上に関する論点」の多くのものにも関連する項目であり、検討会においても重点的に議論がされた。この点に関しては、「平成26年法改正の評価等を踏まえた総括」に関する説明を参照されたい（後述 (6)）。この点は、「5.8 付言への応答義務」についても同様である。

　この他に、分権提案事項である「5.9 データベースの充実化」に関しては、検索用語の前後部分の表示、検索機能の向上（ハッシュタグ検索や分類検索が可能とすること）等、データベースの使い勝手の改善に努めるべきことが明示されている。

　また、分権提案事項である「5.5 裁決書の個人情報等の秘匿」に関しては、「情報公開の開示決定等の処分に対し、第三者が審査請求を行った場合など、一定の情報を不開示とすることができる制度の趣旨が没却されてしまう」場合等にあっても、運用上、氏名等が分からない形で裁決書を作成することは可能であり、その旨をマニュアルに明記するものとされた（データベースにつき、検討会報告書51頁及び検討会報告書「別紙」「5.9」75頁以下を、裁決書につき、検討会報告書51頁及び検討会報告書「別紙」「5.5」66頁を参照）。

　なお、「5.2 審査庁が地方公共団体の長でない場合の諮問の可否」に関しては、分権提案事項であることから、類似のケースがないかに関して調査を実施した結果、地方公営企業の管理者においても同様の問題のあることが確認された。ただし、教育委員会と教育長との関係をどのように整理するのか、また、地方公共団体のなかにおいて地方公営企業の管理者の地位をどのように位置づ

けるのかについては、地方教育行政法（地方教育行政の組織及び運営に関する法律〔昭和31年法162号〕）、地方公営企業法（昭和27年法292号）を所管する部局において検討されるべきものであること等から、引き続きの検討課題とされている（検討会報告書44頁及び検討会報告書「別紙」「5.2」57頁）[15]。

　6）　平成26年法改正の評価等を踏まえた総括　　前述のように、報告書においては　5項目にわたって「平成26年法改正の評価等を踏まえた総括」が示されている。以下、その概要を確認する（検討会報告書59頁を参照）。

　　㋐　各主体の体制の整備　　既に紹介してきたように、5年後見直しの作業のなかで確認された運用上の問題点の多くは、処分庁、審査庁、審理員等に関する国及び地方公共団体の一部の組織における体制上の不備に起因している。この点を踏まえ、検討会報告書においては、審査庁が国の機関の場合に関しては、不服申立事務を担当する幹部職員に対して進行管理の責任を自覚するよう促し、審査庁の事務が府省内の複数の部局に分かれている府省について大臣官房の幹部職員が責任をもって審査事務を管理して適正な遂行を図るよう、適正な運用を確保する体制を整備すべきである、との判断が示されている。特に、「仮に改善が進まない場合等には、必要に応じ、総務省において、総務省設置法（平成11年法91号）に基づく勧告権限を行使することも視野に、積極的な改善を促すべきである」等とされた点が重要である（検討会報告書59頁以下）。

　これに対し、審査庁が地方公共団体の場合に関しては、先進自治体の経験を普及することに加え、不服申立ての件数が必ずしも多くはない地方公共団体は多いことに照らして、行政不服審査会について県と市町村とが共同設置している例、審査庁の事務・行政不服審査会の事務について市町村が県や近隣市町村に事務委託している例等、地域の実情に応じた合理的な不服審査事務体制が構

---

[15]　地方公営企業法7条以下は、地方公営企業の管理者の地位・権限を規律している。そのなかで、同法8条1項は、予算の調整、議会の議決を経るべき案件に関する議案の提出等（同条1項1号ないし4号）を除いて、管理者が地方公営企業の執行に関して地方公共団体を代表すると規定し、同法9条は15号にわたって管理者が所掌する事務を掲げている。そして、県立病院の事業（同事業については県条例に基づいて地方公営企業法が全部適用されていた）に係る情報公開請求が病院管理者にされたにもかかわらず、正規の応答がなかったため県知事に対して審査請求（不作為についての審査請求）がされた事案に関し、最高裁判所は、地方公営企業法及び県条例の下における審査庁は病院管理者である、と判断した（最判令和3年1月22日判自472号11頁）。したがって、地方公営企業法を条例に基づいて全部適用している地方公営企業に関する情報公開請求にあっては、特段の措置がされない限り行政不服審査会等に諮問はされないこととなる。

築されるよう、助言・支援等を総務省全体として取り組むべきである、とされた。また、人材を国があっせん・派遣する仕組みを設ける等も考えるとされている（検討会報告書60頁）。

　　(ｲ)　**審理手続の担い手の確保・育成**　審理員に関し、まず、（ⅰ）質の向上を図るため、定期的・継続的に研修の機会を設けるものとされた。その上で、（ⅱ）審査庁が国の機関である場合に関して、組織として責任をもつべき幹部職員、審査庁事務に直接の責任を有する職員、審理員や審理員補助者となる職員に対して研修の受講を基本的に義務付けるべきであり、十分な改善の見込まれない場合には総務省設置法に基づく勧告権限を行使することも検討すべきこと、（ⅲ）審査庁が地方公共団体である場合に関し、地方公共団体が自らの能力をもって行審法の定める審理手続を完結できるよう、まずは、職員の能力向上を図ることが重要であるとの立場から、総務省等において、地方公共団体の職員を対象とした研修の機会の更なる充実を図ること等に取り組むべきであること、が強調されている（検討会報告書59頁以下を参照）。

　　(ｳ)　**運用マニュアルの徹底**　「平成26年法改正の評価等を踏まえた総括」においては、総務省の発出する運用マニュアルの徹底も掲げられている。国・地方公共団体に対するヒアリング、アンケートを通じて、行審法の規定を形式的にのみ解し、行審法の趣旨を実質的に逸脱する運用事例が多く確認されたからである。

　行政不服申立制度は、行政訴訟制度と並ぶ、実効的な権利救済を国民に保障するための基盤的な制度である。そのため、行審法の規定する手続を形式的に実施するだけでは足りず、行審法の趣旨を踏まえた適切な運用がされることを実質的に確保する必要がある。行審法の趣旨を運用において徹底する上では、運用の具体的な指針を示し、そこから逸脱する対応がされることのないよう、当該指針の遵守を促していくことが肝要である。

　そこで、国の機関に対しては、総務省の示したマニュアルは制度運用において遵守すべき重要な運用規律を示したものであり、各府省は当該マニュアルに従って行審法を厳正に運用すべき旨を徹底すべきことが明示された。他方、地方公共団体にとっては、マニュアルは技術的な助言としての位置付けをもつにとどまる。しかしながら、行審法の各条文の正しい解釈に沿って迅速かつ公正な不服申立ての審査を受けることが国民に保障されていることは、法治国家で

あるわが国にとって重要な社会的基盤であることから、総務省において、地方公共団体に対し、当該マニュアルに即した行審法の厳正な運用が確保されることが望まれる点を明確にした上で、積極的な情報の提供と助言等を行う必要のあることが指摘されている（検討会報告書61頁を参照〔なお、本章の【追記】を参照〕）。

　　(エ)　情報共有及び連携の推進　　国民に対する各種の情報の共有は、「5.10　審理員・審査会・審査庁・処分庁の質の確保及び能力の向上」（国会附帯決議事項である）にも関係する。この点につき、「平成26年法改正の評価等を踏まえた総括」においては、情報提供や相談対応を行う案内所の設置、不服申立人に対して申立てに係るマニュアルの配布、審査庁及び処分庁による提供が望ましい情報の例示、処分庁の処分時の説明責任の徹底等が改善方策として指摘されている（検討会報告書61頁を参照）。

　　(オ)　答申における付言の活用　　答申における付言は、行政運営の問題提起等の観点からされ、現に行政運営の改善につながった例もある。そこで、報告書は、（ⅰ）審査庁（処分庁）は付言に真摯に対応すべきこと、（ⅱ）付言が関係行政庁に伝達されるべきこと、そして、付言の箇所や記載の方式が不統一であることから、（ⅲ）付言であることが明確に分かる様式が採用され、付言に即して実施することの望まれる方策を示す等の運用を定着させるべきこと、を指摘している（検討会報告書62頁を参照）。

第4節　おわりに——若干の整理

(1)　はじめに

以上、論点整理と検討会の作業及び論点整理報告書と検討会報告書の概要を紹介してきた。以下、筆者の視点から若干の整理を行うことをもって本章のまとめとしたい。

(2)　行審法改正の提案について

5年後見直しの作業においては、処分庁、審理員、審査庁の事務遂行において必ずしも法令の趣旨に沿わない運用が一部にあることが確認された。そこで、これらの問題点の是正の方途として、適正な運用の在り方を行審法に明記すべ

きであるとの意見が多くの項目にわたって寄せられ、議論の俎上に載せられた。論点整理の作業の一環として実施した地方公共団体のヒアリングにおいても、処分庁・審査庁の職員、審理員のそれぞれに関し、行審法の手続の実施に十分な知見を有する者の確保に苦労している団体のあることが確認されている[16]。国の場合にあっても、一部の府省において、審理員による手続が遅延し、提出された審理員意見書の内容に問題のあること等が、行審法関係者の交流会における総務省行政不服審査会の委員の報告において指摘されてきた[17][18]。

しかしながら、寄せられた運用上の問題点の多くは行審法の趣旨が担当者に十分に理解されていないことによるものであり、適正な運用を通じて行政不服審査の実を挙げている国や地方公共団体の行政機関も多い。かつ、法令によって運用の細目を定めたとしても、運用の現場において必要な体制の整備と必要な資質を備えた職員や委員の配置とがされていなければ、行政不服審査の空洞化は避けられない。

このことから、論点整理の作業及び検討会における議論においては、最終的に、「5.10 審理員・審査会・審査庁・処分庁の質の確保及び能力の向上」(国会附帯決議事項)をいかにして確保していくかが議論の焦点となった。もっとも、教育委員会の権限が教育長に委任された場合の取扱い等、法令上手当てが必要なものに関しては、今後、必要な検討を経た後に、適切な形で法改正等の措置のされることが望まれる。

(3) 体制整備の課題

体制整備の課題、すなわち、行審法の予定するレベルまで国・地方公共団体の処分庁、審理員、審査庁、行政不服審査会等の能力と体制とをどのようにし

---

16) 論点整理・資料編29頁以下(「4.3.2 処分庁から提出された弁明書の充実方策」、「4.4.5 審理員意見書の作成について」、「5.2.1 行政不服審査会からみた審理員意見書の質の向上」参照)。さらに、検討会報告書35頁等を参照。

17) 例えば、参照、小幡純子「国の行政不服審査会からの報告」行政管理研究161号(2018年)52頁(宮森征司「第2回行政不服審査交流会報告」同50頁以下掲載)、戸塚誠「国の行政不会服審査会からの報告」行政管理研究165号(2019年)25頁(宮森征司「第3回行政不服審査交流会報告」同25頁以下掲載)、中原茂樹「国の行政不服審査会からの報告」行政管理研究173号(2021年)64頁(宮森征司「第5回行政不服審査交流会」同63頁以下掲載)。

18) 国における行審法の運用を詳細に分析した大江裕幸教授も、審理員の審理が著しく遅延している例、審理員の審理や審理員意見書の内容に問題のある例を紹介されている(同「国における新行政不服審査法の運用上の課題と展望」行政法研究38号〔2021年〕3頁以下)。

て引き上げるのかに関しては、国会の附帯決議においても示されたように、行審法の立法当初から行審法の施行・運用における重要な課題として意識されてきた。旧行審法も、法の仕組み自体はそれより前の訴願法の仕組みを抜本的に改め、当時としては高いレベルの権利保護の仕組みを実現しようとしたものであったものの、同法の趣旨にそぐわない制度の運用によって権利救済制度としての機能は著しく損なわれてきたことが指摘されている[19]。

　この点を踏まえ、検討会報告書においては、①不服審査に関わる各主体の体制の整備、②審理手続の担い手の確保・育成、③情報共有及び連携の推進、④運用マニュアルの徹底等、体制整備の方策が詳細に示されている。今後は、総務省行政管理局、さらには、総務省全体として、当該方策を国・地方公共団体の運用に徹底させていくことが課題である。特に、行政不服審査会から問題点を指摘されてきた国の行政機関については、真摯な改善が認められないときには、総務省は踏躇なく法律によって付与されている勧告権を行使すべきであろう。地方公共団体に対しても、総務省行政管理局は、同省の自治行政局や自治財政局との連携を確保しつつ、総務省の組織全体として、団体独自の体制整備に加え、県と市町村の間の連携、市町村相互の連携を通じた体制整備に取り組むべきである。

（4）　不当性審査と付言の在り方

　行審法に基づく審査における「不当性」の取扱いに関しては、これまでも様々な論者により議論されてきた[20][21]。もっとも、不当性に関しては、検討会

---

[19]　参照、南博方「行政不服審査の改善に向けて」同『紛争の行政解決手法』（有斐閣、1993年）107頁以下（初出1985年）。行政不服審査制度の制度上の問題点を指摘しつつ、同時に運用上の問題点を批判的に考察するものとして、宮崎良夫「行政不服審査制度の運用と問題点」同『行政争訟と行政法学〔増補版〕』（弘文堂、2004年）142頁以下（初出1986年）がある。

[20]　例えば、稲葉馨「行政法上の『不当』概念に関する覚書き」行政法研究3号（2013年）41頁以下は、各種法令において用いられている「不当」概念に関する網羅的考察を行っている。そのなかで、稲葉教授は、総務省情報公開・個人情報保護審査会の答申等を紹介しつつ、第三者機関による「不当性」審査の是非について論じ、第三者機関による審理においても、裁定的関与の際に生じうる地方自治の保障等、憲法構造上の特段の支障のない限り、当・不当の問題を審理し得ることを前提に問題を考察することの重要性を説いている（同44頁）。思うに、第三者機関による当・不当の判断を採用するか否かに関しては、諮問を受けた審理庁が当該答申の尊重義務を踏まえた上で政策的に判断すべき事項であろう。

[21]　近時においても、平裕介「行政不服審査法活用のための『不当』性の基準」公法78号（2016

報告書においても指摘されているように、処分庁の裁量的判断に対する統制や理由付記の不備の認定等に際し、処分の違法の認定に踏み込むまでに至らないケースにおいて請求が認容されている例は多い。この点に関しては、不当性審査を行い得ることは行政不服申立制度の特長であることから、不当性審査のパターンを具体的に示して活用を促すことが重要であろう（検討会報告書7頁、57頁、検討会報告書「別紙」「5.14」84頁以下を参照）。

　また、この点は「平成26年法改正の評価等を踏まえた総括」において指摘されている付言の活用方策とも共通する。国・地方公共団体に対するヒアリング、アンケートによれば、付言に関しては、（ⅰ）処分に係る制度面の改善を促すもの、（ⅱ）審査庁における審理手続上の問題を指摘するもの、（ⅲ）処分段階での手続上の問題点を指摘するもの等、様々なものが確認された。また、筆者の経験からも、不服申立ての審理・審査の過程において、処分の認容事由とはならないものであっても、行政運営の見地から様々な問題点が発見され、それが審査請求人と処分庁との間の紛争を深刻なものとしていた事案は多い[22]。このような処分の取消しに直接には結び付かない違法な取扱いや不適切な事務執行が認められるときにあっては付言を積極的に活用することが望ましいことから、付言のパターンを示すとともに、付言の記載方法の統一を図ることによって、付言の活用を促すことが望まれる[23]（検討会報告書7頁、50頁以下、62頁及び検討会報告書「別紙」「5.8」73頁）。

　年）239頁以下、同「行政不服審査における不当裁決の類型と不当性審査基準」行政法研究28号167頁以下（2019年）、同「新行審法と市民の権利救済―『不当』性審査充実のための方策」自治実務セミナー2020年3月号17頁、青木丈「租税不服審査における不当性の判断」三木義一先生古稀記念論文集編集委員会編『三木義一先生古稀記念論文集　現代税法と納税者の権利』（法律文化社、2020年）202頁以下等、不当性の問題について考察する文献は多い。

[22]　例えば、参照、髙橋滋「東京都行政不服審査会の現況―審査会委員の立場から」自治実務セミナー2020年3月号12頁（髙橋滋『争訟制度と行政法学』〔第一法規、2024年〕345頁以下）。当該箇所において、児童福祉法上の一時保護に対する審査請求を棄却した答申のなかで、法定の手続に従わずに審査請求人と児童との通信を制限した児童相談センター所長の対応を不当であるとして付言が記載された事例を紹介した。

[23]　付言の重要性を指摘する論者は多い。例えば、参照、田中良弘「改正行政不服審査法と日本型オンブズマン―行政不服審査会等の行政監視機能を中心に―」日本オンブズマン学会誌27号（2017年）22頁以下、大江・前掲注（18）13頁以下。

（5） 施行状況の総合的評価

最後に、行審法改正後の施行状況の総合的な評価に関しての私見を示し、本章を閉じることとする。5年後見直しの作業は、行審法及びその運用を見直す観点から行われたものであり、その作業の概要を紹介してきた本章も同法及びその運用をトータルな観点から評価することを直接の目的としたものではない。しかしながら、見直しの作業も究極的には行審法の改正、その施行状況に対する評価を出発点とするものであることから、5年後見直し作業に携わった立場を離れて私見を述べることとする。

第1に、行審法の仕組み及びその運用の全体を示す指標に関して述べる。行審法に基づく不服申立ての件数については、国にあってはある程度増加しており、地方公共団体にあっては微増の傾向となっている。制度の定着と国民への周知とには相当の時間を要することから、行政不服審査制度が国民に利用されるものとなっているかの観点から、不服申立ての件数の動向には引き続き注視する必要はあろう。

第2に、不服申立て、特に審査請求における救済率は、国・地方を通じて数％（一部認容を含む）と必ずしも高くはない。もっとも、国の行政不服審査会にあっては、10％に近い割合で認容答申が出されており、精確な事実認定や行政判断への踏み込んだ審理等が行われ、付言の形で制度改善の提言がされる等、多くの者から肯定的な評価がされている[24]。また、筆者が紹介したように、東京都にあっては、審理員の審理や行政不服審査会の審査の過程において、審査請求人の不服を解消する措置を処分庁が実施し（不利益処分の職権取消しや申請認容、さらには再申請の慫慂とその認容等）、実質的な救済のされている例は多い[25]（その結果、東京都においては、行政不服審査会における請求認容答申の比率は低いものとなっているが、重要な案件に関する認容事例もある）。かつ、同様な形で職権取消し等のされるケースがあることは、論点整理の際のアンケート等においても確認さ

---

24) 行政不服審査会の答申を概観し、肯定的な評価を与えるものとして、大橋洋一「行政不服審査会答申の法学的研究の必要性と意義」論究ジュリ36号（2021年）90頁がある。また、国の行政不服審査会の答申について、令和2（2020）年時点において分析したものとして、中原茂樹「行政不服審査法改正の意義とこれから」自治実務セミナー2020年3月号2頁がある。中原教授は、「審査の仕組みの導入は、審理手続の公正性の向上のみならず、簡易迅速性の監視と『見える化』にもつながっている」と評価されている（同3頁）。

25) 参照、髙橋滋「地方公共団体における行政不服審査法の運用について――東京都の経験を中心にして」自研93巻7号（2017年）35頁以下（髙橋・前掲注(22) 322頁）。

れている[26]。加えて、大阪府行政不服審査会第3部会（生活保護の案件を担当）の答申においては案件のうちの25％強の認容率になっているとの紹介もある[27]。

そして、行政不服審査法の改正の成果に関しては、多くの研究者からも同様の評価を受けているものと考えられる。例えば、大阪府行政不服審査会長（当時）の曽和俊文教授は、「運用次第では、行政活動の法的統制として相当積極的な役割を期待できる」との評価を示されている。また、阿部泰隆教授は、「審理員段階で不備がある」と留保を付けつつ、行審法の改正は成功であったとの評価をされている（審理員の独立を重視される阿部教授は、次善の策として、国の行政不服審査会に審理員をプールし、地方公共団体に対しても要請に応じて派遣する仕組みを提案される）。

以上のことから、行審法の立法者が期待したレベルまで、審理員、行政不服審査会、さらには、審査庁の体制が整備されるならば、わが国の行政不服審査制度は有効かつ適切な権利救済の機能を発揮し得るものといえよう[28]。このような観点から、5年後見直しの結果に基づき、特に「平成26年法改正の評価等を踏まえた総括」に示された方向性において、行審法を所管する総務省が、組織全体として、国及び地方公共団体における行政不服審査制度の運用改善のために尽力されることに対し、筆者は強い期待を表明したい。

---

26) 論点整理・資料編20頁（「問9 令和元年度において、審査請求後に職権により行政処分を取り消した事例の有無」）に示されているように、審査請求後に職権によって行政処分を取り消した事例は、東京都以外にも28団体（回答108団体）において72事例が確認されている。さらに、「ない」と回答した審査庁等のなかにもこのような事例が把握されていないケースは多いものと推察される（不服審査の体制が比較的整備されている東京都においてすら、審査請求とほぼ時を同じくしてされた再度の申請に対して処分庁が認容した事例に関して処分庁から審査庁ラインに報告のなかったケースがある）。

27) 曽和俊文「行政不服審査と政策法務」自治実務セミナー2020年5月号4頁。

28) 中村真由美「横浜市における不服審査制度の仕組みと実績」判自440号（2019年）103頁以下によれば、審査庁の事務は総務局総務部法制課に集中しており、担当課長以下4名の職員が配置され、同じく審理員として5名の弁護士が委嘱されて同課に所属している。また、行政不服審査会の委員は、弁護士、税理士、福祉分野の研究者で構成されている（執筆当時）。ほぼ東京都と同様の体制整備がされているものといえよう。横浜市における行政不服審査の実務に関しては、前記の判例地方自治440号から同453号（2020年）（中村真由美「審理手続の実務（その2）」92頁）まで13回にわたって詳しく紹介されている。その紹介に示されているように、横浜市においては行審法の予定する簡易迅速かつ公正な審理が行われているといえよう。

【追記】 5年後見直しの作業を受け、総務省行政管理局は、令和4 (2022) 年6月28日に、「行政不服審査法事務取扱ガイドライン」(以下、「ガイドライン」という) を発出した。ガイドラインは、本文及び様式編から構成されており、審査庁の職員や審理員として、不服申立ての事務について、行審法の規定及びその趣旨に則り、適切に処理することができるよう、①法令に基づき遵守すべき事項、②法の趣旨を踏まえ、当然に対応が必要と考えられる事項又は可能な限り対応することが望ましい事項、③その他、事務処理の参考例を示すものとなっている (ガイドライン本文「はじめに」を参照)。

また、ガイドイランの発出に際しての同日付けの総務省行政管理局調査法制課名の「事務連絡」(「行政不服審査法の適正な運用について」) においては、「最終報告においては、改善を要すると考えられる状況が指摘されており……特に下記の事項 (下記参照——筆者) については、……ガイドラインに沿って、行政不服審査法の制度趣旨に沿った運用を徹底いただくよう」依頼がされている。具体的には、①審理員指名の迅速化、進行管理の徹底、②標準審理期間の設定、③裁決の内容の公表、④答申書における付言の取扱いの4点である。

第 3 編　地方自治の諸問題

〈解題〉　本編には、地方自治行政における様々な問題に焦点を絞って執筆した二つの論稿を収録した。第 1 章は第 1 次地方分権改革後にあって警察行政における国と地方との役割分担の在り方に関して考察したものであり、第 1 編の諸論稿に対して警察行政に関する各論的な考察として位置づけ得るものである。また、第 2 章は、複数の県の間の紛争を処理するために設置された自治紛争処理委員の制度に関し、実際の処理事案を取り上げつつ、考察したものである。

第1章　警察行政における国と地方の役割分担
——今後の検討に向けての作業ノート

〈解題〉　第3編第1章は、第1次地方分権改革の実施後において、警察行政における国と地方の役割分担に関し、現行の警察法（昭和29年法162号）がどのような考え方をとっているのかを分析・検討したものである（警察政策5巻1号〔2003年〕12頁）。なお、本章の刊行の後、①平成27（2015）年に内閣官房・内閣府の機能の見直しが実施されたことに伴い、内閣・内閣府の総合調整を補助する任務等が国家公安委員会に付与され、また、②IT技術の急速な発達と行政のデジタル化の要請の高まりに対応して、警察法の一部を改正する法律（令和4年法6号）によって、国家公安委員会・警察庁の所掌事務に重大サイバー事案への対処のための警察の活動に関する事務等を追加し、警察庁が当該活動を行う場合における広域組織犯罪等に対処するための措置に関する規定を整備するとともに、サイバー警察局が設置された。これらの改正及び必要最小限の補訂に関しては、本章の【追記1】ないし【追記3】を参照されたい。

第1節　はじめに

(1)　地方分権改革の流れと地方分権改革推進会議

　地方分権の作業は、中央省庁等改革、規制改革等と並んで、20世紀末に行われた行政改革のなかでも最大級のものである。地方公共団体に対する国の関与の縮減等を柱とする地方分権改革は、国と地方との関係を対等平等なものへと近づけるとともに、自律的な地方行政の運営を可能にし、国を中心としながらも多極的で柔軟な構造へと統治システムを変換するための第一歩を踏み出したといえる。

　しかしながら、「未完の分権改革」[1]といわれるように、地方分権をさらに進める必要があるとの認識は根強いものがあり、作業を進めた地方分権推進委員会が解散した後においても、地方分権改革推進会議が引き続き設置されて検討が進められている。そして、同会議は、平成14（2002）年10月30日に、「事務・事業の在り方に関する意見——自主・自立の地域社会をめざして」と題する報告（以下、「地方分権改革推進会議報告」という）を公表した。

---

1)　参照、西尾勝『未完の分権改革』（岩波書店、1999年）1頁以下。

(2) 地方分権改革推進会議報告と警察行政

　ちなみに、地方分権改革推進会議報告は、警察行政に関して次のように検討課題を指摘している。第1に、都道府県警察の職員数に関する基準を定めている政令定数制度の在り方等に関しては、随時検討していくことが適当であるとした。第2に、警察法施行令（昭和29年政令151号）付録において規定している都道府県警察の内部組織に関する基準の在り方に関しても指摘がされた。この指摘に基づき、各都道府県が当該都道府県の治安情勢に応じた組織を機動的に整備できるよう、基準を緩和する措置が実施されることとなった。第3は、社会の国際化やIT化の進展等、新たな治安状況に対応しつつ、治安を確保する上で最もふさわしい国と地方の警察機関の役割分担について検討すべきである、とされている。最後に、交通安全対策特別交付金制度の在り方に関しては、引き続き検討を行うべきものとされた[2]。

　もっとも、同報告は「今後の国と地方の役割分担の在り方について見直しの具体的方向性を示すような状況にはない」ことを指摘し、その理由として、警察刷新会議の提言に基づく改革が実施されつつあること、司法制度との関係等留意すべき点が多いこと、等を挙げている。しかしながら、同報告にもあるように、警察制度には「国家的性格と地方的性格とを併せもつ」との特有の事情があり、これを前提とした国と地方の役割分担について軽々に改変を加えることは困難であるとの背景もあったように思われる。

(3) 本章の目的

　以下、本章においては、「国家的性格と地方的性格とを併せもつ」警察行政特有の事情とはどのようなものであり、そして、これを前提として現行の法制度は国地方の役割分担をどのように位置づけているのか、を確認することにする。具体的には、戦後における警察制度の展開を国と地方の役割分担の視点から再確認し（第2節）、その上で、現行法の分析を行う（第3節）。これらの作業を受け、まとめ（第4節）においては、新たな社会情勢の発展に触れつつ、将来の警察行政における役割分担に関する視点を提示することにしたい。

---

2) 参照、地方分権改革推進会議「事務・事業の在り方に関する意見――自主・自立の地域社会をめざして」(2002年) 59頁以下。

第2節　戦後警察制度の展開に見る役割分担論

（1）　旧警察法成立までの経緯

　昭和22（1947）年12月17日に公布された警察法（同年法196号。以下、「旧警察法」という）は、高度に中央集権的で包括的な戦前の警察制度への反省に基づいて制定されたものである。同年9月1日付けの片山哲首相宛てのマッカーサー書簡において示された構想に従ったものであるが、この構想自体、それ以前の日本側の自主的な改正の作業、そして、これに基づく連合軍総司令部（GHQ）との交渉と総司令部内での意見の調整とを経て成立したものであった[3]。

（2）　旧警察法における国地方の役割分担

　1）　旧警察法の特徴　　旧警察法の特徴は、①警察の所掌事務を警察本来の任務の範囲に厳格に限定したこと、②警察の民主的管理機構として、中央及び地方に行政委員会としての公安委員会制度を採用したこと、③地方分権化を図るため、市及び人口5000人以上の町村に自治体警察を置き、国家地方警察と自治体警察の二本立てとしたこと、の3点に要約できる。

　2）　国家地方警察　　国家地方警察は、内閣総理大臣の所轄の下に置かれる国家公安委員会と、国家地方警察隊とから構成された。国家地方警察隊は、国家地方警察本部とその地方事務部局である警察管区本部、及び都道府県国家地方警察からなり、定員は3万人を超えないものとされた。

　　(a)　国家地方警察の任務　　国家地方警察は、自治体警察の地域外における、治安の維持、生命・財産の保護、犯罪の予防・鎮圧、犯罪の捜査・被疑者の逮捕、交通の取締り、逮捕状・拘留状の執行等を所掌する他（旧警察法2条2項）、以下の事務を担った（同法4条2項）。すなわち、①警察通信施設の維持管理、②犯罪鑑識施設の維持管理、③警察教養施設の維持管理、④犯罪統計及び犯罪鑑識に関する事項、⑤国家非常事態に対処するための警察の統合計画の立案及び実施に関する事項、⑥皇宮警察の管理、⑦当該機関の要求のあった場

---

[3]　新旧の警察法を含め、戦後の警察組織制度の変遷を概観するものとして、参照、石井栄三ほか「座談会・戦後の警察制度改革と今後の警察」警察学論集28巻8号（1975年）57頁、長倉眞一「警察制度30年の歩み——戦後における警察制度及び組織の変遷」警察学論集28巻8号（1975年）99頁、八嶋幸彦「戦後警察制度の変遷と現行警察制度の問題点」レファレンス平成4年1月号（1992年）8頁等がある。さらに、参照、田上穰治『警察法〔新版〕』（有斐閣、1983年）17頁以下。

合において、東京都内における国会、内閣、各省（総理庁を含む）、会計検査院及び最高裁判所の使用する建物及び施設の警備に関する事項、である。

　(b)　**国家公安委員会と国家地方警察本部**　旧警察法上、国家地方警察の任務のうち、上記の①から⑦までの事務を掌るのは国家公安委員会であり（同法4条2項）、他方、国家地方警察本部は、国家公安委員会の権限に属する事項に関する事務を処理せしめるため、国家公安委員会にその事務部局として置かれた組織であった（同法11条）。国家公安委員会は、内閣総理大臣が両院の同意を経て任命する5名の委員をもって組織され（同法5条以下）、国家地方警察本部には、長官、次長1人、部長5人以内、警察官その他所要の所属職員及び機関が置かれる（同法12条以下）。長官は、国家公安委員会の指揮監督を受け、国家地方警察本部の部務を掌理する（同法13条）。

　(c)　**警察管区本部**　警察管区本部は全国で六つ設けられ、国家地方警察本部の事務を分掌した。警察管区本部長は、長官により任命されて、国家地方警察本部長官の指揮監督を受け警察管区本部の事務を処理し、その管轄区域内の都道府県国家地方警察の行政的調整及びその均斉を図るものとされた（同法17条・18条）。

　(d)　**都道府県国家地方警察**　都道府県国家地方警察は、その都道府県の区域（自治体警察の管轄に属する区域を除く）内において治安の維持、生命・財産保護等の事務を行う（同法2条2項）。その長は、国家公務員法の規定に基づき、警察管区本部長が国家地方警察本部長官の同意を経てこれを任命することとされていた（同法30条）ものの、地方分権の立場から、全国的視野から国家公安委員会が掌るものとされた事務（前記の①から⑦）以外の広範な警察事務は、都道府県単位の組織が行うこととされた。

　かつ、都道府県には、都道府県知事の所轄の下に都道府県公安委員会が置かれ、一定の観点から、警察管区本部長との間において、都道府県国家地方警察の「管理」を分担した。すなわち、警察職員の人事及び警察の組織並びに予算に関する一切の事項に係る管理（同法2条1項にいう「行政管理」）は警察管区本部長の下に置かれ、治安の維持等の国民との間において行われる警察活動の管理（同法2条2項にいう「運営管理」）は、都道府県公安委員会の下に置かれた[4]。こ

---

4)　参照、田上・前掲注(3)書23頁以下、同「警察の行政管理と運営管理」『一橋大学創立75周年記念論文集』（日本評論社、1950年）433頁以下。

のように、警察活動の主要な管理は都道府県公安委員会が行うものとされ、この面からも地方分権の趣旨は徹底したものであった。

　　3)　自治体警察と国家地方警察との関係

　　　(a)　**自治体警察**　　市及び人口 5000 人以上の市街的市町村には、市町村の所轄の下に市町村公安委員会を置き、その市町村の区域内の警察を管理させた（同法 43 条）。市町村警察は、国家地方警察の管理に服することはなく、これらの警察は、相互に協力する義務を負う関係にあった（同法 54 条。ただし、国家非常事態の場合を除く。(b)を参照）。さらに、市町村警察長は、条例に従い市町村公安委員会が任命し（同法 47 条）、市町村警察については基本的に市町村条例の適用があることとされている（同法 45 条以下）。

　　　(b)　**国家非常事態等**　　もっとも、旧警察法は、市町村公安委員会からの要請があったときにおける当該市町村の区域内での国家地方警察の活動（同法 57 条）、管轄区域外の隣接区域での活動（同法 58 条）等を規定し、警察相互の協力についての規定も置く。そして、国家非常事態に際し治安維持のため特に必要があると認めるときは、内閣総理大臣は、国家公安委員会の勧告に基づき、全国又は一部の区域について国家非常事態の布告を発することができ（同法 62 条）、一時的に全警察を統制することができる（同法 63 条）。

(3)　旧警察法下の改正と新警察法の制定

　　1)　旧警察法の問題点

　　　(a)　**旧警察法における役割分担**　　以上のように、旧警察法下の制度は、①警察事務のなかから全国的な性格のものを限定的に切り出し、これを国家公安委員会の管理事項として、執行を国家地方警察本部に委ねる、②国家地方警察に自治体警察が置かれない地域の警察事務を担わせるものの、都道府県地方警察がこれを執行するものとし、かつ、運営管理を都道府県公安委員会に委ねて、警察管区本部長の管理は行政管理に限定する、③自治体警察は国家地方警察とは対等平等の関係に立つ、等の特徴をもつものであった。

　　　(b)　**旧警察法への批判**　　そして、同法に対しては、制定直後より、①国家地方警察と市町村自治体警察とが地域を分担する制度は不合理である、②市町村自治体警察制度による警察単位の細分化は警察の効率的運営に適合しない、③この制度は、国民の負担から見ても不経済であり、かつ、国の治安上の

責任が不明確である、等の批判が寄せられた[5]。

    2）旧警察法下の改正
        (a) 昭和26年改正　　旧警察法は数次にわたる改正を受けたが、本章の視点から注目すべきは、昭和26 (1951) 年と昭和27 (1952) 年の改正である[6]。まず、昭和26 (1951) 年改正は、①住民投票により町村は自治体警察を廃止することができることとし、②知事の要求に基づき、国家地方警察は自治体警察の管轄区域内の事案処理に当たることができるものとした。また、③警察相互間の応援規定の整備等により、自治体警察管轄区域内の警察力強化が図られた。①の結果、当初は1386町村に自治体警察があったのに対して、昭和28 (1953) 年初めには139町村の警察を残すのみとなった。

        (b) 昭和27年改正　　昭和27 (1952) 年になると、大都市部で大規模な治安上の事件が発生し、特に、メーデー事件については内閣総理大臣の責任が追及されたこともあって、次のような改正が行われた。すなわち、①国家公安委員会又は特別区公安委員会は、国家地方警察本部長官又は警視総監の任免について、内閣総理大臣の意見を聴かなければならないとしたこと、②内閣総理大臣は、特に必要があると認めるときは、国家公安委員会の意見を聴いて、都道府県公安委員会又は市町村公安委員会に対して、公安維持上必要な事項に関する指示をすることができるとしたこと、等である。

    3）新警察法の制定
        (a) 新警察法制定への動き　　昭和27 (1952) 年4月、わが国が独立を回復して以降、警察制度の改正は本格的に取り上げられることとなった。同年12月、吉田茂内閣総理大臣は、施政方針演説において警察制度の抜本的改正が必要であることを指摘し、翌28 (1953) 年2月には第15回国会（特別会）に改正法案が提出されたものの、衆議院の解散によって廃案となった。

    ちなみに、同年10月には、地方制度調査会答申が警察の単位を大都市及び都道府県とすべきこと等を提案している。その他、様々な経緯を経て、政府は昭和29 (1954) 年1月14日に警察制度改正要綱を定め、同年2月9日警察法案を閣議決定した。同月15日に第19回国会（常会）に提出された法案には野党

---

5) 参照、柴田達夫「新警察法の本義」警察研究25巻8号 (1954年) 7頁。
6) 旧警察法下における改正の経緯につき、参照、長倉・前掲注(3) 104頁以下、田上・前掲注(3) 26頁以下。

の強い反対があり、審議が難航したものの、幾つかの修正を受けた上で、6月7日参議院において可決され成立した[7]（昭和29法162号）。

　(b)　**新警察法制定の狙い**　　提案理由説明によれば、新警察法制定の狙いは以下の点にあった。第1には、現在の制度が、国家地方警察と市町村自治体警察とに分かれていることにより「元来国家的性格と地方的性格とを兼ね有すべき近代警察事務の運営にとって適合せざるものを内蔵している」点を改めることである。第2に、警察の単位が細分化されていることにより、効率的な運営が妨げられ、かつ、国の治安に対する責任が不明確になっている点を修正することである。第3には、国家地方警察と市町村警察とにおける施設・人員の重複による不経済を取り除くことである。第4に、国民の警察運営に対する関与を保障し、その上に、治安任務遂行の能率化と責任の明確化との懸案解決を図ることである[8]。

　(c)　**旧警察法との相違点**　　以上の経緯に基づく現行警察法の旧法との相違点は、次の3点にある、と説明されている。第1は、国家地方警察・市町村警察を廃止し、警察を都道府県警察に一本化したことである。第2は、その都道府県警察については、国家的要請に基づく最小限の制約（地方警務官制度、国家的警察事務に関する警察庁の指揮監督等）を除いて、自治体警察としての性格を付与した点である（都道府県公安委員会の管理、地方公務員の身分、自治体費用負担の原則等）。第3は、中央警察機構について、国家公安委員会の管理の下に警察庁を置くこととしつつ、委員長に国務大臣を充てることとしたこと等である。以下、警察法における国と地方との役割分担に関し、より具体的に確認することにしたい。

---

7)　参照、長倉・前掲注(3) 106頁以下、田上前掲注(3) 27頁以下。
8)　参照、第19回国会（常会）衆議院会議録第10号3頁（犬養健国務大臣の提案理由説明）。また、同様の趣旨を確認するものとして、参照、警察庁長官官房編『警察法解説〔新版〕』（東京法令出版株式会社、1995年）19頁以下（なお、同書には、警察制度研究会編『全訂版警察法解説』〔東京法令出版株式会社、2004年〕があるが、14頁以下において改正の経緯を簡潔に紹介するにとどめている）。

第3節　現行警察法に見る国と地方の役割分担

(1) 国家公安委員会と警察庁

1) **国家公安委員会**　新たに制定された警察法は、制定されて以降に幾つかの重要な改正を経ている[9]。しかしながら、国・地方の役割分担に関しては大きな変化はない。ここでは、その詳細を確認していくことにしたい。

(a) **国家公安委員会が管理する事務**　警察法は、警察行政に係る国の行政機関として、まず、国家公安委員会を置く。国家公安委員会の任務・所掌事務を規定するのは警察法（以下、条文の引用において「法」という）5条であり、警察事務のなかで国の機関が担うものを2項（現行法5条4項、本章の【追記1】を参照）に列挙し、その「事務について、警察庁を管理する」と規定する。具体的には、①警察制度の企画・立案、②警察に関する国の予算、③警察に関する国の政策の評価、④大規模災害、騒乱、国際関係に影響を与える航空機強取等の事案で国の公安に係るものについての警察運営、⑤緊急事態（旧法下の国家非常事態）に関する計画とその対処、等の事務が列挙されている。

これら22項目（現行法においては27項目）の事務を大別するならば、①警察制度の企画・立案、警察行政の調整、②国の公安に係る警察の運営、③警察教養、警察通信、犯罪鑑識、犯罪統計、警察装備に関する事項の統括、に区別することができよう。

さらに、法5条3項（現行法5条5項）は、「前項に規定するもののほか、国家公安委員会は、第1項の任務を達成するため、法律（法律に基づく命令を含む。）の規定に基づきその権限に属させられた事務をつかさどる」としている[10]。

(b) **管理の概念**　「警察庁を管理する」との趣旨は、「警察の政治的中立性及び民主的運営を保障する点から、……警察事務について大綱の方針を示し、これに即した運営を行わせる意味」であると説明されている[11]。ちなみに、

---

9) 新警察法下の改正の経緯について、参照、警察庁総務課「現行警察法下における警察制度と組織の変遷」警察学論集47巻10号（1994年）135頁、北村滋「中央省庁等改革と警察組織」警察学論集52巻10号（1995年）1頁等（なお、本章の【追記2】を参照）。

10) 同項に定める事務としては、火薬類取締法52条に基づき、経済産業大臣・国土交通大臣から通報を受け、必要な場合に要請する権限、刑事訴訟法189条・194条に基づき、司法警察職員の職務について定め、その懲戒罷免を行うこと、等がある。

11) 参照、田中八郎「警察法逐条解説1」警察研究25巻8号（1954年）28頁。さらに、参照、警察庁長官官房・前掲注(8) 51頁以下。

平成 12（2000）年 7 月 13 日に公表された警察刷新会議の「警察刷新に関する緊急提言」に基づき、国家公安委員会は、管理事務を行うための監察について、必要があると認めるときは、警察に対する指示を具体的又は個別的な事項にわたるものとさせることができる旨の規定等が新設され（平成 12 年法 139 号による法 12 条の 2 の追加）、管理概念の明確化が図られた[12]。

　2）　**警察庁**　　警察庁は、国家公安委員会に置かれ（法 15 条）、国家公安委員会の管理の下に、前記 5 条 2 項（現行法 5 条 4 項）の事務を掌り、同条 3 項（現行法 5 条 5 項）の事務について国家公安委員会を補佐する[13]（法 17 条）。警察庁の長は警察庁長官であり、長官は「警察庁の庁務を統括し、（所部の職員の）服務についてこれを統督する」（以上、法 16 条）。これは、国家行政組織法（昭和 23 年法 120 号）10 条等の規定する各省大臣及び外局の長の権限に相当するものといえるが、これを国家公安委員会の管理の下で行う点において、各省大臣及び外局の長の権限のいずれとも異なる[14]。警察庁には、内部部局として長官官房及び 5 局、2 部が置かれている（法 19 条）。なお、国家公安委員会・警察庁、管区警察局、都道府県警察の関係に関しては、後述する。

　3）　**管区警察局**　　警察庁に、警察庁の一定の事務を分掌させるため、地方機関として、管区警察局が置かれる（法 30 条）。管区警察局には局長が置かれる（法 31 条）。

---

12)　「警察刷新に関する緊急提言」は、「国家公安委員会による『警察庁の管理』は、『国家公安委員会が警察行政の大綱方針を定め、警察行政の運営がその大綱方針に則して行われるよう警察庁に対して事前事後の監督を行うこと』を一般原則とするのが相当であるとされてきた」（別紙 3「警察法上の『管理』について」）が、「公安委員会が警察に対して所要の報告を求める場合には、警察は速やかにそれに応じるべきであること、必要に応じて公安委員会が改善の勧告等ができるということを何らかの形で法令上明確にする必要がある」と提言していた。

13)　この点を踏まえ、各省設置法との差異を指摘するものとして、荻野徹「警察庁の法的性格に関する覚書」警察政策 3 巻 1 号（2001 年）25 頁がある（なお、平成 12〔2000〕年から平成 20〔2008〕年頃までの国家公安委員会における管理の実態を同委員会の議事録を手掛かりとして分析・紹介した上で、同委員会における管理が実質を伴ったものであり、かつ、各委員は「警察との間で一定の距離感を保ちながら、それぞれの議論を展開している」と主張するものとして、荻野徹「国家公安委員会による警察庁の『管理』について」公共政策研究 9 巻〔2009 年〕120 頁、特に 128 頁がある）。

14)　この点を検討するものとして、参照、稲葉馨「行政組織法としての警察法の特色」警察政策 4 巻 1 号（2002 年）20 頁以下。

(2) 都道府県警察

1) **都道府県警察**　都道府県に都道府県警察が置かれ、都道府県警察は、当該都道府県の区域について、個人の生命、身体及び財産の保護、犯罪の予防、鎮圧及び捜査、被疑者の逮捕、交通の取締りその他公共の安全と秩序の維持という警察の責務に任ずる（法2条、36条）。都道府県警察は、都道府県公安委員会と警視庁又は道府県警察本部等の機関から構成され、それに関する経費は原則として当該都道府県の負担とし、職員もその道府県の職員である（法55条、37条等）。ただし、これらについては、後述する地方警務官制度、費用負担・補助等の特例がある点に、留意が必要である。

2) **都道府県公安委員会、警視庁・道府県警察本部**　都道府県公安委員会は、知事の所轄の下に置かれる合議制の行政委員会であり、都道府県警察の管理を任務とし（法38条）、地方自治法上、都道府県の執行機関である委員会の一つとされる（地方自治法180条の5）。

都警察の本部として警視庁が、道府県警察の本部として道府県警察本部が置かれ、都道府県公安委員会の管理の下に都道府県警察の事務を掌る。警視庁の長として警視総監が、道府県警察の長として本部長がそれぞれ置かれ、警視総監は国家公安委員会が都公安委員会の同意を得た上で内閣総理大臣の承認を得て任免し、道府県警察本部長は、国家公安委員会が道府県公安委員会の同意を得て任免する。

(3) 国家公安委員会・警察庁と都道府県警察

1) **都道府県警察に対する国の関与**

(a) **概要**　既に見たように、都道府県警察は都道府県に置かれる組織であり、職員・経費の取扱いも同様である。しかしながら、警察事務の運営は「元来国家的性格と地方的性格とを兼ね有する」ものであるとの理解から、法は、一定の事務を国の機関である国家公安委員会・警察庁の事務とした（前出第1節）上で、都道府県警察に対する関与を認めている（ちなみに、警察庁さらには国家公安委員会による都道府県警察への関与は、警察法以外の個別法令に基づくものもある[15]ものの、紙幅の都合上本章においては検討を割愛する）。

---

15) 債権管理回収業に関する特別措置法（平成10年法126号）、無差別大量殺人行為を行った団体の規制に関する法律（平成11年法147号）等多数。

具体的には、①一定範囲での警察庁長官の指揮監督、②国家公安委員会による地方警務官の任免、③都道府県警察の警察官の組織・定員に関する基準政令の設定、④特定の経費に関する国庫支弁・国庫補助、⑥都道府県警察による国有財産の無償使用、等である。

　(b)　**都道府県警察に対する指揮監督**　　警察庁長官は、「警察庁の所掌事務について、都道府県警察を指揮監督する」(法16条2項)。前記の諸規定に示されているように、警察庁長官の指揮監督は、都道府県公安委員会及びその管理下にある都道府県警察本部から構成される一体としての都道府県警察に対して行われる。

　もっとも、例えば、警察庁の事務のうち、制度の企画・立案及び国の予算に関する事項については警察庁自らが国家公安委員会の管理の下に処理すべきものあるから、都道府県警察に対して監督を行う余地はない。また、教養、通信、鑑識等については、国家公安委員会の任務は、その統括にあると考えられるので、総合的見地からの狭いものにとどまると解されている。他方、国の公安に係る事案については、個別具体的な指示にわたることができることは法文上許されると解されている[16]。

　(c)　**地方警務官の制度**　　都道府県警察のうち、警視正以上の階級にある警察官は、一般職の国家公務員とされる。そして、警視総監、警察本部長 (道に置かれる方面本部の長たる方面本部長を含む) 以外の警視正以上の階級にある警察官は、国家公安委員会が都道府県公安委員会の同意を得て、任免する (法56条・55条)。

　ちなみに、この地方警務官の定員は都道府県を通じて政令で定め、その都道府県ごとの階級別定員は内閣府令で定められることとなっており (法57条)、これを受けて、警察法施行令6条は都道府県を通じた定数 (平成14年現在590名〔令和6年現在631名〕) を、警察法施行規則 (昭和29年総理府令44号) 58条及び別表第1は階級別定員を定めている (現行規則170条、別表第1)。そして、同規則に基づいて、階級別定員の都道府県別配分を国家公安委員会が定めている。

　(d)　**組織・定員についての政令基準**　　警視庁及び道府県警察本部の内部組織は、政令で定める基準に従い条例で定めることとされている (法47条4項)。

---

16)　参照、田上・前掲注(3) 286頁。さらに、参照、警察庁長官官房・前掲注(8) 110頁。

また、地方警察職員（地方警務官以外の都道府県警察の職員）（法56条2項）の定員は条例で定めることとされている一方（警察官については階級別定員を含む）、条例上の定員については政令で定める基準に従わなければならないとされる（法57条2項）。そして、前者については警察法施行令付録（4条関係）が部とその名称・所掌事務までを規定し（現行政令別表第1〔4条関係〕）、また、後者については同令別表第1（7条関係）が定員の最低基準を具体的な数字をあげて規定してきた（現行施行令別表第2〔7条関係〕）。

(e) 特定の経費についての国庫支弁及び国庫補助　警察法37条1項は、同項に掲げる経費（地方警務官の人件費、警察教養関係経費、警察通信関係経費、犯罪鑑識関係経費、犯罪統計関係経費、警察用車両・船舶・装備品関係経費、警備活動関係経費、国の公安に係る犯罪捜査関係経費、犯罪被害者給付金に関する事務関係経費等）であって政令で定めるものは、国庫が支弁するものとする。それ以外の都道府県警察に要する費用は、当該都道府県が支弁するものとされている（同条2項）ものの、一定の項目については予算の範囲内において政令で定めるところにより国庫補助が行われている（同条3項参照）。

例えば、当該都道府県の警察官数、警察署数、犯罪の発生件数等を基準として、都道府県警察の所要額が算出され、その10分の5を国が補助することとされている（警察法施行令3条2項）。また、人件費のうち、特に、機動隊及び管区機動隊の超過勤務手当等について、所要額が補助される[17]。

(f) 国有財産の無償使用　警察法78条に基づき、国は、国有財産法（昭和23年法73号）22条及び地方財政法（昭和22年法34号）9条1項の規定にもかかわらず、警察教養施設、警察通信施設、犯罪鑑識施設その他都道府県警察の用に供する必要のある警察用の国有財産及び国有の物品を都道府県警察に無償で使用させることができることとされている。

2) 緊急事態の特別措置、都道府県警察相互の連携

(a) 緊急事態の特別措置　旧警察法の国家非常事態は、緊急事態へと名称を改めるとともに、内閣総理大臣の統制の内容をより明確にする（法72条）、布告に対する国会承認の手続に修正を加える（法74条）等の措置が加えられている（法第6章）。

---

17) さらに、参照、警察法施行令3条3項・4項、警察法施行令附則24（現行附則は成田空港警備に係る千葉県警に関する規定である）。

(b)　**都道府県警察相互の連携等**　現行警察法は、都道府県警察が適切に連携をとれるよう、相互協力の義務を規定する（法59条）とともに、援助の要求（法60条）、管轄区域外における権限（法61条）等を規定する。さらに、制定後の改正により、管轄区域の境界周辺における事案に関する権限（法60条の2）、広域組織犯罪等に関する権限（法60条の3）、事案の共同処理等に係る指揮及び連絡（法61条の2）、広域組織犯罪に対処するための措置（法61条の3）等の規定が付加されている。

（4）　若干の検討

　1）　**道府県警察の事務の性格**　以上に確認してきたように、現行警察法は、都道府県の組織である都道府県警察に地域における警察事務の執行を委ねることを原則としている。これらの規定と、警察庁・国家公安委員会に関する所掌事務規定とを併せ読むならば、現行警察法については、「警察行政の実施を都道府県が行うことを前提に、制度の企画・立案や調整は警察庁が行い、これをさらに公安委員会が管理し、それをもって内閣の任務が達成される、と見たほうがわかりやすい」[18]、とする理解が成り立つ。

　もっとも、現行警察法は、地域において、国家的性質の事務と地方的性質の事務とが不可分の関係にあるとの立場から、国の組織が担うことが適当な事務を切り出し、国家公安委員会の管理の下で警察庁がこれを行うこととする他、前記（第3節(1)）において確認したような警察庁長官の指揮監督権等の関与を設けている。そして、この指揮監督権の存在、及びこれまで述べてきた新警察法制定の経緯に照らすならば、「都道府県警察事務は、警察庁……の所掌事務・警察庁長官の指揮監督が及ぶ範囲においては、……『国家的性格』なるものを依然として保持しているというのが警察法の立場ではないか」[19]とする見解が妥当するように思われる[20]。

---

[18]　荻野・前掲注(13) 43頁。

[19]　稲葉・前掲注(14) 19頁。都道府県警察の事務の「国家的性格」に言及するものとして、参照、警察庁長官大臣官房・前掲注(8) 21頁・193頁・293頁等。

[20]　ちなみに、地方分権の過程において地方に対する国の関与を類型化していく作業のなかで、警察庁長官の都道府県警察に対する指揮監督権の性格については、「個別の法律における必要性から特別に国が指示することができる」ケースに該当するものと整理された（「地方分権推進計画（第1次）」〔1998年5月29日閣議決定〕参照）。そして、個別の法律における必要性とは、結局のところ、「都道府県警察の事務が国家的性格と地方的性格の双方を有すること」に求められるとする見

2) **地方警務官制度と階級制** このような都道府県警察の国家的性格は、警察庁長官の指揮監督権・国庫支弁等以外にも、特に地方警務官の制度に現れている。すなわち、警察官は、事務官・技官とは区別された職種であり、警察法62条において、国・地方を通じて、警察官には、警視総監、警視監、警視長、警視正、警視、警部、警部補、巡査部長及び巡査の階級が設けられている。かつ、警察事務を執行する際には、警察官は、上官の指揮監督を受けるものとされる（法63条）[21]。このように、警察庁・都道府県警察に共通する、警察官の階級ヒエラルヒーが構築され、かつ、警視正以上の者はすべて国家公務員とされている点が、他の組織にはない警察制度の特徴といえる。先に述べた組織間における指揮監督・関与に加え、組織構成員間の階統的な指揮命令関係によって警察事務の統一的・効率的な執行を確保されることを、立法者は期待しているものと解することができよう。

第4節　新たな課題の登場と今後への展望

(1) 新たな課題への対処

以上のような警察法制度の枠組みは新警察法下において一貫して維持されながらも、戦後の国際的交流の進展、社会状況の変化、科学技術の高度化に伴って、国の機関の役割が強化する方向において修正が加えられてきた。

1) **広域事案・広域犯罪への対処** 広域事案や国の公安に係る事案、広域犯罪に関しては、「広域犯罪等に対処するための警察の態勢に関すること」が国家公安委員会・警察庁の事務とされたことに加えて（平成8〔1996〕年の改正による法5条2項6号の追加〔現行法5条4項6号〕）、警察庁長官は都道府県警察に対して広域犯罪等に対処するための警察の態勢に関する事項について、必要な指示をすることができることとされた（同年の改正による法61条の3の追加）[22]。そ

解がある（竹内直人「『地方分権』及び『中央省庁等改革』以後における警察の課題」警察政策2巻1号〔2000年〕38頁以下）。

[21] 参照、警察庁長官官房・前掲注(8) 328頁。警察官には階級が定められている以上、本来の職務上の上司たると否とを問わず、上位にある警察官の職務上の指揮監督に服すべきものとされる。ただし、同書にも示されているように、このような上官の指揮監督は、当然のことながら、職務上の指揮監督関係を排除して行われるものではない。

[22] 平成8（1996）年の改正については、警察学論集49巻7号（1996年）の「特集・警察法の改正」に掲載された解説（露木康浩・荻野徹執筆）を参照されたい。

して、平成 12 (2000) 年には、ハイジャック等の国際的な重要事態に対応するため、大規模災害、騒乱、国際関係に影響を与える航空機強取等の事案で国の公安に係るものについての警察運営に関することが、同じく国の機関の所掌事務とされている[23]。

2) 国際化、技術発展への対処　国際化の進展のなかで、例えば、国際テロ活動の活発化に対応して、各国と連携し緊急事態に対応するための体制づくりが重要となっている。さらに、サイバーテロ等に関しても、予兆の的確な把握や事態の早期認知、都道府県の連携の強化が不可欠となってきている。そのため、「国際テロ緊急展開チーム」[24]や、機動的技術部隊（サイバーフォース）等の創設により、警察庁の体制強化が図られてきている[25]（なお、本章の【追記3】を参照）。

(2) 爾後の展望への視点

1) 国の体制強化　以上の趨勢に鑑みるならば、社会の複雑化・国際化の進展に伴って、国の体制を強化していく必要のあることは否定できない。テロ、サイバーテロ等の対策に関しては、より積極的に国のイニシアチブが発揮されることが望ましい。

ちなみに、警察法制定 25 年を経過した時点において、警察庁が独自の執行部門をもたないことを現行制度の問題点とし、独自の執行組織をもつ可能性を示唆した見解があった[26]。このような執行組織とみなしうるものとしては、これまでも皇宮警察本部が存在しており（法 29 条。現行法上は警察庁の附属機関である）、社会情勢の変化に応じて独自の執行組織の拡充を検討する余地は十分にあり得るものと考えられる。

---

[23]　平成 12 (2000) 年の改正については、滝沢幹滋「警察法の一部を改正する法律について（特集第 150 回国会主要成立法律）」ジュリ 1195 号（2001 年）68 頁等を参照されたい。

[24]　国際テロ対策の内容を紹介するものとして、国際テロ研究会「テロ防止に向けた国際協力（捜査研究創刊 600 号記念増刊号国民の不安を解消する警察活動 1 警備関係）」捜査研究増刊 51 号（2002 年）219 頁以下等を参照されたい。

[25]　警察のサイバーテロ対策については、諏訪五月「警察のサイバーテロ対策《サイバーフォースの創設と重要インフラとの連携》サイバーテロの特徴／他」警察時報 57 巻 11 号（2002 年）8 頁以下等を参照されたい。

[26]　中田好昭「現行都道府県警察制度に関する若干の検討」警察研究 50 巻 5 号（1979 年）36 頁以下。ちなみに、高速道路警察・警護等が例として挙げられている。

もっとも、以下に述べるように、各種警察事務を地域において一元的に執行することへの要請が強いことを考えるならば、このような拡充は特定の事務に限定されたものとなろう。
　2）　地方分権の視点　　他方において、このような国の警察機関の権限強化の要請と並んで、国家の統治機構全体から検討した場合における地方分権の要請は、冒頭に確認したように無視することは許されない。むしろ、国家機関のイニシアチブが強化されればされるほど、組織の他の部分において分権的な要素を強化することは必要となってくるものと考えられる。
　ただし、これまで述べてきたように、現行警察法は、警察事務においては国家的性格の事務と地方的性格の事務とが不可分に結びついているとの観点から、わが国独自の制度を作り上げている。かつ、企画・立案等の例外は別として、地域において一元的に警察事務を執行することが適切かつ効率的な運営に資するものであることは否定できまい。したがって、冒頭に述べたように、制度の基本を拙速に変更することには慎重となるべきであろう。
　しかしながら、警察事務における国と地方の役割分担は、地方自治制度の多様性もあって各国において実に様々である[27]。そして、長期的な視野からわが国の制度設計を考えようとする際の参考になると思われる視角に関しては、現時点においても幾つかの点を指摘することはできよう。
　例えば、地方分権改革推進会議が指摘している定員基準の緩和等については、実務への影響を踏まえた慎重な検討が関係機関において行われることが期待される。さらにいえば、地方警務官の制度については、階統的指揮命令系統を通じて統一的・効率的事務執行を確保する上では有効であると考えられる一方、それが組織において働く警察官すべての職分に関わるものであることから、これが警察の組織を高度に中央集権的なものとしている点を否定できない。もちろん、「ヒト」に係る制度を軽々に変更することは慎重であるべきであることはいうまでもない。しかしながら、将来的には、一定の階級（例えば、「警視正」）に属する職員については、国家公務員と地方公務員との並存があり得る制度とする等、国・地方の厳格な上下関係を若干緩めることが可能か否か等を検討することは考えられよう。

---

[27]　各国の警察制度の変遷を知るには、谷口清作「警察制度の歴史と展望——大陸系制度と英米系制度の対比——」警察政策研究5号（2001年）163頁が便利である。

3) **警察行政への期待**　国際化の時代を迎え、わが国においても、様々な形で自己責任・個人の創意に基づいた社会環境と企業環境づくりが必要であると説かれている。しかしながら、そのような環境づくりによって激化する国際競争へのわが国の対応力は強化される一方において、組織や地域がこれまで有してきた社会統合機能は低下し、競争から脱落した者の社会に対する不満は強くなることも否定できない。その意味においては、わが国において、警察への期待はますます大きくなるものといえる。そのような内外の社会環境の変化のなかで、民主性、効率性・実効性を兼ね備えた警察制度の発展の方向性を探っていくことはさらに重要となってくるように思われる。

【追記1】　本章の〈解題〉において言及したように、平成27 (2015) 年の第198回国会（常会）において「内閣の重要政策に関する総合調整等に関する機能の強化のための国家行政組織法等の一部を改正する法律案」が可決されて成立した（「内閣官房・内閣府見直し法」〔同年法66号〕）。そして、同法の成立に伴って警察法も一部改正されている。第1に、国家公安委員会は、警察法5条1項に規定された任務に関連する内閣の重要政策に関する内閣の事務を助ける（同条2項）とともに、当該の任務を遂行するに当たり、内閣官房を助けるものとされた（同条3項。改正前の5条2項は繰り下げられて5条4項となった。5条3項も繰り下げられて5条5項となった）。第2に、前記の内閣の事務の補助（同条2項）を達成するため、当該重要政策について、当該重要政策に関して閣議において決定された基本的な方針に基づいて、行政各部の施策の統一を図るために必要となる企画及び立案並びに総合調整に関する事務をつかさどるものとされた（同法5条6項）。そして、第3に、前記の企画・立案・総合調整事務の遂行上必要があると認めるときに、国家公安委員会は、資料提出及び説明を要求し（同法12条の3第1項）、勧告を行い（同条2項）、勧告に基づいた措置の報告を求め（同条3項）、内閣総理大臣に意見を具申する（同条4項）ことができるものとされた。

　この点に関しては、国家公安委員会の独立性の見地から疑問が呈されている（例えば、白藤博行「警察における国家公安委員会制度の意義と都道府県警察本部長による専決の範囲と限界」専法144号〔2022年〕58頁以下を参照）。もっとも、国家公安委員会の任務に関連する事項に関する内閣の総合調整機能の行使が国家公安委員会の関与なしに行われることとなった場合には逆に問題が生ずるようにも思われる。内閣府の総合調整機能の発揮に際して国務大臣である国家公安委員長に他の委員が加わった合議体である国家公安委員会が関与することには一定の意義があるものと解される。

【追記2】　平成26 (2014) 年までの文献に基づいて本章と同様の視点からの分析を行

ったものとして、島根悟「現行警察制度の基本構造に関する一整理」関根謙一ほか編『講座 警察法第１巻』(立花書房、2014年) 237頁がある。ちなみに、同論文において、島根氏は、警察庁が都道府県警察に行う関与の種別に関し、警察法５条１項(国家公安委員会の任務)・17条(警察庁の所掌事務)を根拠として、①中央の警察行政機関が自らの判断と責任において行う「つかさどり事務」、②警察教養、警察通信、犯罪鑑識、犯罪統計、警察装備に関する「統括事務」、③都道府県警察がその責任と判断において行うべき事務について必要な限度において警察庁が調整を行う「調整事務」とがあり、関与の度合いは順に弱くなる、と説明している(242頁以下。同旨、警察制度研究会・前掲注(8) 160頁)。なお、この点に関し、田村正博『警察行政法解説〔全訂第３版〕』(東京法令、2022年) 491頁は、①の国の公安に係る警察運営に直接に該当する事務は、現行法５条４項４号(国の公安に係るものとして列挙された事項)から６号(広域犯罪等に対処するための警察の態勢)に限られるものの、(同条17号の)「皇宮警察までの事務が国の責任に属する事務」である、と説明している。

【追記3】 本章の〈解題〉に述べたように、IT技術の急速な発達と行政のデジタル化の要請の高まりに対応して、①国家公安委員会・警察庁の所掌事務に重大サイバー事案への対処のための警察の活動に関する事務等を追加すること、②警察庁が当該活動を行う場合における広域組織犯罪等に対処するための措置に関する規定を整備すること、③サイバー警察局を設置すること(情報通信局の改組)、を柱とする警察法の改正が実施された(第208回国会〔常会〕。令和４年法６号。詳細につき、参照、警察学論集75巻７号(2022年)の特集「警察法の一部改正について」所収の中山卓映＝市原悠樹「警察法の一部を改正する法律について」同６頁、石黒由里子＝岡田祐馬「警察庁組織令の一部を改正する政令等について」同34頁等。なお、国家警察化への懸念を表明するものとして、村中敏邦「サイバー警察局の設置は何を意味しているか：国家警察への回帰」世界960号〔2022年〕236頁、特に240頁がある。この懸念に関しては、今回の措置がサイバー犯罪の「無地域性」に照らしてのものであって、当該措置が安易に拡張されるべきでないことはいうまでもない)。

この改正に関しては、さらに以下の４点に着目すべきであろう。第１に、「重大サイバー事案」とは、(a) 国・地方公共団体の機関や重要インフラ等に重大な支障が生じる事案、(b) 対処に高度な技術を要する事案(マルウェア事案等)、(c) 海外からのサイバー攻撃集団による攻撃、を指すものとされている(改正後の警察法５条４項６号ハ)。第２に、新設されたサイバー警察局は、サイバー事案に関する警察、犯罪取締りのための情報技術の解析を所掌するものとされ(同法25条)、警察庁内部において、サイバー警察局がサイバー事案に関する捜査指導、解析、情報集約・分析、対策等を一元的に所掌することとなった。

第3に、重大サイバー事案に対処する事務の特質を踏まえ、当該事案について全国を管轄区域として捜査権等を行使するための組織改正が行われている。まず、関東管区警察局の所掌事務に関する特例として、関東管区警察局が全国を管轄区域として重大サイバー事案に関する事務を警察庁と分掌するものとされた（これに伴い、関東管区警察局にサイバー特別捜査隊が設置され、当該組織が重大サイバー事案に係る犯罪の捜査等を所掌することとなった。警察法施行規則〔昭和29年総理府令44号〕138条1項・2項〔その後139条1項・2項〕を参照）。併せて、同法61条の3（広域組織犯罪等に対処するための措置）のなかに重大サイバー事案に関する警察庁と都道府県警察との共同処理のルールが定められている。具体的には、警察庁長官は、（ⅰ）事案処理に関する方針を定め、警察庁又は関係都道府県警察の一の警察官に警察庁及び関係都道府県警察の警察職員に対する指揮を行わせることができること（同条3項）、（ⅱ）警察庁長官の指示に基づき重大サイバー事案の処理につき警察庁に派遣された都道府県警察の警察官が、国家公安委員会の管理の下で、重大サイバー事案の処理に必要な限度で、全国において、職権を行使することができること（同条4項）、が規定されている。
　第4に、警察行政のデジタル化、科学技術の活用等を推進するため、情報通信局の所掌事務の一部を長官官房に移管する措置も実施されている（長官官房の所掌事務を規定する同法21条に警察通信〔現行法25号〕、情報の管理に関する企画・技術的研究〔同26号〕、情報システムの整備及び管理〔同27号〕を追加）。

第2章　自治紛争処理委員による調停の制度
　　　——制度の概要及びその特長

〈解題〉　本章は、佐賀県と長崎県との間における海域の県境界をめぐる紛争が自治紛争処理委員による調停に付された事件を題材として、自治紛争処理委員による調停の制度とその特長を分析したものである（地方自治781号〔2012年〕2頁）。本文に述べるように、本章の取り上げた事件は、都道府県間の紛争に関して自治紛争処理委員による受諾勧告が行われ調停が成立したものとしては制度創設以来2件目であり、かつ、当事者である県からの申出に基づいて調停に付された上で調停が成立した最初のケースとなった（ただし、市区町村の間における紛争について当事者から調停の申出がされ、調停が成立した例はある。東京湾の埋立地に係る大田区・品川区間の紛争や大田区・港区・品川区間の紛争等である）。その意味においても本事件は注目に値するものであった点に鑑みて、本書に収録した。

第1節　はじめに

（1）　国・地方関係の「法化」

　本章においては、自治紛争処理委員による調停の制度について、筆者が関与した佐賀県と長崎県との間における調停事件（平成22年第2号。以下、「平成22年第2号事件」という）を題材として、制度の概要とその特長を紹介し、検討する。

　平成11（1999）年に制定された第1次地方分権一括法[1]による国等と地方との間の紛争に係る処理制度（以下、「国地方等係（紛）争処理制度」という）の導入、平成24（2012）年の地方自治法改正による「普通地方公共団体の不作為に関する国の訴え」「市町村の不作為に関する都道府県の訴え」の創設[2]に象徴されるように、国と地方公共団体との関係、地方公共団体相互の関係にあっても「法化」の現象が進行している[3]。そのようななかにおいて、国・都道府県の関係、都道府県・市町村の関係、地方公共団体の相互の間において紛争が生じた場合にあっても、これまで多くのケースは当該団体の間におけるインフォー

---

1)　同法の名称は「地方分権の推進を図るための関係法律の整備等に関する法律」（平成11年法87号）である。
2)　地方自治法の一部を改正する法律（平成24年法72号）251条の7、252条。
3)　宇賀克也「自治紛争処理委員について」ジュリ1412号（2010年）70頁。

マルな話合いに委ねられてきたのに対して、インフォーマルかつ自主的な解決を追求しつつも、それが不可能あるいは困難であると考えられる場合には、地方自治法に定められた正式な紛争処理の制度を利用しようとする自治体も登場してきた。

(2) 本章の構成

もっとも、本章において取り上げる自治紛争処理委員による調停の制度は、平成11 (1999) 年の地方分権一括法による国地方等係 (紛) 争処理制度が創設される前から、自治紛争調停委員の制度として存在してきたものである[4]。しかしながら、過去の利用実績は乏しく、特に、総務大臣 (以前は自治大臣) が任命した自治紛争処理 (調停) 委員による受諾勧告が行われたのは、昭和30 (1955) 年に最初の事例があってから本章の取り上げる事案が2度目のことである。かつ、既に指摘のあるように、昭和30 (1955) 年の勧告は、内閣総理大臣の職権により自治紛争調停委員が任命されて調停に付された案件であった[5]ため、都道府県知事からの申出に基づいて総務大臣が任命したものとしては最初の案件となる。その意味において、本件は、前述の「法化」現象の一つの例として位置づけることができるのみならず、当事者の一方からの申出による案件につき受諾勧告に基づいて調停が成立した点においても、注目に値する。そこで、以下、本章においては、自治紛争調停を含む自治紛争処理委員の制度の概要を確認した上で (第2節)、平成22年第2号事件の経緯等を紹介し (第3節)、事件を担当した経験を踏まえて制度の特長等を述べることとしたい (第4節)。なお、以下の記述のなかで事件の経緯等の事実関係に関するもの以外については、筆者の私見であることをお断りしておく。

---

4) 平成22年第2号事件を題材に自治紛争処理委員による調停の制度を紹介するものとして、尾川豊「自治紛争処理委員による調停について」地方自治774号 (2012年) 11頁がある。
5) 昭和30 (1955) 年の受諾勧告は、湯河原町と熱海市との境界変更に係る調停に関するものであり、湯河原町が神奈川県、熱海市が静岡県に属していたため、両町に加えて両県も当事者となったことから、自治大臣が職権で自治紛争調停委員を任命することとなった。この件を含めて自治紛争処理委員による調停の実績について紹介するものとして、宇賀・前掲注(3) 70頁以下がある。

第2節　自治紛争処理委員の制度

（1）　自治紛争処理委員の職務

　地方自治法251条に規定される自治紛争処理委員は、①普通地方公共団体相互の間又は普通地方公共団体の機関相互の間の紛争の調停（同法251条の2）、②普通地方公共団体に対する国又は都道府県の関与のうち都道府県の機関が行うものに関する審査（同法251条の3）、③地方自治法の規定による審査請求、再審査請求、審査の申立て又は審決の申請に対する審理（同法255条の5）、の三つの異なる類型の紛争処理事務を行う。

　このうち、まず、③の審理の制度は、昭和31（1956）年の地方自治法の一部改正によって地方自治体の争訟について訴願前置の仕組みが採用された際に、既に存在していた自治紛争調停委員を訴願の審理について活用しようとした趣旨から創設されたものである[6]。この制度は訴願法から行政不服審査法への改正の際も大きく変更されることはなかった。さらに、平成11（1999）年の地方分権一括法において、審査請求前置の規定（改正前の256条）は廃止されたものの、法定受託事務に関する国・都道府県の裁定的関与等の仕組み（不服申立ての審査に係る裁決を下す形での関与であり、現行法においては255条の2に規定されている）が別途設けられるとともに、この制度は、都道府県の事務に係る総務大臣の裁決、裁定、審決、市町村の事務に係る裁決、裁定、審決がされる際に、自治紛争処理委員を任命して、審理を行わせた上で判断が下される仕組みとして存続している（申請・申立てをした者から請求のあったとき、又は特に必要があると認められたときに限る。また、前述のように、法定受託事務に係る裁定的関与の仕組みは別に規定されている。なお、本章の【追記1】を参照）。

　次に、②の審査の制度は、平成11（1999）年に設けられた国地方係（紛）争処理制度の一環として、国の関与に係る国と地方公共団体との紛争を処理する第三者機関である国地方係争処理委員会を創設する措置と並行して、市町村長その他の市町村の執行機関に対する都道府県の関与について同様の仕組みを設ける目的の下に、導入されたものである。かつ、これに伴い、①及び③の事務

---

[6]　地方自治法の一部を改正する法律（昭和31法147号）による改正後の同法255条の3。参照、第24回国会（常会）参議院地方行政委員会議録32号7頁（小林與三次政府委員の地方自治法の一部を改正する法律案等の説明）。

を処理するものとして規定されていた自治紛争調停委員の名称は、自治紛争処理委員と改められることとなった[7]。

ちなみに、市町村に対する都道府県知事の関与をめぐっては、平成22 (2010) 年及び平成23 (2011) 年の2回にわたり、我孫子市からの農業振興地域整備計画の変更申請に係る千葉県知事の不同意について、我孫子市長から審査の申出がされた例がある。これも、都道府県・市町村関係における「法化」の進展を示す例と解することはできるものの、この事案に係る2次にわたる自治紛争処理委員の勧告については、既に紹介がある[8]ため、本章においては分析を割愛し、本章の主題である調停の制度に考察を進めることにしたい。

（2） 委員によるあっ旋と調停

自治紛争処理委員による調停の制度は、当時の地方行政調査委員会議の勧告において、市町村及び市町村相互、及び都道府県と市町村の紛争について、あっ旋又は調停の制度を設けるべきであるとされたことを受けて、昭和27 (1952) 年の地方自治法の一部を改正する法律（同年法306号）に基づいて創設された（同法による改正後の地方自治法251条)[9]。そして、この制度は、①昭和35

---

[7]　平成11 (1999) 年の地方自治法改正後の自治紛争処理委員の制度について解説するものは多い。代表的なものとして、松本英昭『新版逐条地方自治法（第5次改訂版）』（学陽書房、2009年) 1102頁以下、成田頼明ほか編『注釈地方自治法（全訂）』（第一法規、加除式) 6504頁以下、村上裕章「国地方係争処理委員会と自治紛争処理委員――その法的地位を中心として」税57巻2号 (2002年) 118頁等がある。また、制度改正の経緯を紹介するものとして、佐藤文俊「地方分権一括法の成立と地方自治法の改正 (5)」自研76巻5号 (2000年) 110頁がある（なお、本章の【追記1】を参照)。

[8]　千葉県の不同意について、不同意を取り消し、地方自治法250条の2の規定に基づく協議同意基準を設定・公表した上で、勧告の日から2週間以内に我孫子市との協議を再開すべき旨、千葉県知事に勧告した平成22 (2010) 年5月18日付けの自治紛争処理委員の判断に関して、中西則文「国地方係争処理委員会及び自治紛争処理委員の審査等について」地方自治752号 (2010年) 49頁、今井照「都道府県・市町村関係の制度と実態――自治紛争処理委員制度は機能したか」ジュリ407号 (2010年) 110頁、宇賀・前掲注(3) 77頁以下、島田恵司「自治紛争処理委員制度・再考」自治総研2012年10月号1頁以下等がある。また、前記勧告を踏まえた千葉県の再度の不同意に関し、当該不同意を違法でなく、不当でもない、とした平成23 (2011) 年10月21日の判断について、保科実「自治紛争処理委員による審査・勧告について」地方自治773号 (2012年) 34頁、島田恵司・前掲1頁以下がある。

[9]　地方行政調査委員会議「行政事務再配分に関する第2次勧告」（昭和26年9月22日）。参照、小早川光郎ほか編『史料日本の地方自治2 現代地方自治制度の確立』（学陽書房、1999年) 389頁。さらに、参照、第13回国会（常会）衆議院地方行政委員会（昭和27年4月25日）における岡野清豪大臣の提案理由説明（衆議院地方行政委員会議録34号36頁)。また、時の法令76号 (1952

(1960) 年の自治庁から自治省（当時）への改編に伴って委員の任命権者が内閣総理大臣から自治大臣（平成11〔1999〕年の中央省庁改編後は総務大臣）に変更され[10]、②平成11（1999）年の地方分権一括法（同年法87号）により、地方自治法施行令に規定されていた調停の手続に関する事項のなかの重要なものが地方自治法に規律されることとなった他は、基本的に当初の制度が維持されてきた。以下、制度の概要を確認する（なお、本章の【追記1】を参照）。

（3）委員の任命・任期等

　まず、自治紛争処理委員（以下、本節において「委員」という）の任命等に関して述べる。委員は、3名であり、事件ごとに、優れた識見を有する者のうちから、総務大臣又は都道府県知事が任命する。この場合に、総務大臣又は都道府県知事は、あらかじめ事件に関係のある事務を担任する各大臣又は都道府県の委員会若しくは委員に協議するものとされている（地方自治法〔以下、条文の引用において「法」という〕251条2項）。委員の在任期間の終期については、当事者が調停の申請を取り下げたとき、委員が地方自治法の規定に基づき調停を打ち切った旨を当事者に通知したとき、総務大臣又は都道府県知事が同法の規定に基づき調停が成立した旨を当事者に通知したときは、委員は失職する、との規定がある（法251条3項1号ないし3号〔現行法同条4項1号ないし9号。現行規定においては要件がより精緻に規律されている〕）。また、総務大臣又は都道府県知事は、委員が当該事件に直接利害関係を有することとなったときは、当該委員を罷免しなければならない（同条4項〔現行法同条5項〕）。さらに、委員の任免について、委員のうち2名以上が同一の政党その他の政治団体に属することになってはならないこと等、国地方係争処理委員会委員に係るものと同趣旨の規定が盛り込まれている（同条5項〔現行法同条6項〕）。

　　年）41頁には、改正法の成立に伴って地方自治法施行令に設けられた自治紛争調停委員の手続に関する規定の解説が掲載されている（宮沢弘「地方自治法施行令の改正――自治紛争調停委員の調停手続等」）。
10）　自治庁設置法の一部を改正する法律（昭和35年法113号）附則5条（地方自治法の一部改正）。中央省庁等改革のための国の行政組織関係法律の整備等に関する法律（平成11年法102号）33条（第5章総務省関係）。

（4） 調停の手続

次に、調停の手続に関して述べる。前記（1）②に紹介した審査及び勧告の手続（法251条の3）とは区別する形で、地方自治法251条の2において、調停手続に関する独自の規律が置かれている。同条によれば、普通地方公共団体相互の間又は普通地方公共団体の機関相互の間に紛争があるときに、当事者の文書による申請に基づき又は職権により、委員が任命され、手続が開始される（同条1項）[11]。委員は、調停案を作成するために必要があると認めるときは、当事者及び関係人の出頭及び陳述を求め、又は当事者及び関係人並びに紛争に係る事件に関係のある者に対し、必要な記録の提出を求めることができる（同条9項）。

その上で、委員は、調停案を作成し、当事者に示し、受諾を勧告するとともに、理由を付してその要旨を公表することができる（同条3項）。ただし、調停による解決の見込みがないと認めるときは、委員は、総務大臣又は都道府県知事の同意を得て、調停を打ち切り、事件の要点及び調停の経過を公表することができる（同条5項）。調停は、当事者のすべてから、調停案を受諾した旨を記載した文書が総務大臣又は都道府県知事に提出されたときに成立する（同条7項前段）[12]。

以上の調停案の作成、要旨の公表等に係る決定及び出頭・陳述等の手続に係る決定に際しては、委員の合議によるものとされる（同条10項）。ただし、自治紛争処理委員の調停及び審査の手続に関する省令（平成21年総務省令14号。以下、「調停手続令」という）によれば、委員の互選により代表自治紛争処理委員が定められ、代表自治紛争処理委員が、会議を招集・主宰し、自治紛争処理委員を代表する（同令3条1項ないし3項）。また、同令には、会議等の公開について、当事者が出席する調停は、自治紛争処理委員が公開とすることを相当と認める

---

[11] 調停の申請があった場合においても、調停に付すことが適当でないと認められる場合には、総務大臣又は都道府県知事は、調停に付す必要はないものとされている（地方自治法施行令174条の6第1項〔現行施行令同条2項〕）。

[12] なお、当事者に対する調停案の提示、受諾の勧告を委員が行った場合に、委員は、総務大臣又は都道府県知事に対し報告するものとされ（法251条の2第4項）、調停を打ち切った場合には、当事者にその旨を通知するものとされている（同条6項）。また、調停を受諾した旨を記載した文書が提出された時には、総務大臣又は都道府県知事は、その旨を委員に通知するものとされ（同条8項）、また、調停が成立した場合には、直ちにその旨及び調停の要旨を公表するとともに、当事者に調停が成立した旨を通知するものとされている（同条7項）。

場合に限り公開することとする、との規定がある（同令8条）。

　なお、普通地方公共団体が当事者である調停の申請及び調停案の受諾については、議会の議決が必要とされる（法96条1項12号）。また、前記（1）②の審査及び勧告については、総務大臣に審査の申出があった日から90日以内に審査及び勧告を行われなければならないのに対し、調停については、当事者の互譲に基づき解決を図る視点からこのような期間の制限はない（法251条の3第5項ないし第7項による法250条の14第5項の準用・読替え）。

第3節　平成22年第2号事件の経緯等

（1）　概　　説

　本章の紹介する平成22年第2号事件は、砂利採取法（昭和43年法74号）に基づく砂利採取計画の認可に係る管轄の境界、具体的には、唐津湾沖における佐賀県と長崎県との間の境界をめぐって、両県の間において認識の齟齬があったことから生じた紛争に係るものである。事件の経緯等に関しては詳しい紹介がある[13]ので、ここでは概要のみを確認することにしたい。

（2）　事件の概要

　紛争の原因は、管轄境界について佐賀県は等距離ラインによるべきであると主張し、長崎県は「漁業取締ライン」を主張したことにある[14]。そこで、佐賀県は、平成20（2008）年11月から長崎県と9回にわたって協議を重ねてきたものの、紛争の解決には至らなかったため、平成22（2010）年11月11日付けで、①唐津湾沖における佐賀及び長崎両県の間の管轄が未確定であることを確認すること（調停事項1）、②管轄境界を等距離ラインにより確定すること（調停事項2）を求める申請を行った[15]。当該申請を受け、総務大臣は、砂利採取法を所管する経済産業大臣との協議を経て（参照、前出第2節（3））、平成22（2010）年

---

[13]　参照、尾川・前掲注(4)。

[14]　等距離ラインとは、そのラインのどの点においても両県の水際線上の最も近くにある点への距離が等しくなる線をいう。これに対し、長崎県が主張した漁業取締ラインとは、具体的には、福岡県烏帽子島灯台と長崎県二神島灯台を結ぶ見通し線をいう。

[15]　ちなみに、本件調停は、砂利採取法上の認可の管轄境界に係るものであり、地方自治法上の地方公共団体の区域の境界に係るものではない。参照、尾川・前掲注(4) 15頁。

11月25日付けで、3名の委員を任命し、調停に付した。委員は、筆者（代表自治紛争処理委員）の他に、佐瀬正俊弁護士、山本隆司東京大学大学院法学政治学研究科教授である。

　平成22年第2号事件に係る委員の会議は、約1年4か月の間に、合計13回、開催された。会議においては、6回にわたり佐賀及び長崎両県との間で陳述の聴取、質疑応答、意見の交換がされたことに加え、参考人として、砂利採取法を所管する経済産業省の担当職員に対する陳述聴取がされ、佐賀及び長崎両県の職員との間で過去の協議等の経緯に関する質疑応答がされている。さらに、事務局である総務省自治行政局の職員と両県との間において、それぞれ複数回にわたって意見交換を通じた調整も行われた。

　ちなみに、佐賀県知事から提出された申請書が読み上げられた第1回会議の該当部分を除いて、本調停は非公開で行われている。

（3）　調停作業の経緯

　調停事項に関する佐賀及び長崎両県の主張、及び参考人の陳述聴取等の調停手続を通じ、①砂利採取法の管轄境界に関して基本的にどのような考え方を採用すべきか、②平成13（2001）年11月26日に長崎県の職員と佐賀県の職員との間で管轄境界に関して協議が行われた事実があり（以下、この協議を「平成13年協議」という）、当該協議において「漁業取締ライン」によるものとする合意が成立したと認められるか、③平成13年協議以降、長崎県は、「漁業取締ライン」以北（同ラインを基準とした場合の長崎県側）で砂利採取計画の認可を行っており、かつ、佐賀県がこれに対し異議を唱えた事実は認められないものの、①と関連して、これらの事実関係をどのように評価するか、④管轄境界の考え方及び前記の事実関係を前提として、本件についてどのような調停方針を策定すべきかが、調停案を作成する際の重要な判断事項である、との認識が各委員において共有されることとなった。

　そして、前記事項に関する委員の合議の結果、第1に、①に関して次のように判断されることとなった。すなわち、当該地域の管轄境界あるいは砂利採取法上の管轄境界について明確な慣行等が存在すればそれによるべきところ、本件においてはそのような慣行は存在したとは認められない点に照らすならば、原則として境界を接する両県の合意によって管轄境界は決せられるべきことと

なる。よって、本件に関しては、②及び③の経緯に照らして両県の間に「漁業取締ライン」を境界とする合意が成立していたと認められるか否かが、調停案の内容を左右する重要なポイントとなる。

その上で、第2に、②及び③に関しては、両県の間に合意文書等が存在せず、合意があったとする長崎県側からは合意の存在を認めるに足りる証拠の提示のなかったことから、管轄境界に係る明確な合意はなかったものと判断せざるを得ない、との結論に各委員は至った。また、この点に関連し、平成13年協議以前において、管轄境界に関して等距離線主義が最も一般的な原則であると長崎県は認識しており、この認識に基づいて認可を行っていたことも、考慮すべき重要な事実として認定された。

他方、同時に、平成13年の協議の後に、(a) 次回の協議の日程を佐賀県から長崎県に連絡するとされていたにもかかわらず、佐賀県が連絡を行わなかったこと、また、(b) 長崎県が「漁業取締ライン」以北において認可を行っていることを知った後においても、佐賀県は異議を唱えなかったこと、結果として、(c) 砂利採取業者は当該地域において長崎県から適法に認可を受けてきたと解すべきであること、等の事実は、調停案の作成に際し十分に参酌されるべきことも、委員の合議において確認された。

(4) 調停案の骨子

以上の判断を踏まえて委員が合意した調停案の基本的な骨格は、以下のようなものである。①境界管轄に関する明確な合意がないことに加えて、平成13年協議以前において長崎県が等距離線主義に基づき認可を行っていた事実、さらには、国内法、国際法及び境界に関する裁判例[16]等を踏まえるならば、今後、

---

16) 委員の合議においては、海洋法に関する国際連合条約（United Nations Convention on the Law of the Sea）、排他的経済水域及び大陸棚に関する法律（平成8年法74号）において、隣接国との関係においては中間線により境界を確定する考え方が採用されていること、また、公有水面における普通地方公共団体の境界について、歴史的経緯や従来の行政権行使の実情等に鑑み、等距離線主義によることができない特段の事情がない場合には、等距離線主義によるべきこととされた裁判例（和歌山地判平成7年3月1日行集46巻2=3号166頁）等が判断の基礎とされた。これらの法律・裁判例等を紹介するものとして、参照、尾川・前掲注(4) 20頁注3（前記和歌山地判平成7年3月1日に関しては、第2審・大阪高判平成8年11月26日行集47巻11=12号1155頁〔控訴人（原審原告）の控訴棄却〕、上告審・最判平成10年11月10日判自185号18頁があり、いずれにおいても等距離線主義に基づく判断は妥当であると判断している）。

両県の間において何らかの管轄境界を設定する際には等距離線主義を採用することが妥当である。

②ただし、紛争海域において等距離線主義を採用するに際しても、設定方法等について、両県が誠実に協議を行うことが必要であり、かつ、長崎県が「漁業取締ライン」以北において認可を行ってきた実態及び境界画定の協議に時間が必要とされることに鑑みるならば、一定期間は「漁業取締ライン」を管轄境界として取り扱うことが適当である。

このような基本的な枠組みに沿って両県の合意を取り付けるべく、委員は、両県の陳述の聴取、さらには、事務局を通じた意見調整等を複数回にわたって行った。結果、平成24 (2012) 年2月3日、委員は、前記枠組みに沿った調停案を両県に提示し、受諾を勧告した。調停案の正確な内容は本文を参照して頂く他はないが、前記の①に関し、「長崎県が長年にわたって認可を行ってきたことについては、これまでの経緯等に鑑みれば、問題がない」点を明確に表現したこと、②に関し、「今後10年間の管轄境界の取扱いについては、暫定的に……『漁業取締ライン』をもってこれをあてること」としたこと等が、作業を踏まえた調停案のポイントである、と委員の一人として考えている。

（5）　調停の成立

前記の調停案の受諾勧告に対し、佐賀県知事及び長崎県知事からそれぞれ受諾する旨の文書が総務大臣に提出されたことから、平成24 (2012) 年3月26日に本件調停は成立した。ちなみに、両県が勧告を受諾するに際しては議会の議決が必要とされるところ（前出第2節(4)）、両県議会はそれぞれ平成24年2月定例会において当該議決を行っている。

第4節　調停の成立を踏まえて——制度の特長と今後への期待

（1）　事案の性格

地方公共団体相互の間又は地方公共団体の機関相互の間の紛争においては、通常、当事者以外に利害関係を有する者が広範囲にわたって存在する。本件においても、紛争海域において長崎県から認可を受けて砂利採取を行ってきた事業者がおり、また、当該海域において漁業を営む者及び漁業組合等、紛争の行

方に重大な関心を有する者がいた。

　また、団体・機関の間の自主的な努力によっては紛争を解決することができず、議会の同意を得た上で正式な紛争解決の手続が実施される事例においては、当事者の双方の主張に相応の根拠があるケースがほとんどであろう。本件においても、佐賀及び長崎両県の双方の主張には相応の根拠があり、その結果、実際に作成した委員の調停案にあっても、これら両県の主張に配慮し、両県の互譲を求める内容となった。もちろん、都道府県の関与をめぐる都道府県と市町村との間の紛争に関しての審査・勧告のように、紛争の対象となった都道府県の関与の適法性・合目的性について法令等に照らした明確な判断を委員の責任において示すことを求められる手続もある。しかしながら、当事者の互譲を求め、合意を獲得することを目指しつつ、作業の行われることが予定されている調停の制度においては、両当事者の主張を適切に取り入れ、複雑な利害関係を解きほぐす、柔軟性に富んだ解決をもたらすことが制度上も予定されており、そのような解決になじむ紛争においては制度の特質を十分に発揮することが肝要である。そして、本件はまさにそのようなケースであった。

（2）　調停制度の特長

　また、紛争調停にあっては、都道府県の関与に係る審査・勧告のように決定に要する期間の制限はない（前出第2節(4)）等、当事者の互譲を求めて合意による解決を目指すため、柔軟な手続をもって調停を行うことが予定されている。現に、自治紛争処理委員による調停の手続に関しては、地方自治法、地方自治法施行令、調停調停手続令において、委員の任免、調停の開始と終了、当事者・参考人の陳述聴取等の、手続の基本に係る規定が置かれるにとどまり、これら以外の点については委員による自由かつ柔軟な手続の進行・運営に委ねられている（前出第2節(3)(4)）。

　今回の調停においては、このような調停手続の特長が十分に発揮された。すなわち、今回の調停は約1年4か月と比較的長い時間を要したが、その主たる理由は、両県の陳述聴取等を踏まえて策定された調停案の骨格が両県に示された後に、調停案を両当事者が合意できる具体的な内容と案文にするべく、慎重かつ柔軟に手続が進められたことにある。また、委員の判断により、両当事者同席の上で意見陳述を求め、あるいは、両当事者を招致しつつも別々に意見聴

取を行う場を設ける等、局面に応じて柔軟に手続の使い分けがされた。さらに、委員の示した基本方針の下において、自治紛争処理委員の事務局である総務省自治行政局の職員と両県との間で合意案の内容に関する調整が行われたことも、紛争調停の柔軟な手続を反映したものといえよう[17]。

（3） おわりに

既に述べたように、自治紛争処理委員の調停に至る紛争においては、過去の経緯や複雑な利害関係を背景として、当事者双方に相応の根拠をもった主張等のあるケースがほとんどであると考えられる。今回の調停案も、そのような両県の主張を踏まえ、当事者の互譲を求めた内容となった。別の表現をするならば、本件の調停案の成立は、一部において自らの主張に反する内容を両県が受け入れたことを意味する。この点において、調停案を受諾するとの、「法化」の時代にふさわしい判断をされた両県の知事、議会、担当部局の見識に対し、委員を努めた者として敬意を表したい。

最後に、当事者間における自主的な解決の見込みがないケースであって、紛争調停の特長を発揮し得る事案に関して、紛争の長期化を回避し、団体・機関の間の良好な関係を再構築する目的の下において、この制度が地方公共団体とその機関に積極的に利用されていくことを、調停に関与した経験者として期待している。

【追記1】 （1） 地方自治法に基づく審査請求の申立て等の審理　本章第2節(1)に紹介した自治紛争処理委員の職務のうち、第3番目のもの、すなわち、地方自治法の規定に基づく審査請求、再審査請求、審査の申立て又は審決の申請に際しての委員による審理に関しては、本章本文の括弧書きに言及したように、本章刊行時においても法定受託事務に係る裁定的関与等は除外されていた（行政不服審査法の施行に伴う関係法律の整備に関する法律〔平成26年法69号。以下、「整備法」という〕による改正前の地方自治法255条の5。同じく改正前の同法255条の2の規定による審査請求、252条の17の4第3項の規定による再審査請求が除外されていた）。法定受託事務にあっては、裁定的関与の審査庁は第三者的な立場によるものではないことから、審査に際して自治紛

---

[17] 本章の執筆当時において筆者は総務省公害等調整委員会の委員を努めていたが、同委員会の公害紛争調停においても、委員の示した方針に基づいて事務局職員が調停案の具体的内容の作成作業を実施する例は多い。

争処理委員による予備的審査を経る必要はないと解されたことによる（例えば、参照、松本英昭『新版逐条地方自治法〔第5次改訂版〕』〔学陽書房、2009年〕1332頁）。

　そして、自治紛争処理委員の前記審査に関しては、行政不服審査法の全面改正（平成26年法68号）の際の整理によって現行255条の5の文言に改められている（整備法による改正）。第1に、行政不服審査法に際して「審査請求」の語は同法の審査請求を指すとの整理がされたことから、審査請求のできる場合が同条に明示された（現行条文を参照）。第2に、地方自治法において法定受託事務に係る裁定的関与以外に再審査請求の仕組みがなくなったことから、現行条文には再審査請求は記載されていない。第3に、現行条文に明示された三つの審査請求（例えば、同法143条3項。選挙管理委員会による長の失職決定に対する審査請求）は、長・執行機関の身分に関する処分に対してされるものであるため、その性質上、自治紛争処理委員の予備的審査を経ることが適当であるとされ、また、地方自治法に基づく審査の申立て（例えば、同法118条5項。議会内の選挙における投票の効力に係る議会の決定に対する審査の申立て）や審決の申請（同法255条の4。地方公共団体の違法処分により権利を侵害されたとする者による審決の申請）に関しても、その性質上、地方公共団体内部で審理されることは適当でないと解されたことから、必ず自治紛争審理委員による審理を経ることとされた。第4に、自治紛争処理委員の審理を経ることとの関係上、行政不服審査法上の審理員の指名に関する規定等は適用されないものとする等の規定が追加されている（同法255条の5第2項ないし4項の追加。以上の記述に関しては、松本英昭『新版逐条地方自治法〔第9次改訂版〕』〔学陽書房、2017年〕1531頁以下を参照）。

　(2)　**連携協約に係る紛争の処理方策の提示**　平成26(2014)年に連携協約の制度が創設された際に（同年法42号による地方自治法252条の2の追加）、連携協約に関する紛争については自治紛争処理委員に当該紛争を処理するための方策の提示を求める旨の申請ができることされたことから（同条7項）、自治紛争処理委員の職務に当該申請に関する事項が追加されている（同法251条1項の改正）。

　【追記2】　東京湾の中央防波堤地の帰属をめぐって江東区と大田区との間において生じた紛争に関しては、平成29(2017)年に両区が東京都に調停を申請し、東京都知事が任命した自治紛争処理委員は平成29(2017)年10月に、係争地のうち86.2％を江東区に、13.8％を大田区に帰属させる調停案を提示し受諾を勧告したものの、大田区長は調停案を拒否し、江東区に対して地方自治法9条に基づいて境界の確定を求める訴えを提起する議案を同区議会に提出し、同議案は可決された。その後、大田区の提起した訴えについて、東京地判令和元年9月20日判時2442号38頁は、水際線に基づく等距離線を基礎としつつ、埋立地の利用状況等による修正を加えて、係争地のうち79.3％を被告江東区に、20.7％を大田区に帰属させる判断を示した（確定）。この事案も

地方自治体間の関係における「法化」の例を示すものとして興味深い（本章の〈解題〉において述べたように、東京湾の埋立地に係る過去の紛争については、東京都の調停に基づいて解決がもたらされてきた経緯がある。参照、前記東京地判令和元年9月20日の事実認定〔判例時報2442号46頁〕）。

第4編　公務員制度改革

〈解題〉　第4編は、わが国の公務員法制を考察した諸論稿を掲載した。ただし、地方公務員制度に焦点を当てた諸論稿については、別途、第5編に収録することとした。

　まず、第4編第1部には、第1章として、内閣総理大臣の諮問機関として設置された公務員制度調査会の答申が出された後の平成11（1999）年に同答申を踏まえながら公務員制度の在り方を検討した論稿（ジュリスト1161号136頁）を、第2章として、わが国の公務員制度改革に際して参考とされることの多かったイギリスの公務員制度の動向に関し、ブレア政権の施策を中心として紹介した論稿（小早川光郎ほか編『塩野宏先生古稀記念　行政法の発展と変革（上）』〔有斐閣、2001年〕821頁）を収めた。第3章として、日本公法学会第70回総会（平成17〔2005〕年。於関西学院大学）において公務員制度改革の動向を踏まえて公法系教育の在り方を論じた論稿（公法研究68号〔2006〕180頁）を収録した。なお、これらの諸論稿の刊行後に行われた内閣人事局の創設等を主な内容とする国家公務員法等の改正（平成26年法22号による）に関しては、第4編第2部第2章287頁以下において紹介している。

　次に、第4編第2部には、公務員制度改革における最重要の論点の一つとして議論された公務員への労働基本権の付与の可否及び付与した場合におけるその在り方の問題に関して考察した二つの論稿を収録した。第1章として、国家公務員制度改革推進本部に設置された労使関係制度検討委員会（座長・今野浩一郎学習院大学教授〔肩書は当時〕）の報告書（平成21〔2009〕年12月）の解説として執筆した論稿（地方公務員月報565号〔2010年〕2頁）を、第2章として、前記の国家公務員法の改正後において、再度、公務員に労働基本権を付与した場合のその在り方について筆者の立場から検討した論稿（自治研究91巻5号〔2015年〕27頁、同6号〔同〕25頁）を掲載している。

第1部 制度改革の軌跡

第1章 公務員制度──1990年代の動向

〈解題〉 本章は、ジュリスト編集部の依頼に基づいて、中央省庁等改革、第1次地方分権改革の到達点がほぼ明らかになった時点において、本格的な改革に未着手であった公務員制度の現状と改革の方向性とに関し、ジュリスト1161号（特集・行政改革の理念・現状・展望「この国のかたち」の再構築〔1999年〕）に掲載したものである。公務員制度改革に関する筆者の最初の論文であり、本書刊行時点に至るまでの様々な公務員制度改革と関連する多くの論点に関して筆者の見解を述べたものであることから、本書に掲載した。なお、これらの論点に関しては、本書第4編及び第5編に収録した諸論稿のなかに、各論稿の刊行後の動向について述べた【追記】を含めて言及したことから、本章においては、これらの記載を本文等において適宜参照し、本章の【追記1】ないし【追記5】において必要最小限度の補遺を加えるにとどめることとした。また、公務員制度改革のうちで政官関係の視点と密接に関連する論点に関しては、今後刊行を予定している高橋滋『ガバナンスと行政法学──組織管理、法学教育と東アジア』（民事法研究会、2025年刊行予定）においても言及する予定であるので、これも参照されたい。

第1節 公務員制度とその外部環境

（1） 民間部門における変化と規制緩和

わが国の経済・社会は、高度成長期以降、急激な技術革新と産業構造の転換を経験した。雇用形態は流動化し、就業形態の分化も進んでいる。臨時・下請・パートの他に、派遣・契約社員等、特殊な雇用形態の下にある労働者の数が増加したことは、その一例である。かつ、1990年代に入ると、企業間競争の激化やバブル経済崩壊後の不況等により、このような傾向は一挙に押し進められた。加えて、女性労働者の割合は着実に増加し、諸外国に比べても顕著な形で高齢社会への移行が進行している。

前記のような労働形態と環境の変化に対して、労働法制は機敏な対応を求められてきた。1980年以降に限っても、男女雇用機会均等法（1985年）、労働者派遣法（1985年）、育児休業法（1991年）、短時間労働者雇用管理法（1993年）等、新たな労働者保護立法の制定・改正の動きは目立っている[1]。さらに、規制緩和の動きは、労働関係法規の新設改廃を促進した。労働市場規制にも緩和の流れは及び、規制緩和推進計画（1995年閣議決定。96年・97年再改定）は、(a) 有期労働契約の期間の上限を一定の場合に3年程度に延長すること、(b) 裁量労働制度の対象を拡大すること、(c) 1年単位変形労働時間制の要件を緩和すること、等の確実な実施を求めた。そして、女性労働者の労働時間規制の撤廃に続いて、平成10（1998）年に規制緩和推進計画を実現する労働基準法の改正が行われた[2]。さらに、第145回国会（常会）においては、労働者派遣事業の対象拡大等を内容とする労働者派遣法改正法等も成立している。

（2） 公務員制度改革の動き

日本の公務員制度は、国家公務員法（昭和22年法120号）、地方公務員法（昭和25年法261号）、国営企業労働関係法（昭和23年法257号。ただし、執筆当時の名称・規定のもの）、地方公営企業労働関係法（昭和27年法289号〔当時の規定〕）等の公務員法体系の下で、民間部門とは異なる法的規律の下に置かれ、あるいは民間労働部門に関する法的規律の一部が適用除外とされてきた。しかしながら、公務員制度も、民間と労働市場を分け合う以上は、前記のような社会経済情勢の変化から無縁でいることは不可能である。例えば、若年層における公務員と民間との給与格差は長年問題となってきたが、社会全体の人材流動化が進むなかで、早期立上がり型へと公務員給与カーブを是正する等の措置が着手された

---

1) 参照、外尾健一『労働法入門〔第5版〕』（有斐閣、1999年）28頁以下、片岡曻『労働法(1)〔第3版補訂〕』（有斐閣、1998年）45頁以下等（なお、本文に述べた諸法律の正式名称を掲げる。男女雇用機会均等法は雇用の分野における男女の均等な機会及び待遇の確保等に関する法律〔昭和47年法113号〔昭和60年法45号による改正〕〕であり、労働者派遣法は労働者派遣事業の適正な運営の確保及び派遣労働者の保護等に関する法律（昭和60法88号）であり、育児休業法は育児休業、介護休業等育児又は家族介護を行う労働者の福祉に関する法律（平成3年法76号）であり、短時間労働者雇用管理法は短時間労働者及び有期雇用労働者の雇用管理の改善等に関する法律（平成5年法76号）である。
2) 参照、ジュリ1153号「特集・労働基準法の改正」（1999年）所収の諸論文等。さらに、参照、盛誠吾『わかりやすい改正労働基準法』（有斐閣、1999年）。

(本章の【追記1】を参照)。これ以外にも、介護休暇制度の創設、民間の人材を活用する中途採用システムの整備（人事院規則1-24〔平成10年〕）、任期付研究員法（一般職の任期付研究員の採用、給与及び勤務時間の特例に関する法律〔平成9年法65号〕）による任期制の一部導入等、近時の改革については枚挙に暇がない。

　第145回国会（常会）においても、退職者再任用法（国家公務員法等の一部を改正する法律〔同年法83号〕）が成立し、国家公務員倫理法案（各政党による議員立法案）、国と民間企業との間の人事交流に関する法律案が審議された[3]（国家公務員倫理法は平成11年法129号として成立し、国と民間企業との間の人事交流に関する法律は平成11年法224号として第146回国会〔臨時会〕において成立した）。

　これらの動きに加え、行政改革会議等においては、改革後の組織運営を人的側面から支援する制度を構築し、併せて規制緩和を推進する見地から、公務員制度全般に関する議論が行われた。さらに、一連の公務員不祥事が国民の公務員に対する信頼を大きく損なったことも関連して、平成9 (1997) 年5月には、「国家公務員制度とその運用の在り方についての全般的な見直し」を専門的に調査審議する組織として公務員制度調査会（内閣総理大臣の諮問機関、設置期間5年。座長・辻村江太郎慶応義塾大学名誉教授〔肩書は当時のもの。以下、同じ〕）が設けられた。同調査会は、行政改革会議の最終報告を踏まえ、平成11 (1999) 年3月に「公務員制度改革の基本方向に関する答申」（以下、「公制調答申」という）を小渕恵三総理大臣（当時）に提出している。

　以上、民間の労働法制の動向と関連させながら公務員制度改革の動きを略述した。以下においては、まず、行政改革会議の最終報告（以下、「行革会議最終報告」という）や公制調答申等に示された改革の方向性とその後の動きとを確認する。なお、地方公務員制度に関しては、地方公務員制度調査研究会（座長・塩野宏成蹊大学教授）が平成11 (1999) 年4月に包括的な報告書を公表しており、この報告書に関しても言及することにする（第2節）。その上で、これらの内容を踏まえて、公務員制度改革の方向を検討し（第3節）、さらに、まとめを行うことにしたい（第4節）[4]。

---

3) 参照、人事院『人事行政50年の歩み』(1998年) 593頁以下。
4) 公制調答申の全文、地方公務員制度調査研究会報告の概要は、ジュリ1158号 (1999年) 48頁以下・66頁以下に掲載されている。また、公務員制度改革に関しては、同号「特集・公務員制度改革―公務員制度調査会答申をめぐって」掲載の諸論文を参照されたい。

第2節　改革の方向性と具体的内容

（1）改革の基本的方向

まず、行革会議最終報告と公制調答申（総論）の検討を通じ、改革の方向性を探ることにする。

1) **行革会議最終報告**　まず、公務員制度全般に係る改革が議論された行政改革会議の最終報告においては、「1　省庁の機能再編に対応した人事管理制度の構築」、「2　新たな人材の一括管理システムの導入」、「3　内閣官房・内閣府の人材確保システムの確立」、「4　多様な人材の確保と能力、実績等に応じた処遇の徹底」、「5　退職管理の適正化」、を柱とした提言がなされた。

「1　省庁の機能再編に対応した人事管理制度の構築」の内容は、政策の企画立案機能と実施機能との分離に即して、実施部門における人事の相対的独立性と適切な人事交流とを確保するルールづくりを狙いとしたものである。「2　新たな人材の一括管理システムの導入」のそれは「縦割り行政」の弊害を除去する目的に出たものであり、「3　内閣官房・内閣府の人材確保システムの確立」のそれは内閣官房・内閣府による政策調整機能を向上させるための人材確保を狙ったものである。これらの提言は、その内容に照らしても組織改革との連携を意識したものとなっている（ただし、「1　省庁の機能再編に対応した人事管理制度の構築」にあっては、企画立案と実施の機能分離の焦点が独立行政法人に移ったこと等もあり、具体的な方策は示されていない〔なお、人材の一括管理システムに関しては、その後、幹部人事の一元管理、幹部候補育成過程の仕組みの創設等において一部実現した。本書第4編第2部第2章第1節287頁以下を参照〕）。

また、多様な人材の確保と能力、実績に応じた処遇の徹底も、採用コース別（Ⅰ種・Ⅱ種・Ⅲ種〔当時の区分〕等の職類の区別、行政・法律・経済・建築・土木等の専門区分）の人事管理や年功序列的昇進システムによる組織の硬直化を排し、幅広い競争と柔軟な人事による組織強化を図る点で、行革の理念と密接な関連性を有している。

さらに、早期退職制度を修正し、各省単位の再就職支援制度を改めること等を内容とした退職管理の改革は、退職前の人事管理と不可分であり、公務員制度の根幹に深く関連するものといえよう。

2) **公制調答申（総論）**　以上のように、行革会議最終報告は組織改革と

の連動性を強く打ち出したものであった。これに対し、公制調答申は、民間部門における様々な変化への対応、公務員への信頼の回復等の課題をはじめとして、21世紀に向け、公務員制度に関する幅広い再検討を行っている[5]。この公制調答申は総論と各論から構成されており、総論には改革の基本理念が示されている[6]。まず、注目すべき点は、①能力の実証による任用、②職務への専念と政治的中立を基本とする服務規律、③適切な勤務条件の保障、等に示される公務員制度の基本原則を、公制調答申が高く評価していることである。公制調答申の総論のなかで、改革の実施に際してもこれらの諸原則は維持されるべき点が明示されていることに、我々は留意すべきであろう。その上で、公制調答申は、行政改革への対応と雇用環境の変化への対応とが、今次の制度改革を必要とする理由であることを明らかにしている。

前者に関しては、専門性、中立性等に加えて、新たに、総合性、戦略性、機動性、透明性の確保が公務員制度に求められているとの認識が示されている。後者に関しては、男女共同参画の推進、高齢化少子化への対応等と並んで、民間部門の雇用システムとの整合性を意識した改革が必要とされている点は、重要といえよう。

以上の基本的認識に基づいて、公制調答申は、(a) 行政課題の複雑高度化に対応した能力向上、(b) 簡素・効率的で機動的な行政の実現と総合性の確保、(c) 国民の信頼確保、(d) 環境の変化に対応した雇用システムの実現を取り組むべき課題として掲げる。以下、これらの課題別に答申の具体的内容等を確認することにするが、(a) と (b) とに関しては、具体的施策において重なる部分も多いので、一つの項目にまとめて検討することにしたい。

(2) 専門・総合的能力の向上と能力・実績主義の徹底

答申の各論には、12項目にわたる検討課題が列挙されている。このうち、

---

[5] 公務員制度改革の基本的な方向性に関しては、内閣・総務庁（当時）における作業と並行して、人事院においても事務総長の依頼を受けて「新たな時代の公務員人事管理を考える研究会」が設置され、平成10 (1998) 年3月に報告書「公務員人事管理の改革 柔軟で開放的なシステムを目指して」が公表されている。かつ、その内容はその後に公表された公制調答申とほぼ重なるものとなっている。

[6] 公制調答申の内容を紹介するものとして、参照、古川源六郎「公務員制度調査会答申の経緯とその基本的考え方」ジュリ1158号（1999年）10頁。

標題に関連するものとしては、「1　多様で質の高い人材の確保」、「2　行政の総合性、個人の適性・志向を重視した能力開発」、「3　能力・実績に応じた昇進・給与」、「4　能力・実績に応じた昇進・給与を支える人事評価」、「5　行政の専門性の向上と個人の適性・志向に配慮した多様なキャリア・パス」、「11　職務・職責に応じた人事システム」等がある（なお、人事システムの項目は、システムの構築の視点から記述内容を再整理したものである）。

　　1)　多様で質の高い人材の確保　　この点に関しては、まず、中途採用による人材確保策を強化し、候補者の適正なスクリーニングや幹部への幅広い登用システムを整備することが必要である、との基本認識が示されている。具体的提案としては、Ⅰ種試験区分の大括り化と外務公務員採用Ⅰ種試験の廃止、省庁における採用単位の大括り化、中途採用の拡大と政治的任用の拡大、等について言及がある。かつ、その一部については、人事院が実施に向けて具体的な検討に入っている[7]（本章の刊行後における試験制度の改革につき、本書第4編第1部第3章第4節(3) 259頁以下及び269頁【追記5】を参照）。その他にも、適切な人事交流の推進、移籍に関する仕組み（他の府省への転籍）の整備等が提案されている。特に、本府省課長以上の幹部職員及び課長に準ずる幹部要員の人材情報についての総合的管理システム（人材データベース）を構築することや移籍に関する仕組みを整備することは、中央省庁等改革関連法律案の閣議決定と同日に公表された「中央省庁等改革の推進に関する方針」（平成11年4月27日中央省庁等改革推進本部決定。以下、「4月27日推進本部決定」という）のなかへと、具体的な形で盛り込まれた。

　　2)　行政の総合性、個人の適性・志向を重視した能力開発　　この点に関しては、ジェネラリストの育成とスペシャリストとの育成とを区別し、それぞれに相応しい能力開発を目指すべきこと、各省庁において、研修、人事配置、省庁間交流、官民交流等を組み合わせた計画的・総合的な育成システムを構築すべきこと、自主的な能力開発の支援等を行うべきこと等が、提言されている。

　　3)　能力・実績主義の徹底　　この項目にあっては、能力・実績に応じた昇進・給与への組換えと、これに対応する人事評価システムの構築等、能力主義・実績主義の徹底が取り上げられている。ここに示された基本的内容は、横

---

7)　参照、人事院『平成10年度年次報告書』（1999年）5頁以下。

並び的な昇進管理の見直し、種類別や専門区分別の人事管理の弾力化、職務・職責に応じた給与制度への転換等であり、これに対応して人事評価の改善も提案されている。

具体的には、能力・実績・適性に基づく昇進管理（採用年次の逆転を含む）、本省庁課長等に登用する段階等における幹部候補生に対する多面的スクリーニングの実施、幹部候補の幅広い選抜とそのための人事交流・研修の計画的実施、等が列挙された。

また、人事評価の面では、各部局・役職等に応じた実績評定要素等の多様化、幹部職員登用時の特別評定の実施等が、注目を集める点であろう。特に、①一定の基準に照らし価値づけを行う「絶対評価」、②参加プロジェクトの長や部下等の評価が参考とされる「多面的評価」、③実績を積極的に評価する「加点主義的評価」等を導入し、手法の多面化客観化を図るとされている点は、興味深い（本章初出の公表後における人事評価制度の整備及びその経緯につき、本書第4編第1部第3章265頁【追記2】を参照）。

　4）　専門性の向上と多様なキャリア・パス　　この点に関しては、ライン職・スタッフ職を区別した上で、スタッフ組織を重視する人事管理を進め、複線型の人事管理制度を構築すべき点が強調されている。

スタッフ職としては、幅広い視野に基づいて政策の企画立案を行う政策スタッフ職と、特定行政分野の政策立案を担当する専門職とが位置づけられている。具体的には、スペシャリスト的な特定官職への採用試験等を通じて専門職職員を長期的に育成していくことや、必要に応じて各省庁において専門職コースを設定すること等が、課題として示された（専門職コースと採用区分とが結び付くことや人事管理が固定化することは回避されるべきことも、併せて指摘されている）。この点は、後にまた検討することとしたい。

（3）　国民の信頼確保

各論における「6　的確な服務規律の確立」の項目が、これに該当する。さらに、能力開発の項目においても公務員倫理の徹底を図る視点は強調されていた。もっとも、この点に関しては、様々な公務員不祥事を契機として、諸外国の事例等を参考として作成された国家公務員倫理法案が第145回国会（常会）において継続審議中であり[8]、新聞報道によれば同国会における成立を図るこ

とで与野党は合意している（同法案は平成11年法129号として成立）。

公制調答申においては、同法の成立を前提として、①服務規律の内容、懲戒処分の基準手続の明確化による透明性の確保、②服務・職責に応じた服務規律の確立、が求められている。また、研究開発等に携わる職員の兼業規制や、私立大学での研究教育に職員が従事する際の規制について規制緩和の見地から見直しの対象とされた点は、注目に値する（なお、本章の【追記2】を参照）。

（4）環境の変化に対応した雇用システムの実現

この点に関しては、公制調答申各論の「7　労働時間の短縮と弾力的な勤務形態等の導入」、「8　社会の変化と職員のニーズに対応した福利厚生施策」、「9　高齢化への対応と退職管理の適正化」、「10　男女共同参画の推進」が対応する。先に触れた能力主義・実績主義の徹底も、雇用環境の変化への対応に関連するものである。民間の動きは冒頭において略述したので、ここでは福利厚生施策を除く事項の要点のみを紹介することにしたい。

1）労働時間短縮と弾力的な勤務形態の導入　　民間部門と同様に、公務部門においても労働時間短縮は大きな課題となっている。もっとも、年間総労働時間1800時間の達成に向けた取組みの重要性は強調されているものの、省庁間調整システムの整備等、具体的方策に関しては直接的な効果が期待される事項は乏しい。他方、具体的な検討課題として提示されているのは、フレックス制度の対象範囲（研究職員に限定）の拡大や裁量労働制の対象範囲（任期付研究員中の招へい型に限定）の拡大、在宅勤務形態等の導入、自己啓発や社会貢献を目的とする休業等である。

2）高齢化への対応と退職管理の適正化　　高齢社会化に対応して、公務部門において65歳までの雇用に取り組むべき点や、「天下り」等の批判に適切に応えるためにも、能力主義・実績主義に基づく処遇の強化と複線型の人事管理に転換することは必要である点が、ここで強調されている。

具体的には、再任用制度の活用を柱としつつ、民間の動向を踏まえて定年の延長に取り組む方針が打ち出された。また、早期に退職して民間部門に移動する、専門職として定年まで勤務する、あるいは、ライン職を退いた後に大学研

8）国家公務員倫理法案に関して、参照、西尾隆「公務員倫理と行政改革」自治総研24巻7号（1998年）30頁以下。

究機関等に勤める等のように、多様な退職パターンを可能にすること等、退職管理の新たな方策が模索されている点は注目されよう。他方、従来型の退職形態に関しては、関連業界への再就職の規制や特殊法人への再就職の規制等の厳格な運用を図るのと同時に、公務員の人材情報と企業等からの求人情報とを集め、両者の調整を行う人材バンクを設立することが、当面の課題とされている（以上につき、本章の【追記1】を参照）。

　　3）　男女共同参画の推進　　第145回国会（常会）において、男女共同参画社会基本法が成立した（平成11年法102号）。これによれば、政府は、男女協同参画社会の形成促進に必要な法的措置をとり、国会に年次報告を提出する義務を負う。さらに、国・都道府県は、男女共同参画基本計画を定めることとされている（市町村は、努力義務）。公制調答申においても、特に、ジェンダー・バイアス（社会的文化的に形成された性別に基づくゆがみ・偏見）を克服することが強調され、女性公務員の採用・評価・登用等の改善や、超過勤務の縮限・勤務形態の弾力化・育児介護に対する支援措置等の環境整備、セクシャル・ハラスメント対策の強化等が、具体的に盛り込まれている。

（5）　地方公務員制度改革の方向性

　ここまで、公制調答申に示された国家公務員制度に関する改革の概要とその後の動きとを概観してきた。既に述べたように、地方公務員に関しても、地方公務員制度調査研究会によって改革の基本方向を示す報告が公表されている。かつ、複線型の人事制度の構築、能力主義・実績主義に基づく人事管理とそれに対応した評価システムの構築、高齢化・男女共同参画社会に向けた取組み等、その内容は公制調答申とほぼ同一のものとなっている。

　もっとも、地方自治体の自主性を重視して、法律には公務員制度の基本的な枠組みを規定するにとどめるべき点等、報告は地方公務員制度の独自性を踏まえた内容になっている。これ以外にも、第三セクター等への職員派遣制度の法制化、広域連合等を通じた市町村における専門的人材の確保、市町村による専門的職員の共同採用・流動的活用の制度化、労働基準法の適用の見直し等、地方公務員制度において独自に検討されるべき項目が明示されている点において、同報告は公制調答申と並んで注目すべきものといえよう[9]（地方公務員制度の改革に関しては、本書第5編第1部第1章328頁以下の各章を参照されたい）。

第3節　制度改革に関する若干の検討

(1) 概　説

以下においては、第2節において示した公務員制度改革の内容に関し、筆者の問題意識に照らして重要と思われる諸点を拾い出し、順次、検討していくことにする。

(2) 改革の基本的視点

まず問題とされるべきは、改革の出発点をどこに置くべきかという点である。冒頭にも述べたように、公務員制度は関連諸法律の下で民間の労働部門とは異なる規律の適用を受けてきた。その特色は、全体への奉仕者としての性格（憲法15条2項）を重視し、成績主義の原則や身分保障の原則を掲げるのと同時に、政治的中立の確保・私企業からの隔離・労働基本権の制限を厳格に適用する点に求めることができる。かつ、これらの諸原則が一般職公務員に一律に適用される点にも、わが国の公務員制度の特徴があるといえる[10]。

他方、民間部門と労働市場を共有する公的労働部門は、民間部門における雇用形態や賃金体系の多様化等の変化に無縁であり続けることは不可能である。公務員制度の枠内において変化への適切な対応がされなければ、求められる行政水準に応え得る人材を確保・維持することは困難となろう。そして、労働形態の多様化のなかで、これまで画一的であり続けた公務員制度について分化・差異化がある程度進むことは、必然といってよい。

しかしながら、このような制度改革は、公務員制度が民間における労働法上の関係に同一化することへと論理必然的にはつながらない。むしろ、公務労働部門の基本的法論理を維持しながら、雇用システムの変化にいかに制度を適合させるかが、「制度改革」を考える際に求められているといってよい[11]（労働基

---

9)　地方公務員制度調査研究会の報告の概要とその評価に関し、参照、稲継裕昭「公務員制度改革―地方公務員制度改革の観点から」ジュリ1158号（1999年）39頁以下（さらに、参照、塩野宏「地方公務員制度改革の諸問題」同『法治主義の諸相』〔有斐閣、2001年〕475頁〔初出2001年〕。塩野宏教授は、同報告は、「地方公共団体の組織運営の自己決定の要素の拡大を、より一方進めた」と評価している）。

10)　例えば、参照、塩野宏『行政法Ⅲ』（有斐閣、1995年）186頁以下。

11)　西尾隆「公務員制度改革の政治行政」ジュリ1158号35頁は批判的な立場を表明しているものの、公制調答申総論もこのような考え方に立つように思われる。参照、本章第2節(1)。

本権問題等について別途検討の余地があることは、筆者も否定しない〔この点に関しては、本書第4編第2部第1章271頁以下の各章を参照〕)。

（3）能力・実績主義の徹底

　1）基本的な考え方　前記のような筆者の見解に照らすと、能力主義・実績主義の徹底の問題に関しては、以下の判断枠組みのなかで対処すべきことになる。

　まず、国家公務員法に定められる任免の基準（同法33条）、能率の基準（同法71条）等に規定されているように、能力主義・実績主義による人事管理はもともと法の要求するところである（一部地方公共団体にみられる実績主義を無視した人事管理は、地方公務員法の許容するところではない）。ただし、能力主義・実績主義といっても内容は一様でなく、社会・時代の変化に対応してその観念は変遷を遂げる。終身雇用に基づく年功序列的な昇任昇給システムが支配する社会にあっては、公務員制度における固定化された定期昇給・年功序列的な昇任システムも能力主義・実績主義に基づく任用であると観念されていた。

　これに対し、雇用システム全体が変化した今日においては、組織内の競争を構成員各層に拡大し強化するため、能力主義・実績主義的な昇給昇任システムを再構築することが制度上の課題となっている。しかしながら、その際にも、民間とは異なる様々な判断要素が公務部門に存在する点を無視する訳にはいかない。例えば、各省庁の幹部クラス人事について短期間に新陳代謝を図る措置が実施されていることは、わが国の制度の長所といえる。したがって、ライン職にあっては民間部門より強く年功序列的要素が残らざるをえまい。さらには、能力主義・実績主義に基づく給与といっても、収益等のように民間に類似する尺度をもちうる部門は別として、職務の難易度・職責の軽重を民間部門と比較した結果として得られる配分準則に従ってそれは支払われるものであり、その限りにおいては業績主義は一種の擬制にすぎない（情勢適応の原則が、この擬制を成り立たせる機能を果たす〔なお、本書第4編第1部第3章265頁【追記2】に記したように、人事評価制度の整備によって毎年度における人事評価が実施されているものの、官職を俸給表と結び付けて任用・給与の支給を実施する基本システムに変更はない〕)。

　2）職種別・専門別の昇任システムの修正　公制調答申に関するコメント等において共通して取り上げられる素材として、職種別・専門別に固定化され

た人事管理の流動化の問題がある。国家Ⅰ種・Ⅱ種等の区別が残された点に批判はあるものの、人事管理の便宜性、過去において優秀な人材確保に寄与してきた実績等に照らすならば、種別そのものを性急に廃止することには問題は多い（本章公表後における試験制度改革の経緯に関し、本書第4編第1部第3章269頁【追記5】を参照されたい）。

　他方、今日においては、種類・専門の区別に基づく人事管理の垣根を低くし、全体の競争を強化することで組織を活性化させる必要のあることも否定しがたい。そこで、公制調答申等に示された組織内競争の強化策が実行されるかを慎重に見守り、その成否を見極めることが重要といえよう[12]（なお、本章の【追記3】を参照）。

　3)　**人事評価システムの改善**　　能力主義・実績主義を徹底させた人事管理を行う上でカギとなるのが、これに対応した人事評価システムの確立である。これについては、新たなシステムの確立に向けて、「絶対評価」・「多面的評価」・「加点主義的評価」等の手法を導入すること等が提案されている点は、先に触れた（参照、第2節(2)3)）。もっとも、イギリス等において実施されている本人との詳細な面談を含む周到な人事評価や、わが国でも一部外資系の企業で実施されている徹底的な人事評価に比べるならば、答申は具体性を欠く点を否定できない。そこで、この点につき、人事院・内閣総理大臣（具体的には総務庁〔総務省〕）等の中央人事行政機関において、具体的な調査検討が開始されることを期待したい（なお、本書第4編第1部第3章265頁【追記2】を参照）。

(4)　複線型の人事管理制度

　1)　**改革の重要性と可能性**　　公制調答申の特徴の一つは、ライン職とスタッフ職とを区別し、スタッフ職をより重視する人事管理を進めることを内容とする複線型の人事管理システムを提案した点である。これによって、行政の専門性と総合性を高めるのと同時に、公務をライフワークとする可能性を保障することによって適切な退職管理も実現される点が、併せて期待されている（参照、第2節(2)4)、第2節(4)2)）。

　もっとも、わが国の場合、スタッフ職の位置付けを明確化することは容易な

---

12)　参照、早川征一郎「公務員制度改革の基本方向に関する答申について―その『各論』を中心として」ジュリ1158号（1999年）27頁以下、西尾・前掲注(11) 37頁。

作業ではない。官民を問わずライン中心で機能してきた組織を、スタッフ職をも位置づける方向へと転換するためには、意識的な改革作業が必要である。また、高い地位を与えられたスタッフ職を新たに組織のなかに抱えることは行政組織のスリム化の要請と一定の緊張関係に立つ。制度の本格的実施を視野に入れるのであれば、新規採用抑制の強化や組織の高齢化等を回避する具体的手立てを打ち出すことが、必要になってくるであろう。

　　2)　政策スタッフ職の位置付け　　特に、政策スタッフ職の位置付けについては、困難は大きいものと考えられる。大臣官房審議官等、スタッフ的な位置付けを与えられたこれまでの職に関しては、遊軍的な扱いがされるのが通例であった。ラインの系統が担ってきた政策形成機能を官房や企画課等に集中し、補助的人員を配置することはできるか等、より踏み込んだ検討が制度実現に向けて必要となるであろう（なお、本章の【追記4】参照）。

　（5）　中央人事機関相互の関係
　これまで触れてこなかったが、行革会議最終答申においては、労働基本権の在り方の再検討や、中央人事行政機関である人事院と内閣総理大臣、さらに総理を補佐する総務庁長官（現在は総務大臣）との相互関係の見直しに関しての言及があった。このうち、労働基本権の在り方に関しては、公務員制度調査会において検討は継続されている。
　他方、中央人事行政機関相互の関係の見直しに関しては、結果として、現行制度と大きく異なる改正はされていない。規制緩和の見地から、幹部職員の任用に関する人事院の関与等について縮減が図られる一方、公務員制度の公正・中立的な運用を確保する機関である人事院の役割に対して肯定的な評価が与えられたことから、その位置付けは維持されている（この点につき、本書第4編第2部第1章271頁及び第2章284頁を参照）。

　（6）　その他の問題
　その他にも、退職管理の改善策としての人材バンクの創設や、内閣府・内閣官房への政治的任用を強化し、省庁間の人事交流を推進するための人材データベースの活用等、検討すべき提言内容は多い。特に、内閣府・内閣官房への政治的任用の強化策や人材データベース（及び外部任用手段としての任期付任用制度の

創設）にとどまった点に対しては、批判の多いことも事実である。しかしながら、これらの検討は他日を期すことにする。

第4節　おわりに

　公務員制度改革の方向性に関しては、批判的なコメントも多く出されている。これに対し、第3節の冒頭において述べたように、本章の立場は制度の漸進的な修正を目指すものであって、同様の見地に立つ改革の方向に対して筆者は必ずしも否定的な評価を与えるものではない（もちろん、筆者の立場から不十分と思われる点は存在しており、これらの諸点については随時指摘してきた）。

　ちなみに、これまでの公務員制度を筆者は絶対視しておらず、特に、一般職に対して画一的な取扱いがされている点に関しては、職務の性格や勤務の形態に即した多様な取扱いを認めることを通じて、その緩和が図られるべきであると考えている（なお、本章の【追記5】を参照）。現に、公務員制度に関して数多くの改正がされ（予定のものもある）、制度は確実に多様化へと向かっている。しかしながら、急激な変化のなかで、公務員制度に関する誤解に基づく立論や制度の本質を捨象した議論もされがちである[13]。組織を支えるのは最終的には「人」であり、公務活動の継続には安定性の確保が重要である点に鑑みるならば、公務員制度に関する改革に関してはある程度の慎重さが求められるべきであろう[14]。

　【追記1】　本章の〈解題〉において述べたように、本章の【追記1】ないし【追記5】においては、本章が取り上げたテーマのうち、本書第4編及び第5編の他章において引き続き取り上げることのないものに関し、最小限度必要と思われる補遺を追加する。まず、【追記1】においては、①給与構造（年齢別）の是正、②65歳定年への移行、③人材バンクの活用を取り上げる。
　（1）　**給与構造（年齢別）の是正**　国家公務員の給与に関しては、官民格差等を踏まえて継続的に見直しが実施されてきた。そのなかで、年齢別の観点からは、例えば、平成23年度には中高齢層の俸給月額の引下げが、平成24年度には55歳超の職員の昇

---

13)　国立大学教員の営利企業の役員就任問題については、特にこのような議論が目立ったとの印象が強い。
14)　参照、村松岐夫「日本の官僚制と公務員制度」公務研究1巻1号（1998年）9頁。

給抑制が、平成26年度においては50歳代後半の職員を中心とした給与の引下げが実施されている。また、平成27年度から令和元年度にかけては初任給・若年層に重点を置いた俸給月額の引上げ等が実施された（内閣人事局「国家公務員の給与〔令和5年版〕」7頁以下を参照）。

　(2)　65歳定年への移行　　日本が超高齢化社会へと移行するなかで、国家公務員に関しても、定年の延長が本格的に検討されることとなった。特に、年金制度の改革に伴って年金支給開始年齢が段階的に引き上げられてきたため、定年の延長とそれに伴う高齢者の勤務形態の再検討が強く求められることとなった。具体的には、人事院は平成23（2011）年に段階的に定年を引き上げることが適当であるとする意見の申出を行い、平成25（2013）年以降に政府は段階的な定年の引上げに関する正式な検討を開始した（「国家公務員の雇用と年金の接続について」〔平成25年3月26日閣議決定〕、「経済財政と改革の基本方針2017について」〔平成29年6月9日閣議決定〕等）。その後、人事院に対する定年引上げの検討要請（平成30〔2018〕年2月）、定年の早期実施を求める人事院勧告（令和元〔2019〕年8月）等を経て、令和2（2020）年の第201回国会〔常会〕に「国家公務員法等の一部を改正する法律案」（閣法52号）が提案されたものの、検察幹部の定年を内閣の判断で延長できる特例規定が議論を呼んだために審議未了廃案となった。その後に、前記特例規定を修正し、また、実施時期を1年遅らせる修正が加えられた法案が令和3（2021）年に第204回国会〔常会〕に提案されて（閣法63号）、可決され成立した（同年法61号）。改正法の内容の概要は、次のとおりである。

　①改正前に60歳であった定年は令和5（2023）年4月から2年に1歳ずつ引き上げられることとされた（令和5〔2023〕年4月の定年年齢は原則61歳となり、令和13〔2031〕年4月に65歳となる）。②60歳に達した管理監督職の職員は管理監督職以外の官職に降任等をする管理監督職勤務上限年齢制（役職定年制）が導入された。③定年前の60歳以降の職員が退職した上で短時間勤務に移行する定年前再任用短時間勤務制等が導入された。④60歳超職員の給与水準は当分の間60歳時点の7割水準とされることとなった（例えば、安達哲朗・時の法令2135号〔2021年〕4頁を参照）。

　ちなみに、60歳以降定年前に退職する場合であっても定年退職と同様に退職手当を算定され、職員が60歳に達する年度の前年度において、当該職員に情報提供をした上で60歳以降の勤務の意思を確認する制度が導入されている。

　(3)　官民人材交流センターの設置　　自民党・公明党の連立による第1次安倍晋三内閣の下で決定された「公務員制度改革について」（平成19年4月24日閣議決定）を受けて、平成19（2007）年の改正国家公務員法（国家公務員法等の一部を改正する法律〔同年法108号〕）によって新たな人事評価制度の導入等を通じた能力・実績主義の人事管理を徹底させる措置とともに、退職管理の適正化に関する措置が先行的に実施され

ている。
　すなわち、第1に、(ⅰ) 各府省等職員による営利企業及び非営利法人への再就職のあっせんを禁止し、(ⅱ) 再就職のあっせんを内閣府官民人材交流センター（平成20〔2008〕年設置。以下、「センター」という）に一元化し、(ⅲ) センターは、職員の離職後の就職の援助及び官民の人材交流の円滑な実施のための支援を行うものとされた。第2に、現職職員が自らの職務と利害関係を有する一定の営利企業等に対して求職活動を行うことを規制することとされた（現役出向の場合についても規律が設けられている）。第3に、離職後に営利企業等の地位に就いている退職職員が、離職後2年の間に、国の現職職員に対し、離職前5年間に担当していた職務に関するもの等に関する働き掛けを行うことが規制された（退職職員が在職中に自ら決定した処分又は契約について働き掛けることに関しては期限の定めなく規制される。職務及び働き掛けを受ける現役職員の範囲については「局等組織に属する役職員又はこれに類する者として政令で定めるもの」とされている）。第4に、退職職員から前記の働き掛けを受けた現職職員は、再就職等監察官に届け出ることが義務づけられた。第5に、前記の規制に係る違反行為に関しては、懲戒、過料を科し、不正な行為等に関して刑罰が科されるものとされた。第6に、管理職職員であった者が、営利企業等の地位に就く場合等には、離職後2年間、内閣総理大臣に一定の事項を届け出なければならないものとされた。第7に、従前の人事院による事前承認制度については廃止し、離職後2年間の内閣による事前承認制度を暫定的に設け、一元化された時点でこの制度は廃止するものとされた。第8に、内閣府に設置される再就職等監視委員会が、再就職に関する規制の適用除外の承認、任命権者への勧告等について所掌し、併せて、同委員会に再就職等監察官を置き、再就職に関する規制違反の調査等を実施するものとされた。
　なお、本書刊行時まで、職員の退職管理に関する内閣総理大臣の調査や官民交流センターの設置に関する国家公務員法の規定については大きな改正はない（国家公務員法18条の3ないし18条の7。官民人材交流センター令〔平成20年政令391号〕等も同様である）。もっとも、平成26 (2014) 年の国家公務員法の改正によって、「内閣総理大臣は、前項の規定により委任する事務について、その運営に関する指針を定め、これを公表する」との定めが追加される等の改正が実施されている（平成26年法22号。同年の改正に関しては、本書第4編第2部第2章287頁以下を参照されたい）。
　【追記2】　研究開発等に携わる職員の兼業規制に関しては、次のような制度改正に伴って規制緩和が実施されてきた。
　(1) 独立行政法人制度の創設　平成13 (2001) 年1月に独立行政法人通則法（平成11年法103号）が施行されて、特定独立行政法人（現在は行政執行法人）以外の独立行政法人に関しては、兼業規制に関する法律上の特別の規律は役員を除いて及ばず、

各独立行政法人の業務規定に委ねられることとなった（特定独立行政法人以外の独立行政法人の役員の兼業禁止に関する独立行政法人通則法61条〔現行法上は中期目標管理法人及び国立研究開発法人の役員の兼業禁止に関する同法50条の3、50条の11〕を参照）。

(2) **平成12年度以降の規制緩和** 平成12年度において、「大学等における技術に関する研究成果の民間事業者への移転の促進に関する法律」（平成10年法律第52号）に定める技術移転事業に関するものにあっては、技術移転事業者（TLO）の役員に国立大学教官等が兼業することにつき一定の要件の下で認められることとなった（人事院規則14-17〔国立大学教員等の技術移転事業者の役員等との兼業〔現行名称は研究職員の技術移転事業者の役員等の兼業〕）。また、国立大学教官等の①「自己の研究成果の事業化を目的とする民間企業の役員兼業」と②「監査役との兼業」に関しては、①について、大学等における研究成果の事業化の公益性を明らかにする規律を設けた産業技術力強化法（平成12年法44号）が制定され、②について、人事院規則14-18（平成12年人規14-18。国立大学教員等の研究成果活用企業の役員等との兼業〔現行名称は研究職員の研究成果活用企業の役員等との兼業〕）及び人事院規則14-19（国立大学教員等の株式会社等の監査役との兼業〔平成12年人規14-19。現行名称は研究職員の株式会社の監査役との兼業〕）が制定されている。

また、平成14年度においては、国立大学教員等の技術移転事業者（TLO）や研究成果活用企業の役員兼業につき、承認基準（人事院規則に規定）の運用指針を明確にした上で、承認権限が所轄庁の長等に委任されている（平成14年6月人事院規則1-36による改正後の人事院規則14-17第3条〔承認権限の委任〕及び人事院規則14-18第3条〔承認権限の委任〕、人事院規則14-19-1による改正後の人事院規則14-19第3条〔承認権限の委任〕）。

(3) **国立大学法人法等の施行** 国立大学法人法（平成15年法112号）等の施行に伴い、国立大学教員等は国家公務員法の定める兼業規制の対象外となったことから、平成16（2004）年4月1日からは制度の対象が研究職員に限定されることとなった（ただし、国立大学法人の役員について兼業規制は及ぶ〔現行の国立大学法人法35条による独立行政法人通則法50条の3の準用〕）。

(4) **承認制度の実績** 前記のような形で承認対象が限定されたこと等もあって、営利企業の役員等の職を兼ねることについての承認の制度においては利用の実績はほぼない状況が続いている（なお、郵政民営化法〔平成17年法97号〕に基づいて役職員が公務員であった日本郵政公社は解散され〔平成19（2007）年10月1日〕、日本郵政株式会社、郵便事業株式会社・郵便局株式会社〔現在は日本郵便株式会社〕、株式会社ゆうちょ銀行、株式会社かんぽ生命及び独立行政法人郵便貯金簡易生命保険管理機構〔現行名称は独立行政法人郵便貯金簡易生命保険管理・郵便局ネットワーク支援機構〕に再編されたことに関しては、

紙幅の関係上省略する)。ちなみに、前記の制度に関する規則 14-17、規則 14-18 及び規則 14-19 については、研究開発システムの改革の推進等による研究開発能力の強化及び研究開発等の効率的推進等に関する法律の一部を改正する法律（平成 30 年法 94 号）及び不正競争防止法等の一部を改正する法律（平成 30 年法 33 号）の施行に伴って、規則 14-17、規則 14-18 及び規則 14-19 の関係規定が改正される等の改正が実施されている（平成 31 年度における改正）。

【追記 3】 平成 26 (2014) 年における国家公務員法の改正（同年法 22 号）によって、麻生太郎内閣の下において第 171 回国会（常会）に国家公務員法等の改正案が提出されて以来（同年閣法 62 号）、長らく議論されてきながら実現されなかった幹部候補育成課程に関する法的規律が整備された（国家公務員法 61 条の 9 以下）。令和 4 年度における幹部候補育成課程の実施状況は、次のようなものである（内閣官房内閣人事局「幹部候補育成課程の運用の状況に関する公表について（令和 4 年度）」〔令和 4 年 11 月 30 日〕。令和 5 年度の公表もあるが、令和 4 年度がより詳細である）。

　①対象府省等　国家公務員法 61 条の 9 第 1 項及び幹部職員の任用等に関する政令（平成 26 年政令第 191 号）13 条の規定に基づいて課程を設けている行政機関は 18 府省等であった（自ら公表を行う会計検査院及び人事院を除く）。

　②運用の実施状況（以下、いずれも令和 3 年度の数字である）　(a) 対象府省等全体として新たに 872 名（うち女性 240 名〔27.5％〕）の課程対象者を選定した。(b) 令和 3 年度末日における課程対象者は、対象府省等全体として 10882 名（うち女性 2138 名〔19.6％〕）であり、そのうち 6401 名が選定後から令和 3 年度末日までの期間に、他府省等、民間企業、国際機関等、地方公共団体、地方支分部局における勤務や海外留学等を体験する機会等を 1 回以上付与されている。(c) 延べ 7613 名が同期間に内閣人事局による幹部候補育成課程中央研修を受講し、5913 名が対象府省等による課程に関する研修を 1 回以上受講した。

　③課程終了等の状況　令和 3 年度において、対象府省等全体として 284 名（うち女性 32 名）が課程を終了等した。また、171 名（うち女性 42 名）が引き続き課程対象者としないことと決定された。

【追記 4】 本章の公表後におけるスタッフ職の制度整備に関し、その概要をまとめておく（なお、本書第 4 編第 2 部第 2 章第 1 節 285 頁以下も参照）。

　(1) 専門スタッフ職給与表の整備　①本章刊行後の平成 12 (2000) 年の「一般職の職員の給与等に関する報告及び勧告」（同年 8 月 15 日）において、人事院は、(a) 高度化・専門化する行政課題への対応、(b) 行政のスリム化や在職期間の長期化への対処の観点から、ライン職を重視した人事管理から専門職スタッフ職を活用した人事管理へと転換を進めていく必要があるとの認識を示していた。

②その後、平成17年度の給与勧告において、人事院は、給与構造の抜本的な改革を掲げ、平成18年度から平成22年度までの5年間で作業を行う方針を示した。そのなかにおいて、「スタッフ職活用のための環境整備」も取り上げられ、（a）高度の専門能力を持つスペシャリストがスタッフとして活躍できるような環境を整備する必要があること、（$β$）高齢社会を踏まえた職場作りの視点から複線型人事管理を導入する必要があることを指摘し、専門スタッフ職俸給表を設ける必要があり、平成19（2007）年の勧告において、専門スタッフ職俸給表の新設を行うものとの方針が併せて掲げられている。その後、平成19（2007）年の勧告及びこれを受けた平成19（2007）年10月30日の閣議決定（「公務員の給与改定に関する取扱いについて」）を経て、専門スタッフ職給与表を新設する「一般の職員の給与に関する法律等の一部を改正する法律」（同年法118号）が成立している。専門スタッフ職俸給表は、3級構成とし、行政の特定の分野における高度の専門的な知識経験に基づく調査、研究、情報の分析等を行うことにより、政策の企画及び立案等を支援する業務に従事する職員であって人事院規則において定めるものに適用するものとされている。

③さらに、平成29（2017）年4月1日から、部局横断的な重要政策等の企画及び立案等を支援する職として、既存の専門スタッフ職より上位の職制上の段階に相当するスタッフを処遇するため、専門スタッフ職俸給表4級の新設がされた。ただし、管理的な業務を行うものではない点を踏まえ、指定職俸給表1号俸の俸給月額を下回る水準に設定されている。

 (2) 国家戦略スタッフ・政務スタッフの制度整備　①専門スタッフ職の制度の整備とは別に、特別職としての政治任用の下で、内閣の重要施策に関し内閣総理を補佐する「国家戦略スタッフ」、大臣の命を受け、特定の政策の企画立案及び政務に関し大臣を補佐する「政務スタッフ」を設ける基本方針は、第1次安倍晋三内閣の下で成立した国家公務員制度改革基本法（平成20年法68号）に明記された。その後、麻生太郎内閣の下で、内閣人事局による幹部職員の一元管理、国家戦略スタッフ・政務スタッフの設置、退職管理の強化を柱とする国家公務員法等の改正案（同年閣法62号。以下、「平成21年法案」という）が平成21（2009）年に第171回国会（常会）に提出されたものの、同法案は衆議院の解散によって審議未了廃案となった。

②その後に成立した民主党主導の連立内閣は、総選挙に際しての民主党のマニフェストのうち「幹部職の一元管理」と「天下りあっせん全面禁止」の改正を実施するために平成22（2010）年の第174回国会（常会）に提出した法案（同閣法32号）が審議未了廃案となった後に、翌平成23（2011）年に労働基本権の付与とパッケージとなった一連の制度改正法案を国会に提出した（「国家公務員法等の一部を改正する法律案」〔第177回国会（常会）閣法74号〕等）。ただし、これらの法案には国家戦略スタッフ・政務ス

タッフの設置に係る規定は置かれていない。かつ、これらの法案は、継続審議を重ねたものの、平成24 (2012) 年に衆議院が解散されたために、審議未了廃案となった。

③第46回衆議院総選挙の後に成立した自由民主党・公明党連立の第2次安倍晋三政権は、麻生太郎内閣の下で国会に提出された平成21年法案を基本とする法案を作成する方針を打ち出し、第185回国会（臨時会）に「国家公務員法等の一部を改正する法律案」（同年法19号）が提出され、継続審議となったが、自民党・公明党・民主党が一部修正で合意したため、平成26 (2014) 年に第186回国会（常会）において成立した（同年法22号）。この法律により、国家戦略スタッフ、政務スタッフの制度が整備された。

まず、国家戦略スタッフに関しては、平成8 (1996) 年の内閣法（昭和22年法5号）の改正（同年法103号）によって内閣官房に置くことができるとされた内閣総理大臣補佐官につき、その任務として、「内閣総理大臣の命を受け、国家として戦略的に推進すべき基本的な施策その他の内閣の重要政策のうち特定のものに係る内閣総理大臣の行う企画及び立案について、内閣総理大臣を補佐する」ものと改められた（内閣法21条2項の改正）。また、政務スタッフに関しては、国家公務員法2条3項の定める特別職公務員に大臣補佐官を追加し（同項7号の3の新設）、内閣府設置法（平成11年法89号）及び国家行政組織法（昭和23年法120号）に大臣補佐官に関する規定が置かれた（内閣府設置法14条の2及び国家行政組織法17条の2の追加）。

【追記5】 (1) 人事院　　一般職等（旧Ⅱ種・Ⅲ種）の登用政策の推移に関しては、人事院の各年度の年次報告書が詳しく取り上げている（第1編第3部第1章第3節6）。それによれば、人事院の発出した「Ⅱ種・Ⅲ種等採用職員の幹部職員への登用の推進に関する指針」（平成11年3月19日任企―73）（人事院事務総長発）に基づいて、各府省は「計画的育成者」の選抜、育成に努めるものとされ、旧Ⅰ種採用職員が就いていたポストへの任用や出向ポストを拡大する等の取組みがされてきた。この人事院の取組みに関しては、平成26 (2014) 年の国家公務員法等の改正後においても変化はないようである。

例えば、令和2年度において、人事院は、「計画的育成者」の登用に資することを目的として、行政研修（特別課程）を係員級、係長級及び課長補佐級に分けて実施している。また、旧Ⅱ種・Ⅲ種等採用職員についても、短期在外研究員制度の特別枠を設定し、令和2年度は行政研修（係長級特別課程）受講者の中から選抜した1人を海外研修に派遣した。令和元年度末におけるⅡ種・Ⅲ種等採用職員の幹部職員（本府省課長級以上）の在職者数は、指定職ポスト27人、本府省課長等143人、地方支分部局長等38人、外務省（大使・総領事）72人で、計280人となっている。また、令和3年度末においては、それぞれ、30人、135人、38人、64人、計267人となっている。

(2) 内閣人事局　　また、内閣人事局は、令和5年度における管理職への任用状況

に関して公表している（令和6年1月29日内閣官房内閣人事局）。なお、この公表は、国家公務員法61条の5第1項及び幹部職員の任用等に関する政令（平成26年政令191号）9条並びに「採用昇任等基本方針」（平成26年6月24日閣議決定）7 (3) に基づいてされているものである。また、ここで「管理職」とは、国家公務員法34条1項7号に規定する官職であり、幹部職員の任用等に関する政令2条2項に掲げる各機関（本府省）に属する一般職の国家公務員に係る官職であって、職制上の段階が「室長級」又は「課長級」の官職であるとされている（専門スタッフ職俸給表の適用を受ける職員は除外されている）。

この公表結果によれば、室長級に関し、令和4年度にあっては、Ⅰ種試験等の採用者は 1807 名・63.4%（女性の内数 227 名・Ⅰ種採用者のなかの 12.6%。以下、括弧内は同じ）、Ⅱ種試験等の採用者は 445 名・15.6%（43 名・9.7%）、Ⅲ種試験等の採用者は 417 名・14.6%（56 名・11.9%）、408 名（19 名・4.6%）、その他（選考採用など）の採用者は 181 名・6.4%（23 名・12.7%）であった。また、令和5年度にあっては、1820 名・63.5%（242 名・13.3%）、470 名・16.4%（56 名・11.9%）、408 名・14.2%（15 名・3.7%）、169 名・5.9%（23 名・13.6%）であった（数字の順序は令和4年度と同じ）。

他方、課長級に関し、令和4年度にあっては、1709 名・86.4%（128 名・7.5%）、90 名・4.6%（7 名・7.8%）、95 名・4.8%（6 名・6.3%）、83 名・4.2%（12 名・14.5%）であり、令和5年度にあっては、1700 名・86.3%（108 名・5.5%）、108 名・5.5%（7 名・6.5%）、87 名・4.4%（2 名・2.3%）、75 名・3.8%（11 名・14.7%）であった（数字の順序は採用者と同じ）。

ちなみに、平成26年度に関しては、室長級にあっては、1670 名・63.1%（132 名・7.9%）、359 名・13.6%（12 名・3.3%）、453 名・17.1%（22 名・4.9%）、163 名・6.2%（11 名・6.7%）であり、課長級にあっては、1585 名・87.7%（59 名・3.7%）、61 名・3.4%（1 名・1.6%）、91 名・5.0%（6 名・6.6%）、71 名・3.9%（6 名・8.5%）であった。

以上の数字からは、管理職における女性の割合は増加傾向を示しているものの、増加率は必ずしも顕著なものではない。さらに、女性管理職の増加率と比較しても、旧Ⅱ種・Ⅲ種の登用は十分には進んでいないと評価することもできよう。ただし、この背景には、旧Ⅱ種・Ⅲ種職員の働き方に関する見方の変化があり、管理職への登用を必ずしも希望しない職員が増えているとの事情もあるのかもしれない。

第2章　ブレア政権下の英国公務員制度とその動向

〈解題〉　本章は、中央省庁等改革及び第1次地方分権改革が実施された後の時点にあって、これらの改革と軌を一にする形で公務員制度改革を実施しようとする動きが顕在化したことを踏まえ、一連の制度改革が実施される際に重要な参考例とされたイギリスの諸改革において、公務員制度改革の過程がどのようにたどられたのかを分析・考察しようとしたものである（小早川光郎ほか編『塩野宏先生古稀記念　行政法の発展と変革（上）』〔有斐閣、2001年〕821頁）。ちなみに、イギリスの公務員制度については、その後、EU統合の過程のなかで、憲法改正・ガバナンス法（Constitutional Reform and Government Act 2010）が制定されて公務員制度に制定法上の根拠が付与されたこと等、一連の制度改革が実施されている。そして、同法の制定後のイギリス公務員制度の概要に関しては、筆者の監修・協力の下、久留米大学法学部教授の周家礼奈（周蒨）氏が執筆した詳しい紹介がある（周蒨＝高橋滋［監修］「イギリスの公務員制度改革及び労使関係への影響（1）～（2・完）」自治研究90巻9号〔2014年〕108頁・同10号〔同〕92頁）。ただし、筆者の関与は監修・協力にとどまったことから本書には収録していない。そこで、本章刊行後のイギリス公務員制度の変化の概要に関しては、本章の各節に対応する【追記1】ないし【追記4】において追補を行うこととした。

なお、本書の他章においては、元号と西暦を原則として併記しているが、本章においては、第2次世界大戦前の時点に遡ってイギリスの公務員制度を紹介する記述のあることを踏まえて、西暦のみを記載した。

第1節　はじめに

（1）　公務員制度改革の要請

新たな世紀を迎えるに際し、わが国においては、経済社会構造を変革して行政制度を改革する諸施策が数多く実行されてきている。1980年代以降に行われてきた規制緩和・規制改革の動きはその一例であるし、国・地方の関係を対等平等のものに近づけることを理念として実施された地方分権の作業は、平成12（2000）年4月の改正地方自治法の施行等によって具体的な形を与えられた。そして、中央省庁等改革の大きな柱である中央省庁の大括り再編は、平成13（2001）年1月6日に実施されている。

しかしながら、経済環境の変化のみならず、一国の文化・社会を巻き込んだ

形で展開される国際的競争の激化に機敏に対応し、複雑化・流動化する内外の課題に迅速・的確に対処し得る行政システムを作り上げるためには、更なる改革を実施していく必要があるとする声は強い。特に公務員制度に関しては、様々な修正が加えられてきたものの、他の領域と同様に抜本的改革を実施すべきであるとの認識は政府及び与党の内部において有力なものとなりつつある[1]。

(2) 本章の目的と構成

このような状況を踏まえ、本章においては、ブレア政権下の英国公務員制度とその動向を探ることにする（もっとも、基本的に内国公務員〔Home Civil Service〕を念頭に置くこととし、以下の叙述においても特に断りのない限りは、外務公務員〔Diplomatic Service〕を含まないものとする）。

周知のように、イギリスは、新公共管理（New Pubic Management）の理念に基づいて行政改革を積極的に実施してきた国であり、その考え方及び改革施策はわが国においても重要な参考例とされてきた[2]。したがって、イギリスの公務員制度の改革理念を探ることは、わが国の制度改革の方向を考える上でも一定の意味を有するであろう。かつ、そのイギリスにおいては、1997年の政権交代によりブレア労働党政権が誕生し、同政権は前政権の施策を引き継ぎながらも、幾つかの興味深い軌道修正を実施した。このようなイギリスの動向に関し、行政法学からの紹介例は少なく、かつ、ブレア政権下の公務員政策を紹介すること自体にも一定の意義を認めることができよう。

そこで、本章においては、まず、イギリス公務員制度の概要を確認した（第

---

1) 平成12（2000）年に閣議決定された政府の行政改革大綱においては、天下りの厳格な規制、信賞必罰の制度への移行等、公務員制度改革が重要な課題として取り上げられた。また、第2次森喜朗内閣において行政改革担当大臣として任命された橋本龍太郎氏は、公務員制度改革に積極的に取り組む姿勢を表明した。
2) イギリスの行政改革を紹介する文献は、枚挙に暇がない。公務員制度との関係において、以下の文献を挙げるにとどめる。参照、君村昌「イギリス公務員制度をめぐる最近の動向」季刊行政管理研究36号（1986年）3頁、同「現代イギリスの行政改革」同法255号（1998年）1頁以下、同『現代の行政改革とエージェンシー』（行政管理研究センター、1998年）1頁以下、同「英国における『新公共管理』改革（上）（下）」公務研究1巻1号（1998年）12頁、2巻1号（1999年）40頁、山崎克明「サッチャー政府とイギリス公務員制」年報行政研究13号（1988年）43頁、鵜養幸雄「イギリスの公務員制度改革の状況について」自研38巻7号（1996年）31頁、佐藤英善「英国における行政管理・公務員制度改革の動向」岡田正則ほか著『新井隆一先生古稀記念 行政法と租税法の課題と展望』（成文堂、2000年）127頁（初出1998年）等。

2節）上で、人事行政機関（第3節）、公務員の任用・給与政策（第4節）、研修制度・機関（第5節）に関し、順次、触れることにする。そして、最後に、本章に関するまとめを行うこととしたい[3]（第6節）。

第2節　イギリス公務員制度の概要

(1) 公務員制度に関する法令

イギリスにあっては、本章刊行時において、わが国の国家公務員法に相当する議会制定法は存在していない。イギリスの公務員は、社会保険法、雇用保護法等の一般的な関連法律の適用を受けることに加えて、守秘義務に関する1989年公務秘密保持法（Official Secrets Act 1989）の規律等に服する。

そして、公務員の権利・義務に関して包括的な規律を置くものとしては、次の諸令がある。まず、職員管理に関しては、1995年公務員枢密院令（the Civil Service Order in Council 1995）の授権の下に公務員担当大臣たる首相の制定した公務員管理規範（the Civil Service Management Code）が存在する。ちなみに、公務員の制度的枠組みと行動の基本準則を示した宣言として、公務員規範（the Civil Service Code）が存在している。これは、下院大蔵・公務員選抜委員会の草案を下に決定されたものであり、公務員管理規範の一部を構成するものとしてメージャー政権時代の1996年1月1日に発効した（1999年5月13日に、スコットランド・ウェールズの自治拡大に伴い一部が改正されている）。

また、年金制度等に関しては、退職年金法（Superannuation Act 1972）の授権の下に制定された国家公務員基本年金制度（Principal Civil Service Pension Scheme）がある。これは職業別年金制度であって、退職公務員は同制度の適用を受け、災害補償等についても同制度が適用される[4]。ちなみに、後に述べるように、公務員人事管理の分権化を可能とする立法的措置として公務員（管理権限）法

---

[3] 本章の刊行時において、筆者は、イギリスの行政改革に関して調査を実施する機会に恵まれた。まず、平成10（1998）年に、国立公文書館の依頼を受けてエージェンシーに移行したイギリスの国公文書館を調査し、この結果は、高橋滋「エージェンシーの組織・運営原理」公務研究2巻2号（2000年）1頁に公表した。また、平成12（2000）年8月から9月にかけて、人事院職員局（当時）の依頼によりイギリスの公務員制度の概況調査を実施した。本章は、これらの経験を下に、断片的ではあるものの、イギリスの公務員制度を素描しようとするものである。

[4] 現代イギリス公務員制度の概要を知るには、外国公務員制度研究会編『欧米国家公務員制度の概要──米英独仏の現状』（生産性労働情報センター、1997年）が便利である。

(Civil Service〔Functions〕Act 1992）がある。

（2） 公務員制度の沿革
　1）　第2次世界大戦まで　　近代的なイギリス公務員制度の始まりは19世紀中葉の改革に遡ることができる[5]。それまでの公務員制度は情実主義が支配し、行政運営は非能率的であった。そこで、公務員制度改革に関するノースコート・トレヴェニアン報告（the Northcote, Trevelyan Report）[6]が公表され、同報告に即した改革が実施されることになった。同報告は、①採用における情実を排した競争試験、②知的判断を要する職務と機械的処理が可能な職務との分類、③成績主義による昇進制度、④各省横断的な統一的採用基準等、公務員管理の統一的制度を創設すること、等をその柱とするものであり、これを受けて、1855年には、試験を実施し高位職員の任免に同意を与えることを職務とする人事官（the Civil Service Commissioners）が任命され、その後、スタッフを備えた人事委員会（the Civil Service Commission）へと発展した。特に1870年には、グラッドストン内閣の下で公開の競争試験が実施される。

　そして、1920年には、公務員の服務を管理し、官職分類、給与、その他の勤務条件を規律する規則を制定する権限が財務省に付与され、これによって公務員制度の統一が達成された。また、1870年の競争試験実施と同時に、公務員のクラス分けも行われ、その後、20世紀前半には、教育制度と任用体系とを合致させた4段階のクラス制度が確立されることとなった。

　2）　第2次世界体制後の改革　　このような成績主義の下で統一的な運用を確立したイギリスの公務員制度ではあったものの、第2次世界大戦後には、経済停滞への批判や福祉国家理念の下での行政需要増等による組織の肥大化等に対する批判等が生ずることになった。

---

[5] イギリスの公務員制度の沿革に関しては、足立忠夫『英国公務員制度の研究』（弘文堂、1957年）、赤木須留喜『イギリスにおける近代的公務員制度の研究』東京都立大学法学会雑誌18巻1＝2号（1978年）193頁、辻隆夫「イギリス行政哲学の起源（1～3）」早稲田社会科学研究28号（1984年）81頁、29号（同）91頁、31号（1985年）53頁等。See also K. C. Wheare, *The Civil Service in the Constitution,* University of London, The Athlone Press, London, 1954, pp. 1-34.

[6] *Report on the Organization of the Permanent Civil Service, House of Commons Parliamentary Papers,* 1854, Vol. XXVII, pp. 335-356. ノースコート・トレヴェニアン報告については、参照、井上洋「イギリスにおける近代的公務員制度形成の展開点―『ノースコウト＝トレヴェリアン報告書』の議論」行財政研究39号（1999年）20頁等。

そこで、1966年にはフルトン委員会が設置され、内国公務員の任用、訓練・養成、中央人事行政機関の在り方に関して包括的な提案がされた。この報告を受けて、例えば、①公務の統一的中央管理を所掌する公務員省 (Civil Service Department) を設置し、人事委員会と財務省人事管理部門とを吸収する、②固定的なクラス制度から柔軟なグレード制に公務員の職務区分を改めて、一定の段階以上の職については公開構造（専門分野を異にするすべての職員に採用の可能性が与えられる）を導入する、等の措置が実施されている[7]。

　3) 20世紀後半の改革　そして、サッチャー政権・メージャー政権の下において、公務員及び公務員が勤務する行政組織には大きな改革が加えられることになる[8]。まず、1979年5月に誕生したサッチャー政権は、1981年11月には、公務員ストライキの収拾方法への批判等とも関連する形で、公務員省を管理人事庁 (Management and Personnel Office) に改組し、同省が有していた公務員の定員管理に関する権限は政府支出に責任をもつ財務省に移管された（なお、2001年1月時点において、公務員担当諸部局は内閣府の他の部局と並立する存在となっている。後出第3節）。

　また、公務員数の大幅な削減が着手され、1979年4月の時点において73万人を数えていた公務員数は、2000年4月には47万人（エージェンシー化された組織を含む）にまで減少している（内閣府発表の統計による）。さらに、公務における能率、効率性を向上させるための様々な取組みが行われ、多くの節約・経費節減が実施されたことに加えて、執行部門に対して自立性を与えるとともに、効率性に関する厳しい点検を実施するエージェンシーの制度が考案され、実行に移された[9]。

　1990年11月にサッチャー氏の辞任の後に成立したメージャー政権は、市民憲章を公表し、①公的サービスの質の向上、②選択肢の多様化、③サービス水

---

[7] Chairman Lord Fulton, *The Civil Service*, Vol. 1, *Report of the committee 1966-68*, June 1968 (Cm3638). フルトン委員会報告書については、参照、三沢潤生「フルトン委員会報告書に見る英国公務員制度改革の問題点」埼玉大学社会科学論集24号 (1969年) 41頁、小関紹夫「イギリスにおける公務員制度の改革」専修大学法学研究所紀要1号 (1972年) 217頁等。See also G. K. Fry, *Reforming the Civil Service*, Edinburgh University Press Edinburgh, 1993, pp.231-279; C. Pilkington, *The Civil Service in Britain today*, Manchester University Press, Manchester, 1999, pp. 18-30.

[8] 参照、前掲注(2)所掲の諸文。

[9] エージェンシーの制度及びこれに関する邦語文献については、参照、高橋・前掲注(3)。

準の明確化、④税金に見合うサービス価値の付与等、行政サービスの向上に取り組むようになった。そのために、市場化テストによる民営化の推進、エージェンシー化の大規模な実施等が行われた。さらに、公務員規範の制定（参照、前出(1)）、人事委員会の改組及び上級公務員制度の創設等、人事制度の改革（参照、後出第3節(1)）が実施されている[10]。

　1997年5月に政権を保守党から奪取したブレア政権は、公務に関する政策を基本線において踏襲しつつも、幾つかの重要な改革案を打ち出した。その第1が、サービス・ファーストプログラム（Service First Programme）であり、これは、前政権の改革が国民に対する良好なサービスの提供という点において重要な成果を獲得しつつも、効率性重視の経営管理的な色彩が強く市民志向的ではなかったとの認識に基づいた政策宣言である。具体的には、前政権の市民憲章政策を受け継ぎながらも、その内容の改革に努めると同時に、国民の構成に即して抽出された大規模な市民パネル（People's Panel）を構築して、その意見の吸収を図る等の措置が実施された[11]。第2に、1999年3月、ブレア首相は、「政府の現代化（Modernising Government）」と題するホワイト・ペーパーを公表している[12]。これは、IT時代の到来による24時間体制の政府対応を確保し、規制インパクト分析を用いた規制緩和を推進する、等を柱とした包括的な政府プログラムである。特に、公務との関係においては、①多様なグループの政府への関与・参加を拡大する、②パフォーマンスを向上させ、マイノリティの影響力を拡張する、③国・地方サービスの点検、組織目標の再評価、厳格な評価を実施する、等を掲げている点が注目に値する。そして、このペーパーを受けて、1999年秋以降、内閣府が公務管理委員会の構成員の同意を得て決定公表した公務改革プログラムが実施されている（参照、後出第4節(3)〔なお、第2節の記述に関しては本章の【追記1】を参照〕）。

---

10) *See* Prime Minister, *The Civil Service: Continuity and Change,* July 1994 (Cm 2627); Prime Minister, *The Civil Service: Taking Forward and Change,* January1995 (Cm2748).

11) 参照、高橋滋「行政評価と意見聴取・参加手続」西尾勝編『行政評価の潮流』（行政管理研究センター、2000年）151頁。

12) Cabinet Office, *Modernising Government,* March 1999 (Cm4310), pp. 6-7.

第3節　中央人事行政機関とその役割

(1)　概　　要

　中央人事行政機関としては、内閣府と人事官（Civil Service Commissioners）が存在している。まず、内閣府、各省庁から独立した存在である人事官制度を取り上げることとする。1850年代に創設された人事委員会は人事官及びその事務局を総称するものであるが、メージャー政権下の1992年の制度改正により、人事官事務局（Office of the Civil Service Commissioners）は内閣府の一部へと改編された。また、同時に、任用・研修等に関する各省のサポート事務に関しては、任用・評価サービス（Recruitment and Assessment Service: RAS）として執行エージェンシーに改組された（さらに、この組織は1996年には民営化されている）。次に、具体的な権限としては、1981年の公務員省の廃止によって、人事官には再び各省庁等と公務員の任用権限を分掌する権限を付与され（1982年枢密院令）、この時点において人事官は上級及び中級の官吏（官吏全体の15％）の選考に権限を有していた。他方、各省庁等は、成績主義に基づく公開競争を保障するために人事官の助言の下に公務員担当大臣が定めた規律の下で、初級官吏を選考する権限を有していた。また、1992年の改革は、内閣府の監視の下で各省庁等が任用できる公務員の範囲を95％にまで拡大した。

(2)　人事官の権限強化

　1）　1995年の制度改革　　しかしながら、その後、各省庁等への人事管理の分権化をさらに推進する一方において、人事官制度を強化する必要性が指摘されたことにより、1995年の制度改革において、次のような一連の措置が実施された。①すべての公務員が成績主義に基づき公開で選考されることを原則とし、この原則の適用に関する解釈権限（除外措置の要件に関する権限を含む）を人事官に集中する、②採用に関する人事官の同意権限を新たに設けられた上級公務員（the Senior Civil Service）に限定する、③ただし、人事官は、各省庁・エージェンシーの準拠すべき任用規範（Recruitment Code）を制定し、各省庁・エージェンシーがこれを遵守しているかを監視する権限を与えられる。また、④公務員規範（参照、前出第2節）は、人事官に対して次のような権限を与えた。すなわち、公務員規範に違反し、公務員としての良心に反する事態が業務執行

のなかで発生した場合において、公務員は、各省庁・エージェンシーに報告した上で、さらに、不満があるときには人事官に申告をすることができ、人事官はこれを審理し裁決することとなっている。さらに、注目すべきことに、同時に、人事官を一般の公務員（a serving civil servant）の範疇から除外して独立性を高める措置が実施されている[13]（ちなみに、外務公務員に関する枢密院令に基づいて、人事官は外務公務員に関しても同様の権限が与えられている）。

　　2)　規範違反に係る申告の制度——その1　　特に、公務員規範への違反があり、良心に反する事態が発生したと公務員が考える場合に、その者に対して組織内の手続を経た上で人事官に申告する途を認める制度の存在は、わが国には比較的知られてこなかったものであるため、ここに紹介する[14]。

　まず、公務員規範11条は、「①違法、不当又は反倫理的な行為、②公務員制度上の協定又は職業的規範行為、③様々な公務上の不手際を伴う可能性のある行為、④その他公務員規範に合致しない行為が要求されたと考える場合、公務員は、各省庁・行政について適用のあるガイダンス又は規則により定められた手続に従って、その事実を申告しなければならない」と定めている。同条によれば、他の公務員の犯罪事実・違法行為に関しても公務員は申告義務を課される。さらに、同条は、公務員規範のその他の違反行為を察知し、又は良心に触れる重大問題を引き起こすと考える行為を要求されたときに、当該手続に従って申告する権利を公務員に認めた。

　次に、同規範3条は、11条の規定に従って申告した公務員が、その申告への対応が申告の理由に対して合理的なものとなっていないと考えるときに、書面をもって人事官に申告することができる、と規定している（人事官の定めによれば、各組織の当該担当を通じて申告をすることもできる）。

---

13)　以上の記述については、Civil Service Commissioners, *Report of the Civil Service Commissioners to Her Majesty the Queen for the period 1 April 1999 to 31 March 2000* (Annual Report1999-2000) を参考とした。人事委員会・人事官の制度を分析するものとして、see R. Chapman, 'Setting Standards in a New Organization: The Case of the British Civil Service Commission', in R. A. Chapman (ed.), *Ethics in Public Service for the New Millennium*, Athenaeum Press, Vermont, 2000, pp. 93-110.

14)　ちなみに、この申告制度は、公務員個人に対する服務上の処分に対する不服申立制度とは別のものである。公務員管理規範5条によれば、政治参加の申請に対する拒否、懲戒免職・分限免職、分限免職に際しての補償金支払い等について、独立の委員会である公務不服審査会（Civil Service Appeal Commission〔at present, Civil Service Appeal Board〕）に申立てをすることができる。*See* Civil Service Management Code, paras.12.1. 5 to 12.1. 10 (present version, paras 12.1.1 to 12.1. 36).

人事官は、職員・嘱託をもって事案を調査審理する。その調査は当該省庁・エージェンシーの有する記録・文書等に及び、省庁・エージェンシーは調査に協力する義務を負う。申告した職員に対する意見聴取の際には、所属専門職業団体・労働組合の代表者、同僚等の同席が認められる。さらに、人事官は、必要と認めるときには、専門家、法律家等の意見を聴取することもできる。審理が終結された後、人事官は、申告を認容するか否かの決定を行い、認容する場合には省庁・エージェンシーに対して人事官が勧告を行う。

　ちなみに、以上の手続は外部に公表されない。その代わりに、人事官は、年次報告のなかで、件数、事案の内容・処理結果等を概数で公表し、基本的に事件の特定がされない形で典型的ケースを紹介する等の措置をとる。省庁・エージェンシーが勧告に従わない事態が生じたときには、そのことが年次報告で公表されることになる[15]。

　3)　規範違反に係る申告の制度——その2　そして、1998-1999年の年次報告によれば、当該年次に3件の申告が処理され、うち2件は公務員規範に関連のない人事事項等であった。他方、残りの1件は、省庁内部の手続の段階にあっては公務員規範の問題としての審査がされていないケースであったため、人事官は、省庁内部の手続で公務員規範の問題としての審査を行うよう省庁に指示し、当該省庁もこれを受け入れている。また、1999-2000年次には、当該年次で終了した申告1件に関して、省庁の側に法令違反は認められなかったものの、公務員規範違反が認定された。専門職員への職務命令の在り方が問題となったこの事件に関しては、人事官の勧告が複数の点にわたって示され、当該省庁はこれに従ったとされる[16]。

(3)　内閣府の地位と権限

　1)　内閣府の組織（公務関係）　次に、内閣府に関しては、内閣府の公務員担当部門は公務員担当大臣としての首相の指揮下に置かれており、公務に関する日常的な業務は内閣府担当兼ランカスター公領大臣が担当している。公務

---

[15]　See Civil Service Code, para. 11. See also Appeal to the Civil Service Commissioners under the Civil Service Code, Office of the Civil Service Commissioners, August 2000.

[16]　Civil Service Commissioners, Report of the Civil Service Commissioners to Her Majesty the Queen for the period 1 April 1998 to 31 March 1999 (Annual Report 1998-1999), p. 20; Civil Service Commissioners, supra note 13, at pp. 20, 21.

員管理関係部局は、1981年の公務員省の廃止による内閣府移管後、管理人事庁 (Management and Personnel Office: 1981年)、公務員担当大臣庁 (Office of the Minister for the Civil Service: 1987年) 等を経て、公務庁 (Office of Public Service: 1995年) へと改組された。ところが、1998年6月28日にブレア首相は声明を出し、「内閣府の任務は省庁の総合的政策形成を助成することであり、公務庁の任務は政策・サービスの実施に関する改善策を各省庁が発見することを助成することにあるが、両者は密接不可分の関係にある」ことを理由として、公務庁と内閣府の他の組織とを融合させる措置を実施した。その結果、人事事項は、内閣府に置かれた公務調整管理司令局 (Civil Service Corporate Management Command) 管理・政策研究センター (Centre for Management and Policy Studies 〔CMPS〕)、政府現代化事務局 (Modernising Government Secretariat)、ファースト・ストリーム EU 任用課 (Fast Stream European & Recruitment Division)、公務員年金課 (Civil Service Pensions Division)、サービス・ファースト・能率課 (Service First and Effective Performance Division) 等が分掌している[17]。

　2) 府省との権限配分　1995年枢密院令及びこれに基づいて公務員担当大臣としての内閣総理大臣が制定した公務員管理規範によれば、公務員管理に関する内閣府と各省庁・エージェンシーとの権限配分は次のようなものである。人事管理に関する権限は、当該時点において創設された上級公務員 (参照、前出(2)) とそれ以外の公務員とで異なっている。上級公務員とそれ以外の者の区別は、過去の統一的グレード (grade)[18] に基づくものではなく、職務評価基準としての上級職職務評価 (Job Evaluation for Senior Posts: JESP) で少なくとも7以上と認定されたもののなかで各省の指定する職に任用されるか否かによる。

　そして、上級公務員の人事管理は基本的に各省庁・エージェンシーが行うものの、任用・勤務条件の枠組みに関して公務員管理規範に定めがあり、その範囲で中央人事行政機関がコントロールする。他方、上級公務員以外の者に関して、公務員管理規範は、①任用基準（早期幹部育成プログラムの対象であるファース

---

17) *See* Cabinet Office, Public Service Agreements 1999-2002, January 1999 (Cm4181), 25. 内閣府の人事事項を分掌する組織に関する記述については、公式ホームページ（当時）を参照した。
18) 改正前の統一的なグレード制は、各省事務次官等 (Permanent Secretary: Grade 1)、第2事務次官 (Second Permanent Secretary: Grade 1A)、事務次官補 (Deputy General: Grade 2) 等を頂点として、主査 (Principal: Grade 7) に至るまで、各省庁等に統一的な職に関する分類であった。参照、外国公務員制度研究会・前掲注(4) 128頁以下、佐藤・前掲注(2) 149頁以下等。

ト・ストリームについては除かれる）の決定、②職の数・分類、給与、業績評価・昇進、退職等の決定につき、各省庁・エージェンシーに権限を付与している。なお、早期幹部育成プログラムとしてのファースト・ストリームは、同プログラムへの任用後の定められた期間内に当該公務員を一定のレベルの職（主査クラス）まで早期に昇進させるものとして公務員管理規範が定めたシステムである（システムからの離脱・脱落もありうる）。その任用は各省庁・エージェンシーに委ねられるものの、評価手続に関しては内閣府の行うものと同等であるとの認定を予め内閣府から受ける必要がある。ファースト・ストリームのなかから将来の幹部が養成されることになるが、制度としては、あくまでも一定のレベルの職に達成するまでの早期養成プログラムである点に留意する必要はあろう（制度上、養成プログラム終了後は、他の者と同じ条件で昇進していくことになる[19]）。

以上、人事管理事項に関しては、各省庁・エージェンシーに対し相当程度に権限分散が図られている（なお、スコットランド・ウェールズの新自治制度の施行に伴って、1999年3月から両地域に関する特例が設けられている）。これらの事項に関しては、項を改めて確認することとしたい。

　3）財務省の権限　　最後に、公務員制度に関する財務省の関与に関して紹介することにする。1920年以降、公務員の服務の管理、官職分類、給与その他の勤務条件を規定する規則の制定権は財務省に委ねられていた。しかしながら、1968年に公務員省が設立されると、財務省の給与、管理部門は同省に移管された。そして、公務員省が廃止される際して、一部の権限は財務省に戻されたものの、1993年には、財務省に存在した公務員任用に関する規則の制定と訓令の発出に関する権限が各省大臣に移管された。さらに、1995年に、上級公務員の給与、退職等に関する総合調整機能が当時の公務庁に吸収され、財務省の所掌事務は、公務員部門の給与等に限定された。しかしながら、財務省は、公務員給与を含む経常的経費の予算配分権限を有しているため、各省は、全体の予算獲得に際して財務省と協議する必要がある[20]（なお、第3節の記述に関しては、本章の【追記2】を参照）。

19）ファースト・ストリームの制度に関し、See Civil Service Management Code, paras 1.5. to 1.5.10.
20）　See The Whitehall Companion 2000, 8th edition, The Stationary Office Ltd. 1999, p.735（HM Treasury, Minister's Responsibilities）.

第4節　公務員の任用評価と給与

（1）　任用制度の概要
1）　人事官任用規範（当時）

　公務員の身分、権利義務関係に関する事項は多岐にわたる。ここでは、紙幅の都合上、任用評価と給与決定とに焦点を絞って検討することにしたい（給与については俸給、賞与等に限定し、手当等に関しては割愛する）[21]。第3節において述べたように、上級公務員とそれ以外の公務員との間においては、任用等に関するシステムを基本的に異にしている。まず、上級公務員以外に関し、任用管理の権限を委任された各省庁・エージェンシー（スコットランド・ウェールズ関連の特例がある）は、公務員規範・人事官が定めた任用規範の枠内において任用を行う[22]。人事官任用規範（当時）は、公務員規範が原則として要求する成績主義に基づく公開の選考が実施されることを保持するために、すべての公務に関する選考がこの原則に依拠して行われることが基本的に必要であるとの解釈を明らかにした[23]。そして、人事官任用規範は、①任用機会が公にされ、公表されること、②選考の各段階が公正で客観的なものであること、③被任用者が必要な資質・能力を備えていること、④職に最適な者の任用が行われること、等を中心とする選考基準と選考方法を示すこと等により、成績主義に基づいた公開の選考の原則を確保しようとしている（人事官任用規範は、2010 年 11 条に基づいて人事委員会が定める「任用原則」〔Recruitment Principles〕へと置き換えられた。本章の【追記3】を参照）。

---

[21]　1995 年改正後の公務員の任用・給与制度等に関しては、君村・前掲注(2)（『現代の行政改革とエージェンシー』）90 頁以下、同・前掲注(2)（「英国における『新公共管理改革』（下）」）44 頁以下等に紹介がある。また、給与制度を紹介するものとて、参照、猪狩幸子「イギリスにおける新しい給与制度」公務研究 2 巻 2 号（2000 年）97 頁。

[22]　採用の責任は、省庁の事務次官、エージェンシーの長が負う（See Civil Service Commissioners' Recruitment Code, 4th Edition April 1999, 1.8）。ただし、公務員管理規範は具体的選考に大臣が関与することは認めていないものの、大臣が当該ポストに関心を有するときに意見表明の権利を認めている（See ibid. at 1.9）。そして、大臣の意見表明については、詳細な附属規定が設けられており、これらの規定においては、どういう者が採用されるかの点に対する関心の表明を大臣が行うことは許されるものの、その関心は成績主義による任用システムと調和し、他の組織でも妥当しうるものであり、個人的・政治的偏見に基づくものではないこと等が要求されている。See ibid. at Appendix 2 to Part I, Consultation with Ministers.

[23]　See ibid. at Interpretation of the Principles, paras. 1.16 to 1.18.

2) 各府省の権限　しかしながら、人事官任用規範は、抽象的な選考基準、採用方法の概要を大枠として規定するにすぎない[24]。さらに、以上の原則から外れた選考を行う余地も各省庁・エージェンシーに認められており、人事官任用規範2条は、①短期任用（最長5年間）、期間延長、常勤への切換え、②派遣（secondments）[25]、③元官吏の再雇用、④公務への身分継続（transfers into the Civil Service）[26]、⑤逼迫ポストの任用（surplus acceptable candidates appointed to shortage posts）[27]、⑥障害者の雇用に関し、例外的な措置が実施されることを認めている。

以上のことから、各省庁・エージェンシーは任用に関して広い裁量権を有しているといえよう。

（2）上級公務員の任用

1) 権限の配分と組織・手続　ただし、上級公務員の任用管理権限は各省庁・エージェンシーに授権されていない（参照、前出第3節）。上級公務員に関しても、各省庁・エージェンシーに共通するグレード区分は存在しないものの、内閣府は、組織間の連携を強化し能力開発を進める等のために、これらに共通する枠組みを定め、組織間の移動を促進する権限を与えられている（ただし、規則制定の手法を通じた中央プログラムの策定、協力の促進等が推奨される）。また、

---

[24] Ibid. at paras. 1.3 to 1.29. See also Appendix 1 to Part I, The Principles of Fair and Open Competition and Selection on Merit. もっとも、人事官任用規範第3条は、公表されるべき任用情報に関する詳細な規定を置いている。See ibid. at Part III, Information to be Published, paras. 3.1 to 3.3.

[25] 派遣とは、常勤の職場から任意の形で期限を付して職員を公務に移動させることを意味し、その際、被用者の地位を侵害しないことが必要である。各省庁・エージェンシーは、12月以上の派遣については、プログラムの開発、協定の締結等を通じて供給源を確実なものにしておく必要がある。

[26] 公務員への身分継続の形態の一つに、「引受けによる移動（雇用保護）規制（Transfers of Undertakings〔Protection of Employment〕Regulations〔TUPE〕）」の規律を受けた身分継続がある。このような雇用確保規制の下にあって、職員は自動的に継続を受ける権利を保持する。なお、当該職務とともに継続がなされた場合に組織上の問題が生ずるときには、その者の専門性が保持されるポストへの身分継続を検討することも許される。また、他の公的機関等からの身分継続の形態も存在している。以上につき、see ibid. at para. 2.22 to 2.28.

[27] 雇用市場で供給が逼迫しており、職業的・専門的素養に照らして僅かな該当者しか見込めないポストに関しては、①競争により適当な候補者の確保が期待できない場合、②競争の実施後に職の需要が生じた場合に、相当の水準に達している者に対して試験を実施して当該ポストに任用することが許される。

最高額と最低額が定められた給与バンド（pay band）が、事務次官及びその他 9 段階に分けて設定されている（2002 年に事務次官以外の官職について 9 段階から 3 段階に区分された。以下、2) 及び 3) の記述は 2002 年改正前のものである）。

　　2)　選考　　上級公務員の選考に関し、公務員管理規範は、上級職任用選抜委員会（the Senior Appointments Selection Committee。当時）が任用の基準を定め任用に関与する官職の範囲を定めている（この委員会は、内国公務の長〔the Head of the Home Civil Service〕が主宰し、首席人事官及びその他の主要な省庁の事務次官により構成される）。これらの職は SASC グループと呼ばれ、①上級職職務評価（JESP）（参照、前出第 3 節(3)）のポイントが 18 以上であること、②在職又は任用後の給与幅が、最上位の三つの給与バンドに含まれるものであること、③省庁の長（第 2 事務次官を含む）に直接に報告する立場にあるか、省庁・エージェンシーの長であること、のすべてに該当するものが含まれる。SASC グループのなかで、事務次官の任命権者は内閣総理大臣であり（内国公務の長の推薦に基づくものである）、その他の者の任命については、内国公務の長の推薦に基づいて首相が同意を与える。また、SASC グループに関しては、通常の退職年齢を越えた任用についての内閣府の同意を取り付け、また、移動・退職等に関して内閣府に協議を行う義務が省庁・エージェンシーに課される等、特別の規定が設けられている[28]。

　SASC グループを含めて、上級公務員に関しては契約制が導入されており、①上級公務員の職への最初の任用、②職務と給与バンドの両者の変化を伴う移動、③ SASC の職への最初の任用の際に個別的契約の締結が求められる[29]。

　具体的任用に関しては、さらに、法令と人事官任用規範以外に、これに沿ったガイダンスが人事官により発出されている。まず、1985 年枢密院令によれば、上級公務員の任用については、12 月以下の任用の場合を除いて人事官による書面の同意が必要とされる[30]。そして、人事官上級任用ガイダンス（Civil Service Commissioners' Guidance on Senior Recruitment）が、その第 1 部において任用の具体的手続を規定しており、例えば、選考の開始段階について、人事官が直接任用に関与するケース、直接任用に関与しないときに同意を与える要件、

---

28)　*See* Civil Service Management Code, para. 5.2.
29)　Ibid. at para. 5.3.3.
30)　Civil Service Order in Council 1995, Article 5 (1).

内閣府・財務省(会計官職について)に対する協議とその事項、大臣の関与等が具体的に規定されている。選考過程に関しても、公表事項、パネルによる面接、第1次選抜、最終面接、委員会の決定手続、決定後の同意等が詳しく規定されている[31]。また、第2部は、成績主義に基づく公開による選考からの除外措置の要件と手続とを規定している。ちなみに、上級公務員に関しては、人事官は、①当該人物が傑出していること等が明らかであるとき、②成績に依拠しないで任用がされるときについて、除外措置を自ら実施する権限が付与されており、また、人事官任用規範の原則に合致しない採用に対しても例外的に同意を与えることを認められている(人事官任用規範2条35・36)。

選考に関しては、民間を含めた公開の競争促進策が実施されるようになっており、SASC グループについては、1998年度は約 20％ の職、1999年度は約 53％ の職において民間を含めた競争が実施されている。

また、約 3000 ポストの上級公務員全体にあっては、1998年度において約 100、1999年度において約 150 の職について実施されている[32](ファースト・ストリームに関しては、参照、前出第3節)。

　3) 給与　　給与に関しても、上級公務員とそれ以外の者との間においてシステムが異なっている。まず、上級公務員にあっては、既に述べた給与バンド等の枠内において勤務評価等に基づいて俸給等が決定される。具体的には、事務次官については、事務次官給与委員会(Permanent Secretaries Remuneration Committee)[33]の勧告に従って内閣総理大臣が定め、他の上級公務員については、上級職給与審議会(Senior Salaries Review Body)[34]の答申を受けた政府の基本決定に即して各省庁等の長が定める。また、俸給以外にも、業績に反映した形で賞与(awards)が支給されることとなっている(2000年度は、0から11％ の範囲内で各省庁が定める額が支給された)[35]。

---

31)　See also Civil Service commissions' Guidance on Senior Recruitment, 3rd. Edition April 1999, paras. 48 to. 51.
32)　Civil Service Commissioners, supra note 13, Annual Report 1998-1999, pp. 8-9; Civil Service Commissioners, supra note 13, Annual Report, 1999-2000, pp.8-10.
33)　内国公務の長、大蔵事務次官、上級職給与審議会(Senior Salaries Review Body)の委員長及び委員2名からなる委員会である。上級職給与審議会については、参照、注(34)。
34)　民間企業の経営者、大学教授、弁護士等10名から構成されている。
35)　See Civil Service Management Code, paras. 7. 1. 10 to 7.1. 14, 7.1 Annex A: Senior Civil Service Pay Framework 1999-2000.

給与バンドの配分は上級職職務評価（JESP）に従って行われ、それによれば、当該職務は、①職員管理、②アカウンタビリティ、③判断、④影響力、⑤職務上の能力の各項目について、示された判断基準に従ってレベル分けがされる（①から④は各8段階、⑤は4段階である）。もっとも、当該職をどの給与バンドに貼り付けるかについて、JESP値は基本的に三つの給与バンドに貼り付けることが可能となっている（例えば、JESP値10は、最低の給与バンド1から2級上のバンド3まで貼付け可能である[36]。なお、これは、共通グレード制を廃止する際に俸給の格付けが落ちる職員を生じさせないためのものであり、既得権保護の機能を与えられるようである）。ただし、内閣府の同意を経れば、JESPと異なる指標を用いることも、可能である。

　上級公務員以外の者に関しては、基本的に、各省庁・エージェンシーに対して給与の決定権を委ねている。ただし、各省庁等は、公務員、公的セクターの給与に関する政府の政策に沿わなければならないし、支出に関する統制も受ける（スコットランド・ウェールズについては特例がある）。また、各省庁等が作成する給与・グレード表は、実施後3年を経るごとに、給与原則、組織目標等に照らして再評価を行う必要がある。そして、各省庁等は、内閣府に再評価を報告し、内閣府による報告の徴収に応じなければならない。また、年金に関連する事項はすべて、内閣府公務員年金課（Civil Service Pensions Division）と協議する必要がある。公務員管理規範が設定するこれらの統制を受けながら、各省庁・エージェンシーは、人件費、事務費等の経常経費の範囲内で、公務員組合との団体交渉により締結された給与協定に従って俸給等の決定を行う[37]。ただし、内閣府は、各省庁等の給与・グレード表の作成に資するものとして、職務評価分類支援基準（Job Evaluation and Grading Support）を作成している（1992年作成。1999年改定)[38]。この基準は、①知識・能力、②接触・交渉、③問題解決、④決定能力、⑤自律的能力、⑥資源管理、⑦影響力、を評価項目とするものであり、これを採用するか否かは各省庁等に委ねられているものの、多くの省庁等がこれ

---

36) Cabinet Office: Office of Public Service, JESP: Job Evaluation for Senior Posts, Handbook, September 1997; Cabinet Office: Office of Public Service, JESP: Job evaluation for Senior Posts, Best Practice Guide, September 1997.
37) Civil Service Management Code, paras. 7.1. 1 to 7.1. 6.
38) Cabinet Office: Civil Service Cooperate Management Command, JEGS 2000 Job Evaluation and Grading Support, Handbook, May 1999, pp. 1-5.

を採用している。もっとも、内閣府の了承を得て簡略化されたシステムを運用している省庁（例えば、内務省〔Home Office〕）もあり、また、これを採用していない省庁の場合には、人事関係のコンサルティング会社に委託して自らの組織業務に適合的なシステムを開発しているようである[39]。

（3）人事管理制度改革

ちなみに、ブレア政権下の公務員制度改革においては、人事管理制度に関しても各種の改革構想が打ち出された（参照、前出第2節）。1998年秋、内国公務の長ウィルソン卿（Sir Richard Wilson）は、「公務改革（Civil Service Reform）」と題する首相への報告書を公表して、これに基づく幾つかの重点改革を進めている。これは、内国公務の長、主要省庁の事務次官、その他のメンバーで構成される公務管理委員会（Civil Service Management Board）の構成員の同意を得て内国公務の長が決定したものである[40]。そのなかには、①リーダーシップの強化、②業務計画の改善、③研修・任用活動の強化等による公務員の大胆な多様化、等が掲げられており、特に、業務計画の改善については、ヨーロッパ品質管理財団（The European Foundation for Quality Management）が開発したEF優良品質管理モデルによる行政評価を全組織に拡大適用することとの連携等が強調されている。そして、人事関係に関しては、①挑戦的な業務運営を重視すること、②業績に基づく賞与分配を重視すること、③多様な人材に対して昇進の道を与えること、等を内容とする改革が構想されており、特に、上級公務員については、新たな業績評価基準の作成が行われた[41]（なお、第4節の記述に関しては、本章の【追記3】を参照）。

---

39) JEGSの運用状況に関する本章の記述は、人事院の委託により筆者が行った調査（参照、前掲注(3)）に基づくものである。JEGSを採用している府省としては、例えば、環境、輸送、地方行政区省（Department for Environment, Transport and the Regions）があり、貿易産業省（Department of Trade & Industry）はこれを採用せず、人事関係コンサルタントと契約しており、内務省（Home Office）は内閣府のシステムを修正して使用している。

40) Richard Wilson, Civil Service Reform, Report to the Prime Minister from Sir Richard Wilson, Head of the Home Civil Service, the Cabinet Office (Ref: CAB199-15277/0001/D40).

41) See ibid. at pp. 7-8.

第5節　公務員大学校等における研修制度

（1）　保守党政権下の制度

　本章の最後に、比較的注目されてこなかった公務員研修制度の変遷を取り上げることとしたい。1968年の改革に伴い、公務員の中央研修機関として公務員大学校（the Civil Service College）が設置されて以降、研修は公務員大学校と各省庁等によって実施されてきた。もっとも、保守党政権の下においてエージェンシー化政策が実施される過程において、公務員研修に関しても民間機関や大学等との間での競争的環境に置かれることとなり、1996年に公務員大学校はエージェンシー化された。かつ、公務員大学校への政府補助を廃止することにより、利用者からの料金徴収に基礎を置く独立採算制が目指された。事実、90年代後半に入ると、公務員大学校の研修プログラムに対して政府の補助は支出されていない[42]。その結果、研修活動の重点は、各省庁の研修（民間に委託されたものを含む。他省庁等の者も受講可能）に移り、全体の研修のなかで上級公務員を中心的対象とする約5％を公務員大学校が実施するにすぎなくなくなった。

（2）　公務員大学校の再評価

　しかしながら、労働党政権に移行した後に、政府は、公務員大学校に対する再評価を実施し、その報告書は1998年に公表されている。その内容は次のようなものであった。
　「公務員大学校は、他の民間機関に比して優れたプログラムを実施しているものの、公務員研修には次のような改革課題が生じている。公務は21世紀に向けて新たな対応を求められているのに対し、供給サイドには、①戦略的課題の分析、上級幹部の研修、組織の効率性向上等に関して不十分な点があり、②カリキュラムは断片的であり広範にすぎる等の問題がある。したがって、①公務全体を見通した供給側と省庁等との協力関係を構築し、②他の公的領域、大学や研究機関、私的な又はボランタリーな機関等との連携を保ちつつも、政府の中核に前記の問題に応える組織を構築する必要がある」[43]。
　以上の認識に立ち、報告書は、公務管理・改革に関するセンターを作る必要

---

42)　*See* Cabinet Office, Civil Service College Review 1998, p. 5.
43)　Ibid. at pp. 6,7.

があると述べた上で、その組織の任務として、①他の機関（大学、研究機関等）と連携しながら、政府活動の向上に関する戦略を立てること、②政府改革に関する国内外のネットワークを構築し、広く経験を伝達・交流すること、③政府の各機関の戦略設定等に協力し、教育プログラムを作成し実施すること、④必要と認める場合には、組織自体において広範な戦略を立てること、等を位置づけている[44]。

この報告書を受けて、政府は、2000年4月より管理・政策研究センター（参照、前出第3節(3)）を設置した。この組織は内閣府の一部を構成するものであって、事務次官に次ぐ事務次官補（Director General）を長とし、前記の4事務を所掌している。そして、この組織の一部である公務員大学校（したがって、エージェンシーではない）は、政府の補助を受けて上級公務員を中心とする戦略的事項に関する研修を担当する他に、統一的・包括的な研修プログラムを実施している（上級公務員向け以外は、基本的に独立採算ベースである[45]）。また、ファースト・ストリーマーに関して基本的ベースとなるプログラムを提供している[46]。担当者の認識では、全体として長期のプログラムではないものの、実践志向の基本的思考方法の養成に重点を置いたものとなっており、十分な成果を得ているとのことであった[47]。

そして、ここで注目すべきことは、この措置がブレア政権の改革の基本政策である「政府の現代化」から直接に導き出されている点である。この政策を打ち出した宣言において、ブレア政権は、公務員制度改革に関し、管理面の改善、質や業績の向上がされた点を高く評価しながらも、大意、次のように述べる。

「公務活動は、常に民間がベストであり、公務が非能率的であるという概念に悪影響を受けてきた。しかし、政府は、そのような偏見を拒否する。他

---

44) Ibid. at pp. 6.7.
45) 例えば、上級公務員向けには、次官級、局長級、課長級等に分けて、コースが提供されている。次官級については2、3日のコース、局長級・課長級については、2週間のコースが提供されている。*See* Cabinet Office: Centre for Management and Policy Studies, Executive Development Programmes.
46) ファースト・ストリーマーに関しては、①公務員としての基本的素養、②政府活動の概要、③財政制度、④コミュニケーション、の四つのコア・プログラムが用意され、これ以外にも必要に応じて多様な選択プログラムが設けられている。それぞれのプログラムは、平均して2、3日の長さである。
47) 公務員大学校シニアマネージメント・チームのR・ベーレンス氏（Robert Behrens）へのインタビューによるものである。

方、過去20年にわたり、公務は質の向上に努めてきたものの、世界の急速な変化に対応して公務も大胆に変化しなければならない。統一性・客観性等を維持しつつも、創造的で、変化を志向し、機敏に行動する公務であらねばならない。リスク回避の文化は改める必要があるし、成果には報酬が与えられ、必要な資質は伸ばされる必要がある。」[48]

現在の公務員改革が、ブレア政権の志向する「第3の道」に即して展開されていることは、これらの叙述から確認することができよう（なお、第5節の記述に関しては、本章の【追記4】を参照）。

第6節　おわりに

(1)　イギリス公務員制度の原則

以上、ブレア政権下の英国公務員制度とその動向に関して検討してきた。ブレア労働党政権は、保守党政権下において実施されてきた行政改革施策を基本的に踏襲しつつも、幾つかの重要な修正を加えてきている。公務員制度に関して実施された、研修制度の改革、上級公務員の業績評価・報酬システムに関する改革等も、その一環として位置づけることができよう。もっとも、保守党政権下の改革にあっても、規制改革・分権化・市場化が公務員制度において徹底した形で実施されてきた訳ではない。上級公務員制度に対する内閣府等の関与と統制は厳格なものであるし、任用に関する人事官の権限は強力である。さらに、公務員倫理規範の維持に関して人事官に与えられた（懲戒・不利益処分とは別個の）審査権限は、公務運営の適正の確保、公務員倫理の確保の上で重要な仕組みとして機能している。

行政改革のモデルとしてわが国においても参考とされてきたイギリスの制度がもつ前記の特長は、わが国の公務務員制度改革にとっても参考とすべき点は多いものといえよう。

---

48)　See Cabinet Office, Modernising Government, March 1999 (Cm4310), pp. 55-56. 新公共管理の考え方に対する批判的視点を知るためには、次の文献が適当である。See M. Minogue, C. Polidano and D. Hulume (ed.), Beyond the New Public Management, Edward Elgar Publishing Ltd., Massachusetts, 1998.

(2) 制度改革の可能性

　ちなみに、第2節において述べたように、英国の公務員制度に関して、その一部は議会制定法の適用を受けるものの、公務員の権利・義務の多くの部分については、枢密院令とその授権を受けて公務員担当大臣（首相）が制定した命令が規律している。もっとも、このような制度の体系は変更される可能性もあることに留意する必要がある。すなわち、公務全般の新たな行動原理を包括的に検討するため首相の諮問を受けて設置された委員会（委員長の名にちなんで「ニール（Neill）委員会」と呼ばれている）は、2000年1月に第6次報告を公表した。そして、そのなかにおいて、「公務員法制定に向けての政府活動を具体化するための日程表をできるだけ早期に策定すべきである」等とする勧告が含まれていた。かつ、これに関して政府が議会に対して提出したコメントは、このような立法に向けて関係機関との協議を含めて作業を行うとするものであった[49]。ここで想定されている包括的な公務員法が制定されるならば、英国公務員法の法体系は大きく変わることになり、今後の作業の推移が注目される（なお、本章の【追記1】を参照）。

　【追記1】　本章の〈解題〉において述べたように、2010年代前半までのイギリス公務員制度改革の動向に関する本章各節の記述に関して追補を行う。具体的には、周蒨＝高橋滋［監修］「イギリスの公務員制度改革及び労使関係への影響（1）〜（2・完）」自治研究90巻9号（2014年）108頁・同10号（同）92頁に依拠しつつ追記し、さらに、その後の変化に関しては、村松岐夫編著『公務員人事改革：最新米・英・独・仏の動向を踏まえて』（学陽書房、2018年）のイギリス編・同85頁以下等、及びイギリス政府のホームページ（特に内閣府のホームページ）に依拠して追補する（なお、2010年代半ばまでのイギリス公務員制度改革を詳細に分析したものとして、笠京子『官僚制改革の条件―新制度論による日英比較』〔勁草書房、2017年〕がある）。まず、第2節に関して補遺を記載する。

　（1）公務員法の制定　　本章の公表後、イギリスにおいては、EU統合の影響を受けて、2010年に憲政改正・ガバナンス法（Constitutional Reform and Governance Act 2010. 以下、「2010年法」という）が制定され、そのなかの第1編において公務員の関連規定が設けられた（以下、当該部分を「公務員法」と略称する）。同法は、公務員制度の

---

49) Prime Minister, *The Government's Response to the Sixth Report from the Committee on Standards in Public Life*, July 2000 (Cm4817), p. 8.

骨格に関する最初の成文法である（公務員法の成立経緯につき、周＝高橋［監修］・前掲論文自研90巻9号114頁以下が詳しく紹介している）。同法の成立により、これまで勅令や命令等によって定められてきた事項は議会制定法（status）により定められることとなった。他方、公務員（管理権限）法（Civil Service〔Management Functions〕Act 1992）に関しては、2010年法による文言修正を受ける等の細部の修正はありつつも、本書刊行時まで同法の基本的な枠組みに変化はない。

なお、人事委員会は2010年法2条に根拠を置くものとなり、また、本章刊行時においては、内閣府に属さない執行公共団体（an executive non-departmental public body）に分類される組織とされ、内閣府の支援を受けつつも、内閣府からは独立し、そのアカウンタビリティについては議会を通じて確保されるものとされている。

　(2)　公務員規範、公務員管理規範等　　次に、2010年法の制定等に伴って、当時は勅令・命令レベルにあった規範の変化に関して確認する。第1に、2010年法の成立に伴って、同年11月に新たに公務員規範（the Civil Service Code）が制定された。ただし、本章第3節において規定した人事官及びその事務局（2010年法においては「人事委員会」〔the Civil Service Commission〕）の権限に関する基本的な規律は2010年法に置かれていることから、簡潔な規定となっている。例えば、現行の2010年法においては、①人事委員会の設置（2条）、②公務員規範の制定（5条）、③外務公務員規範の制定（6条）、④公務員規範及び外務公務員規範の必要的規律事項（7条）、⑤任用に関する諸規律（10条ないし14条。人事委員会による任用の原則の定立〔11条1項〕・任用原則に定める官職に係る人事委員会の同意権・採用過程への関与〔12条1項・2項〕・人事委員会に対する異議〔13条。任用に係る2010年法の規律に反して選考が実施されたと考えることが要件となっている（同条1項）〕・2010年法の定める任用に係る規範の遵守状況等に関する人事委員会の監視権限〔14条〕）、等が定められている。

第2に、公務員規範は2015年3月にも改訂されており、同規範は、(a) 基本原則、(b) 行為基準、(c) 権利及び義務の3節により構成され、行為基準として、「清廉性（Integrity）」、「誠実性（Honesty）」、「客観性（Objectivity）」、「不偏不党（Imparity）」及び「政治的中立性（Political Imparity）」を掲げるものとなっている。

第3に、公務員管理規範に関しても、2013年6月に新たなものが発出され、2016年7月1日改訂のものが最新のものである。公務員管理規範は、2010年法及び公務員（管理権限）法に基づくものであり、各省庁等の責任者、スコットランド第1首相及びウェールズ国民議会に付与された公務員の任用条件設定権限（ファースト・ストリーム・育成プログラムを除く）、上級公務員を除く公務員の数やグレードの決定権限等に関しての詳細な定めを置く点等については、本文に述べた内容と基本的に同様である。

　(3)　他の法令　　①退職年金制度　　第2節の本文において言及した退職年金制度に

関しては、国家公務員の定年制が 2010 年に廃止された後に、2015 年には退職年金法（Superannuation Act 1972）の大幅な改正があった（年金制度の改正に関しては、村松・前掲書（【追記1】）127 頁以下を参照）。ただし、同制度は、改正後の制度において年齢の高い者が改正前の制度の適用を受けることを認めることが年齢による差別であるとする控訴院（the Court of Appeal）の判断を受けて、段階的な修正が実施されている。

　②**人権法及び労使関係法・雇用法**　EU 統合の影響は、公務員を含む労働関係分野全般にも及んでおり、欧州人権条約の内容をイギリス国内で実現する試みとして、1998 年には人権法（Human Rights Act）が制定され、欧州社会憲章の国内への適用として、2004 年労使関係法（Employment Relations Act 2004）及び 2008 年雇用法（Employment Act 2008）がそれぞれ立法された。なお、前者の法令は数次の改正を受けて本書刊行時において適用され、また、後者の法令は本書刊行時において適用されている。

　【追記2】　(1)　**内閣府・人事委員会の組織構成**　人事権限が各府省において分権化されている点は、本書刊行時において基本的に変化していない。公務員担当大臣を首相が兼務している点にも変化はないが、内閣の構成により公務員制度に関する様々な権限は他の大臣に委任されることがある（2024 年 4 月現在、基本的には首相が権限を有しているようである）。そのなかにあって、内閣府の公務関係の組織は、公務人材局（Civil Service Human Resources）、公務現代化及び改革室（Civil Service Modernisation & Reform Unit）、サービス局（Government Business Services。年金及び任用の業務等を担当）、衡平局（Equality Hub）等によって構成されている。

　次に、人事委員会の組織的な位置付けに関しては、【追記1】において述べた。2022-2023 年の人事委員会の年次報告（Civil Service Commission, Annual Report and Accounts 2022/23）によれば、同年次報告時点における人事委員会の委員は 17 名であり、人事委員会の事務局は内閣府から出向する公務員によって構成されている（なお、人事委員会の組織の変遷と 2021 年時点における人事委員会の組織構成に関して紹介するものとして、嶋田博子「日・英・米人事行政機関の生存戦略──『名声による自律性』か『敵を作らぬ中立性』か」政策科学 28 巻 3 号〔2021 年〕151 頁以下を挙げておく）。

　人事委員会の下での任用の実績及び人事委員会による任用原則違反に関する監査、異議申立て処理状況については【追記3】(2)(3)を参照されたい。なお、第 2 節において触れた公務員規範違反に係る申告に関しては、2010 年法 9 条に根拠を有するものとされており、前記の人事委員会の年次報告においては、85 件の申告があったのに対し、16 件が省庁による 1 次決定のための調査を目的として省庁に回付されたものの、委員会のパネル調査が必要とされた案件はなかったものとされている（他の案件のうち 3 件は未済、3 件は申立人の応答がなく終結、63 件は却下。ちなみに、ハラスメント・差別

等は省庁において判断されるべき事項とされている)。

　最後に、2018 年時点における公務員行政に係る財務省の権限に関し簡潔に紹介するものとして、村松・前掲書(【追記1】) 91 頁以下がある。

　【追記3】(1)　**人事委員会の「任用原則」**　2010 年法 10 条 2 項は、公務員の任用を目的とする選考は公正かつオープンな競争を基礎とした成績に基づいて行われるものとし、同法 11 条 1 項は、人事委員会が「任用の原則」(The Commission's Recruitment Principles) を定め、具体の要件を明確にした解釈を示す、と規定している。本書刊行時における人事委員会による任用の原則は 2018 年 4 月に制定されたものであり (Civil Service Commission, Recruitment Principle, April 2018. 以下、「任用原則」という)、この任用原則において、選考の原則、選考委員会 (the selection panel) の組織 (最上位の官職に関しては、委員会の長は人事官が務めるものとされる) と委員会の手続 (委員会の長の責務、記録の作成等)、選考情報の事前開示、選考の際の評価方法、決定手続、選考の際に大臣が関与する場合における関与の在り方等の諸原則が示されている。

　例えば、事務次官の選考に関しては、首席人事官 (又は候補) が採用候補者を選定する採用委員会の長を務めるものとされ、首相が首席人事官の作成した報告書を踏まえて最終決定をする等、詳細な手続が定められている (任用原則 44 項以下)。その他にも、選考の際に人事官が必ず選考委員会の長を務めるべきものとされる官職は事務次官に加えて給与バンド 3 (局長級) とされ、給与バンド 2 (部長級) レベルの官職にあっても、外部選考の場合には原則人事官が長を務めるものとされる (任用原則 50 項・51 項。2018 年 4 月に至るまでの事務次官人事の変容に関しては、内山融「英国の政官関係」国際社会科学 63 号〔2013 年〕8 頁以下、高安健将「英国における執政機能の強化」年報行政研究 53 号〔2018 年〕47 頁等に紹介されている)。

　なお、上級公務員の選考に関しては、任用原則に加えて、幹部リーダーシップ委員会 (the Senior Leadership Committee) と人事委員会の合意の下に定められた幹部公務員任用議定書 (Civil Service Senior Appointments Protocol) に細則が置かれている。例えば、同議定書によれば、すべての選考の方式 (外部選考、内部選考、同レベルの職間の個人的異動等) は幹部リーダーシップ委員会が決定し、当該委員会には首席人事官が参画するものとされている。

　(2)　**任用実績**　2022-2023 年の人事委員会の年次報告によれば、公務部門においては 9 万 251 人が任用され (前年度は 9 万 8815 名。以下、( ) 内は同じ)、公正かつオープンな競争による任用が 8 万 889 名 (8 万 3520 名) であった。これに対し、2010 年法 10 条 3 項が認める競争的任用に対する例外 ((a) 特命を受けた外務公務員・総督の選考、(b) 特別アドバイザー、(c) 例外的選考を認める 11 条・12 条 1 項 (b) の趣旨に基づくもの) の件数は、9362 件 (1 万 5295 件) であった。

(3) 異議申立ての状況　2010年法13条は、競争的選考に関して何人も所定の異議を申し立てることができると規定しており、任用原則67項以下は競争的選考に係る異議について詳細に規定している（異議は、省庁へのものとその後の人事委員会へのものとの2段階で構成される）。前記年次報告によれば、人事委員会に対する異議167件（内7件は継続審議）のうちで、委員会の調査を経ずに省庁の1次決定に付すために回付されたものが37件、任用原則の範疇にないとされたものが93件、取り下げが3件、却下8件であった。そして、委員会による最終決定のため審査が実施された18件のなかでは、4件において任用原則への違背が認定された。また、1件は省庁自らが違反を自認した。

　なお、第4節において紹介した人事評価制度については、2012年以降の変化等を含めて紹介するものとして、村松・前掲書（【追記1】）125頁、稲継裕昭＝鈴木毅「国家公務員の人事評価制度の改善（6）」自研98巻9号（2022年）36頁以下がある。

【追記4】　第5節本文において取り上げた公務員大学校は、本章の刊行後に研究機構を擁する公務員研修所（the National School of Government）へと発展的に改組された。しかしながら、2012年に公務員研修所は閉鎖され、代わって、2011年4月に公務員ラーニング（Civil Service Learning: CSL）のプログラムが内閣府によって運営されることとなった。本書の刊行時においては、スキル・カリキュラム室（Government Skills and Curriculum Unit。2020年創設、2024年3月現在は政府人材部〔Government People Group〕の一部門である）が内閣府に置かれており、研修プログラムの企画・運営を担当している。また、公務員ラーニングの企画・運営は、内閣府の政府コミュニケーション部（Government Communication Service）が担当している。

　なお、2012年に公務員学校（Civil Service College）が政府の外に創設されており、当該組織のホームページにおいては、公務員研修所の研修プログラムの多くを引き継ぎ、かつ、新規の研修需要にも応じている、とする紹介がある。

　ちなみに、2018年における研修の状況について紹介するものとして、村松・前掲書（【追記1】）103頁以下が、2015年の時点において専門家教育の視点からイギリスの研修制度を紹介するものとして、藤田由紀子「政策的助言・政策形成の専門性はどこまで定式化できるか？──英国公務員制度改革におけるポリシー・プロフェッションの創設」年報行政研究50号（2015年）2頁がある。

第3章　公務員制度改革と公法系教育

〈解題〉　本章は、日本公法学会第 70 回総会（平成 17〔2005〕年。於関西学院大学）において、公務員制度改革を踏まえた公法系教育の在り方に関し、主として専門職大学院における公法系教育を念頭に置いて報告を行った原稿を論文形式に手直ししたものである。本章が刊行された時点においては、公務員制度について様々な改革が実施され、さらに制度を抜本的に改革する方向性に関して具体性をもった提案も示されていた。そして、制度の大幅な改革は平成 26〔2014〕年に実現することになったものの（本書第 4 編第 2 部第 2 章 287 頁以下を参照）、その骨格はこの時期に既に示されていた。本章は、このような時期にあって、公務員制度改革に関する筆者の評価を示し、公法系教育の在り方に関する考察を通じて改革の方向性に関する筆者の立場を示したものとなっていることから、本書に収録した。

第 1 節　はじめに

　本章の目的は、①公務員制度改革の概要・特徴を紹介した上で、②この改革が公法系教育への需要をどのように変化させているか、そして、これらの変化を踏まえて、わが国の公法系教育は今後どのように在るべきか等の課題に関して、筆者なりの解答を与えることである[1]。

---

1)　公務員制度改革に関する筆者の論稿として、以下のものがある。高橋滋「公務員制度」ジュリ 1161 号（1999 年）136 頁（本書第 4 編第 1 部第 1 章 204 頁）、同「ブレア政権下の英国公務員制度とその動向」小早川光郎ほか編『塩野宏先生古稀記念　行政法の発展と変革（上）』（有斐閣、2001 年）821 頁（本書第 4 編第 1 部第 2 章 225 頁）、同「国家公務員制度と地方公務員制度」総務省自治行政局公務員部編『地方公務員制度の展望と課題』（ぎょうせい、2001 年）93 頁（本書第 5 編第 1 部第 1 章 328 頁）、同「公務員制度改革への視点」日本経済新聞平成 13（2001）年 5 月 9 日朝刊 29 面、稲葉馨＝高橋滋＝西尾隆「公務員制度改革大綱をめぐる論点」ジュリ 1226 号（2002 年）6 頁以下、高橋滋「地方公務員制度の改革について」地方公務員月報 464 号（2002 年）2 頁（本書第 5 編第 1 部第 2 章 353 頁）、高橋滋＝川田琢之「公務員」宇賀克也ほか編『対話で学ぶ行政法』（有斐閣、2003 年）265 頁、高橋滋「地方公務員制度改革とその展望」自研 80 巻 5 号（2004 年）3 頁（本書第 5 編第 1 部第 3 章 362 頁）。なお、公務員制度改革に関する論稿は多いものの、本章においては、改革そのものを批判的に検討する見解として、西谷敏ほか編著『公務員制度改革』（大月書店、2002 年）、西谷敏ほか編著『公務の民間化と公務労働』（大月書店、2004 年）、二宮厚美ほか編著『公務員労働の変質と公務労働』（自治体研究社、2005 年）を挙げておく。

第 2 節　公務員制度改革の概要

(1)　改革の背景

　1)　行政改革の一環としての「公務員制度改革」　平成 17 (2005) 年の第 44 回衆議院議員総選挙において、郵政民営化に隠れた形とはなったものの、公務員制度の取扱いは争点の一つとなった。そして、同選挙後において、小泉純一郎内閣は抜本的な公務員削減策を打ち出している[2]。このように、公務員制度改革は、ホット・イッシューの一つとなっている。そこで、本節の冒頭においては、改革の背景にある政治経済的な諸要因を分析することにする。

　まず、公務員制度改革は、各種の行政改革の一環をなすものであり、行政改革の「一応の」仕上げとしての位置付けを与えられている。すなわち、1990 年以降、第 1 に、規制緩和等による行政スタイルの改革は進んだ。第 2 に、中央省庁等改革によって、「政治主導」と「総合調整機能の強化」を標語とする組織改革が進展している。第 3 に、地方分権改革によって、国・地方関係の見直しも行われた。このようななかにあって、「組織において、行政事務に携わる、『ヒト』の行動準則」を改革する必要が意識されるようになった。これが、公務員制度改革が求められる要因の一つである。

　その他にも、①現業部門等のスリム化に伴って、専門職・企画部門へと人的資源を集中させる必要性が生じたこと、②ジョブスタイルの変化が社会の高学歴化をもたらしたこと、③社会経済システムの変化に対応し得る政策志向の人材を確保する必要が強まったこと等を、改革を求める諸要因として挙げることができよう。

　さらに、周知のように、NPM (New Public Management) 理論は、公務部門の

---

[2]　総選挙の後に公務員純減の方向が示され、政府は、平成 17 (2005) 年 12 月 24 日に、「今後 5 年間で、郵政公社職員を除く国家公務員（定員ベースで 68.7 万人）を 5％ 以上、純減させる」とする方針を閣議決定した（「行政改革の重要方針」4-①-ア）。さらに、この閣議決定においては、「総人件費について、対 GDP 比でみて今後十年間で概ね半減させるといったような長期的な目安を念頭におきながら改革を進める」との表現も盛り込まれている。かつ、この方針は、平成 18 (2006) 年 3 月 10 日に国会に提出された内閣提出法案「簡素で効率的な政府を実現するための行政改革の推進に関する法律案」43 条・44 条・45 条に具体的に盛り込まれている（同法案は 3 月 26 日に成立した。同年法 47 号）。他方、平成 17 (2005) 年 9 月 27 日の日本経済新聞 1 面によれば、佐藤壮郎人事院総裁（当時）は、①I 種・II 種の採用枠の統合、②採用ルートの多様化、③省庁の枠をこえた少数エリート層の採用ルートの確保等、新たな制度改革を提言する、と発言している。

様々な見直しに理論的な論拠を与えてきた。「市場化テスト」[3]の制度設計に端的に示されているように、効率性に劣るとされる公務部門をスリム化し民間部門に委ねることを主眼とする理論に依拠した改革は、危機的な財政状況に対する即効的な対応策として、注目度を高めている。公務員制度改革は、この理論に基づく改革の一環としての位置付けを与えられている。

　2）　民間における変化への対応　　また、「公務」部門は民間部門と労働市場を分け合う存在である[4]。公務労働は、民間部門と乖離した存在ではあり得ず、民間部門における労働慣行・制度の変化は公務労働に影響を与える。民間部門における雇用形態の流動化、就業形態の分化等の流れは、国・地方の公務労働に着実に及んだ。特に、地方公共団体においては、非常勤職員の増大等の現実が先行し、これを追いかける形で法制度の整備は進んだ（この点につき、本書第5編第1部第3章第4節370頁、第5編第2部第1章377頁及び第2章386頁を参照）。

　また、国民主権原理下の制度においては、主権者たる国民の信頼と理解を確保する観点も公務員制度の設計を考えていく上では重要である。2大政党が競うようにして抜本的な公務員制度改革を選挙公約として掲げ、一種の「公務員バッシング」が続く背景には、公務の在り方に対する一部国民の根強い不満があることを否定できまい。

（2）　公務員制度改革の経緯

　年表に示したように、公務員制度改革の発端は早い時点に遡ることができる。ところが、公務員制度調査会が答申を提出した後に、「内閣主導」「政治主導」の名の下で、平成12（2000）年末に内閣官房行政改革推進事務局に公務員制度等改革推進室が設置され、新たな視点から改革を迅速に進めるための作業が開始された[5]。

---

[3]　NPMの行政法に対する影響に関し、参照、山村恒年編『新公共管理システムと行政法』（信山社、2004年）。また、自由民主党の選挙公約「自民党の重点施策2006」は、「公共サービス効率化法（市場化テスト法）案」（仮称）を平成17年度中に国会に提出するとしていた。この選挙公約に基づき、政府は、「競争の導入による公共サービスの改革に関する法律（案）」を閣議決定し、第164回国会に提出した（同法案は、3月26日成立した。同年法51号）。

[4]　高橋・前掲注(1)（「ジュリ」）136頁等。

[5]　その骨子は、①能力等級制度に基づく任用・給与制度を確立し、能力業績重視の人事制度を構築すること、②民間を含めて広く人材を確保し、公募制度の導入等によって多様な人材を確保すること、③再就職ルールを改革すること、④機動的かつ弾力的な組織・定員の管理、国家戦略スタッフ

しかしながら、この作業は、平成15 (2003) 年、国家公務員法等及び地方公務員法等の改正法案[6]の国会提出が断念されたことによって頓挫する。直接的な要因は、与党との調整過程において重大な手続ミスが生じたことにあるが、根本的には、①中央官庁のキャリア組を想定した視野の狭い改革であったこと、②政治主導の名の下で、関係者、中央人事機関、特に人事院との間での十分な意思疎通や内容の精査を経ずに拙速な改革を行おうとしたこと、③「天下り」規制の実質的な緩和等、国民に対する説明責任の強化という視点が弱かったこと等、改革の内容と進め方とに若干の問題があったからである[7]（前記の改革作業の延長線上において設立した、内閣人事局の創設等を主な内容とする国家公務員法等の改正〔平成26年法22号による〕に関しては、本書第4編第2部第2章287頁以下を参照）。

しかしながら、拙速な改革が頓挫した後においても、①能力主義・実績主義に基づく任用・給与体系の再構築、②民間を含めた人材の確保、多様な人材の育成、③任用形態の多様化、キャリアパスの複線化等を柱とする改革は、人事院等によって実務ベースで進められている。特に、財政破綻の危機が顕在化している地方行政の一部の現場においては、中間管理職の削減による組織のフラット化、非常勤職員の活用等は否応なく進行しており、これを後追いするような形での制度改革が進められている（地方公務員制度改革については、本書第5編所収の諸論稿を参照されたい）。

(3) 着実に進む段階的改革

このようななかにあって、わが国の公務員制度は着実に実質的な変容を遂げている。独立行政法人（特に非公務員型の法人〔現在は中期目標管理法人、国立研究開発法人〕）への移行と一定期間経過後の組織の見直し、PFI制度の導入、地方自

の創設等により組織パフォーマンスを向上させること、等であった（本章の公表後から政策スタッフ職の創設に至る経緯に関しては、本書第4編第1部第1章221頁以下【追記4】を参照）。

6) 国家公務員制度改革関連法案は、各府省との非公式折衝に用いられたものがマスコミ等を通じて明らかになったにとどまるのに対し、「地方公務員法等の一部を改正する法律案」は総務省自治行政局公務員部によって公にされている。参照、長谷川淳二「地方公務員法改正案の骨子について」地方公務員月報481号 (2003年) 39頁、総務省自治行政局公務員部「地方公務員法等の一部を改正する法律案（仮称）のポイント」地方公務員月報481号51頁。

7) 参照、高橋・前掲注(1)（「日本経済新聞」）朝刊29面、稲葉＝高橋＝西尾・前掲注(1) 6頁以下、高橋・前掲注(1)（「地方公務員月報」）2頁（本書353頁）、同前掲注(1)「地方公務員制度改革とその展望」（「自研」）3頁（本書362頁）等。

治法（昭和22年法67号）における指定管理者制度の導入により、公務部門のスリム化は確実に進行している[8]。この傾向は、市場化テストの本格的な導入によって加速されていくであろう。また、常勤職員の短時間勤務制度や任期付短時間勤務職員の導入や任期付採用の拡大等が、平成16（2004）年の地方公務員法（昭和25年法261号）の改正（同年法85号）により実現した[9]（本書第5編第1部第3章第4節370頁以下）。そして、国にあっても、国家公務員の勤務形態の弾力化、多様化に向けた作業は進められている[10]。さらに、平成17（2005）年8月の人事院勧告に示されているように、「能力主義」・「実績主義」が任用・給与制度において強化されようとしている[11]（本章の【追記2】を参照）。

第3節　改革の成果と問題点

（1）　評価に際しての基本的視座

　1）　制度改革の必要性　　第2節までにおいて、改革の経緯等を確認してきた。以下、筆者の評価を示すこととする。第1に、これらの改革の特徴を端的に表現すれば、民間との対比における「独自性」、制度内部における「均一

---

[8]　平成10年度の人事院年次報告書によれば、国・地方の公務員数は約440万人であった。これに対し、平成17年度の報告書では、404万人に減少している。ちなみに、郵政民営化がされるならば、国家公務員98万人中27万人が民間化されることになる。さらに、給与法適用職員はこの間に約50万人から約30万人に減少した（なお、本章の【追記1】を参照）。

[9]　平成16（2004）年の地方公務員法等の改正は、①任期付採用の拡大、②任期付短時間勤務職員制度の創設、③計画的な人材の育成、人事行政運営における公正性及び透明性の確保、④人事委員会・公平委員会の機能の充実等を内容とするものであった。参照、佐藤友永「地方公務員法及び地方公共団体の一般職の任期付職員の採用に関する法律の一部を改正する法律について」地方公務員研究78号（2004年）2頁、江口哲郎「地方公務員法及び地方公共団体の一般職の任期付職員の採用に関する法律の一部を改正する法律について」地方公務員月報492号（2004年）48頁。

[10]　参照、人事院勤務福祉局・多様な勤務形態に関する研究会最終報告「勤務形態の弾力化・多様化への提言」（平成17年7月）。同報告においては、①育児・介護のための短時間勤務制の等入、②国民のニーズを踏まえ最適な勤務時間を現場が採用できるような制度改革、③勤務時間の弾力化・多様化のための勤務時間法の見直し、等が提案されている。

[11]　平成17（2005）年の人事院勧告に基づき、平成18（2006）年4月以降に特別昇給と普通昇給とを統合して5段階の昇給区分を設けることで、勤務成績を反映させる昇給システムが導入されることとなった。また、人事院は、平成17（2005）年度より、本省課長及び課長補佐を皮切りに、能力主義・業績主義をより徹底した新たな人事評価を試行するとしている。参照、人事院「職員の給与に関する勧告（給与等に関する報告と給与改定に関する勧告別紙1）」人事院月報2005年9月36頁、「新たな人事評価の第1次施行について」（平成17年10月31日人事管理運営協議会幹事会申合せ。なお、本章の【追記2】を参照）。

性」を特徴としてきた公務員制度の舵を「民間化」と「多様化」の方向へと切ろうとするものである[12]。かつ、公務部門の見直しと公務労働の民間化・多様化とは、社会経済的な背景を有するものであり、時代の要請に応える側面を有している。

　2)　「政府の失敗」と「市場の失敗」　ちなみに、「小さな政府」は打出の小槌のような用い方をされてきており、公務員制度の領域にあっても、この標語の下で総数の純減、民間化・多様化が進められてきた。圧力団体、利益団体によるレントシーキング（rent-seeking）活動、官僚組織におけるエージェンシーロス（agency loss）等、経済学の説くところの「政府の失敗」（government failure）の現象はわが国においても頻繁に確認されてきた[13]。そして、社会が右肩上がりの成長を遂げるなかで公共サービス・資金の配分という手法を多用してきた政党は、逆にこれを改革することによって信任を獲得しようとしている。しかしながら、自然独占の発生、公共財の存在、外部性への対処の必要性、情報の不均衡等を要因として、市場の失敗は構造的に生ずるのであって、真の改革課題は、両者の関係の適切な見極めと失敗を過度なものとしないためのシステムの構築とにある[14]。特殊法人職員等を含め、公的なセクターにおいて働く人員の割合に限るならば、わが国は先進諸国の中では最低の水準で推移している[15]。この指標のみによってこれまで以上の公務員削減を行き過ぎと即断することはできないものの、適正バランスを追求する視点が今後は重要となろう。

　3)　民間の変化への対応　公務員制度改革における①勤務形態の多様化、②人材流動化、③短期的実績の重視等は、既に述べたように、民間における労

---

12)　周知のように、これまでの公務員制度は、①労働基本権の制約、②政治的活動の制限、③勤務条件法定（条例）主義等の原則を公務員にほぼ等しく適用する点に、その特徴があった。改革の流れを「民間化」、「多様化」の流れで把握するものとして、参照、高橋＝川田・前掲注(1)（「対話で学ぶ行政法」）265頁［川田発言］。

13)　これらの概念に関し、参照、足立幸男『公共政策学入門』（有斐閣、1994年）157頁以下。さらに、参照、J・E・スティグリッツ著／藪下史郎訳『公共経済学（上）』（東洋経済新報社、1996年）143頁以下、172頁以下等。

14)　政府の介入の根拠としての「市場の失敗」に関し、参照、足立・前掲注(13) 123頁以下、スティグリッツ・前掲注(13) 40頁。

15)　人口1000人当りにおいて比較すると、国家公務員、地方公務員、政府企業職員から構成される行政職員の数は、フランス88人、アメリカ73人、イギリス68人、ドイツ55人に対し、日本は34人である。参照、人事院「国家公務員プロフィール（平成17年度）」3頁（なお、本章の【追記1】を参照）。

働慣行、労働法制の変化を踏まえ、公務労働にあっても同様の方向へと舵を切ろうとするものである。かつ、この方向性は一概に否定されるべきものではあるまい。しかしながら、公務労働の性格に着目した視点や手当ては必要である。例えば、政治的中立を確保する視点、公務労働に従事する機会を国民に公平に提供する視点、公務活動に対する民主的な統制を確保する視点等は、改革の制度設計を行う際には重要である[16]。

(2) 公務労働の民間化・多様化

1) 独立行政法人職員の非公務員化 公務労働の民間化・多様化に関しては、複数回、言及してきた。ここでは、この方向において改革を進める手法の一例として、独立行政法人職員の非公務員化を取り上げる。国から法人格を分離した以上、当該法人に働く職員に関しては公務員の地位を維持する上での積極的な根拠は必要になるとするのが、独立行政法人通則法(平成11年法103号)の論理である(国立大学の法人化に関しては、本章においては取り上げない)。特に、本章においては、独立行政法人通則法に基づく独立行政法人の見直しに際し、政策評価・独立行政法人評価委員会(当時)が、国立大学法人をモデルとして、研究・教育等に従事する法人をはじめとする職員の非公務員化の方向を打ち出している点に注目したい[17]。独立行政法人の制度は、まさしく、公務部門のスリム化、公務員削減のための手段として機能しはじめている(令和5年度時点において、行政執行法人〔公務員型の独立行政法人〕は7法人までその数を減じている)。

2) 多様な形態による非常勤職員等の増加 多様な形態による非常勤職員の活用、中途採用の人材の活用等は、改革の重点課題となろう。ただし、前述したように、政治的中立を確保する視点、公務労働に従事する機会を国民に公平に提供する視点、公務活動に対する民主的な統制を確保する視点は重要であ

---

[16] この点において、前述した平成16(2004)年の地方公務員法等の改正において、①任期付採用の拡大、②任期付短時間勤務職員制度の創設と並んで、③計画的な人材の育成、人事行政運営における公正性及び透明性の確保、④人事委員会・公平委員会の機能の充実等の措置が併せて実施されたことは、注目に値する。

[17] 参照、平成16(2004)年12月10日に総務省が独立行政法人を所管する諸官庁に向けて発出した、政策評価・独立行政法人評価委員会長名の文書「平成17年度末までに中期目標期間が終了する独立行政法人の主要な事務及び事業の改廃に関する勧告の方向性について」及び平成17年12月24日閣議決定「行政改革の基本方針」4-(1)-ア-①-(ウ)。さらに、参照、「簡素で効率的な政府を実現するための行政改革の推進に関する法律」50条2項、52条。

り、例えば、地方自治体の任期付職員の採用に際しては、透明性を確保する措置や議会の有効な監視が各自治体において行われる必要がある。また、非常勤職員や中途採用者等に対して、最低限度の研修等が行われなければならない。

第4節　公務員制度改革のなかでの公法系教育

(1)　簡素かつ安上がりな「公務サービス」の伝統

　　1)　行政権限、インフォーマルな行政スタイル　　このような内実をもつ公務員制度改革が行われているなかにあって、憲法・行政法等の公法系教育にはどのような変化が求められているのであろうか[18]。

　わが国の伝統的な行政スタイルの下においては、規制的な行政処分等の権限は「伝家の宝刀」として行使されることが稀であった。関係者の間の非公式な連携に依拠したインフォーマルな行政運営が主であったことは、周知の事実である。このような行政運営のなかでは、実務における公法の知識は、行政官としての教養、立法時に法律職のキャリアと内閣法制局職員等が発揮する「奥義」として位置づけられてきた。

　　2)　法律専門職員の役割　　このようななかにあって、国においては、財務省・総務省等の制度官庁を除いて、法律職の職員は、立法作業、国会対策、他府省協議のための要員として、各分野の専門家集団である技官の「海」のなかに漂う存在であった。かつ、この状況には基本的には変わりはない。他方、特に昇任試験が制度化されている自治体等においては、採用試験に関し、受験者層の拡大・受験者の負担軽減の見地から、科目の自由化、選択科目化を進める団体が増加しており、そのなかで「行政法」の必修的な位置付けを廃止した例も出ている[19]。さらに、総務省等の実施する地方自治体職員向けの研修を行った筆者の経験に照らすならば、地方における一般行政職員の有する行政法の知識は、行政手続法（平成5年法88号）、情報公開・個人情報保護制度に関しても十分なものではない。その意味においては、地方公共団体にあっても、公法

---

18)　筆者は本章の公表前の時点においてこの問題に関して検討したことがあるので、これを参照されたい。高橋滋「公務員教育と行政法」自研77巻10号（2001年）33頁。

19)　高橋滋「『行政法』の今日的役割——試験制度改革の議論に触れて」成田頼明ほか編『行政の変容と公法の展望』（行政の変容と公法の展望刊行会、1999年）266頁。

に関する専門的な知識を有する職員は総務・法務担当等の範囲にとどまっているものと推測される。

　3）　簡素で安上がりな「公務」へのベクトル　削減による公務員一人当たりの仕事量の増加、財政危機の進行は、研修の貧困化を招いている。さらに、法的な訓練を受けた経験に乏しい非正規職員等の増加は、簡素で安上がりな「公務」を促進し、その弊害を強める危険性がある。その行き着く先は、公務における「法」の役割の更なる「後退」か、逆に、法の機械的・硬直的な適用という悪しきリーガリズムに公務が陥る事態か、であろう。これを防止するには、公務員を供給する法学部の学部教育、さらには、非法学系学部における公法系教育、職場内研修における公法系教育を、現状より強化する必要があろう（公務の現場における研修の状況については、本書刊行時においても基本的な変化はないように思われる。この点については、高橋滋「公正・透明な行政運用を図るための大事な仕組み――経験を交えて」試験と研修〔公務人材育成センター〕61号〔2021年〕1頁を参照されたい）。

（2）　公的部門の役割の後退、公法の役割の増大

　1）　行政過程における憲法的価値の実現　司法制度改革は、裁判所等を通じた紛争解決の道を拡充した。特に、行政訴訟制度改革は、権利救済の途の拡大、制度の分り易さ・使い易さを主眼とする措置等を通じて、行政訴訟の活性化を狙った。さらに、地方分権改革、情報公開制度の整備は、行政過程の透明化を図り、憲法の統治原理、人権保障の理念に即した行政運営を確保することに資する。行政過程において、「憲法的価値」が損なわれる（損なわれた）とする問題提起が取り上げられるための制度的保障は、強化されたといえよう[20]。

　さらに、行政手続法の制定と改正、情報公開・個人情報保護法の制定、各種規制改革を通じた規制の法的ルール化等により、行政「法」の質と量は、飛躍

---

[20]　行政手続法の制定・改正、行政事件訴訟法の改正に伴って制度の改善が立ち遅れた感のある領域は、行政不服審査法等に基づく行政不服申立制度である。ただし、この制度に関しても、総務省の委託研究による「行政不服審査制度研究会」（座長・小早川光郎東京大学教授〔肩書は当時のもの〕。筆者が座長代理を勤めた）が制度の具体的改革案を含む報告書（平成18年3月）を公表した。新聞報道（平成18〔2006〕年4月15日読売新聞夕刊）によれば、総務省は、省内に研究会を設置して見直し案をまとめ、平成20（2008）年の通常国会への提出を目指すとのことである（行政不服審査法の全面改正に関しては、本書第2編第2部第1章131頁、第2編第2部第2章147頁を参照されたい）。

的に改善され増大した。このことに関し、本章において詳しく述べる必要はあるまい。

　社会の全体のなかで、公的部門、行政の役割は確かに縮減しているものの、状況の変化に伴って、公務全般のなかでの「公法」の役割は着実に増加している[21]。その意味においては、「公法」を支える専門知識を有する人材を養成する、法学部等における公法系教育への需要は、むしろ増大しているといってよいであろう。

　2)　公務における法曹の位置付け　裁判官、検察官等が幹部職員の多数を占める法務省に加え、法曹資格を生かして公務に従事する職員は、任期付職員法（参照、本文末の【資料1】）を活用し、公正取引委員会、金融庁、特許庁その他の多くの府省において活躍している[22]。公務における法曹有資格者への需要はさらに増加するであろう。また、法曹人口の飛躍的な増大のなかで、公務を職業の選択肢として位置づける法曹有資格者の数は着実に増加することが予想される。

　法曹の基本的知識として設けられている憲法・行政法の教育科目とは別に、公務に必要な憲法・行政法の知識を提供する科目を設置する法科大学院は存在している。そして、これらの事態を踏まえるならば、その割合が増加することは望ましいといえよう[23]（なお、本章の【追記3】及び【追記4】を参照）。

（3）　専門性の高い、政策志向の人材の養成——π字型の人材

　1)　公共政策系大学院の可能性　専門職大学院として、公共政策系大学院が開設されはじめた。ただし、公共政策系大学院に関しては、卒業資格が国家資格への連動性を有していないこともあり、将来性を危ぶむ声があることは事実である。さらに、そのカリキュラムは多様であり、法学の比重は小さい大学もある点に留意が必要であろう。しかし、特に後者に関しては、これまでの

---

[21]　参照、高橋・前掲注(19) 273頁以下、同・前掲注(18) 48頁等。
[22]　人事院「平成16年度年次報告書」130頁以下によれば、平成16年度において、高度な専門知識を有する者として任期付きで採用された職員＝11府省90人のうち50人以上が弁護士の任用である。参照、「特集2 任期付公務員」自正56巻9号（2005年）59頁以下（なお、本章の【追記3】を参照）。
[23]　憲法関連科目であれば、国会、議院内閣制等、統治機構に関する内容の充実は必要であろう。また、行政法関連科目に関しては、各論的な検討や、公務員法、組織法等の知識も必須になろう。公共政策系大学院との連携等により、政策法務系の科目を提供することも重要な課題である。

行政実務における「法」の位置付けに由来するものであり、「公法」の比重の増大が認識されるようになれば、状況は変化するものと考える。

　そして、公共政策系大学院が、アメリカの公共政策系大学院やフランスのENA等のような発展を遂げるためには、法科大学院との差別化、政策志向・総合型の人材養成の視点を欠かすことはできまい。ここでは、法律・政治系の教育内容と経済系の教育内容との融合、いずれかの領域に専門性を持ちつつ、複数領域に関し応用的議論を理解し得る能力を有する人材＝π字型人材の養成がカギである点を指摘しておきたい。

　ちなみに、人事院は、平成18年度からの国家公務員Ⅰ種試験改革を公表した[24]。詳細な検討はできないものの、本章においては、第1次試験専門試験（多枝選択式）に設けられた共通出題分野が「公法」ではなく、「憲法」に限定された点に言及しておきたい。このような限定に関しては、受験者の負担を回避する等、人事院の意図は理解できるものの、筆者は、行政法に関する基礎知識（全部ではない）は行政職・経済職の公務員にも必須の素養ではないかと考える。先の出題方式が、行政法は法律職にとっての教養と「奥儀」にすぎない、との誤ったメッセージを与えるおそれのあることを、報告者は危惧している（本章公表後における採用試験制度の主な改革に関し、本章の【追記5】を参照）。

　2）公法系教育の在り方　　公共政策系大学院の公法系教育との差別化のためにも、また、公共政策学における法律学・経済学・政治学（特に行政学）の重要性に鑑みるならば、法律系科目と政治系・経済系科目との、カリキュラムにおける融合は不可欠である[25]。ただし、経済学系学部の卒業者が公法系科目を履修し、法律・政治学系学部の卒業者が経済系科目を履修する可能性を踏まえるならば、法律系・政治系・経済系の中心科目に関しては、基礎と応用の2

---

24) この改革は、①行政の複雑化、高度化、国際化に対応し得る人材の確保、②専門職大学院の創設等の人材供給構造の変化への対応、を掲げて実施された。大学院卒業者の受験をも想定した改革の内容は、①第1次専門試験（多枝選択式）において、新たに共通出題分野（憲法、民法、経済学、財政学）を設ける、②第2次試験専門試験（論述式）に「公共政策」を新たに追加する、③第2次試験総合試験は資料分析力・論理的展開力を試すものとするとともに、複合的なテーマとする、④第2次試験人物試験に対人的能力を測るため「コンピテンシー」の考え方を導入する、等である。参照、「Ⅰ種採用試験に関する研究会」（座長・村松岐夫学習院大学法学部教授〔肩書は当時のもの〕）の報告書（平成16年12月〔さらに、本章の【追記4】を参照〕）。

25) 多くの大学においては、租税、財政、福祉、医療、環境等、特定課題に関して複数分野からアプローチする科目を設けている。また、それ以外にも、「法と経済学」、「公共法政策」等、科目自体のなかに複合的な視点をもった学際科目を充実させる等の工夫もされている。

種類が設置されなければならない。また、公法系の科目が中心のコースに法学部卒業者が進学してくる場合において、進学者の多くは学部段階において公法科目の基礎的な素養を修得し、さらには、公法系ゼミ等に参加して、憲法・行政法に関するある程度の知識を有しているものと考えられる。このような法学部出身者等に対して、改めて、公法の基礎を訓練し、学部ゼミのような判例演習を受講させる必要はなく、さらには、経済系の科目等、専門職としての幅広い素養を修得する可能性を失わせることにもなりかねない。

3) **法的思考の訓練の必要性**　ちなみに、複合的な教育を行う以上は、法律系の科目のなかにおいても、現代の公共政策において重要な位置を占めつつあるミクロ経済学に基礎を置く議論を意識した法的議論が展開されるべきである。NPM の議論やそれが依拠している公共政策学の諸概念を理解し、それとかみ合った形で法政策論を展開する必要があろう[26]。しかしながら、その一方において、政策実現のための法技術的な訓練と併せて、政策論における法的思考の重要性、例えば、社会的衡平、利益の適切な均衡、少数者・弱者の権利保護等の視点を踏まえた政策論の展開能力を訓練・養成していくことこそ、公法系教育科目に与えられた役割である[27]。

翻って鑑みるならば、ミクロ経済学理論においても「効率性」が望ましい社会の在り方を設計する場合における唯一の基準ではないことは認知されている。例えば、法と経済学における制度設計においても頻繁に用いられるカルドア補償原理（Kaldor Compensation Principle）、ヒックス補償原理（Hicks Compensation Principle）に関する鈴村興太郎教授による以下の指摘[28]は、本章の問題意識との関係において重要である。

> 「補償原理の基礎をなす損失補償あるいは逸失利益の補償はあくまで経済の潜在的可能性をチェックするための……虚構に過ぎず、補償の支払いは、決して厚生判断の前提条件とはされていない。……補償を行う潜在能力が十

---

[26] 行政法領域における法政策論のなかに経済学的視点を導入することの必要性を説いた論者として、阿部泰隆教授を挙げることができる（参照、阿部泰隆「政策法学の基本指針」〔有斐閣、1996年〕3 頁等）。ただし、阿部教授も公共政策学の議論に全面的に依拠して法政策論を展開している訳ではなく、「効率性」基準と他の法的視点とを教授独自の見地から組み合わせることにより議論を展開している。

[27] 髙橋滋「法と政策の枠組み」『現代の法 4 政策と法』（有斐閣、1998 年）13 頁以下（同『環境政策と行政法学』〔日本評論社、2022 年〕15 頁以下）。

[28] 鈴村興太郎＝奥野寛『ミクロ経済学 II』（岩波書店、1988 年）341 頁［鈴村］。

分あることを根拠として、実際には補償を実行しないままにこの経済的変化の実行を是認すると言う原理の倫理的基礎に対しては、誰しも疑問を禁じえない。」

「仮説的補償原理の……問題点は、仮説的補償原理が判定の視角を変化以前……あるいは変化以後……の効用分配に偏らせているという事実である。……特定の分配状況を基準として判断することがなぜ正当性をもつのか、その根拠はまったく明らかにされていない。」

さらに、社会状態に対する選好を基礎として望ましい社会状態を実現する社会全体のルールを導き出そうとする「社会的選択論」(それは、ベルグソン、サミュエルソン以来、ミクロ経済学の重要な一領域を構成している)にあっても、法学徒にとっては無視できない重要な認識が得られている。すなわち、鈴村興太郎教授によれば、社会的選択論の発展は、過去の新古典派経済学が無視してきた情報を積極的に活用することの重要性を示した[29]。その情報とは、①各々の所得パターンが示す「不平等度」、②総所得(あるいは平均所得)の水準、③ある人の先天的(ないし後天的)ハンディキャップ等、言葉の常識的な意味での倫理的判断に際して重要な役割を果たす情報である。本章においては、ミクロ経済学の成果について触れることは紙幅の関係上断念せざるを得ないものの、このような情報こそ、これまで法律学がもっとも重要な情報として、社会の制度設計、ルールの運用・解釈において活用してきたものであることに、我々は着目する必要があろう。

その意味において、例えば、社会的貧困の問題を直視しつつ、社会的選択論の領域において活躍し、ノーベル経済学賞を受賞したことで知られるアマルティア・セン(Amartya Sen)等の議論[30]がもつ含意を法律学的な脈絡において受

---

29) 参照、鈴村=奥野・前掲注(28) 379 頁以下。なお、効率性と公平性(衡平性)に関する J・E・スティグリッツの次のような指摘も示唆に富む。「本章の中心課題は、殆どの政策決定には公平(分配)と経済効率の両方が考慮されねばならず、しばしばその二つを調和させなければならない、ということであった。ほとんどの政策変化はパレート改善ではなく、ほとんどの変化は、少なくとも何人かの個人を悪くする可能性が伴う。……厚生経済学者の用いる分析道具の多くには、問題がないわけではない。しかしそれらの限界を認識した上で注意深くもちいられるかぎり、択一的な政策の効率性と公平に及ぼす効果を要約し評価する有益な手段である。」(スティグリッツ・前掲注(13) 89 頁)。

30) センの議論については多数の邦訳が出版されている。参照、アマルティア・セン著/池本幸生ほか訳『不平等の再検討』(岩波書店、1999 年)、アマルティア・セン著/黒崎卓訳ほか訳『貧困と飢餓』(岩波書店、2000 年)、アマルティア・セン著/志田基与師監訳/富山鹿典訳『集合的選

け止め[31]、公共政策学の論理とかみ合った議論を展開していくことが、公共政策系大学院における公法系科目に携わる教員にとって重要な課題であろう。

(追記〔原文〕) 本章は、平成17 (2005) 年10月の日本公法学会における報告に必要な限度の修正を加え、注を補ったものである。公務員制度改革に関しては、学会報告後においても、労働基本権の付与の可能性を含め幅広く公務員制度改革について協議する場が政府と連合との間で設けられる等の動きがある。しかし、これらの動きに関する検討は他日を期すことにしたい。なお、本章の一部は、平成16年‐18年度科学研究費補助金・基盤研究 (c)（課題番号16530017）による研究成果に基づくものである。

〔資料1〕 公務員制度改革の流れ

	国家公務員制度	地方公務員制度
1997年	公務員制度調査会設置 任期付研究員法	地方公務員制度調査研究会設置
1999年	国家公務員法改正（再任用制度導入） 独立行政法人通則法 国家公務員倫理法 官民交流法 公務員制度調査会答申	地方公務員法改正（再任用制度導入） 地方公務員制度調査研究会報告
2000年	任期付職員法 行政改革大綱（改革に言及）	公益法人等地方公務員派遣法 地方公務員任期付研究員法
2001年	「公務員制度改革の大枠」（改革推進室） 「公務員制度改革の基本設計」（行革推進本部） 「公務員制度改革大綱」（閣議決定）	
2002年		地方公務員任期付職員法
2003年	国家公務員法改正案国会上程の動き	地方独立行政法人法
2004年	I種試験の見直し（人事院） 給与構造の基本的な見直し（人事院）	地方公務員法改正案の骨子の公表 地方公務員法・地方公務員任期付

択と社会的厚生』（勁草書房、2000年）等。
31) 参照、若松良樹『センの正義論』（勁草書房、2003年）。若松教授は、センの議論を参考としつつ、①ミクロ経済学の背景に存在する功利主義的な考え方がどのような情報を捨象してきたのか、②経済学的な社会制度の設計と倫理学的な価値観との間にどのような調和点を見出すことができるのかに関して詳しく論じており、参考となる（この点につき、参照、髙橋・前掲注(27)〔『環境政策と行政法学』〕50頁以下）。

　　　　　(勤務実績の給与への反映)　　　　　職員法改正(任用勤務形態多様化)
(注)　任期付研究員法、官民交流法、任期付職員法の正式名称は、「一般職の任期付研究員の採用、給与及び勤務時間の特例に関する法律」(平成9年法65号)、「国と民間企業との間の人事交流に関する法律」(平成11年法224号)、「一般職の任期付職員の採用及び給与の特例に関する法律」(平成12年法125号)である。また、公益法人等地方公務員派遣法、地方公務員任期付研究員法、地方公務員任期付職員法の正式名称は、「公益法人等への一般職の地方公務員の派遣等に関する法律」(平成12年法50号)、「地方公共団体の一般職の任期付研究員の採用等に関する法律」(平成12年法51号)、「地方公共団体の一般職の任期付職員の採用に関する法律」(平成14年法48号)である。

〔資料2〕　公務員制度主要関係法律(資料1掲載以外のもの)
○　国家公務員制度　一般職の職員の給与に関する法律(昭和25年法95号)、一般職の職員の勤務時間、休暇等に関する法律(平成6年法33号)、国家公務員の育児休業等に関する法律(平成3年法109号)、国家公務員退職手当法(昭和28年法182号)、国家公務員宿舎法(昭和24年法117号)、国家公務員災害補償法(昭和26年法191号)、国家公務員共済組合法(昭和33年法128号)、行政機関の職員の定員に関する法律(昭和44年法33号)、特定独立行政法人等の労働関係に関する法律(昭和23年法257号〔現行名称行政執行法人の労働関係に関する法律〕)

○　地方公務員制度　地方公営企業法(昭和27年法292号)、地方公営企業等の労働関係に関する法律(昭和27年法289号)、地方公務員の育児休業等に関する法律(平成3年法110号)、地方公務員災害補償法(昭和42年法121号)、地方公務員等共済組合法(昭和37年法152号)

【追記1】　人事院の統計によれば、令和4年度において、国・地方の公務員数は339万人であり、国家公務員は59万人、給与法適用職員は28万人である(「令和5年度人事院の進める人事行政について――国家公務員プロフィール」3(国家公務員の数と種類))。本章の刊行後にあっても国・地方を通じた公務員削減が継続して進行したことを確認できよう。

　また、令和4年度時点の比較において、人口1000人当りの行政職員(国家公務員、地方公務員、政府企業職員)の数は、フランス90人、アメリカ64人、イギリス68人、ドイツ60人に対し、日本は37人である(日本の当該数字については、国立大学法人、大学共同利用機関法人、特殊法人及び軍人・国防職員以外は非常勤職員を含んだものである。

公務における非正規・短時間勤務職員の比率の増加はこの数字には反映されていない)。

【追記2】 本章の刊行後、平成17 (2005) 年の「行政改革の重要方針」(同年12月24日)、平成18 (2006) 年成立の「簡素で効率的な政府を実現するための行政改革の推進に関する法律」(同年法47号。特に51条) 等を受けて、新たな人事評価制度の導入等を内容とする国家公務員法の改正が実施された (平成19年法108号)。同法の求める新たな人事評価制度に関しては、第1次試行が平成17年度に開始され、第2次試行、リハーサル試行等を経て、平成21 (2009) 年10月から本格的に実施されている。

新たな人事評価制度は、概要、次のようなものである。①人事評価は「職務を遂行するに当たり発揮した能力及び挙げた業績を把握した上で行われる勤務成績の評価」と定義されるとともに、②「任用、給与、分限その他の人事管理の基礎」として位置づけられ、③「人事管理は、職員の採用試験の種類や年次にとらわれず、人事評価に基づいて適切に行う」こととされた (平成19年法108号による改正後の国家公務員法27条の2)。また、人事評価の基準、方法等に関する政令 (平成21年政令31号〔当時〕) 等によれば、①所轄庁の定める人事評価実施規程の制定・変更に関しては原則として内閣総理大臣との協議が必要とされ、②人事評価は能力評価と業績評価によるものとされ、③能力評価は職員の行動を人事評価実施規程に定める項目ごとに人事評価実施規程に照らし評価し、業績評価は職員の果たすべき役割に関し、業務目標を定めること等によって当該職員に示した上で、役割を果たした程度を評価するものとされる (条件付採用・昇任期間中の職員については能力評価のみである)。また、④能力評価・業績評価に関する評価は定期評価として実施され、評価実施権者によって指定された評価者は人事評価規定の各項目の評価 (個別標語) と全体の評価 (全体標語) を付すものとされ、評価の開始の時点における面談 (期首面談)、評価結果の開示、面談 (映像・音声による特定通話を含む) を通じた評価者による指導及び助言のサイクルによって構成される。ちなみに、⑤評価者は、期首面談の際には、能力評価に係る被評価者の自己認識その他評価の参考となるべき事項を申告させ、業績評価に係る業務の目標の設定等を通じて果たすべき役割を確定するものとされる。⑥定期評価における能力評価・業績評価等の結果に関する職員の苦情その他職員の苦情には適切に対応するものされ、人事評価の基準、方法等に関する内閣官房令 (平成21年内閣府令3号〔当時〕) に具体的な定めがある。

その後、令和2 (2020) 年には、新たな人事評価制度の実施から10年を経過したことから、同年に政府が提出した「国家公務員法等の一部を改正する法律案」(同年閣法52号) 附則16条2項には「人事評価の結果を表示する記号の段階その他の人事評価に関し必要な検討を行い……所要の措置を講ずる」とする規定が盛り込まれた (ただし、審議未了)。また、「経済財政運営と改革の基本方針2020」(令和2年7月17日閣議決定)

においても、有識者による検討を行った上で2021年夏までを目途に必要な措置を順次実施することと記載されている（第3章1-(3)④）。これらの動きを受け、内閣人事局は「人事評価の改善に向けた有識者検討会」を設置し、その報告書（「人事評価の改善に向けた有識者検討会報告書」〔令和3年3月〕）を踏まえて、令和4（2022）年10月以降に人事評価の段階が5段階から6段階に細分化され、人事評価の勤勉手当・昇格への活用方法も改められている（令和3年政令251号による「人事評価の基準、方法等に関する政令」〔平成21年政令31号〕の改正等）。

【追記3】　本章の刊行後、まず、法務省の呼びかけにより、国家公務員制度改革推進本部事務局、人事院、総務省（人事・恩給局〔当時〕及び公務員部）及び文部科学省が構成員となった「法曹有資格者の公務員登用促進に関する協議会」が設置されて、促進方策が議論された（平成21〔2009〕年4月に「協議会とりまとめ」を作成）。その後に、法務省は平成25（2013）年9月に「法曹有資格者の活動領域の拡大に関する有識者懇談会」（法務大臣決定）を設置し、その下に日本弁護士連合会との共催による「国・地方自治体・福祉等」、「企業」及び「海外展開」の分科会を設ける等の活動を行っている（平成27〔2015〕年7月まで）。さらに、法務省及び文部科学省は、平成27（2015）年12月以降、最高裁判所及び日本弁護士連合会の参画を得て「法曹養成制度改革連絡協議会」（以下、「連絡協議会」という）を設置し、企業等に加えて国・地方公共団体における法曹有資格者の活用状況について定期的に情報交換している（本書刊行時においても継続中）。

　(1)　国の行政機関における法曹有資格者の任用　　①平成27（2015）年までの状況　　第3回連絡協議会（平成28年3月18日）に提出された平成27（2015）年10月時点の法務省大臣官房司法法制部の調査結果によれば（連絡協議会資料6。後掲第14回連絡協議会資料1-28も参照）、平成18（2006）年には国の行政機関における法曹有資格者は58名（常勤47名・非常勤11名）であったのに対し、平成26（2014）年に335名（常勤124名、非常勤211名）、平成27（2015）年に357名（常勤145名、非常勤212名）と増加した。ただし、常勤公務員であっても任期付公務員として任用が多数を占めていた（平成27〔2015〕年において145名中129名）。また、非常勤の在職者のなかで、原子力損害賠償紛争和解支援員が平成26（2014）年に202名、平成27（2015）年に195名とかなりの割合を占めている。

　②平成28（2016）年から令和元（2019）年までの状況　　第14回連絡協議会（令和2年10月23日）に提出された資料（資料1-29）は、弁護士〔弁護士として採用された後に登録を抹消した者を含む〕の在職者数に関するものである。これによれば、平成28（2016）年において382名（常勤150名、非常勤232名）であったのに対し、平成30（2018）年には400名（常勤166名、非常勤234名）と増加している（常勤職員のなかでの任期付公務

員の割合は公表されていない)。これに対し、令和元 (2019) 年にあっては377名 (常勤168名、非常勤209名) と総数は減少しているものの、文部科学省における非常勤職員の減少によるところが大きい (原子力損害賠償に関するADR事件処理の進展に伴うものである)。採用機関に関しても、公正取引委員会・金融庁・消費者庁・総務省・法務省・外務省・厚生労働省・経済産業省・資源エネルギー庁の他にも、多数の省庁において採用実績がある。

他方、国家公務員試験における法務区分 (平成24年度から新設。本章の【追記5】を参照) については、例えば、令和3年度の合格者は8名、令和4年度は9名と、合格者は一定の数はいる。しかしながら、採用者は令和元年度から令和3年度までの通算において財務省において2名、農林水産省において1名であって、その実績は芳しいものではない (各年度の人事院年次報告書に掲載された資料〔国家公務員採用総合職試験 (院卒者試験) の区分試験別・府省等別採用状況〕を参照)。このことからは、本書刊行時にあっては法務区分合格者のなかの多くが最終的に公務を選択する状況には必ずしもないことが認められる。法曹有資格者や弁護士に関しては、選考による中途採用等が主流となっているものといえよう。

(2) **地方公共団体における法曹有資格者の任用**　地方公共団体における弁護士の任用状況に関しては、日本弁護士連合会が地方公共団体における法曹有資格者の常勤職員者数について定期的に調査結果を公表している。これによれば、平成28 (2016年) 1月時点 (以下、月は同じ) には76団体106人 (内任期付81人。以下、( ) 内において同じ)、平成29 (2017) 年には98団体136人 (109人)、平成30 (2018) 年には104団体152人 (117人)、令和元 (2019) 年には123団体189人 (136人) であった。もっとも、令和4 (2022) 年には125団体190人 (125人)、令和5 (2023) 年には119団体169人 (105人) と、減少傾向に転じた。

このような日本弁護士会の調査結果を踏まえ、地方公共団体において法曹有資格者が常勤職員として存在することのニーズは、顧問弁護士に対するニーズでは少ないと考えられる行政不服審査業務や例規業務にあるとの指摘がある (大杉覚「自治体で働く法曹有資格者の現状と課題」自治体法務研究60号〔2020年〕8頁)。このように、ある程度のニーズは認められるにもかかわらず、在職者数の増加が一段落している背景としては、大都市部の地方公共団体にあっては、①法務部職員に法律学習能力が高い職員を配置できること、②弁護士の数が増加したことによってアクセスは容易となったこと等、常勤職員としての採用ニーズは高くない等の事情が考えられる (この点を指摘するものとして、宇那木正寛「自治体における外部人材の活用と内部法務人材の育成」自治体法務研究60号13頁がある)。

また、中規模以下の団体においては、当該地域において活動し又は活動しようとす

る弁護士・法曹有資格者の確保が当該地域の法曹人口の状況や給与面から困難となっていることも要因であろう。特に、新司法試験の合格者が当初より絞られてきている状況にあっては法曹有資格者の獲得の困難度は増し、これまでの任期付職員の任期満了に伴う補充が困難となっている状況も生じているものと思われる（平成12〔2000〕年前後においては約2200人であった合格者は令和4〔2022〕年に1403人となった。令和5〔2023〕年には1781人と増加したものの、その要因は法科大学院生の在学受験が認められた結果であると考えられる）。

なお、以上に引用した地方公共団体における弁護士の任用状況の調査結果は、第2回連絡協議会（平成28年1月18日）資料1-6、第6回連絡協議会（平成29年2月8日）資料1-4、第9回連絡協議会（平成30年2月26日）資料2-1、第13回連絡協議会（令和元年12月18日）資料1-1、第18回連絡協議会（令和4年7月4日）資料1-1、第21回連絡協議会（令和5年10月4日）資料1-1等として公表されている。

(3) 法曹有資格者・弁護士の活用に関する文献　国・地方公共団体における法曹有資格者の活用に関する論稿は多い。本【追記】においては、紙幅の関係上、第1に、①前記の「法曹有資格者の公務員登用促進に関する協議会」の活動状況を紹介し、当該時点において地方公共団体における活用の在り方を論じたものとして、植村哲「地方公共団体における法曹有資格者の活用について（一）」地方公務員月報557号（2013年）31頁を、②前記の連絡協議会の取組みを紹介するものとして、中島行雄「法曹有資格者の活躍の場の拡大に向けて」（司法法制部季報136号〔2014年〕1頁）、鈴木昭洋「法曹養成制度及び法曹有資格者の活動領域拡大の現状と検討状況」（同141号〔2016年〕4頁）を、③研究者の立場から同時期に地方における法曹有資格者の活用の在り方について論じたものとして、塩野宏「地方行政の活性化に果たす法曹の役割」同『行政法概念の諸相』（有斐閣、2011年）392頁以下（初出2010年）を挙げておく。第2に、平成23（2011）年の時点において、弁護士の立場から、地方公共団体における法曹有資格者の活用の状況とその促進の方向性に関して論じたものとして、自由と正義62巻11号（同年）の特集「地方自治体で活躍する法曹有資格者」9頁以下（例えば、谷垣岳人「地方公共団体における法曹有資格者の職員登用の現状と課題」同9頁）を、第3に、本書刊行時に近い時期に公表されたものとして、前記(2)に引用した論稿が収録されている自治体法務研究60号6頁以下（特集「自治体で働く法曹有資格者の現状と課題」）を挙げておく。

【追記4】　人事院は、令和4年度年次報告書において、総合職試験（事務区分）における公共政策系大学院・法科大学院出身者数を公表した（81頁）。それによれば、公共政策系大学院に関し、令和3年度における合格者数は42人（3.9%）、採用者数は29人（7.6%）、令和4年度は合格者数48人（4.2%）、採用者数29人（7.1%）であり、

法科大学院に関しては、令和3年度における合格者数64人（5.9%）、採用者数13人（3.4%）、令和4年度は合格者数50人（4.4%）、採用者数13人（3.2%）であった。公共政策系大学院からの総合職の採用は着実に実績を挙げている。法科大学院からの総合職の採用については、新司法試験合格者を対象とする法務区分とは別に着実に実績を挙げているものと考えられる（法務区分からの採用に関しては、本章の【追記3】を参照）。

【追記5】　本章公表後における採用試験制度の変遷の概要に関し、以下、箇条書きの形式で示す。

　(1)　平成13年度改正　　平成13年度において、国家公務員試験は次のように改正された。すなわち、平成12年度においては、国家公務員Ⅰ種試験・Ⅱ種試験・Ⅲ種試験を含めて、人事院が実施した14種15回の試験に加えて、人事院の指定に基づいて外務省が試験機関として実施した外務公務員採用Ⅰ種試験及び外務省専門職員採用試験の2種類2回の試験があった。これに対し、平成13年度においては、外務公務員Ⅰ種試験が廃止され、国家公務員Ⅰ種試験合格者から採用がされることとなった（人事院平成12年度年次報告書及び平成13年度年次報告書の第1編第2部第1章第1節を参照）。

　(2)　平成16年度改正　　国家公務員Ⅰ種試験「法律」区分の専門試験（記述式）の試験科目に関しては、外務公務員採用Ⅰ種試験が廃止された平成13年度以降に、憲法・行政法・民法の3科目から各1題の計3題を必須とするとともに、憲法・行政法・民法・国際法から任意の1題の選択とされてきた。しかしながら、出題形式が変則的であること、受験者の負担軽減の観点などを踏まえ、憲法・行政法・民法・国際法の4科目から3科目を選択する方式とされた（人事院平成16年度年次報告書第1編第3部第1章第1節4(1)イ）。

　(3)　平成18年度改正　　本章第4節(3)1)本文及び注(24)において言及したように、人事院は、平成16（2004）年に国家公務員試験（行政・法律・経済）の内容を踏み込んで改正する方針を示した。すなわち、①第1次専門試験（多枝選択式）に共通出題分野（憲法、民法、経済学、財政学）を設け、②第2次試験専門試験（論述式）に「公共政策」を追加し、③第2次試験総合試験を資料分析力・論理的展開力を試すものとし、かつ、複合的なテーマとする、④第2次試験人物試験に「コンピテンシー」の考え方を導入する等である。さらに、専門試験（記述式）及び総合試験の配点を2倍とし、1次試験と2次試験の配点比率は5：5から5：8に変更された（人事院平成18年度年次報告書第1編第3部第1章第1節5(1)ア等）。

　(4)　平成24年度改正　　平成24年度には、さらに次のように大きく試験制度は変更されている。

①採用試験区分　Ⅰ種試験、Ⅱ種試験、Ⅲ種試験を廃止し、総合職試験、一般職試験に再編された。また、総合職試験・一般職試験とは別に、専門職試験、経験者採用試験が設けられた。

②総合職試験・一般職試験

　a. 総合職試験のなかに、大学院修了者を対象とした院卒試験を設けた。院卒者試験のなかには新司法試験合格者を対象とした「法務区分」も設けられている。

　b. 総合職試験のなかに、企画立案に係る基礎的な能力の検証を重視した「教養区分（秋試験）」が設けられた。

　c. 一般職試験のなかに、「社会人試験（係員級）」が設けられた。

③専門職試験・経験者採用試験

　a. 専門職試験のなかに、国税専門官採用試験等のこれまでの採用枠に加え、新たに専門的な職種を対象とした採用試験が設けられた。

　b. 民間企業等の経験を有する者を係長以上の職に採用するため「経験者採用試験」が設けられた（経験者採用試験の実績について、本書第5編第1部第1章350頁【追記2】を参照）。

④能力実証方法の改善

　a. 論理的能力・応用能力の検証に重点を置いた「基礎能力試験」が設けられた。

　b. 全ての試験において「性格検査」を実施することとされた。

　c. 院卒者試験において、政策の企画立案能力及びプレゼンテーション能力を実証する「政策課題討議試験」が導入された。

（注記）　平成24年度改正を実施する際に、人事院人材局長が設置した「採用試験の在り方を考える専門家会合」（平成20年6月）において筆者は座長を努めた（参照、「『採用試験の在り方を考える専門家会合』」報告書〔平成21年3月19日〕））。なお、平成24年度改正に関しては、人事院『人事院70年　人事行政の歩み』（人事院、2018年）9頁以下を参照されたい。

(5)　**平成24年度改正後の改正**　平成24年度改正後の改正事項は、令和2年度に海上保安官試験が新設された他には、次のようなものである。①令和3年度に総合職試験（院卒者試験・大卒程度試験）について「デジタル」区分が新設され、一般職試験（大卒程度試験）について、「電子・電気」区分が「デジタル・電気・電子」区分へと変更された（人事院令和3年度年次報告書第1編第3部第1章第2節2を参照）。また、②令和5年度にあっては、総合職試験（春試験）の申込受付期間の拡大と実施時期の前倒し、総合職試験（教養区分）の受験可能年齢の19歳への引き下げ、国税専門官採用試験における「国税専門B（理工・デジタル系）」区分の新設等が実施された（人事院月報883号〔2023年〕2頁等を参照）。

第2部　制度改革と労働基本権

第1章　公務員への労働基本権の付与について
——労使関係制度検討委員会報告を中心として

〈解題〉　本章は、公務員に労働基本権を付与するとした場合における公務員制度の在り方を専門的に検討する目的をもって国家公務員制度改革推進本部に設置された労使関係制度検討委員会（座長・今野浩一郎学習院大学教授〔肩書は当時のもの〕）が報告書（労使関係制度検討委員会「自律的労使関係制度の措置に向けて」〔平成21年12月〕。以下、本解題において「報告書」という）を公表した時点において、報告書の解説として、総務省自治行政局公務員部の依頼によって地方公務員月報に掲載したものである（同565号〔2010年〕2頁）。報告書に基づいて当時の民主党主導の連立政権が作成し国会に提案した一連の改正案は審議未了廃案となった後に、平成24（2012）年の第46回衆議院総選挙によって第2次安倍晋三政権が成立したことをもって、労働基本権の付与に関する政府の改正作業は中断され、現在に至っている。

　もっとも、労働基本権付与について、政府部内において専門的かつ集中的な審議検討を経て作成された報告書は、その後に国会に提出された一連の法案（これらの法案に関しては本書第4編第2部第2章を参照されたい）とともに、学問的にも意義あるものと考えられることから、本書に収録した。

第1節　はじめに

（1）　民主党主導政権下の検討作業

　平成21（2009）年の第45回衆議院総選挙によって政権を獲得した民主党は、マニフェストにおいて公務員の労働基本権の回復を政策として掲げていた。また、平成22（2010）年の参議院選挙でのマニフェストには労働基本権への言及はなかったものの、選挙後の第175回国会（臨時会）における閣僚答弁等によれば、労働基本権の付与を含めた国家公務員法改正案の検討が政府部内で行われている[1]。国家公務員に労働基本権が付与されるのであれば、地方公務員にも対応した措置がとられることになる。制度改正が仮に実現するならば、公務

員の労働基本権に対する制限は昭和23（1948）年の政令201号に遡るものであるから、60年ぶりの大改革となろう。

（2） 作業の経緯

この問題に関する検討は、民主党主導政権の成立の前から行われてきた。平成18（2006）年には行政改革推進本部が設置され、検討が本格化してから4年が経過している。この間、平成19（2007）年には専門調査会（座長・佐々木毅学習院大学教授〔肩書は当時のもの。以下、同じ〕）が協約締結権の付与を柱とする報告[2]を公表している。これを受け、内閣の人事管理機能の強化等、改革の理念を示し、方針と工程表を定めた国家公務員制度改革基本法（平成20法68号。以下、「基本法」という）のなかに、「政府は、協約締結権……付与……に伴う便益及び費用を含む全体像を国民に提示し、その理解のもとに……自律的労使関係制度を措置する」（12条）ことが規定された。

そして、この規定等[3]に基づいて、国・地方を含めた公務員の労使関係制度の在り方を調査審議する組織として、国家公務員制度改革推進本部労使関係制度検討委員会（座長・今野浩一郎学習院大学教授。以下、「検討委員会」という）が設置され、平成21（2009）年12月に「自律的労使関係制度の措置に向けて」と題する報告書（以下、「報告書」という）が政府に提出された。

後に述べるように、報告書は、選択肢を三つのパターンに整理し、政府部内における検討の素材として提供したにとどまる。しかしながら、政府の審議会として、この問題を多角的に検討し、その結果を明示した点に関しては評価されており[4]、政府部内における検討に際して重要な参考資料となることは間違いあるまい。

---

1) 平井たくや衆議院議員（自由民主党）の質疑に対する仙石由人官房長官（当時。以下、同じ）、玄葉光一郎大臣の答弁（第175回国会衆議院内閣委員会議録第1号5頁以下）。
2) 行政改革推進本部専門調査会「公務員の労働基本権のあり方について（報告）」（平成19年10月19日）。
3) 国家公務員制度改革基本法附則2条1項は、地方公務員の労働基本権の在り方についても、国家公務員に係る措置との整合性をもって検討する、と規定しており、労使関係制度検討委員会は、地方公務員の労働基本権の在り方に関して調査審議することも任務とされた。
4) 日本労働組合総連合会事務局長南雲弘行氏の談話（平成21年12月16日）、全労連公務員制度改革闘争本部本部長小田川義和氏の談話（平成21年12月15日）。

(3) 本章の問題意識

そこで、本章においては、労働基本権付与を前提とした政府の作業が本格化することも予想される時点において、検討委員会に筆者が参加した経験を踏まえ、検討の経緯と報告書の概要を紹介することとしたい[5]。経緯等の紹介を越える部分は、筆者の私見である。

第 2 節　作業の経緯及び報告書の概要

(1) 作業の方式

公務員の労使関係の在り方を審議する組織の性格上、検討委員会は、学識経験者に加えて、使用者側委員、労働側委員の三者によって構成された[6]。平成20（2008）年10月の発足後、検討委員会は、第1ステージとして、①「改革に伴う便益及び費用」に関する議論、②協約締結権の付与に係る主要論点を確定する作業、③関係団体の意見聴取を行った（平成21〔2009〕年3月まで）。その後、第2ステージとして、協約締結権付与に係る論点に関し専門的な見地から検討を行う「労使関係制度検討委員会ワーキンググループ」[7]（以下、「ワーキンググループ」という）を設置し、論点のまとまりごとに、ワーキンググループでの論点の整理を受けて、検討委員会が議論を行う過程を繰り返した（平成21〔2009〕年4月から同年11月まで）。さらに、第3ステージにおいては、報告書作成に向けて議論が行われた（同年12月まで）。ワーキンググループを設置しつつ検討委員

---

[5] 検討委員会の作業の経緯、報告書の概要等を紹介あるいは検討するものとして、植村哲「地方公務員に関する労働基本権の在り方について（1）」地方公務員月報549号（2009年）107頁、植村哲＝仁井谷興史「同（2～3・完）」地方公務員月報554号（2009年）36頁、同559号（2010年）27頁、猪野積「労使関係制度見直しの問題点と課題（1～2・完）」自研86巻5号（2010年）28頁、6号（同）33頁等がある。

[6] 学識経験者委員としては、座長の今野浩一郎学習院大学教授（経営学。肩書は当時のもの。以下、同じ）の他は、青山佳世氏（フリーアナウンサー）、稲継裕昭早稲田大学教授（行政学）、岸井成格毎日新聞特別編集委員、諏訪康雄法政大学教授（労働法）、筆者（座長代理・行政法）であった。他の委員に関しては、途中に交代があり、報告書提出時の労働側委員としては、金田文夫氏（全日本自治団体労働組合特別中央執行委員）、森永栄氏（国公関連労働組合中央執行委員長）、山本幸司氏（日本労働総連合会副事務局長）、使用者側委員としては、佐藤正典氏（農林水産省大臣官房長）、村木裕隆氏（総務省人事・恩給局長）、森博幸氏（鹿児島市長）であった。

[7] ワーキンググループの構成員は、学識経験者委員の今野、諏訪、稲継、高橋に加え、島田陽一早稲田大学教授（労働法）、武藤博己法政大学教授（行政学）の6名であった。

会において議論を深める方式を採用したことが、作業の特色といえよう。

####(2) 第2ステージにおける議論

報告書をまとめあげる上で重要な役割を果したのは、ワーキンググループが論点を整理し、これを受けて委員会が議論を行う形式によって作業が進行した第2ステージである。

平成21 (2009) 年4月からの第2ステージの前半では、まず、ワーキンググループにおいて、第1ステージを通じて合意された「自律的労使関係の確立・協約締結権に関する主要な論点」に即して議論が行われた。主要な論点とは、①「基本的考え方」、②「協約締結事項の範囲」、③「給与、勤務時間その他の勤務条件決定のあり方」、④「法律・条例、予算による統制のあり方、協約との関係」、⑤「交渉システムのあり方」、⑥「交渉不調の場合の調整システムのあり方」、⑦「団結権、団体交渉権等の保護のためのシステムのあり方」、⑧「国における使用者機関」、⑨「労使関係の透明性の向上」、⑩「協約締結権を付与する職員の範囲」、⑪「協約締結権が付与されない職員の取扱い（一般職に限る）」、⑫「公務員法制と労働法制の関係」、⑬「労使協議制」、⑭「特別職の国家公務員の取扱い」、⑮「苦情処理システムのあり方」、⑯「地方公務員に関する論点」、⑰「新制度への円滑な移行」である。ワーキンググループは、これらの項目に関し、関連資料等を収集して問題点を整理し、その結果を検討委員会に報告した。

もっとも、主要な論点だけでも多岐にわたり、さらに、各論点には独立して検討を要する小項目が多数含まれていた。したがって、主要な論点を検討する過程において、制度全体を見通した整理が不十分となることも懸念された。そこで、作業が一巡した時点において、ワーキンググループに対し、制度の骨格に係る論点を先行して検討し、その成果を検討委員会に報告する作業が付託された。以降、ワーキンググループが作成した「制度骨格に係る論点について」を対象に検討委員会の議論が行われ、引き続き、「骨格の論点に付随する論点」に関する議論が実施された。かつ、最終的にはこれらの文書を取り込む形で報告書が作成されることとなった。

(3) 「制度骨格に係る論点について」

このように、報告書の内容を理解する上では、第2ステージの半ばの時点に作成された文書である「制度骨格に係る論点について」の検討が不可欠となる[8]。そこで、報告書の内容を紹介する前に、この文書の内容について触れることとしたい。

第3節 「制度骨格に係る論点について」

(1) 作成の経緯

「制度骨格に係る論点について」(以下、「骨格に係る論点」という) は、平成21 (2009) 年8月及び9月の3回のワーキンググループを経て検討委員会に提出された。この文書においては、三つの基本的視点に関して、問題の所在と複数の選択肢とが示されている。

(2) 検討の基本的視点

まず、第1の視点は、公務員の労使関係に係る法律の規律密度に関わるものである。すなわち、公務員の勤務条件に関しては、議会制民主主義、財政民主主義との関係から国会の法律の関与がどこまで求められるかとの問題が、公務に特有の問題として生ずる。

基本的な視点の第2は、公務員の地位の特殊性に由来するものである。公務員に関しては、業務の内容が法令・予算等で定められ、賃金や労働条件の決定につき市場の抑止力が働かない特殊性がある。そこから、労使関係の自律を前提としつつ、手続・内容面での適正さや正当性を国民に説明し得るものとする仕組みは必要ないか、との論点が生ずる。

第3に、公務員の場合には、組合員以外の職員の勤務条件の決定方式に関しても制度的に明確にしておく必要がある。さらに、成績主義の原則、平等取扱原則を基本とする以上は、組合員と非組合員との勤務条件に差異が生ずることを認める民間の労働法制の考え方を公務に適用することについては慎重に検討する必要がある。そこで、組合と当局との間で合意された労働協約が公務員全

---

[8]「制度骨格に係る論点について(ワーキンググループにおける検討状況報告)」(平成21年9月7日労使関係制度検討委員会資料6)。

体の勤務条件にどのような法的効力を有するのかを、明確にする必要がある。

　もちろん、民間と同様に勤務条件を決定することの意義を強調し、民間と異なる制度を設ける必要はないとする立場はあり得る。他方、公務労働の多様化・民間化が進行した今日においても、一般職の常勤職員等に関して公務に特有な規律・原理を維持する意義は高い、と考えるならば、民間法制と異なる規律を置くことが必要であるとの結論に傾く。そして、これらの点は、立法政策上の問題であって、関係者の間における立場の隔たりは大きい。そこで、ワーキンググループにおいては、意見を無理に集約するのではなく、大括りの選択肢を提示し、その後は時の政権の合理的な選択に委ねることが適当であると判断し、その方向性は検討委員会においても了承された。以下、「骨格に係る論点」の概要を紹介することにする。

(3) 作業結果の概要

　まず、第1の視点に関し、公務員の勤務条件に対する国会の関与の度合いは、①法定事項として協約事項とすることは認めない、②法定事項であるが協約事項とすることを認める、③法定事項ではなく協約事項とする、の三つに区分できる。そこで、まず、ワーキンググループは、勤務条件に係る事項を、A「公務員制度の基本原則（理念）」（平等取扱いの原則、成績主義の原則）、B「勤務条件の決定の仕組み（原則）」（情勢適応の原則、職務給の原則、俸給表を定めること等）、C「具体的な勤務条件（適用）」（俸給表の種類・額、手当の種類・額、勤務時間等）に区分し、関与のパターンを五つに絞った。

　すなわち、協定によってAに関して別段の定めをすることは考えられないので、①以外の選択肢はない。また、協約締結権を付与する以上は、Cを①とすることもあり得ない。そうすると、労使関係の自律を重視して法律による関与を縮減する立場に基づき、B及びCを③とする選択肢から、法律の関与を強く認め、Bを①に、Cを②に区分する選択肢までに整理されることになる（B③・C②のパターンは考えにくい）。

　その上で、ワーキンググループにおいては、Bに関しても協定をもって変更されることは考えにくいことから、基本的に①とすることで一致した（原則の具体的な内容等に関して議論はあった）。その結果として、C項目が、給与の現金支払原則等のように①に該当するものの他に、①に該当しないものでA・Bとの

関係が密接なため②に該当するもの、①に該当するなかでA・Bとの関係が弱いため③に該当するもの、に分けられることとなった。

次に、第2の視点に関しては、労使の合意には正当性がありそれ以上の仕組みは不要とする考え方と、労使合意の適正を担保する仕組みは必要であるとする考え方とに大別される。また、担保の仕組みについては、(a) 勤務条件に係る一定事項を法定する等の国会の関与、(b) 第三者の関与（労使交渉の基礎となる事項の勧告、意見表明）、(c) 民間動向の調査、公表、(d) 交渉の透明性の確保、が考えられる。この点についても、ワーキンググループのなかでは、労使合意に付加して何らかの仕組みを考える選択肢に案を統合することは可能である、との立場において合意が得られた。

最後に、協約を勤務条件に反映させる仕組みに係る第3の視点に関しては、次のような整理がされた。まず、国会の関与の度合いに応じ、勤務条件の決定方式は異なる。すなわち、専ら法定事項であるべき①に関し、協定の余地はない。次に、法定事項でもあり協約事項でもある②に関しては、協約の内容を法律の委任に基づく命令で定めることを通じ、法令の適用によって勤務条件で決することになる。最後に、協約に委ねられる③に関しては、民間の就業規則と同様に権限ある機関が定める規程に委ねられることになろう（ただし、規程の根拠等は法律によることが必要となる）。「骨格に係る論点」は、これらの点を明確にした上で、協約の内容を法令・規程に反映させることを担保する仕組みが必要であるか否か（規程が協約に反してはならないことの法定、反映の努力義務の法定等）、非組合員職員の権利保護の仕組み（職員の意見の聴取、第三者機関の意見の聴取等）の要否について選択肢を整理し、さらに、協定の効力に関する考え方を整理した（債務的効力があるか、規範的効力があるか）。

第4節　報告書の概要

(1) とりまとめの議論の概要

「骨格に係る論点」の概要は、前記のようなものである。この文書は平成21(2009)年9月7日の第12回検討委員会に提出され、活発な議論が行われた。一部の委員からはワーキンググループのまとめ方等に対して強い疑念が出されたものの、異なる立場からの意見もあり、内容の組換えを求める議論とはなら

なかった[9]。そこで、ワーキンググループにおいては、引き続き、「骨格の論点に付随する論点等」等に係る検討作業を行うこととし、その成果は第13回検討委員会に提出された。検討委員会の議論とワーキンググループにおける再検討を経たこれらの文書は、最終的には、「制度骨格に係る論点等に関する選択肢の整理」（平成21年11月27日・ワーキンググループ報告。以下、「選択肢の整理」という）として第14回検討委員会に提出され、委員会の議論を通じた若干の修正等を受けて、これが、第1章として報告書に取り込まれることとなった。検討委員会において様々な意見が出されたものの、統一した観点から基本的な修正・組換えをする方向において議論が集約しなかったためである（検討委員会で出された意見は、報告書第2章に掲載されている）。

この文書においては、前述の基本的視点に関する検討に加えて、①協約締結権を付与する職員の範囲、②交渉事項の範囲、③交渉システムのあり方等に関する検討が行われており、その詳細は報告書本文を参照されたい。

ちなみに、本章の冒頭において触れたように、基本法12条は「新制度の便益及び費用を含む全体像」を示すことを求めていたことから、ワーキンググループにあってはこの点に関する整理も行われた。ただし、報告書が大括りの選択肢を提示するにとどまったため、費用・便益に関する定量的な数字等は盛り込まれず、視点を定性的に記述する形となっている。この結果も、「協約締結権を付与する職員の範囲の拡大に伴う便益及び費用について」（平成21年11月27日・ワーキンググループ報告。以下、「便益及び費用について」という）として検討委員会に提出されている。

（2） パターンの絞込み

このように、ワーキンググループからは、「選択肢の整理」と「便益及び費用について」の二つの文書が検討委員会に最終的に提出された。ただし、前述のように、「選択肢の整理」は、ある程度は絞り込まれたものの、異なる考え方に基づく複数の選択肢が残された。よって、各論点の選択肢を列挙する文書の形式からは、制度の全体に関するまとまったイメージを形成することは困難である。

---

9) 検討委員会における議論に関しては、報告書125頁以下にほぼ忠実に紹介されている。

そこで、最終的な報告書の作成に際し、ある程度のまとまりをもった三つのパターンを提示することとなった。具体的には、パターンⅠは、「労使合意を直接的に反映させることを重視する観点と民間の労働法制により近い制度とする観点から選択肢を組み合わせたもの」であり、パターンⅡは、「現行公務員制度の基本原則を前提としつつ、労使合意を尊重するもの」、パターンⅢは、「労使合意に基づきつつ国会の関与をより重視する観点と公務の特殊性をより重視する観点から選択肢を組み合わせたもの」である。もっとも、報告書は、これらの3パターンのうちのいずれかを推奨するものではないこと、これらのパターンも固定的ではなく幅をもたせて考えることが適当である、としている。

(3) パターンの概要

紙幅の関係上、これらのパターンを網羅的に紹介することはできない。例えば、前述の三つの基本的視点については、次のような選択肢が各パターンにおいて示されている。

第1の視点に関し、パターンⅠにおいては、情勢適用原則等の勤務条件に関する基本原則の具体的な内容、分限や懲戒の種類等に関し、法定事項とするものの協約締結の対象事項とし得るものとし、俸給表の種類、俸給表そのもの、昇格・昇級の基準・号俸等については専ら協約事項とする案を示している。これに対し、パターンⅢにあっては、勤務条件の基本原則、分限や懲戒の事由は協約締結事項には該当しないと整理し、俸給表の種類等、パターンⅠにおいて専ら協約事項であるとされたものに関して、国会の関与が必要であり、法定事項でもあると整理すべきである、とされている。その上で、両者の中間に位置するパターンⅡにおいては、情勢適用原則等の勤務条件の基本原則、分限・懲戒の事由等に関し、パターンⅢと同様の取扱いとする一方において、法定事項でもある俸給表の種類は別として、俸給表そのもの、昇格・昇級の基準等については、パターンⅠと同様に専ら協約に委ねる事項として整理している。

また、第2の視点に関しては、パターンⅠにあっては、法令事項項について債務的効力、規程事項について規範的効力を認め、勤務条件の統一については特段の手当てをしない選択肢を提示している。これに対し、パターンⅢにあっては、規程についても債務的効力として協約の実施には規程の改正が必要であるとし、労働条件の統一も法令又は規程により担保するとの選択肢を採用し

た。その上で、パターンⅡにおいては、勤務条件の統一の観点からパターンⅢと同様の取扱いがとられている。

加えて、第2の視点に関連して、参考指標の調査・公表等については、パターンⅠにおいて特段の措置は実施しないとする一方で、パターンⅢにあっては、第三者機関が意見表明までも行う選択肢が採用され、パターンⅡにおいては、簡易な調査を実施して結果を公表するものとされている。また、労使関係の透明性の向上に関し、パターンⅠにおいては、透明化の措置は中央交渉により決するものとされる一方で、パターンⅢにあっては、議事録等の交渉の経緯を当局が公表するものとするが、公表内容を事前に労働側に送付し、労働側の反論を併載する義務を当局に課すこととした。また、パターンⅡにおいては、労働側の立場が、事前の送付を受けるのにとどまらず、事前の確認まで行う選択肢が採用されている。

最後に、第3の視点に関しては、パターンⅠにおいては特段の措置は不要であるとし、パターンⅢにあっては第三者機関の意見聴取が適当であるとしている。これに対して、パターンⅡにおいては、過半数組合又は職員の過半数を代表する者の意見聴取手続を設ける選択肢が提示された。

第5節　地方公務員の制度と政府の作業への期待

（1）　その他の事項

報告書は、前述以外の点に関しても、協約締結権を付与する職員の範囲、参考指標の調査と公表・意見表明、交渉システムのあり方、不当労働行為の救済制度、労使関係調整システム（強制仲裁等）等について検討を加え、考え得る選択を示した上で、パターンⅠからパターンⅢのいずれかにその選択肢を位置づけている。これらに関しては、報告書を参照されたい。

（2）　地方公務員に独自の事項

ここまでの紹介は、主として国家公務員制度に関する検討結果に関してのものであるが、ワーキンググループは、地方公務員制度の独自の問題に関しても検討を加え、その結果は報告書に反映されている。例えば、交渉システムについて、①地方公共団体においては、首長に加えて、教育委員会、人事・公平委

員会等の多元的執行機関制度が採用されていることから、労使交渉に関する権限を首長に一元化することが可能か、②地方公共団体を越えて交渉を一元化することは可能か、の点に関し、以下のような整理がされた。

すなわち、①に関しては、選択肢としては可否いずれもがあり得るとされた。ただし、パターンの提示に際しては、労使当事者が共同で交渉・協議する等の工夫を図ることはあり得るものの、一元化は行わない選択肢が適当である、と整理されている。②に関しても、全国、都道府県単位の交渉を労使合意に基づいて行うことや、連合体による交渉等を行うことはあり得るものの、制度として共同交渉を義務づける等の措置は、地方分権の観点から採用しないものとされている。

ちなみに、前記の他にも、法令によって定めるべき事項に関して法律と条例との役割分担をどのように考えるか、各団体における制度の自主性をどこまで尊重すべきか等、地方公務員制度については独自の論点が残されている。しかしながら、この点に関する検討委員会の議論は時間の関係上深まらなかったのが実情であり、政府内での検討に期待したい（なお、本章の【追記】を参照）。

（3） おわりに

これまで述べてきたように、報告書は、協約締結権に限定した範囲であるものの、公務員に労働基本権が付与された場合における制度の在り方に関し、網羅的に検討したものとなっている。異なる立場からの大括りの選択肢が示されているにすぎないものの、関連領域の専門家から構成されるワーキンググループによる包括的かつ詳細な検討の結果が報告書に取り込まれたものとして、評価されるべきものといえよう。

ちなみに、政府においては争議権の付与まで視野に入れた検討がされている、との報道がある[10]。その場合においては、報告書の枠組みとは異なる観点から

---

10) 第174回国会（常会）衆議院本会議における後藤祐一議員（民主党）及び吉泉秀男議員（社会民主党）の代表質問に対する仙石由人内閣府特命担当大臣（公務員制度改革担当）の答弁（第174回国会衆議院会議録19号7頁、18頁）。人事院も、平成21 (2009) 年8月の報告において、自律的労使関係制度の在り方に関する選択肢に関し、協約締結権及び争議権を付与する選択肢をパターンIとし、協約締結権のみを付与するパターンII、協約締結権及び争議権を付与しないパターンIII、職位、職務内容、職種等によって職員の範囲を区分けし、それぞれに前記のうちのいずれかを当てはめるパターンIVと並んで、留意点の指摘等を行っている（人事院「公務員人事管理に関する報告」5頁以下〔平成22年8月〕）。

の検討も必要となるものの、その際にも報告書に示された主要な論点、検討の視点は参考となろう。

　以上に述べてきたように、国・地方を通じ、労働基本権の付与を前提とした制度の設計に際しては膨大な事項に関する精緻な検討が必要であり、検討委員会における作業においても、そのすべては消化しきれてはいない[11]。政府部内において、必要な事項について目配りのされた検討が精力的にされることを期待したい。

　【追記】　民主党主導の連立政権は、平成23（2011）年に、国家公務員に対して協約締結権を付与し、幹部人事制度の設計と管理の集権化を図ること等を柱とする一連の法律案を第177回国会（常会）に提出した。具体的には、「国家公務員法等の一部を改正する法律案」（同年閣法74号。以下、「国家公務員法改正法案」という）、「国家公務員の労働関係に関する法律案」（同75号。以下、「国公労働関係法案」という）、「公務員庁設置法案」（同76号）、「国家公務員法等の一部を改正する法律等の施行に伴う関係法律の整備等に関する法律案」（同77号、以下、「国公法改正関連整備法案」という）である（以下、上記4法案を総称して「平成23年法案」という。これらの法律案に関しては、本書第4編第2部第2章284頁を参照されたい）。

　他方、地方公務員制度に関し、総務省は、地方公共団体の関係者等との調整を経て、平成24（2012）年の第181回国会（臨時会）に「地方公務員法等の一部を改正する法律案」（閣法9号。以下、「地公法等改正法案」という）及び「地方公務員の労働関係に関する法律案」（閣法10号。以下、「地公労働関係法案」という）を提出した。これらの法案は、平成23年法案を踏まえつつも、本文に述べた地方公共団体の統治システム等に配慮した内容となっていた（ただし、規律の細部については規定上の違いがある。参照、許可を受けて勤務時間中認証された労働組合の業務に従事することのできる者の範囲に関する国公労働関係法案8条1項、地公労働関係法案7条1項等。なお、国公労働関係法案における「当局」の位置付けに関しては、本書第4編第2部第2章第5節（1）320頁を参照）。

　例えば、まず、地方公共団体の「当局」に関し、地公労働関係法案は「地方公共団体の長等（地方公共団体の長その他の執行機関〔都道府県公安委員会を除く〕及び議会の議長）の概念を置いた上で（地公労働関係法案4条3項）、勤務条件に関する事項のうち、

11）　警察職員と同様、団結権が認められていない消防職員に関し、団結権の在り方を検討する組織として、平成22（2010）年1月に、「消防職員の団結権のあり方に関する検討会」（座長・小川淳也総務大臣政務官）が設置されて、議論が行われた（その結果として、「消防職員の団結権のあり方に関する検討会報告書」〔平成22年12月〕を参照）。

①条例の制定又は改廃を要するものに関しては、当該事項を所掌する地方公共団体の長等と、②地方公共団体の規則又は地方公共団体の長等の定める規程の制定又は改廃を要するものに関しては、当該事項を所掌する地方公共団体の長等と、③法令又は条例、地方公共団体の規則若しくは地方公共団体の長等の定める規程に基づき地方公共団体の長等又はその委任を受けた地方公務員若しくは当該地方公共団体の長等の管理に属する行政庁が定めるものに関しては、当該勤務条件を定めることができる地方公共団体の長等又はその委任を受けた地方公務員若しくは当該地方公共団体の長等の管理に属する行政庁と、④①から③までに掲げるもの以外の事項に関しては、当該事項について適法に管理し、又は決定することのできる者と、⑤①から④までに定める者に共通する労使関係事項に関しては、当該地方公共団体の長等、と定めている（同法案10条1号ないし5号〔なお、同条6号・7号の紹介は省略した〕及び13条1項。団体協約を締結できる当局についても同じ〔同法案12条〕。なお、同法案8条は、不当労働行為禁止規定の名あて人として、広く「地方公共団体の当局」を位置づけている）。

また、前記の点に関連して、地方公共団体の長でない者が、当局として団体交渉を行った事項に関し団体協約を締結しようとするときは、地方公共団体の長に協議し、その同意を得なければならないものとされている（同法案13条2項）。さらに、当局が団体協約を締結した場合に、速やかに、協約の内容を適切に反映させるために実施すべき措置に関しても規律が置かれている。具体的には、(a) 前記①の事項においては、条例の制定又は改廃に係る議案を議会に付議して、議決を求めること、(b) 前記②の事項にあっては、地方公共団体の規則又は地方公共団体の長等の定める規程の制定又は改廃のための措置を講ずること、(c) 前記③の事項にあっては、勤務条件の決定又は変更をすること、(d) 前記④・⑤の事項について、必要な措置を講ずることである（一部省略。同法案16条。さらに、団体協約の失効に関する同法案17条を参照）。

なお、地公労働関係法案を検討するものとして、山本隆司「地方公務員と団体協約締結権」地方公務員月報583号（2012年）2頁、小川正「『地方公務員の労働関係に関する法律案』の内容と課題（上）（下）」自治総研411号（2013年）1頁、同412号（同）1頁がある。さらに、参照、本書第4編第2部第2章292頁注(14)。

第2章　労働協約締結権付与を前提とした公務員制度の在り方

〈解題〉　本章は、本書第4編第2部第1章において紹介・検討した国家公務員制度改革推進本部労使関係制度検討委員会（座長・今野浩一郎学習院大学教授〔肩書は当時のもの〕）の報告書（労使関係制度検討委員会「自律的労使関係制度の措置に向けて」〔平成21年12月〕）を踏まえ、平成23（2011）年、民主党主導の連立政権が第177回国会（常会）に提出した「国家公務員法等の一部を改正する法律案」（同年閣法74号）、「国家公務員の労働関係に関する法律案」（同75号）、「公務員庁設置法案」（同76号）、「国家公務員法等の一部を改正する法律等の施行に伴う関係法律の整備等に関する法律案」（同77号）に関して検討を加えたものである（自治研究91巻5号〔2015年〕27頁、同6号〔同〕25頁）。

　ちなみに、これらの法案（以下、一括して「平成23年法案」という）に関する検討が政府部内においてされた時点、及び平成23年法案が国会に提案された時点においては、行政法学・労働法学の研究者を中心として政府の作業及び平成23年法案に関する活発な議論が展開された。他方、前記の労使関係制度検討委員会の作業に座長代理として参画した関係上、筆者は平成23年法案に関する自らの見解を示すことは控えていた。もっとも、平成23年法案は国会の解散によって審議未了廃案となった一方において、その後に成立した自民党・公明党の連立政権の下で幹部人事の一元化等と内閣総理大臣の権限強化を措置する「国家公務員法等の一部を改正する法律案」（第185回国会〔臨時会〕閣法19号）が平成26（2014）年に第186回国会（常会）において成立した（同年法22号。以下、本〈解題〉において、「平成26年改正法」という）。このように、平成26年改正法の成立をもって国家公務員制度の改革が一つの節目を迎えた後の時点において、平成23年法案を一研究者の立場から分析・検討したものが本章であり、平成23年法案に関して公表された様々な論稿を踏まえた上で、分析・検討した論稿であることから、本書に収録した（なお、本章の【追記】も参照）。

第1節　はじめに

(1)　公務員制度改革の経緯

1)　民主党主導連立政権の成立まで

(a)　労働基本権の制限に係る議論　　わが国の公務員制度に関しては、改革の必要性が強く叫ばれ、様々な法律案が国会に提出されてきた。そのなかには幹部人事の一元管理の強化等、政治主導の統治システムにふさわしい公務員

制度の構築を目指す改革が含まれるが、これ以外にも、労働界に加えて学界の一部から強い疑念の声が寄せられてきた公務員の労働基本権の制限につき、緩和・縮減を図る法律案がある。この法律案は、結局は審議未了・廃案となったものの、その後に、これとは別に、幹部人事の一元化や内閣人事局の創設等を柱とする国家公務員法（昭和22年法120号）の一部改正が実施された（平成26年法22号）[1]。

　　(b)　第1次安倍政権・福田政権下の作業　　すなわち、まず、自民党・公明党の連立による第1次安倍晋三内閣の下で決定された「公務員制度改革について」（平成19年4月24日閣議決定）を受けて、平成19 (2007) 年の改正国家公務員法（国家公務員法等の一部を改正する法律（同年法108号）によって新たな人事評価制度の導入等を通じた能力・実績主義の人事管理の徹底と退職管理の適正化とが先行的に措置された。そして、これらの措置とともに、第1次安倍晋三内閣に続く福田康夫内閣の下で、平成20 (2008) 年の国家公務員制度改革基本法（同年法68号。以下、「基本法」という）によって採用から退職までのパッケージとしての改革の内容と工程が定められた。かつ、同法12条（労働基本権）は、「政府は、協約締結権を付与する職員の範囲の拡大に伴う便益及び費用を含む全体像を国民に提示し、その理解のもとに、国民に開かれた自律的労使関係制度を措置するものとする」と規定し、併せて、附則2条（地方公務員の労働基本権等）において、地方公務員の労働基本権の在り方についても、国の措置と整合性をもって検討する、と規定された。

　　(c)　麻生政権下の作業　　その後、福田康夫内閣に続く麻生太郎内閣の下において、前記の基本法に基づき、内閣人事局による幹部職員の一元管理、国家戦略スタッフ・政務スタッフの設置、退職管理の強化を柱とする国家公務

---

[1]　本章の考察対象である「国家公務員法等の一部を改正する法律案」（第177回国会閣法74号）、「国家公務員の労働関係に関する法律案」（同75号）、「公務員庁設置法案」（同76号）、「国家公務員法等の一部を改正する法律等の施行に伴う関係法律の整備等に関する法律案」（同77号）の提出へと至る国家公務員法制改革の検討過程に関しては、根本到「『国家公務員の労働関係に関する法律案』で提示された制度の内容と課題」労旬1755号（2011年）7頁以下が簡潔に紹介している。また、平成23年法案が廃案となる過程までを検討するものとして、岩岬修「『失われた15年』となる公務員制度改革——民主党政権下の公務員制度改革をめぐる動向を中心として」自治総研413号（2013年）24頁がある。さらに、参照、周蒨＝高橋滋［監修］「イギリスの公務員制度改革及び労使関係への影響（上）」自研90巻9号（2014年）108頁以下。以下、第1節(1)は、同論文の日本法部分に関して筆者が監修した文章を、適宜、加筆修正したものである。

員法等の改正案（同年閣法62号。以下、「平成21年法案」という）が平成21（2009）年の第171回国会（常会）に提出されたものの、同法案は衆議院の解散によって審議未了・廃案となった[2]。

2) 平成23年法案と改正国家公務員法

(a) 鳩山政権下の作業　その後、第45回衆議院総選挙の結果、民主党・社会民主党・国民新党の連立政権である鳩山由紀夫内閣が成立した。同政権は、前記法案と同様の方向性を採用しつつも、内閣による幹部人事の一元的管理と退職管理の厳格化を推し進めること等を内容とした法案を、平成22（2010）年に第174回国会（常会）に提出している（同年閣法32号。以下、「平成22年法案」という）[3]。しかしながら、同法案も、衆議院において一部修正の上可決され参議院に送付されたものの、第22回参議院選挙前に会期終了となったため審議未了となった。

(b) 平成23年法案の提出　これを受けて、民主党主導の連立政権は、協約締結権の付与・幹部人事制度の集権化等を柱として国家公務員制度改革に関する検討を実施し、その結果、国家公務員制度改革関連4法案が、平成23（2011）年の第177回国会（常会）に提出された。具体的には、「国家公務員法等の一部を改正する法律案」（同年閣法74号。以下、「国家公務員法改正法案」という）、「国家公務員の労働関係に関する法律案」（同75号。以下、「国公労働関係法案」という）、「公務員庁設置法案」（同76号）、「国家公務員法等の一部を改正する法律等の施行に伴う関係法律の整備等に関する法律案」（同77号、以下、「国公法改正関連整備法案」という）である（以下、上記4法案を総称して「平成23年法案」という[4]）。

---

2) 同法案の内容は、①内閣による幹部人事の一元管理（適格性審査・幹部候補者名簿の導入、幹部候補育成課程の整備、幹部職員の降任の特例等）、②①の業務を所掌するとともに、総務省（人事行政、機構定員）、人事院（級別定数、任用、試験・研修（企画））から機能を移管した内閣人事局の設置等である。

3) 平成21年法案と対比した場合の平成22年法案の特徴は、①内閣による幹部人事の一元管理の強化（次官から部長級までを同一の職制上の段階とみなす等）、②①の業務を所掌する内閣人事局の設置（関係機関からの機能移管は行わない）、③官民人材交流センター及び再就職等監視委員会の廃止、民間人材登用・再就職適正化センターの設置等である。参照、稲継裕昭「国家公務員法等改正案、その功罪を検証する」時評52巻4号（2010年）110頁、今泉勝「特集　国家公務員法改正案を閣議決定　幹部職員の弾力人事が可能に——内閣人事局で一元管理」地方行政10127号（2010年）2頁、政木広行「内閣による人事管理機能の強化と国家公務員の退職管理の一層の適正化のために——国家公務員法等の一部を改正する法律案（特集　第174回国会の法律案等の紹介）」立法と調査302号（2010年）10頁等。

ただし、これらの法案も、第 181 回国会（臨時会）まで継続審議となり、平成 24（2012）年 12 月に衆議院が解散されたため、審議未了・廃案となっている。

　　　(c)　平成 26 年改正法の成立　　これに対し、解散後に実施された第 46 回衆議院総選挙を経て成立した自由民主党・公明党連立による第 2 次安倍晋三内閣は、公務員制度改革に関する改革に際しては、麻生太郎政権の下で閣議決定された平成 21 年法案を基本として制度を設計する方向性を打ち出した。

　この方針に従って、第 185 回国会（臨時会）に「国家公務員法等の一部を改正する法律案」（同閣法 19 号）が提出され、継続審議となったが、自民党・公明党・民主党が一部修正で合意したため、平成 26（2014）年に第 186 回国会（常会）において成立した（同年法 22 号。以下、「平成 26 年改正法」という[5][6]）。

---

4)　平成 23 年法案の特色は、①内閣による幹部人事の一元管理（次官から部長級までを同一の職制上の段階とみなす）、幹部候補育成課程の整備、②退職管理の一層の適正化、③自律的労使関係制度の措置、④幹部人事の一元管理を所掌する内閣人事局の設置、人事行政、機構定員等を総合的・一体的に所掌する使用者機関たる公務員庁等の設置、人事院の廃止、等にある。同法案に関する特集として、ジュリ 1453 号（2011 年）、法時 84 巻 2 号（2012 年）、労働 122 号（2013 年）がある。ジュリストの特集につき、参照、荒木尚志＝岩村正彦＝山川隆一＝山本隆司＝渡辺章「座談会　転機を迎える国家公務員労働関係法制──国家公務員労働関係法案と自律的労使関係制度」ジュリ 1435 号 8 頁（以下、「荒木ほか・前掲注(4)」と略す）、西村美香「国家公務員制度改革関連四法案と公務員の人事管理」同 34 頁、下井康史「フランス法の視点から──法令規律の仕組みと組合参加の制度」同 41 頁（以下、「下井・前掲注(4)（『ジュリ』）」と略す〔同『公務員制度の法理論──日仏比較公務員法研究』（弘文堂、2017 年）50 頁（以下、「下井・前掲書注(4)」と略す）〕）、川田琢之「アメリカ法の視点から──『国家公務員の労働関係に関する法律案』を中心とした公務員団体的労使関係法制のあり方への示唆」同 49 頁、根本到「ドイツ公務労使関係法制の現況と日本との比較」同 56 頁。法律時報の特集につき、参照、和田肇「国家公務員労働関係法システムの大転換とその課題」法時 84 巻 2 号 4 頁、渡辺賢「国家公務員の労働条件決定システムと議会制民主主義の要請」同 9 頁、武井寛「国家公務員労働組合の法的性格」同 16 頁、道幸哲也「国家公務員労働関係法案の団交・協約規定──どこが自律的か」同 22 頁、晴山一穂「団体交渉と立法措置」同 30 頁、清水敏「紛争調整、代償措置および争議行為の禁止」同 36 頁（以下、「清水・前掲注(4)（法時）」と略す）、田村達久「人事行政機構の変革と人事行政の将来」同 43 頁。日本労働法学会誌の特集につき、参照、清水敏「公務における自律的労使関係制度と議会統制」労働 122 号 59 頁（以下、「清水・前掲注(4)（労働）」と略す）、岡田俊宏「公務員の労働基本権と勤務条件法定主義との調整のあり方──国公労法案を素材にして」同 68 頁、下井康史「公務員法における法律・条例事項と協約事項」同 77 頁（以下、「下井・前掲注(4)（『労働』）」と略す〔下井・前掲書注(4) 113 頁〕）。

5)　第 186 回国会（常会）において、同法案は、衆議院で一部修正された上で参議院に送付され、平成 26（2014）年 4 月 10 日に参議院本会議において可決され成立した。同法の内容は、①内閣による幹部職員等の一元管理（内容は平成 21 年法案とほぼ同様である）の他に、②内閣人事局の設置、③国家戦略スタッフ、政務スタッフの制度の創設、④幹部候補育成課程の創設等である（なお、③に関しては、国家戦略スタッフにつき、平成 8〔1996〕年の内閣法〔昭和 22 年法 5 号〕の改正〔同年法 103 号〕によって既に内閣総理大臣補佐官を内閣官房に置くことができるとされており、その

(2) 本章の目的と構成

1) 本章の目的

(a) 残された検討課題　以上のように、わが国においては、幹部人事の一元化等と内閣総理大臣の権限強化が措置された一方において、協約締結権の付与を柱とする公務員の労働基本権の回復、自律的労使関係の構築の課題は先送りとされる結果となった。もっとも、公務員制度改革に際しては、労働基本権制限の代償的機能と公務員の政治的中立の確保とを担う人事院の組織と権限をどのようなものとするかに関して活発な議論が交わされた。このことに端的に示されているように、わが国において労働基本権の制限の問題をいかに取

　任務の定義が「内閣総理大臣の命を受け、国家として戦略的に推進すべき基本的な施策その他の内閣の重要政策のうち特定のものに係る内閣総理大臣の行う企画及び立案について、内閣総理大臣を補佐する」と改められた〔内閣法 21 条 2 項の改正〕。また、政務スタッフにつき、国家公務員法 2 条 3 項の定める特別職公務員に大臣補佐官が追加され〔同項 7 項の 3 の新設〕、内閣府設置法〔平成 11 年法 89 号〕及び国家行政組織法〔昭和 23 年法 120 号〕に大臣補佐官に関する規定が置かれている〔内閣府設置法 14 条の 2 及び国家行政組織法 17 条の 2 の追加〕。

　特に、内閣人事局に関しては、(α) 採用試験、任用、級別定数、人事評価、能率、厚生、服務、退職管理等、特別職の国家公務員の給与制度に関する事務、国家公務員の総人件費の基本方針及び人件費予算の配分の方針の企画及び立案並びに調整に関する事務、行政機関の機構及び定員に関する企画及び立案並びに調整に関する事務が総務省から移管され、これら以外にも、(β) 級別定数の設定及び改定 (指定職については号俸格付)、任用、採用試験 (採用試験の実施を除く)、研修 (人事院が担う研修の実施を除く) に関する機能が人事院から移管された。ただし、人事院より移管された事務については、内閣が政令を定めるに際して、あらかじめ人事院の意見を聴くこととすることに加え、人事院による報告要求や是正指示等、必要な措置を講ずることとされている。また、内閣総理大臣は、人事院規則の制定改廃に関し、人事院に対し意見を申し出ることができることとされた。

　この内容は、平成 21 年法案とほぼ同様であるものの、平成 21 年法案との差異としては、特に次のようなものがある。まず、第 1 に、平成 21 年法案にあっても、人事院から移管される①任用、採用試験及び研修に関する事務、②級別定数の設定及び改定 (指定職については号俸格付) の機能に関しては、政令を定めるに際して人事院の意見を聴くことに加えて、研修に関する人事院による報告要求や是正指示に関する規定の整備が盛り込まれていたのに対し、平成 26 年改正法においては、特に②の政令を定めるに際しては、「人事院の意見を十分に尊重する」ものとされている。第 2 に、任用に関し、平成 21 年法案においては、内閣人事局が任用の基準全体を担うこととされていたのに対し、平成 26 年改正法にあっては、行政のニーズの変化に対応するための優れた人材の養成及び活用の確保に関する機能は内閣人事局が担い、公正な任用の確保に関する機能は人事院が担うこととされたこと、研修に係る内閣人事局と人事院との役割分担をより明確化したこと、等の修正もある。

6) 同法の内容を紹介するものとして、正木広行「国家公務員制度改革基本法に基づく内閣による人事管理機能の強化──国家公務員法等の一部を改正する法律案 (特集 第 186 回国会の法律案等の紹介 (1))」立法と調査 350 号 (2014 年) 4 頁、田上陽也＝伊藤秀夫＝片柳成彬・時の法令 1959 号 (2014 年) 4 頁等がある。

扱い、公務員の政治的中立をどのように確保していくか等、公務員制度の改革をめぐる論議は今後も続くことが予想される。

(b) ILO の勧告　また、公務員の労働基本権付与の問題に関し、日本政府に対しては、ILO の結社の自由委員会が累次にわたり勧告を行ってきた。平成 26（2014）年にも、①公務員に対して労働基本権を保障し、②消防職員と刑務官に対して団結権、団体交渉権を認め、③国家の運営に関与しない（not engaged in the administration of the State）公務員に対し団体交渉権を保障し、合法的に団体交渉権を制限され得る範囲の者に対しては強制仲裁手続の利用が認められるべきである、等の内容を柱とする勧告[7]が公表されている（なお、平成 30〔2018〕年にも 11 回目となる勧告が出されている）。わが国の公務員法制とグローバルスタンダードからの偏差の観点からは、前記勧告はわが国の国家公務員に対する協約締結権付与を促すものとして無視できないものといえよう。さらに、幹部人事の一元化等と内閣総理大臣の権限強化の課題に一応の解決が与えられ、自律的労使関係の構築の課題に関して、政治的な動きと離れて学術的・理論的な検討が可能となった時点においてこそ、課題の検討に適切な環境が整ったと考えることも可能である。

2)　本章の構成

(a)　検討の素材　本章は、前記の認識に基づいて、協約締結権を制限されている国家公務員に関し、協約締結権を含む団体交渉権を付与しようとする場合にどのような制度が望ましいのかについて、平成 23 年法案を題材として検討しようとするものである。その際には、公務員の労働基本権に関する議

---

[7]　*See* Committee on Freedom of Association, 372nd report of the Committee on Freedom of Association (2014), para.328-375 (Case (s) No (s) 2177 and 2183 (Japan)), conference paper-13 June 2014 (*see also* Committee on Freedom of Association, 386th report of the Committee on Freedom of Association (2018), para.379-423 (Case (s) No (s) 2177 and 2183 (Japan)). 平成 30〔2018〕年の ILO 結社の自由委員会の勧告に関する令和 4（2022）年の第 208 回国会（常会）における議論に関し、例えば、第 208 回（常会）国会参議院内閣委員会会議録 3 号 12 頁〔江崎孝委員（立憲民主党）の質疑に対する堀江宏之政府参考人の答弁〕、同衆議院厚生労働委員会議録 20 号 18 頁〔野間健委員（立憲民主党）の質疑に対する鳩山次郎大臣政務官（当時）、山越伸子政府参考人、齋藤秀生政府参考人の答弁〕等を参照。

　ちなみに、ILO の結社の自由委員会は一部の範囲を除く公務員のストライキ権を保障すべきことも勧告しているものの、労働協約締結権の付与の在り方を検討する本章においては、この点に関しては言及するにとどめる。この点に関する論稿として、参照、清水敏「ILO における公務員のストライキ権」季労 221 号（2008 年）106 頁がある。

論に関し、平成20 (2008) 年の基本法12条及び附則2条1項[8]の規定に基づいて設立され、平成23年法案を政府が作成する上での論点を整理して選択肢を提供する役割を果たした「労使関係制度検討委員会」（座長・今野浩一郎学習院大学教授〔肩書は当時のもの。以下、同じ〕。以下、「検討委員会」という）[9]の報告書（「自律的労使関係制度の措置に向けて」（平成21年12月15日。以下、「検討委員会報告書」という）[10][11]等も参照することにしたい。

(b) **公務員の争議権**　公務員の労働基本権に関しては、本来は争議権をも視野に入れて検討する必要はあろう。しかしながら、民主党主導の連立政権の発足に際して設けられた「国家公務員の労働基本権（争議権）に関する懇談会」（座長・今野浩一郎学習院大学教授）の報告書においても、「争議権付与の是非については、国民との関係で難しい課題が多く、争議権付与の是非を判断する上では国民の意見を適切に踏まえていくことが必要である」とした上で、

---

8) 具体的な設置根拠は、国家公務員制度改革本部令（平成20年政令221号）である。

9) 検討委員会報告書提出時の検討会のメンバーは、座長の他、学識経験者委員が、筆者（座長代理）、青山佳世氏（フリーアナウンサー）、稲継裕昭早稲田大学教授、岸井成格氏（毎日新聞東京本社編集局特別編集委員）、諏訪康雄法政大学教授であり、労働側委員が、金田文夫氏（全日本自治団体労働組合特別中央執行委員）、森永栄氏（国公関連労働組合連合会中央執行委員長）、山本幸司氏（日本労働組合総連合会副事務局長）であって、使用者側委員は、佐藤正典氏（農林水産省大臣官房長）、村木裕隆氏（総務省人事・恩給局長）、森博幸氏（鹿児島市長）である（肩書は当時のもの。以下、同じ）。

10) 検討委員会報告書は、①検討委員会に設置されたワーキンググループからの報告（検討委員会報告書2頁186頁。以下、「検討委員会WG報告」という）、②報告を受けて検討会において出された意見（検討委員会報告書87頁-93頁）、③選択肢の組合せのモデルケース（94頁-106頁）、④協約締結権を付与する職員の範囲の拡大に伴う便益及び費用の検討（107頁-123頁）、⑤別添資料（124頁以下）によって構成されている。検討委員会報告書に関する特集として、季労230号（2010年）の特集（「公務における自律的労使関係」）がある。参照、毛塚勝利「公務労使関係システムの構築に関する議論の現在と問題点──『労使関係制度検討委員会報告書──自律的労使関係制度の措置に向けて』によせて」同号73頁、島田陽一＝下井康生「対談　公務員制度改革と公務関係の法的性格──労働法学と行政法学との対話」同85頁、大塚実「ドイツに学ぶべきこと──公務における自律的労働条件決定制度の検討」同111頁、高柳英喜「『アメリカにおける公務労使関係』再訪──日本の制度改革にあたっての一視座」同127頁。

11) なお、検討委員会報告書の前に、国・地方の公務員の労働基本権の在り方に関し、政府において専門的な立場から調査審議した結果を取りまとめたものとして、行政改革推進本部専門調査会の報告書（「公務員の労働基本権のあり方について（報告）」（平成19年10月19日）。以下、「専門調査会報告書」という）がある。専門調査会報告書を紹介・分析するものとして、参照、小幡純子「公務員の労働基本権のあり方──平成19年専門調査会報告に関して」ジュリ1355号（2008年）28頁、道幸哲也「公務員労働法における団交・協約法制」季労221号（2008年）78頁（同『労働組合の変貌と労使関係法』〔信山社、2010年〕283頁）、下井康生「公務員の団体交渉権・協約権　制度設計における視点の模索」季労221号88頁等（下井・前掲書注(4) 64頁）。

「仮に政府が国家公務員に対する争議権付与……の実現を図ろうとする場合でも、まずは協約締結を前提とした団体交渉システムないし自律的な労使関係の樹立に全力を注ぎ、そうしたシステムにおける団体交渉の実態や課題をみた上で争議権を付与する時期を決断することも、一つの選択肢となり得る」[12]とされていた。そして、これを受けて、民主党主導の連立政権が提出した平成23年法案は公務員の争議権の制限に修正を加えてはいない。よって、国家公務員の労働基本権を回復しようとする動きが再び現実のものとなった場合においても、争議権の付与にまで立ち入ることには相当の政治的な決断が必要になるものと考える。このような観点から、本章においては、平成23法案の枠組みに即して協約締結権の付与までを視野に入れた検討に限定することとしたい。

　　(c)　「現業部門」に関して　　ちなみに、これまで、労働基本権、特に協約締結権の付与の問題を議論する場合にあっては、過去に存在した3公社5現業の職員との対比において「非現業国家公務員」の語を用いるのが通例であった。しかしながら、これらの法人に関しては民営化が進められ、最終的には平成24 (2012) 年の国有林野事業の企業的な経営の廃止に伴って特定独立行政法人以外の「現業部門」は国においては存在しなくなった[13]（特定独立行政法人は、現在は行政執行法人となった。以下、同じ。なお、本章の（追記〔原文〕）を参照）。そこで、以下、本章においては、現行の制度につき、「国家公務員」の語を用いるときは、特定独立行政法人の労働関係に関する法律（昭和23年法257号。現行の法律名称は、「行政執行法人の労働関係に関する法律」である）の適用を受ける職員を除く国家公務員のことを指すものとし、特定独立行政法人の職員を含んで議論する場合には、その旨を明示することとしたい（国家公務員においても、現業・非現業の区別があったときの制度に言及する場合はその限りでない）。

　　(d)　検討の順序　　本章においては、まず、総論として、国家公務員における労働基本権の保障の在り方に関し、日本国憲法の諸規定からどのような帰結を導くことができるのかについて、主な判例・学説を中心に整理すること

---

12)　「国家公務員の労働基本権（争議権）に関する懇談会報告」（平成22年12月）21頁・22頁。同報告書を含めて争議権の付与の問題を論ずるものとして、櫻井敬史「公務員の争議権」自治実務セミナー50巻3号（2011年）10頁、同「国家公務員制度改革」同50巻10号（2011年）4頁。

13)　参照、国有林野の有する公益的機能の維持増進を図るための国有林野の管理経営に関する法律等の一部を改正する等の法律（平成24年法42号）。同法により、国有林野事業の企業的経営に関する諸規定は削除され、企業的経営を前提とする国有林野事業特別会計も廃止された。

とする（第2節）。ただし、後に確認するように、日本国憲法の関連規定に照らすならば、公務員の労使関係をどのように構築するかに関して立法者にかなり幅広い裁量の余地が与えられているものと考えられる（後述、第2節(3)2）、第3節(1)）。そこで、公務員の労使関係に関する法制度を構築する際に、どのような要素を考慮することが求められるかに関しても併せて考察することとしたい（第3節）。その上で、平成23年法案に関し、労働協約締結権の付与を中心として自律的労使関係への転換を図った国公労働関係法案を中心として、協約の締結の主体、範囲、効果等（第4節）と、人事行政機関等の在り方（第5節）とに分けて分析することにする。最後に、まとめを行う（第6節）。

　　(e)　地方公務員制度に関して　なお、公選制の首長の制度を有し、人事委員会・公平委員会等の第三者機関の在り方も国とは異なる等、地方公務員の勤務関係にあっては独自の問題があり、協約締結権の付与に関しても別個に考察すべき点のあることは否定できない。しかしながら、紙幅の関係上、本章においては、国家公務員制度に論点を絞って考察することにしたい[14]。

第2節　公務員の特殊性と労働基本権
　　　　── 憲法規定・最高裁判例を手掛かりとして
(1)　はじめに
　1)　公務員の労働基本権と憲法
　　(a)　最高裁判所の判例　　特定独立行政法人（現在は行政執行法人）に勤務

---

[14]　地方公務員に労働協約締結権を付与することを内容とした地方公務員の労働関係に関する法律案（以下、「地公労働関係法案」という）は、平成24（2012）年に、第181回国会（臨時会）に提出された（閣法10号）ものの、国公労働関係法案と同様に、審議未了廃案となった（ちなみに、同法案と同時に地方公務員法等の一部を改正する法案も提出された〔閣法9号〕）が、これも廃案となっている）。これらの法案につき、参照、山本隆司「地方公務員と団体協約締結権」地方公務員月報625号（2015年）2頁、小川正「『地方公務員の労働関係に関する法律案』の内容と課題（上）（下）」自治総研411号（2013年）1頁、412号（同）1頁。また、平成23（2011）年6月に総務省が公表した「地方公務員の労使関係制度に係る基本的な考え方」を検討するものとして、荒木尚志「公務員の自律的労働関係と民間における交渉制度──協約締結権の意味を考える」地方公務員月報578号（2011年）2頁が、同じく総務省が平成24（2012）年5月に公表した「地方公務員制度改革について（素案）」について検討するものとして、下井康史「地方公務員制度における新たな労使関係の構築に向けて（覚書）──総務省『地方公務員制度改革について（素案）』を素材として」地方公務員月報587号（2012年）2頁（下井・前掲書注(4) 96頁）がある（なお、本書第4編第2部第1章282頁【追記】も参照されたい）。

する者を含め、広い意味での国家公務員が憲法28条にいう「勤労者」であり、同条の定める労働基本権の保障が及ぶことに関しては、多くの学説がこれを肯定している[15]。このことは、3公社5現業の公共企業体職員（当時）の争議行為を禁止していた当時の公共企業体等労働関係法（昭和23年法257号。昭和31年法108号による改正後のもの）17条1項を合憲とし、同法違反の争議行為に関しては労働組合法（昭和24年法174号）1条2項（正当な組合活動の刑事上の免責）の適用はないとした全逓名古屋中郵事件上告審判決・最大判昭和52年5月4日刑集31巻3号182頁（以下、「全逓名古屋中郵事件上告審判決」という）も認めている。

　(b)　**公務員の特殊性**　　判例及び多くの学説は、地方公務員を含め広く公務員に関しては、憲法15条に規定された国民の選定罷免権（同条1項）、公務員の全体の奉仕者としての要請（同条2項）から、民間の労働者と異なる性格を有することを、同時に肯定している。例えば、労働法分野での代表的な論者である菅野和夫教授は、①公務員に関しては、憲法15条1項・2項が国民主権の原理における公務員の地位と制度の基本理念を示していること、②これらの規定に基づき、憲法73条4号がこれらの理念に基づく公務員制度の法定を要請していること、③憲法83条の財政民主主義も公務員の勤務条件のために使われる国費に関する国会のコントロールの要請を含んでいること、を指摘し、公務員の労働基本権の保障に関して考える際には、これらの憲法上の要請との調整を図る必要がある、としている[16]。そして、勤務条件の基礎事項（大綱的基準）の法定は憲法15条1項からの中核的要請である、とも述べる[17]。

　2)　憲法上の関連規定

　　(a)　**勤務条件法定主義の意義**　　しかしながら、前記の諸規定の文言は抽

---

15)　伝統的な憲法学説もこれを肯定する。宮沢俊義『憲法II（新版）』（有斐閣、1974年）452頁、佐藤功『日本国憲法概説（全訂第5版）』（学陽書房、1996年）317頁。なお、やや古い雑誌の特集であるが、公務員の「労働者性」に関して各国横断的な分析を試みるものとして、「特集 各国の公務員の労働者性」ジュリ345号（1966年）24頁以下（峯村光郎、坂本重雄、秋田成就、宮島尚史、外尾健一、松田保彦、佐藤進、久保敬治、阿久澤亀夫）がある。また、平成23（2011）年の時点において、フランス、アメリカ、ドイツの制度を紹介し、平成23年法案と比較するものとして、下井・前掲注(4)（「ジュリ」）41頁（下井・前掲書注(4) 50頁）、川田・前掲注(4) 49頁、根本・前掲注(4) 56頁がある。

16)　菅野和夫「『財政民主主義と団体交渉権』覚書」法学協会編『法学協会百周年記念論文集第2巻』（有斐閣、1983年）327頁以下。

17)　菅野和夫「国家公務員の団体協約締結権否定の合憲性問題」下井隆史＝浜田冨士郎編『久保敬治教授還暦記念 労働組合法の理論課題』（世界思想社、1980年）141頁。

象的なものであるし、かつ、これらの諸規定は公務員の労働基本権の在り方に関して直接に言及したものではない。例えば、憲法73条4号であるが、同号が、内閣の行うべき職務として、「法律の定める基準に従ひ、官吏に関する事務を掌理すること」を掲げているのは、統治機構に関する同条の位置付け及び公務員制度の沿革に照らしても、公務員制度の根幹が勅令ではなく国会の定める法律をもって規律されるべきことを明らかにしたにとどまるものと解するのが適当であろう[18]。「官吏に関する事務」には勤務条件が含まれることから、同号が「勤務条件の法定」の原則を含意しているとしても、それは国会と内閣との権限分配の視点においてである。よって、同号は、労働基本権との関係において判例・学説が問題としている勤務条件法定主義、すなわち、内閣及び下位の行政機関と公務員との間の自律的労使関係に基づく決定（及び決定をめざす手段としての争議行為）を制約し排除する脈略において用いられている「勤務条件法定主義」とは、本来的には視点を異にする（なお、後述（2）1）を参照）[19]。

(b) 憲法関連条項の検討　そこで、以下においては、自律的労使関係に基づく勤務条件の決定に係る立法者の制度設計を制約する機能を果たす憲法上の準則として議論されてきた、前述の憲法73条4号、国民の公務員の選定罷免権、公務員の全体の奉仕者性を規定した憲法15条、財政民主主義に関する憲法83条[20]等に関し、少し立ち入って検討することにしたい。

---

[18] この点を強く主張されたのが室井力博士である。参照、室井力「公務員の労働基本権と公法学」同『行政改革の法理』（学陽書房、1982年）158頁以下（初出1980年）等。その意味において、全農林警職法事件上告審判決・最大判昭和48年4月25日刑集27巻4号547頁における田中二郎裁判官他の5裁判官の意見が、憲法73条4号の趣旨について、「国家公務員に関する事務が内閣の所管に属することと、内閣がこの事務を処理する場合の基準の設定が立法事項であつて政令事項ではないことを明らかにしたにとどま」る、と述べたことは、妥当である。なお、参照、下井・前掲注(11) 92頁注(27)〔下井・前掲書注(4) 71頁注(27)〕）。

[19] もっとも、「内閣による公務員制度の運用について、国会の定める法律の基準に従って行うべきである」との趣旨であると憲法73条4号の規定を把握することは、使用者たる内閣と被用者である公務員との自律に基づく勤務条件の決定がどのような範囲にわたることができるかに際して当該規定が間接的な判断材料となり得ることまでも否定するものではない。憲法73条4号が、内閣との関係において国会に官吏制度の根幹を定める権限を付与した以上は、内閣と公務員との間の自律的労使関係に基づく決定であっても、同号の趣旨を空洞化するような内容のものは許されない。その意味においては、国会の基準決定権限を空洞化するような形で自律的労使関係を設計することは、明文の憲法規定に反することになる。

[20] ちなみに、下井・前掲注(11) 103頁（下井・前掲書注(4) 91頁）、渡辺・前掲注(4) 11頁以下は、主として、財政民主主義を給与の問題と把握していると思われるが、広い意味での勤務条件は最終的な財政支出と不可分の関係にある（それは、昇格等に限られるものではない）ものであるので、

(2) 勤務条件法定主義——その内容と位置付け
　1) 判例の理解
　　(a) 全農林警職法事件上告審判決　　第1に、判例等にあっても、「勤務条件法定主義」の内容の理解と位置付けとは相当に異なっている点には、留意が必要である[21]。

　例えば、全農林警職法事件上告審判決・最大判昭和48年4月25日刑集27巻4号547頁（以下、「全農林警職法事件上告審判決」という）は、「勤務条件法定主義」の表現を用いていないものの、「公務員の給与をはじめ、その他の勤務条件は、私企業の場合のごとく労使間の自由な交渉に基づく合意によつて定められるものではなく、原則として、国民の代表者により構成される国会の制定した法律、予算によつて定められることとなつている」と述べ、自律的労使関係に基づく決定を制約する脈絡において「勤務条件法定主義」を議論している。

　もっとも、この判決のいう勤務条件の法定は、同判決において国家公務員法63条1項が引用されているように、協約締結権が否定された結果としての現行法制の仕組みを述べたものであり、かつ、ここでは（協約締結権を否定していることが合憲であることを前提として）協約締結を目的としない公務員の争議行為が禁止されることの合憲性を導き出す論拠として用いられている[22]。

　　(b) 全逓名古屋中郵事件上告審判決　　これに対し、全逓名古屋中郵事件上告審判決は、全農林警職法事件上告審判決の中核的部分を引用した上で、「これを要するに、非現業の国家公務員の場合、その勤務条件は、憲法上、国

財政民主主義の及ぶ範囲を給与に限定できるかは疑問である。
21)　例えば、全逓名古屋中郵事件上告審判決と全農林警職法事件上告審判決・最大判昭和48年4月25日刑集27巻4号547頁との論理構造の違いを詳細に分析する論稿として、下井・前掲注(11) 91頁以下（下井・前掲書注(4) 70頁以下）、渡辺・前掲注(4) 9頁以下がある。
22)　この点に関し、全農林警職法事件上告審判決の向井哲次郎調査官の解説『最高裁判所判例解説刑事篇昭和48年度』（法曹会、1975年）332頁以下は、「勤務条件の法定主義は、職員団体の協約権否認に基づくものであるから、その協約締結否認の理由が公務員の争議行為禁止の根本的理由にも通じることになる」と述べ、協約締結権否認の根拠として、別に、①国民の公務員の選定罷免権（憲法15条）、②公務員の給与が租税に基づくものであること、③公務は国民の利益追求のために行われていることから、公務員の雇用条件は、つねに国会の統制と監視下におかれねばならないこと、④公務員の給与の決定は労使の駆け引きによることが妥当でないこと、を指摘している。この記述から、同調査官が、全農林警職法事件上告審判決にいう「勤務条件の法定」に関して、立法裁量権の行使の結果としての現行法制を説明する概念として理解していることを看取することができよう。

民全体の意思を代表する国会において法律、予算の形で決定すべきものとされており、労使間の自由な団体交渉に基づく合意によつて決定すべきものとはされていない」として、勤務条件法定主義（判決の含意としては、それは、現行法の勤務条件法定の在り方を意味している）は憲法上の要請であると断じている[23]。

全逓名古屋中郵事件上告審判決に関しては、団体交渉権を労働者の共同決定権と理解する等の点において、全農林警職法事件上告審判決と異なる論理を含んでおり、この点が多くの学説の批判を受けている[24]。この点に加え、勤務条件法定主義の把握においても、全逓名古屋中郵事件上告審判決は特有の論理構造を含んでいる点を、ここで確認すべきであろう。

　(c)　本章の視点　そして、これらの判決とは異なり、現行法の勤務条件法定主義を前提とすることなく、自律的労使関係の基礎となり得る団体交渉権付与の在り方に関して検討することを目的とする本章においては、①「勤務条件の法定」の準則が日本国憲法の要請であるのか、②憲法上の要請であるとして、それが自律的労使関係に基づく勤務条件の決定に対する制約・排除の論理として機能するのか、③そのような機能をもつとして、自律的労使関係に基づく勤務条件の決定を認める方向での立法者の制度設計はどの程度まで縛られるのか、等が検討の課題となる。

　2)　若干の検討

　　(a)　憲法73条4号　まず、先に述べたように、「法律に定める基準に従ひ、官吏に関する事務を掌理すること」を定める憲法73条4号は、公務員制度の根幹を定める権限は、内閣に属するのではなく国会に属することを明確にする趣旨の規定である。その意味で、勤務条件の法定の準則が憲法上のものであることを肯定できたとしても、この規定から、直接に自律的労使関係に基づく勤務条件を制約し排除する機能を導出することは困難であろう。

　　(b)　立法上の選択肢　もっとも、次の点に留意すべきである。まず、後の検討に示されるように、勤務条件の法定の原則の下で、これまで国家公務員法等に規律されていた事項に関し、自律的労使関係に基づく勤務条件の決定

---

[23]　全逓名古屋中郵事件上告審判決の香城敏麿調査官の解説『最高裁判所判例解説刑事篇昭和52年度』（法曹会、1980年）121頁は、この点について、憲法73条4号を指摘して、「公務員の団体交渉権を否定するまでの根拠」として位置づけている。

[24]　参照、前掲注(21)。

のシステムを設計する際の選択肢として、ある事項に関して、①法定事項から削除して少なくとも国会の最終的な決定権の対象外とする、②法定事項のままで協約の締結事項とする、との二つがあり得る。かつ、②に関しては、法律と協約との関係についても、②-1 協約に規範的効果を認めることも理論上はあり得ることに加えて、②-2 協約について債務的効果のみを認め、内閣に法案提出の義務を課すにとどめる、等の選択肢がある。

そして、①の制度を採用する場合には、その範囲によっては前記の意味における勤務条件の法定の要請に抵触の生ずる可能性はある。また、②のように、法定事項に関し、協約に規範的効果ではなくても、債務的効果を付与する制度設計を行うに際して、国会の決定権限を労使の合意が先取りするという意味において、勤務条件の法定の準則に抵触する可能性はないかに関しては検討する必要がある。

　　(c) 法定に係る基準　ただし、勤務条件の法定の原則を空洞化させ、国会の決定権限を先取りするような勤務条件決定システムを構築することは、同条違反であると述べることは論理的に可能ではあるとしても、どの程度まで法定事項の削除、決定権限の先取りを行うならば同条違反になるかは、必ずしも自明なことではない。「勤務条件の法定」という準則からは、たかだか「制度の根幹」「制度の中核」(菅野教授のいう「勤務条件の基礎事項（大綱的基準）」。参照、後出(3)2)) 等の抽象的な基準しか導出することはできないからである。そもそも、勤務条件の法定は形式的な準則であって、このような形式的な準則からは、法定主義からのどの程度までの後退が同原則への侵犯になるのかの実質的な基準を導き出すことは困難である。このような実質的な基準は、公務員制度に関する規律の内容が近代公務員制度において有する意義に照らして判断する他はない。

(3)　公務員の選定・罷免権、全体の奉仕者性
　1) 憲法15条
　　(a) 代表的な学説（その1）　勤務条件の法定の準則を憲法73条4号に求める考え方に対し、他の憲法条項にも根拠を求める考え方がある。前述のように、菅野和夫教授は、勤務条件法定主義は憲法上の要請であり、かつ、労使の自律的労使関係に基づく勤務条件の決定を制約する原理として機能すること

を肯定している（前出(1)1)）。その究極的な根拠とされる規定は、国民の公務員の選定罷免権、公務員の全体への奉仕者性を規定する憲法15条1項、2項であり、教授は、同規定を「公務員の使用者は国民自身であるという国民主権の理念、すなわち公務員関係の民主的コントロールの原理を表明した規定と解することができる」とし、「公務員関係は国民の代表機関たる国会によって法定されなければならない」との原則が生ずる、と述べる[25]。公務員の自律的労使関係の在り方に関する多くの論稿を公表している下井康史教授も、同様の立場を採用しているものと解される[26]。

　　(b)　代表的な学説（その2）　　また、藤田宙靖教授[27]は、憲法73条4号の勤務条件の法定の原則の背景に、「（公務員制度の）あり方についても、少なくとも基本的には国民の代表者たる国会の制定する法律で定めるべきである、という考え方」があり、それは、憲法15条1項に加え、「公務員が国民全体の奉仕者であ」ることを規定する同条2項にも根拠がある、とする。さらに、山本隆司教授は、これらの議論を一歩進め、①憲法15条1項からは、公務員の任免の基準、職務遂行能力の基準、人事評価、分限・懲戒の基準は、民主的に正当化された機関が決定することが求められること、②憲法15条2項により公務員の中立性・非党派性が求められ、それは労働基本権の制限にも及ぶこと等を強調し、給与のみならず勤務条件に関するものについても労働基本権は制限されなければならない、と主張する[28]。

　　(c)　私見　　これらの見解は、公務員制度に対する国会の民主的コントロールという憲法上の要請と公務員の労働基本権の調和という公法学上の観点を重視するものと評価できよう。ただし、国民が公務員の選定、罷免の権利を

---

[25]　例えば、参照、菅野・前掲注(17) 140頁。さらに、参照、菅野・前掲注(16) 325頁。
[26]　例えば、参照、下井康史「公務員」公法75号（2013年）177頁（以下、「下井・前掲注(26)」と略す〔下井・前掲書注(4) 123頁〕）、同・前掲注(4)（「労働」）78頁（下井・前掲書注(4) 114頁）。
[27]　藤田宙靖『行政組織法』（有斐閣、2005年）266頁（なお、同『行政組織法〔第2版〕』〔2022年〕433頁において、藤田教授は、争議権の禁止との関係において、憲法73条4号（勤務法定主義）、同83条（財政の基本原則）の規定に関し、「これらの規定が……理論上当然に、公務員……の勤務条件はその隅々まで厳格に法律（あるいはその委任を受けた命令等）によって定め尽くされなければならないことまでも意味するかについては、必ずしも十分な論証がなされているものとはいえない……」と述べている。藤田教授も、本章の立場と同様に、労働基本権の保障の範囲に関しては、立法者の広い裁量を肯定されているものと解することができよう）。
[28]　山本隆司「公務員の労働基本権小考」人事院月報737号（2011年）16頁以下、同・前掲注(14) 7頁以下。さらに、後掲注(33)参照。

もつこと、公務員が国民全体の奉仕者であることを規定する憲法15条1項、2項の抽象的な文言からこれらの命題を直接に導出することは困難である、と筆者は考えている。本章においては、明治憲法から日本国憲法への移行に伴い、公務員制度も「天皇の官吏」から国民主権の下で国民の管理下に置かれる存在へと転換したことについて憲法15条全体の趣旨全体から読み解くべきである、との立場をとっておきたい（その意味において、藤田教授の考え方に私見は近いものといえよう）。

2)　「勤務条件の法定」の意味
(a)　立法裁量への制約　　その上で、本章の問題意識との関連においては、次の2点が重要であると考える。第1に、国民主権の原理から公務員制度を国民の管理監督の下に置き、そこから、「公務員制度の基本について、国民代表である国会の定める法律により規律されるべきである」とする命題を導く憲法15条の制定趣旨に根拠を置く「勤務条件の法定」の原理は、自律的労使関係に基づく勤務条件の法定を制約（部分的には排除）する憲法上の要請を直接に含む、との評価を下すことができる。国民主権の考え方からは、公務員制度の根幹に関しての最終的な決定権限は、主権者である国民の代表から構成される国会に留保されるべきであって、使用者と被用者の合意といえども最終的な決定権限を実質的に侵犯することは許されない、との命題を導くことは可能であるからである。

(b)　制約の程度　　しかしながら、第2に、公務員制度に関するどの事項が法定事項として最低限留保されるべきか、法定条項としたままであっても、例えば、当該事項に関する協約に債務的効力を認めることが国会の最終的な決定権限を侵犯することになるか、等の実質的な判断基準を得ることは、既に述べたように勤務条件の法定の原則それ自体から導き出すことは困難である。

実際、既に述べたように、菅野教授は、（非現業公務員について協約締結権・争議権を否定する現行制度を前提にその合憲性を論じた論文としては当然のことであるが）自律的労使関係に基づく勤務条件の設定が勤務条件の法定の原則によって憲法上制約・排除される領域の目安として「公務員の勤務条件の基礎事項（大綱）」を掲げているものの、それ以上の詳細な基準は示されていない（前出(1)1)参照）。そして、これは、先に紹介した藤田宙靖教授による「公務制度の基本」の表現についても当てはまる（なお、「少なくともその基本的な部分」[29]が法定事項（義務的法

定事項）に該当すると主張する下井教授は、別稿において、義務的（必要的）法定事項、任意的法定事項、それ以外の労使協議に委ねられるべき事項を区別して踏み込んだ議論を展開されているので、平成23年法案を具体的に分析・評価する際に言及することにしたい)[30]。

(c) **義務的法定事項の範囲** 結局、自律的労使関係に基づく勤務条件の決定システムを構築しようとする場合における立法者の裁量を（国民主権の観点から）制約する「勤務条件の法定」の中核部分はどのようなものであるかに関して、先に述べたように、公務員制度に関する規律事項の内実を実質的に評価する他はない。筆者としては、国民主権の下での民主的な公務員制度の観点に照らし、最低限の法定事項のなかには、①公務の平等就任権の保障、②成績主義の原則、③公務員の身分の保障、④官民給与の均衡という意味における情勢適応の原則、⑤公務員の政治的中立の原則の実質を担保する諸規定等、が含まれるものと考える[31][32]。かつ、国会の最終的権限を実質的に侵犯するおそれを排除する見地からは、これらの原則の在り方を規律する規定に係る協約に対し規範的効果（債務的効果であれば別である）を認める仕組みを設けることは、①、③、⑤に関しては憲法15条の制定趣旨に反する。また、協約を少なくとも債務的効果にとどめる場合にあっても、協約締結事項からは除外しておくことがわが国の憲法構造に照らして適当であると考えるべきであり、その他の項目、②・④に関しても、前記の憲法規定の趣旨に照らして協約締結事項から除外しておくことが、立法政策上は望ましいと考える[33][34]（さらに、参照、第4節(3)）。

---

29) 下井・前掲注(26) 177頁（下井・前掲書注(4) 124頁）。
30) 下井・前掲注(4)（「労働」）82頁以下（下井・前掲書注(4) 117頁以下）。
31) 毛塚・前掲注(10) 78頁は、情勢適用原則や職務給の原則までを法定事項とすべきであるとの考え方を批判し、「公務員制度の基本原則（成績主義等）に違反した労働協約は無効になることを確認しておけばよい」と述べている。しかしながら、どのような内容の任用・給与システムが成績主義に反することになるかは一義的ではない。現行の職務給制度がわが国の制度の運用を通じて法制度として確立され、かつ、成績主義を保障する具体の仕組みである以上は、現行制度から成績主義を具体化する新たな制度へと移行する場合には、立法者の判断と統制を受けるのが筋といえよう。
32) ちなみに、山本隆司教授は、国家公務員法が、公務員の任免や中立性・非党派性の確保に関する事項を、相当部分、人事規則（国公法改正法案によれば政令）に委ねている、と評価し、国公法改正法案が重要な点を法律事項とせずに委任事項を縮小していない点を批判している（山本・前掲注(14) 10頁）。妥当な指摘であろう。なお、山本教授は、同時に、一般職の職員の給与に関する法律（昭和25年法95号）の改正案等を挙げて、政令への委任事項を顕著に増やしていない点について、批判的な見解を述べている（同8頁、10頁）。この点に関し、参照、後出第4節(3)2)(b)。さらに、参照、荒木ほか・前掲注(4) 20頁[山本隆司]。
33) この点に関し、地方公務員の労働基本権付与の在り方を考察した論文のなかで、山本隆司教授

(4) 財政民主主義

1) 判例の理解
全農林警職法事件上告審判決をはじめとして、最高裁判所の判例は、自律的労使関係に基づく勤務条件の決定を制約・排除する憲法上の要請として、勤務条件法定主義と並び、財政民主主義を指摘している[35]。特に、全逓名古屋中郵事件上告審判決は、「公社は……法人格こそ国とは別であるが、その資産はすべて国のものであつて、憲法83条に定める財政民主主義の原則上、その資産の処分、運用が国会の議決に基づいて行われなければなら〔ず〕……、その資金の支出を国会の議決を経た予算の定めるところにより行うことなどが法律によつて義務づけられた場合には、当然これに服すべきもの」[36]であるとして、財政民主主義の観点を強調していた。

これは、公共企業体等労働関係法（当時）の適用を受けた公社・現業部門に関しては、協約締結権を広く認めつつも、協約の効力に関して予算上の制約を認め、協約に対する国会の承認の制度が設けられていたことを踏まえてのものといえよう（ただし、既に述べたように、公社・現業部門の民営化が進み、平成24〔2012〕年に国有林野事業の企業的経営が廃止されたことをもって、協約に関してこのような予算上の制約を付す制度は国のレベルにおいては姿を消すことになった[37]）。

は、憲法15条1項を根拠に、公務員の任免に関しては「労働基本権が制限」されるべきであるとし、同様に、憲法15条2項を根拠として、職業公務員の政治的行為の制限、私企業からの隔離及び兼業制限に関して労働基本権の制限が考えられる、としている（同・前掲注(14)7頁以下）。さらに、勤務条件法定主義には、公務員の勤務条件の統一的規律という形式的意義があるとし、職業公務員の中立性・非党派性、憲法14条の平等原則等の憲法上の要請を充足するには、憲法上の直接の要請ではないが、成績主義の原則をとるほかはない、としている（同11頁）。「労働基本権の制限」の意味は必ずしも明確ではないものの、別の個所においては、公務員の任免、中立性・非党派性に係る事項については「協約の対象」となる事項を限定すべきである、と教授は述べている（同10頁）。山本教授も、公務員制度に係る憲法上の要請から「労働基本権の制限が求められる」事項は存在するものの、それは一定の事項に限定される、と理解しているものと解される。

34) 渡辺・前掲注(4)12頁は、労使制度検討委員会の検討委員会報告書に言及しつつ、「成績主義の原則は憲法上の要請ではない」としているが、検討委員会報告書（6頁）は、近代公務員制度の基本原則として成績主義を位置づけている。ただし、渡辺教授も「成績主義を公務員制度の基本原則として実定法上採用することは可能であり、その種の基本原則に反する協約は無効」となると述べていることに照らすならば、検討委員会報告書との立場の違いは大きなものではない。また、毛塚・前掲注(10)78頁は、自律的労使関係を前提とした制度においても「公務員制度の基本原則（成績主義等）に反した労働協約は無効となる」ことを認めている。

35) 刑集27巻4号552頁以下。
36) 刑集31巻3号192頁。
37) 参照、前出第1節(2)2)(c)。ただし、地方公営企業に関しては、同様の仕組みは存続している。参照、地方公営企業等の労働関係に関する法律（昭和27年法289号）10条。

2) 予算による制約の程度　もっとも、予算は公務の運営の在り方に広く関係するものであるとしても、財政民主主義の要請が給与制度のみに限定されるかは別として、各行政組織における公務員の勤務条件に対する予算による制約は必ずしも強いものではない。財政民主主義の要請を狭く解するならば、各行政組織の給与の総額につき国の予算において支出の議決があれば、財政民主主義の要請は充足される、と解する立場もあり得る。

公務員の勤務条件は議会の予算審議を通じて有効に統制されるべきであり、総額のみの審議では不十分であると考えるため、筆者はこのような見解には与しない[38]。しかしながら、「勤務条件の法定」の原理に比して、財政民主主義の憲法上の要請、自律的労働関係における勤務条件の決定システムにおける立法者の裁量を制約する度合いは勤務条件法定主義よりは強くない、と考えるべきであろう。

(5)　その他の制約要素——国民全体の共同利益、市場を通じた抑制力の不在等
1)　市場による抑止力の不在等　勤務条件法定主義、財政民主主義の他に、公務員の労働基本権を制約する根拠として、全農林警職法事件上告審判決・全逓名古屋中郵事件上告審判決は、勤労者を含めた国民全体の共同利益の見地からする制約（全農林警職法事件上告審判決）、市場を通じた抑止力の不在（全農林警職法事件上告審判決、全逓名古屋中郵事件上告審判決）等を指摘している。もっとも、公務の停滞が国民全体の共同利益に影響を与えるとの指摘（全農林警職法事件上告審判決）からは、これらは、直接的には争議行為の禁止の合憲性を理由づける根拠として用いられているものと解される。

同様に、最高裁判所は、公務員の労働基本権の制約の合理性を理由づける根拠として、①民間企業の場合にはロックアウトによる対抗手段があること、同盟罷業による企業経営の悪化が争議行為に対する抑止力として働くのに対して、公務の場合にはそれがないことや、②民間企業の場合には製品や役務について競争力が働くのに対し、公務にあってはそれが働かないことが、公務員の争議行為において一方的に強力な圧力となることを指摘している（全農林警職法事件上告審判決、全逓名古屋中郵事件）。ただし、これらも直接的には争議行為の禁

---

38)　同旨、渡辺・前掲注(4) 13頁。

止に関わる判断である。よって、協約締結権の付与の在り方を考える本章においては、これらの根拠は直接的な制約事由と考えるのは適当ではない[39]。

　2）**立法裁量上の要考慮事項**　もっとも、議会制民主主義、特に、現代の政党制の下において、直接・間接の議会による民主的コントロールを受けつつ公務員の勤務条件が決定されるという意味における決定過程の特殊性や、役務について市場の競争力が働かない等、民間企業と比較した場合の公務労働の特質は、協約締結権の付与の在り方を検討する上では看過されるべきではないものと考えられる。これらの事情は、個別の憲法規範から直接に導かれる制約事由と見なすことはできないものの、以下に述べる立法裁量権の行使に際しての考慮要素として位置づけるべきであろう。

第3節　立法裁量権を行使する際の考慮要素

（1）　はじめに
　1）「勤務条件の法定」の意味
　　(a)　**わが国の公務員制度の諸原則**　第2節において述べたように、自律的労使関係に基づく勤務条件の決定システムの在り方を立法政策的な見地から検討する場合において、憲法の基本原理、憲法の関連規定を踏まえるならば、「勤務条件の法定」の準則、財政民主主義が憲法上の制約原理として機能することは否定できない。しかしながら、私見によれば、自律的労使関係の構築を最大限に構築する観点に基づく制度設計がこれらの要請から阻まれることとなる領域はさほど広いものではない。結局は、日本国憲法の下において、民主的国家における公務員制度に関する法的規律の在り方として我々が当然のものとして観念しているもの（前出第2節(3)2)(c)）を形式・実質において覆すことは労使の合意をもってしても許されない、という程度の含意にとどまろう。

　　(b)　**立法裁量権とその範囲**　そして、最高裁判所の判例が合憲とする現行法の国家公務員の労働関係に係る規律（これは、自律的労使関係の対極にあるものであり、その合憲性はともかくとして立法政策上は疑問のある制度であるとされてきた

39）公共企業体等労働委員会（当時）によるあっせん、調停、仲裁、特に、強制仲裁制度等の制度も、最高裁判所は、争議権の禁止に対する代償措置として位置づけており、この点は、学説上も異論がないように思われる。

ことは否定できない）と、自律的労使関係による勤務条件の決定を最大限に尊重するシステムとの間には、幅広い立法裁量の余地がある[40]。
　2）　平成 23 年法案の評価
　　(a)　**合憲性と当不当問題**　このような立法裁量の幅のなかに平成 23 年法案も入っているとするのが大方の評価であるものの、立法政策としての当不当の評価に関しては論者によって大きく分かれている。
　　(b)　**筆者の立場**　平成 23 年法案が政府において作成されるに先立って設けられた検討委員会に筆者は座長代理として参加した。検討委員会の作業結果としての法案について政府の作業を多とするものの、国会による立法裁量権の行使が妥当であるか否かの視点からは幾つかの点につき異論がある。そこで、同法案が国会に再提出される事態は当面は予想されないことを踏まえ、本章において同法案に対する筆者の立場を明らかにしておきたい。

(2)　制度設計における要考慮事項
　1）　自律領域の拡張を理由づける要素
　　(a)　**検討委員会最終報告書の指摘**　勤務条件の決定システムにおける労使の自律性を広く認めるべきことを理由づける考慮要素に関しては、平成 23 年法案の基礎となった労使関係制度検討委員会の「検討委員会報告書」が導入の「ベネフィット」として指摘している[41]。
　　(b)　**五つのベネフィット**　まず、第 1 に、内閣の人事管理機能の強化である。そこでは、内閣総理大臣及び各府省大臣の使用者としての人事管理責任を明確化することにより、内閣全体として適切な人事管理を推進し、国民への説明責任を適切に果たすことができるものとしている[42]。第 2 が、高度化・多様化する行政ニーズへの円滑な対応である。具体的には、労使関係の自律性を確立し、弾力的かつ柔軟な任用・給与制度を整備することを通じて、能力実

---

40)　参照、菅野・前掲注(16) 324 頁、下井・前掲注(26) 178 頁（下井・前掲書注(4) 126 頁）等。
41)　検討委員会報告書 108 頁。
42)　もっとも、この点に関しては、第 1 節(1) 2)において確認したように、平成 26（2014）年の国家公務員法の改正によって、内閣人事局が創設され、幹部人事の一元化、国家公務員制度の企画・立案、各行政機関の人事管理に関する方針及び計画等に関する事務が、内閣人事局に集約されたことに留意が必要である（参照、注(5)）。内閣の人事管理機能の強化は、自律的労使関係制度の整備とは別の形においても可能である。

績主義に基づく抜擢人事、多様な人材の登用、適材適所による思い切った人事配置等をすることが可能となることにより、高度化・多様化する行政ニーズに円滑に対応することが可能になる、と指摘されている。第3が、職員のモラールの向上と人材の確保である。職員のニーズを踏まえた任用・給与制度の整備、勤務環境の改善等により職員の士気向上を図り、組織パフォーマンスの向上を図るとともに、優秀な人材を確保することができる、との指摘である。第4が、国民に理解される労使関係の確立である。国民に開かれた労使交渉システムを整備し、労使関係の透明性を高めることにより、労使の社会的責任の自覚を促すとともに、給与等の勤務条件や公務能率等に対する国民の理解を深めることができる、とされている。第5が、行政改革への対応と総合的な人事政策の推進である。自律的な労使関係の下で、これらの課題に円滑に対応できることにより、総人件費管理による人件費の増加の抑制を図ることができる、とされている。

2) 公務に独自の要素

(a) 透明性の要請と公務労働の特質　他方において、労働基本権の付与の在り方を考える際には、民間の制度とは異なって次のような考慮要素を踏まえなければならない[43]。

第1に、既に述べたように（第2節(5)2)）、直接・間接の議会の民主的コン

---

43) ちなみに、検討委員会報告書109頁以下は、協約締結権を国家公務員に付与した場合に想定されるコストに関しても言及している。これは、基本法12条が、「政府は、協約締結権を付与する職員の範囲の拡大に伴う便益及び費用を含む全体像を国民に提示し、その理解のもとに、国民に開かれた自律的労使関係制度を措置するものとする」と規定していたことに従ったものである。そして、報告書においては、自律的労使関係制度を創設した場合に想定されるコストとして、次の事項が掲げられた。すなわち、①交渉に係るコストの増大、②交渉不調の場合の調整コスト、③人件費増大のおそれ、④交渉における参考資料としての調査コスト、⑤自衛隊員等のように引き続き労働基本権を制約される職員の給与決定コスト、さらに、間接的なものとして、⑥自律的労使関係制度を措置することが、制度上・実質上現行の人事院勧告に依拠して勤務条件を決定している職員の勤務条件決定コストに与える影響である。

これらの項目につき、①は不確定要素が多く、③はコストとして算定するには適当ではない（同116頁）とされている。また、②・④に関しては、コスト論の視点から制度設計の選択肢の優劣の判断基準とする視点が強い（例えば、②に関しては、公的専門機関が実施するよりも、労働委員会が強制仲裁を担当した方がコストはかからないものとされ、④に関しては現行の人事院勧告に制度を近似させるほどコストがかかるとされている）。よって、全体として厳密なコスト・ベネフィット分析とはなっていない点に留意が必要であろう。筆者としては、協約締結権を付与する仕組みを制度設計する際には、本文に述べるような懸念される要素をも含めて考慮すべきである、と考えている。

トロールを受けつつ公務員の勤務条件が決定される点において決定過程の特殊性があり、役務の性質に由来して市場の競争力が働かない等、民間企業と比較した場合の公務労働の特質は、議会制民主主義と政党制度の下での協約締結権の付与の在り方を検討する上では見過ごされるべきではない。

これまで述べてきたように、勤務条件法定主義や財政民主主義が求める議会による法律の議決・予算の承認等に由来する公務労働の特殊性は多くの学説において認められてきた。しかしながら、国民主権の下にあっては、議会の定めた法律によって公務員制度の基本的な枠組みが定められるのみならず、その運用についても議会による直接・間接の統制が実質的に確保されることが立法政策上も望ましい[44]。もちろん、協約締結権の付与を中核として自律的労使関係が形成された場合に、議会が統制権を行使する際にも労使の自律が尊重されるべきことはいうまでもない。しかしながら、国民主権の下での議会のコントロールにおいて自律が尊重される前提としては、労使合意の過程の合法性、透明性に関して民間と異なる規律が求められることになると思われる。後に検討する公務員労働組合に求められる要件、認証の手続、団体交渉事項の制限、手続の合法性（法令の規律密度の高さ）、透明性に関する監視のシステムの必要性等は、合意形成過程の合法性・正当性の観点から理由付けを与えられるものと考えられよう（第4節(1)(2)）。

(b) **勤務条件の基準** 第2に、民間労働とは異なり、市場の競争原理にさらされない公務労働の場合には、勤務条件を規定する基準を導出することは困難である点を踏まえる必要がある。例えば、山本隆司教授は、①「公共の福祉」「住民の福祉」を増進することを目的とする国・地方公共団体にあっては、労働の成果が企業の利益に結び付き、労使紛争が企業減退に結び付く民間とは異なり、労使間の利害対立を解決するための経済的な基準が得られない構造的な問題があること、そして、②そのような問題はある程度は労使関係を「透明」化することにより補うことは可能であるものの、情報の収集・分析と諸要素の衡量は省略不可能であること、を指摘する[45]。この指摘は、労使から独立して、前記の作業を実施する第三者的な調査研究組織の設置へと結び付く

---

44) 山本隆司教授のいう「民主的に正当化された機関……（による）決定」とは、このような含意を含むものと解される。参照、山本・前掲注(28) 16頁。

45) 山本・前掲注(14) 5頁。

のであるが、このような第三者的組織による分析結果の公表・提言等は、少なくとも労使交渉の出発点となる意味において、自律的労使関係に基づく交渉に外から枠をはめる機能を果たすといえよう[46]。

　(c)　勤務条件決定の政治過程　　さらに、次の点が重要である。公務員の政治活動の自由を規制しているわが国の公務員法制が憲法に適合するか否かは、それ自体が憲法・行政法・労働法上の重要問題である[47]。しかしながら、わが国を含め多くの国において、公務員の職員団体から構成される全国的な組織が存在し、それらの組織が特定の政党と連携・協力関係を構築していることは周知の事実である。このよう状況のなかにあって、内閣を組織している政党との関係において、給与・勤務条件をめぐる労使の交渉が政治化するおそれは否定できない。例えば、公務員の職員団体ないし労働組合の様々な活動を極度に敵視する政治勢力が内閣に参加した場合に、組合に対する偏見から誠実な団体交渉を行わない可能性のあることは、容易に想像できる[48]。

　また、このような事態とはおよそ異なるケースではあるが、前記の問題意識との関係においては、平成23（2011）年に人事院勧告を経ずに国家公務員給与の削減が実施された際の経緯が示唆に富む。すなわち、東日本大震災・福島原発事故に伴う財政支出に鑑み、人事院勧告を経ずに国家公務員給与を削減する「国家公務員の給与の改定及び臨時特例に関する法律案」（第180回国会衆法1号）

---

46)　山本・前掲注(14) 5頁・17頁以下。ちなみに、自律的労使関係に基づく労使交渉を認め、併せて人事院に代わる第三者機関を設置するとした場合において、当該機関に参考指標の調査の機能を付与すべきか否かが、検討委員会のワーキンググループにおいて議論となった。しかしながら、この点に関しては、検討委員会の一部の委員から、「人事院勧告制度から転換し、労使が責任を持って交渉して勤務条件を決していく仕組みにすべきである、また、当該機能が実質的に交渉を拘束するおそれがあることから必要ない」との強い意見が表明された経緯がある（検討委員会報告書68頁）。

47)　公務員の政治活動の自由に関する文献として、晴山一穂ほか『欧米諸国の「公務員の政治活動の自由」：その比較法的研究』（日本評論社、2011年）があり、清水敏「労働組合の政治活動とILO87号および151号条約」同書195頁以下が、公務員の職員団体ないし労働組合の政治活動とその規制の問題に関して、ILO条約との関係において分析している。

48)　神代和欣「公務員の労働基本権『復活』をめぐって――団体交渉事項の範囲と労働組合の『交渉力』を中心として」人事院月報745号（2011年）4頁は、国公労働関係法案について、内閣を支持する与党が少数となったケースを想定し、「現行の人事院勧告制度と比べてみると、提案されている団体交渉制度は、より多く政治的要因にさらされやすい不安定な制度のように思われる」と指摘している。ただし、労使交渉の政治化は指摘されたケースよりも広範な政治的脈絡において起こり得るものといえよう（荒木ほか・前掲注 (4) 33頁［荒木尚志］もほぼ同趣旨であろう）。

以下、「特例法案」という）が国会に上程され、この特例法案は附則に地方公務員の給与に関する条項が付加された以外は提案どおりに可決されて成立した（平成24年法2号）。かつ、その際、政府は、二つある国家公務員の職員団体の連合体の一つが削減に強力に反対し、人事院もそれまでの経緯から疑念を表明していた[49]にもかかわらず、他の職員団体連合会（それは、当時の政権と連携協力関係にある有力な団体であった）との間において、特例法案と協約締結権を付与する法案とを同時に提案し、成立させることで意見を一致させていた。

　この経緯に関しては、人事院勧告を踏まえず、かつ、有力な職員団体との間の調整に基づいて法案を提出し可決させたという点においては、協約締結権を付与する制度に実質的に類似する運用が現出した、と評価し得る余地もある。かつ、このような政府の行動に対しては、複数労働組合が存在する場合における誠実交渉義務の履行の観点等、様々な点から専門家が疑念を寄せていることを、我々は看過すべきではない[50]。

（3）　以降の考察の順序

　以下、国家公務員法改正法案、国公労働関係法案、公務員庁設置法案、国公法改正関連整備法案を内容とする平成23年法案の具体的な内容に即して分析を行うこととする。前半において、協約の締結主体と協約の範囲・効果等に関して検討することとしたい（第4節）。その上で、後半において、人事行政機関等の在り方に関して考察する（第5節。なお、本章の【追記】も参照）。

第4節　団体協約の締結主体、範囲・効果等

（1）　労働組合とその認証

1)　職員の労働組合

　　(a)　協約の締結主体　　まず、団体協約の締結主体に関して検討する（「当局」の概念に関しては、第5節(1)を参照）。団体協約締結権の付与に伴い、国公労働関係法案4条は、職員団体の概念を採用せず、職員に対して労働組合の結成を認めた。

---

49)　参照、人事院『平成23年度年次報告書』7頁以下。
50)　この点を指摘するものとして、和田・前掲注(4) 7頁以下等がある。

(b)　除外される範囲　　ただし、①警察職員及び海上保安庁又は刑事施設において勤務する職員[51]、②国家行政組織法（昭和23年法120号）6条にいう庁の長官、同法18条1項にいう各省の事務次官、同法21条1項にいう局長その他の重要な行政上の決定を行う職員として中央労働委員会が認定して告示するもの、③特定独立行政法人等の労働関係に関する法律（当時）2条4号に規定する職員（一般職の公務員）は、同法案にいう職員の範囲からは除外された（同法案2条1号。③の職員に関しては、特定独立行政法人等の労働関係に関する法律〔当時〕による規律を受ける〔現行の行政執行法人の労働関係に関する法律2条2号を参照〕。なお、本章の（追記〔原文〕）を参照）。

　2)　労働組合の要件、認証

　　(a)　法案の規律　　もっとも、第1に、国公労働関係法案は、同法にいう「労働組合」の定義として、「職員が主体となって自主的にその勤務条件の維持改善を図ることを目的として組織する団体……又はその連合体をいう」と定義し、職員が主体的に組織したものであることを求めている（同法案2条2号）[52]。これは、労働組合法2条にならったものであるが、「労働者」ではなく「職員」に着目した規定としたことに関しては議論がある[53]。また、第2に、労働組合の結成に際しては、管理職等とその他の職員が同一の労働組合を結成することを制限され（同法案4条）[54]、さらに、第3に、労働組合の認証の制度

---

51)　この点、清水敏「公務における勤務条件決定システムの転換」季労235号（2011年）106頁は、刑事施設の職員については、ILOの条約監視機関からその見直しが繰り返し指摘されてきたと述べ、「今後とも、ILOからの是正要請が繰返されることになろう」と予測している。同様に、和田肇「国家公務員の団結権について」人事院月報754号（2012年）3頁も、刑事施設職員については団結権を付与すべきであるとする。

52)　「職員が主体となって……組織する労働組合」の意義、及び認証を受けた労働組合と受けていない労働組合の法的地位の差異を簡潔に指摘するものとして、荒木ほか・前掲注(4) 14頁以下〔岩村正彦〕がある。さらに、参照、武井・前掲注(4) 20頁等。

53)　この点に関し、多くの学説は、後に検討する職員の過半数要件との関係において、職員が過半数を占めている場合でなくとも、多数の職員が参加し、組合の自主性を支える組織・活動が職員によって担われる労働組合であれば、国公労働関係法案2条2号にいう「労働組合」に該当するものと解している（参照、荒木ほか・前掲注(4) 15頁〔岩村正彦〕）。ただし、このような要件を設けたこと自体に対して批判的な立場をとる学説もある（例えば、武井・前掲注(4) 20頁注(26)）。団体交渉や団体協約の締結等に関して労働組合が認証されることが要件とされていることからは、労働組合の要件としては、「職員を含む労働者」が主体的に組織することを求めることで十分であったものと考える。

54)　管理職及びそれに準ずる職員には、①重要な行政上の決定に参画する管理的地位にある職員、②職員の任免に関して直接の権限を持つ監督的地位にある職員、③職員の任免、分限、懲戒若しく

が定められた（同法案5条)[55]。

　　(b)　**検討**　現行国家公務員法の職員団体の登録制度が中央労働委員会の認証の制度へと組み替えられ、かつ、労働組合が認証を受けるためには、職員がすべての組合員の過半数を占めることを求められていることは、多くの論者により批判されている[56]。ただし、後に確認するように、国公労働関係法案13条は、団体協約の締結対象を、①給与、勤務時間、休憩、休日・休暇、②昇任、降任、転任、休職、免職、懲戒の基準、③保健、安全保持、災害補償、④その他の職員の勤務条件に関する事項、⑤団体交渉の手続その他の労働組合と当局との間の労使関係に関する事項（同法案10条1項）とし、これらに係る法律の制定、改廃に関しても合意の内容とすることを認めている（同法案11条1号。なお、(2)2)　参照)。同法案18条1項1号は、団体協約に基づいて内閣が提出した法律案が当該法律案を提出した国会の会期中（閉会中審査に付された場合

　　は服務、職員の給与その他の勤務条件又は労働組合との関係についての当局の計画及び方針に関する機密の事項に接し、そのためにその職務上の義務と責任とが労働組合の組合員としての誠意と責任とに直接抵触すると認められる監督的地位にある職員、④その他労働組合との関係において当局の立場に立って遂行すべき職務を担当する職員が含まれる（国公労働関係法案4条1項）。また、中央労働委員会が、これらの職員の範囲を認定して告示するものとされている（同条2項）。

55) 国公労働関係法案5条。同条1項は、労働組合は、中央労働委員会規則で定めるところにより、理事その他の役員の氏名及び中央労働委員会規則で定める事項を記載した申請書に規約を添えて委員会に認証を申請することができる。同条2項によれば、①労働組合の規約には、名称、目的及び業務、主たる事務所の所在地、組合員の範囲及びその資格の得喪に関する規定、重要な財産の得喪その他資産に関する規定、理事その他の役員に関する規定、業務執行、会議及び投票に関する規定（経費及び会計に関する事項を含む）、経費及び会計に関する規定、他の労働組合との連合に関する規定、規約の変更に関する規定、解散に関する規定、が含まれていなければならず、②会計報告は、公認会計士又は監査法人の監査証明とともに少なくとも毎年1回組合員に公表されなければならない。また、③労働組合が認証されるためには、規約の作成、変更、役員の選挙等について、全組合員の直接・秘密投票の中での過半数の決定がされる手続が実施される必要がある（同条3項）。さらに、④労働組合が認証されるためには、職員（免職処分がされたものの当該処分について不服審査や訴訟で係争中の者を含む）が全ての組合員の過半数を占めることが必要とされる（同条4項）。

56) 武井・前掲注(4) 21頁は、現行の国家公務員法の登録制度との対比において、「『過剰ともいうべき国家干渉』はさらに強まった」と批判している。道幸・前掲注(4) 26頁も、この点に加えて、認証取消制度の運用如何により組合の結成・運営に対する過剰な介入となるおそれがあるとする。また、過半数要件に関し、根本・前掲注(4) 61頁は、ドイツ法との比較から「労働組合に対する不当な介入となる」と批判する。もっとも、清水・前掲注(51) 108頁は、過半数要件に対して批判的な見解を述べつつ、（現行国家公務員法が職員団体について一般職公務員からなることを要求していたことの対比において）「この構成員に関する規制緩和は、実務上、大きな影響力を及ぼす可能性がある」と指摘している（さらに、参照、同「公務における勤務条件決定システムの転換──その意義と課題」自治総研402号8頁）。

には後会の会期中）に法律とならなかったときには効力を失うと定めているものの、団体協約に基づいて内閣が提出した法律案が国会審議に与える影響力は強いものがあることを否定できない[57]。したがって、ステークホルダーの立場からとはいえ、このような強い効力を持ち得る団体協約の締結の主体となり得る労働組合については、一定の法的規律の下に置くことが適当と言えよう。

(2) 交渉事項、協約締結事項、協約の性格
1) 交渉事項
(a) 管理運営事項の除外　先に述べたように、国公労働関係法案は、職員の勤務条件に関する事項に関し、法律の制定、改廃に係る事項を含めて当局と労働組合との交渉事項としている。ただし、同法案10条2項は、同時に、国の事務の管理及び運営に関する事項に関しては、団体交渉の対象から除外している。この「管理及び運営に関する事項」の概念は、現行の国家公務員法108条の5第3項に存在しており、行政解釈によれば、管理運営事項とは、「国家行政組織法や各省庁の設置根拠法令に基づいて、各省庁に割り振られている事務、業務のうち、行政主体としての各機関がみずからの判断と責任において処理すべき事項」のことを指し、一般的には、行政の企画、立案、執行に関する事項、予算の編成に関する事項がこれに当たると解されている[58]。

(b) 民間との対比　民間の労働法制においては、労働組合の交渉事項にこのような制限は設けられていない[59]。それは、私企業の場合には、企業の

---

57) ちなみに、晴山・前掲注(4) 33頁は、内閣が提案した法律案について国会がどのように扱うべきかの規定のないことを問題とし、国会の尊重義務を課すことが立法上は考慮されるべきであると主張する。ただし、同論文が現行法上参考すべきものとして挙げる国家公務員法28条、一般職給与法24条の規定はいずれも人事院の勧告権限を規定したものであり、その意味においては、内閣による法案提出に関して定めた国公労働関係法案の規定から、労使関係の自律を尊重すべき国会の政治的義務を導くことが可能であろう。

58) 鹿児島重治ほか編『逐条国家公務員法』（学陽書房、1988年）1082頁以下。なお、本章の脱稿後に森園幸男ほか編『逐条国家公務員法〔全訂版〕』（学陽書房、2015年）に接した。参照、同1162頁以下（吉田耕三ほか編・同書〔第2次全訂版〕〔2023年〕1209頁）。

59) 鹿児島ほか・前掲注(58) 1082頁は、管理運営事項が交渉対象とならない理由として、法治主義の下にあっては「行政執行の任に当たる行政主体が、国の事務の管理、運営の責務を負わされて」おり、管理運営事項を交渉対象事項とすれば、「行政主体がその権限と責任を職員団体と分け合うことになるので許されない」こと、「職員団体の本来的な使命からみても、その目的は経済的利益の追及にあるので、職員団体が行政執行に参画することはその使命を逸脱することになり適当ではない」と説明している（森園ほか・前掲注(58) 1162頁も、ほぼ同旨である〔吉田ほか・同書〔第

経営方針やガバナンスは、当該企業が市場の競争にさらされることから、労働者の利害関係と論理的に遮断できない関係にあるからであろう。しかしながら、私企業の場合とは異なり、市場の競争とは別の論理で定められる国家行政の事務の内容とガバナンスの在り方は（職員の勤務条件とは直接の関係に立たないという留保付で）公務労働者の利害関係との関係性を切断することは可能である。かつ、そのような事項に関しては、国会の定める法律で基本的に枠組みが定められ、その枠組みにおける運用も国会による統制の直接の客体であり、国会に対し直接の説明責任をもつ内閣以下の行政機関に委ねられるのが望ましい、という考え方も成り立つ（第3節（2）2）(a)）[60]。

なお、現行法の解釈によっても、勤務条件に関係する限りにおいては「管理及び運営に関する事項」であっても交渉の対象になるものとされている。

2) 協約締結事項

(a) 国公労働関係法等の改廃　　次に、国公労働関係法案13条は、国公労働関係法、国家公務員法、検察庁法（昭和22年法61号）及び外務公務員法（昭和27年法41号）の改廃を要する事項に関しては、団体協約を締結することができない、と規定している。

この規定に関しては、第1に、国公労働関係法案の改廃を要する事項に関しては、労使関係における基本的な枠組み・交渉のルールを定める同法に関する改廃の合意を労使の間において行うことができるものとすることは、その効力が債務的なものにとどまるとしても適当ではない、と考えられたものと推測できる[61]。

第2に、国家公務員法の規律のなかには、成績主義、科学的人事行政、勤務条件の法定等、近代的な公務員制度の基本原則を具体化した内容が含まれてい

2次全訂版〕1208頁も参照〕)。もっとも、この記述に関しては、管理運営事項が団体協約の締結事項とならないことを説明し得るものであっても、交渉事項そのものとすることはできないことの理由としては不十分であるように思われる。

[60] ちなみに、道幸・前掲注(11)85頁以下は、管理運営事項が団交事項にはならず、当局の応諾行為自体も許されないことにつき、全面的に否定する姿勢は示していない。さらに、参照、島田＝下井・前掲注(10)94頁以下〔下井康史〕。これに対し、岡田・前掲注(4)70頁は、国公労働関係法が管理運営事項という曖昧な概念を存続させることは、当局による不当な団交拒否の余地を残すことになり、団体交渉権の制約につながりかねない、として批判する。

[61] もっとも、渡辺・前掲注(4)12頁は、民主的正当性の確保の要請との関係で労働基本権保障の要請が後退することはあり得るとしつつ、「国公法・国公法を団体交渉の対象事項となりうるとしつつも協約締結権の対象外としている国労法案を正当化することはできない」と批判する。

る。また、これらの諸原則を具体化したとはいえない条項に関しても、職員の給与・勤務条件とは直接の関係のない人事行政組織の在り方等に関連するものもある（これらの多くは、国の事務の管理及び運営に関する事項に該当しよう）[62]。

　これらの法令の改廃に関しては、公務員の労働組合は、労使交渉とは別のルートを通じ、利害関係者の立場から法律案の立案、国会審議の過程に参加することが適当である[63]。

　　　(b) 昇任、降任、転任、休職、免職及び懲戒の基準　　なお、国公労働関係法案10条1項2号・13条は、昇任、降任、転任、休職、免職及び懲戒の基準に関する事項[64]を団体交渉及び団体協約締結の対象事項としている。これは、過去において現業国家公務員等の労働関係を規律していた公共企業体等労働関係法8条2号[65]等が、免職及び懲戒の基準に関する事項を団体交渉の対象事項（及び団体協約の対象事項）としていたことによるものと思われる。しかしながら、現行の一般職の公務員は、国から独立した法人格をもち企業会計的手法によって運営される公共企業体の職員等（過去の現業部門も多くは特別会計の下で企業会計的原理に基づいて運営されていた）とは異なることから、分限・懲戒処分の基準に関する事項についてまで団体協約締結権の対象とすることには、立法政策の妥当性としては疑問が残るものといえよう[66][67]。

---

62)　下井・前掲注(11) 105頁（下井・前掲書注(4) 94頁）は、渡辺賢『公務員労働基本権の再構築』（北海道大学出版会、2006年）132頁（初出、2001年・2002年）を引用しつつ、現行国家公務員法は、勤務条件「詳細」法定主義ではなく、当事者自治に委ねられるべき事項は少なくない、としている。

63)　国家公務員法を協約締結事項から除外したことを批判する見解として、渡辺・前掲注(4) 12頁、岡田・前掲注(4) 73頁等がある。

64)　道幸・前掲注(4) 27頁は、労組法との対比において、個別人事を義務的交渉事項としていない点を批判している。しかしながら、同論文も示唆するように、個別人事に関しては、人事公正委員会が所掌する職員の勤務条件に関する行政措置要求及び不利益処分についての不服申立てその他の職員の苦情の処理を通じて救済されることが想定されているものといえよう（国公法案131条1号〔国公法改正法案2条による改正〕）。

65)　なお、同法は、①3公社の民営化に伴い「国営企業労働関係法」へと名称が変更され（昭和61年法93号による改正）、また、②独立行政法人制度の導入に伴い「国営企業及び特定独立行政法人等の労働関係に関する法律」へと（平成11年法104号による改正）、さらに、③郵政民営化に伴い「特定独立行政法人等の労働関係に関する法律」へと名称を変更し（平成14年法98号による改正）、国有林野事業の廃止・直営化により「特定独立行政法人の労働関係に関する法律」となった（参照、第1節(2)2) (c)）。さらに、参照、本章の（追記〔原文〕）。

66)　この点に関し、島田陽一教授は「透明度を高い納得性のある処分をするためには、懲戒処分の基準を労使で決定することが適切だ」とし、下井康史教授は「懲戒基準については協約事項でいい

3) 団体協約の効力

(a) 債務的効果の付与　　国公労働関係法案17条は、団体協約に対して債務的効果のみを付与した。すなわち、①法律の制定、改廃を要する事項に関して、内閣は、団体協約の内容を適切に反映させるために必要な法律案を国会に提出しなければならず（同条1項）、②政省令の改廃等を要する事項等について、内閣又は当該事項に係る事務を所掌する主任の大臣等は、政省令の改廃等をしなければならない（同条2項・3項）。その他の場合にあっても、当該事項に関して当局として団体協約を締結した者は、必要な勤務条件の決定・変更又はその他の措置をとらなければならないとされている（同条4項・5項）。

(b) 学説の検討　　前記の点に関しては、団体協約を反映させた法律案が当該法律案を提出した国会の会期中（閉会中審査に付された場合は後会の会期中）に法律とならなかったときに当該協約は失効するとされたこと（前出(1)2)(b)）と相俟って、一部の学説から強く批判された[68]。もっとも、勤務条件の法定の原則からは、給与・勤務条件の枠組みに関しては国会の法律をもって最終的に定めるべきであり、かつ、国会の決定権を労使合意によって何らかの法的拘束力をもって縛ることは適当でない。したがって、法律の制定・改廃を要する事項に関して債務的効果を付与するにとどめたことは肯定できる[69]。

また、法定の事項、政令事項を改正する内容の協定を締結する際には、法律

とは思うのですが、それをチェックするシステムがやはり必要なのかなと思」うとしている（島田＝下井・前掲注(10) 100頁・101頁）。さらに、参照、下井・前掲注(11) 105頁（〔下井・前掲書注(4) 94頁〕。人事事項についての裁量基準に関しては労働協約に委ねても勤務条件法定主義に矛盾しないと主張する）。しかしながら、本文に述べたように、過去の公共企業体職員、現業公務員に係る制度をそのまま踏襲することには疑問がある。

67) 先に本文において紹介した「任免の基準、……職務遂行能力の基準や人事評価の手続、分限及び懲戒の基準などは、民主的に正当化された機関が決定することが求められる」とする山本隆司教授の見解（第2節(3)1)(b)。山本・前掲注(28) 16頁）も、協約締結事項とすることには消極的な立場をとっているものと解される。

68) 晴山・前掲注(4) 33頁、岡田・前掲注(4) 73頁等。なお、山本・前掲注(14) 8頁以下も、法律の制定改廃に関わる協約を実現しやすくするように、国会における審議・議決の手続を工夫する必要があるとした上で、協約の失効規定に対して「素気ない規定」である、と批判的に述べている。

69) 山本隆司教授は、団体協約に基づいて提出された法案が他の法案と同様の取扱いをされていることを指摘し、「真に協約締結権を保障するのであれば、本来は制度的な担保があってもよかった」と述べている（荒木ほか・前掲注(4) 22頁）。しかしながら、団体協約に基づいて内閣が提出した法律案については、立法者に対してといえども、その尊重を求めるかなり強い政治上の拘束力が働くことは否定できない。

の提出主体・政令の制定主体である内閣の同意が必要であるとされたことに対しても、労使交渉を形骸化させるものとして疑問が寄せられている[70]。この点に関しては、法律の文言上は団体協約の最終的な締結の前に同意が求められている点に留意が必要である。最終的な交渉の過程においては、交渉の実質化、円滑な実施のために必要となる裁量の余地が当局に付与されることは排除されていない、と解すべきであろう[71]。

　　(c)　**法律の制定・改廃を要しない事項**　さらに、法律の制定、改廃に関係する事項を含まない労働協約に関しては規範的な効果を認めるべきであった、との主張もある[72]。しかしながら、公務労働における職員団体の組織率と分布とを勘案するならば、例えば、過半数を代表する労働組合との間の団体協約には規範的な効果を与える等の措置を明文化することは、現実的には困難であったといえよう[73]。一方において、わが国の公務労働においては複数の労働組合が存在し、複数労働組合との間において内容の異なる団体協約が締結される可能性を排除できず、他方において、民間と異なって複数の労働組合の構成員の間において労働条件の差異が生ずることは公務労働においては肯定できない。さらに、労働組合に加入していない職員との関係も問題になる（例えば、〔勤務条件と係わりのない事項との交換条件として〕団体協約において勤務条件の不利益変更が合意された場合）[74]。

　以上の諸点に鑑みるならば、法律の制定、改廃に関係する事項を含まないときであっても、団体協約については債務的な効果を付与するにとどまる国公労働関係法案の仕組みは、立法政策上の選択肢の一つとしてはあり得るものと考える。

　　4)　**第三者機関の重要性**　もっとも、団体協約に債務的な効果のみが付

---

70) 清水・前掲注(4)（法時）39頁、岡田・前掲注(4) 74頁等。
71) 渡辺賢「国家公務員制度改革と統治の仕組み」労旬1755号（2011年）22頁は、「団交開始の時点で（あるいは開始前に）交渉担当者の手を過度に縛る意思決定を内閣が行うことは、交渉プロセスを無意味化させるので、許されない」としつつ、団体交渉のプロセスに適合的な内閣の承認の在り方について論じている。
72) 岡田・前掲注(4) 74頁。
73) 荒木尚志教授も、「立法政策として、今回は、排他的交渉代表制は採らなかった」との理解を示している（荒木ほか・前掲注(4) 13頁〔荒木尚志〕）。
74) 参照、検討委員会報告書108頁以下（論点番号5 (7)）。さらに、参照、荒木ほか・前掲注(4) 18頁〔山本隆司〕。

与される前記の仕組みの下にあっては、使用者側の当局の立場が労働組合のそれに比して一方的に強いものとなるおそれは否定できない。この点からも、交渉のプロセスを外から監視する第三者機関の存在は重要な意味をもつものといえよう（参照、後出第5節(2)2)(b)）。

(3) 法定事項の範囲

1) **法定事項の考え方**　勤務条件の法定の原則から要請される法定事項の範囲に関しての筆者の基本的な見解は、第2節において述べた（(3)2)(c)）。もっとも、第2節において述べたことは、憲法原理等に照らして法定が必須とされる事項に関して検討したものであり、立法政策上、どの程度まで法定事項とすることが適当であるか、あるいは、法定事項とすることが許されるか、との点から検討したものではない[75]。そこで、以下においては、立法政策的な見地から、今回の平成23年法案における勤務条件の法定の密度の在り方に関し、検討することとしたい。

2) **検　討**

(a) **法案の立場**　既に指摘のあるように、国公法改正法案、国公法改正関連整備法案は、法律の規律密度、政令等への委任事項の範囲を現行制度の仕組みから基本的に変更していない[76]。このような改正法の内容に関しては、まず、最低限の法律事項としては、①公務の平等就任権の保障、②成績主義の原則、③公務員の身分の保障、④官民給与の均衡という意味での情勢適応の原則、⑤公務員の政治的中立の原則、の実質を担保する諸規定、等が含まれる、と筆者は考えているので、この点に関する平成23年法案の措置は支持できる。

そして、この点につき、憲法等の要請から立法で必ず規律すべき事項（＝必

---

[75] 下井・前掲注(4)（「労働」）77頁（下井・前掲書注(4) 113頁）は、必要的法律事項と任意的法律事項、その他の事項を区別して考察を展開している。同論文によれば、同論文にいう「必要的法律事項」とは憲法その他の公務員法上の原理により法律事項とすることが要請されている事項であり、「任意的法律事項」とは立法者の判断により法律事項としてもしなくともよい事項、その他の事項は法律による規律が排除される事項である。そして、下井教授も、任意的法律事項の範囲はかなり広い範囲に及ぶと解しているようであり、その結果、同教授は、「国家公務員制度改革関連法案……は、少なくともその全体的方向は十分に支持し得る」としている（同85頁〔下井・前掲書注(4) 121頁〕）。

[76] 山本・前掲注(14) 8頁、11頁、下井・前掲注(26) 179頁（下井・前掲書注(4) 126頁以下。ただし、国家公務員制度に関しての言及である）。

要的法律事項）として、①公務就任平等原則に係る規律（採用試験等）、②成績主義を具体化する規律（競争試験、選考、人事評価・勤務協定等）、③身分保障に関する規律（処分の効果・要件、手続等）等が考えられる、とする下井康史教授の評価も基本的には同様であろう[77]。ただし、下井教授は、情勢適用原則、職務給原則は、立法者が政策的判断から法律に規律し得る事項（＝任意的法律事項）であるとしている[78]ものの、公務員が民間に比して特権的な待遇を受けないとの意味における情勢適応の原則[79]は公務員法において規律されるべきである（表現の仕方は様々であり得る）。また、給与と任用との両面から成績主義を担保する仕組み（それが職務給制度であるとは限らない）に関する基本的な規律に関しても、国家公務員法に規律が置かれる必要のあることは、下井教授も否定されないであろう。

　(b)　立法政策上の妥当性　　次に、国家公務員法及び一般職給与法（一般職の給与に関する法律。昭和25年法95号。以下、「一般職給与法」という）等の関連法令の規律事項に変更を加えなかったことの立法政策的な妥当性に関しては、「全体的方向性は十分に支持し得る」とする見解[80]以外にも、自律的労使関係の構築の観点からは法律事項が広汎にすぎるとの見解[81]、給与等に関しては委任事項を増やすべきである一方で、政治的中立や服務に関しては、国家公務員法が人事院規則に広汎に委任されていたことに鑑みるならば、法定事項を拡張すべきである、との見解[82]がある。

　これらの見解のうち、まず、任用及び身分保障に関する国家公務員法の諸規定に関し、筆者は、平成23年法案が、人事院を廃止し、かつ、政治的中立や服務に関して法定事項を拡張せず、政令に委任したことについて疑問である、とする山本隆司教授の見解（前記の第3の見解）に同意する[83]。他方、一般職給

---

77)　下井・前掲注(4)（「労働」）82頁以下（下井・前掲書注(4) 117頁以下）。
78)　下井・前掲注(4)（「労働」）83頁以下（下井・前掲書注(4) 119頁以下）。
79)　鹿児島ほか・前掲注(58) 262頁は、情勢適用原則は「公務員の給与は税によって賄われるものである以上、その勤務条件は納税者である国民一般の理解と納得の得られるものである必要がある」との要請も充足させるためのものであることを指摘している（森園ほか・前掲注(58) 299頁〔吉田ほか・前掲注(58) 302頁〕もほぼ同旨である）。
80)　下井・前掲注(4)（「労働」）85頁（下井・前掲書注(2) 121頁）。さらに、参照、注(75)。
81)　清水・前掲注(4)（「労働」）64頁以下。
82)　山本・前掲注(14) 8頁、10頁。
83)　下井・前掲注(4)（「労働」）83頁（下井・前掲書注(4) 119頁）は、現行国家公務員法に関し、身分保障に係る同法の規定は「規律が不足している」と主張している。

与法の規律密度の是非に関しては慎重な考察が必要である。すなわち、現行の制度においては、職務給制度の下において任用と給与とが一体のものとして運用され、成績主義が維持されてきた。このような職務給制度の下での給与と任用の運用の実態[84]に鑑みるならば、給与等に関し現行制度以上に政令委任事項を増やすことに立法政策的な合理性があるかについては、筆者には疑問がある。

(4) あっせん、調停、仲裁の仕組み

1) 法案の仕組み

国公労働関係法案は、不当労働行為の概念を導入した（同法案第5章）[85]。また、争議権を制限していることとの関係において、中央労働委員会によるあっせん、調停、仲裁の仕組みを導入している（あっせんにつき同法案33条、調停につき同法案34条以下、仲裁につき同法案39条以下）。

紙幅の関係上、本章においては、強制仲裁の制度の仕組みに限定して検討することにする（なお、あっせん、調停、仲裁を行う主体に関し、人事院または公務労働に係る専門的中立機関を存続させる選択肢が残る場合には（第5節(2)2))、当該機関をその主体とすることも論理的にはあり得るものの、本章においてはこれ以上の検討は割愛する）。

2) 仲裁の仕組みと問題点

(a) 法案の立場　まず、仲裁の仕組みに関し、同法案39条によれば、①関係当事者の双方が中央労働委員会（以下、この項において「委員会」という）に仲裁の申請をしたとき、②関係当事者の一方が団体協約の定めに基づいて委員会に仲裁の申請をしたとき、③委員会があっせん又は調停を開始した後2月を経過して、なお紛争が解決しない場合において、関係当事者の一方が仲裁の申請をしたとき、④委員会が、あっせん又は調停を行っている事件について、仲

---

[84] 平成26年法22号による改正前の一般職給与法は、各種の俸給表の適用範囲の決定（2条2号）、新たに職員になった場合及び職員が他の職員の級に移動した場合の俸給、同一級内における昇給の基準（同条4号）、俸給表における職務の級別分類の内容に関する定め（6条3項）、級別定数の決定（8条1号）、職員の職務の級の決定基準（同条2号）等、職務給の運用に関する多くの権限を人事院規則に委ねていた。この点につき、参照、晴山一穂「政府による俸給表作成の法的問題点」国公労調査時報250号（1983年）10頁以下。なお、改正後の一般職給与法は、指定職俸給表の適用を受ける職員（会計検査院及び人事院の職員を除く）の号俸の決定並びに職務の級の定数の決定及び改定に関する事務を内閣人事局の権限としたものの、人事院の意見を聴くとともに、人事院の意見を十分に尊重するものとしている（同法6条の2、8条）。

[85] 国公労働関係法案における不当労働行為の救済制度に関しては、参照、荒木ほか・前掲注(4)25頁以下。本章においては、紙幅の都合上、不当労働行為の救済制度に関して詳細に検討することはしない。

裁を行う必要があると決議したとき、⑤各省大臣若しくは会計検査院長又は内閣総理大臣が、公益上特に必要があると認める場合において、委員会に仲裁の請求をしたときに、委員会は団体協約の締結に係る紛争について仲裁を行う。

　(b)　**仲裁裁定の効力**　もっとも、仲裁裁定の効力に関しては検討すべき点がある。すなわち、同法案41条は、仲裁裁定があったときは、当該仲裁裁定の定めるところにより、関係当事者において有効期間の定めのない団体協約が締結されたものとみなされ（さらに、同法案16条を参照）、当局は、同法案17条に定められた義務を負う（法案の提出、政省令の改廃等）。ただし、内閣による法案の提出・政令の改廃の義務に関しては、「提出するようできる限り努めなければならない」、「改廃をするようできる限り努めなければならない」とする高度の努力義務が課されるにとどまる[86]。

　ちなみに、この規定は、国有林野事業が直営化される前の特定独立行政法人等労働関係法（昭和23年法257号）35条3項の規定[87]、ひいては、公共企業体等労働関係法、国営企業労働関係法、国営企業等労働関係法に存在した「政府は、……裁定が実施されるように、できる限り努力しなければならない」とする規定を踏襲したものである[88]。この規定は、昭和31（1956）年の公共企業体等労働関係法の改正（同年法108号）により導入されたものであり、公共企業体等仲裁委員会（当時）の仲裁裁定がされた場合であっても、予算上の手当、認可・承認等、裁定の実施に必要とされる政府部内の調整と必要な手続（公共企業体等を所管する主務大臣の承認等、現業を所管する主務大臣と大蔵大臣〔当時。以下、同じ〕との調整、法令上の大蔵大臣の承認の手続等）によって、実施時期が遅れ、あるいは完全実施に至らなかったケースが多かった経緯[89]を踏まえてのものであった。

　(c)　**使用者側の締結主体**　後に述べるように、使用者側における団体交渉及び協約締結の主体は、国家行政組織上の事務配分に従って、内閣総理大

---

86) この点を批判するものとして、清水・前掲注(4)（法時）40頁、同・前掲注(51) 115頁、同・前掲注(56) 21頁、岡田・前掲注(4) 75頁以下等がある。
87) 特定独立行政法人労働関係法（平成24年法42号による改正後のもの）においては、直営化された国有林野事業に関する規律は削除された。参照、第1節(2) 2)(c)）。
88) 導入当時の公共企業体等労働関係法における労働協約の効力、仲裁裁定の効力に関しては、峯村光郎『公共企業体等労働関係法　公務員労働関係法〔新版〕』（有斐閣、1972年）84頁以下、166頁以下を参照されたい。
89) 参照、第24回国会（常会）衆議院会議録49号753頁（衆議院本会議における横山利秋議員〔日本社会党〕の反対討論）。

臣、それぞれの事務を担当する主務大臣、各省各庁の長及び部内の公務員等とされている。したがって、仲裁裁定のみを例外として政府を直接拘束する選択肢を採用しない限り、特に法律案の提出、政令の改正等については、政府部内の調整が必要となるとの見地から、前記の文言を採用したものと考えられる[90]。もっとも、仲裁裁定に関しては、関係大臣等の手続参加の下で、裁定の名あて人を内閣総理大臣あるいは関係大臣すべてとし、法律案の提出、政令の改正等を直接に義務づける選択肢はあったものといえよう[91]。

第5節　人事行政機関等の在り方

(1)　「当局」の概念
　1)　法案の規定
　　(a)　法案の位置付け　　国公労働関係法案は、不当労働行為の禁止の名あて人（同法案9条）、団体交渉・団体協約締結の主体（同法案11条）として、「当局」を位置づけた。
　　(b)　具体的内容　　同法案によれば、①法律の制定・改廃を要する事項（主任の大臣）、②政令の制定又は改廃を要する事項（主任の大臣）、③内閣府令・省令の制定若しくは改廃を要する事項又は法律・命令の規定に基づき大臣が定める事項（主任の大臣）、④法律・命令に基づき各省各庁の長又はその委任を受けた部内の公務員が定める事項（各省各庁の長又は部内の公務員）、⑤その他の事項（当該事項について適法に管理し、又は決定することができる者）、⑥国公労働関係法の改廃を要する労使関係事項（内閣総理大臣）、⑦国公労働関係法に基づく政令の改廃を要する事項（内閣総理大臣）等、11類型にわたって交渉の主体となる「当局」が法定されている（同法案11条1号ないし11号）。
　2)　私　見
　　(a)　民間との差異　　民間の場合にあっては、団体交渉の主体及び不当労働行為の救済命令の対象は権利義務の主体である。これに対し、国公労働関係

---

90)　この点、清水・前掲注(4)（法時）40頁は、法律や政令の制定・改廃が必要となる事項に関しては内閣の事前同意が求められていることとの関係上、事前手続を経ていない仲裁裁定の場合に「内閣に法律または政令の改廃について裁量の余地を与えた」ものと解している。もっとも、同時に、清水・前掲注(51) 114頁は、「当局の努力義務にとどめる立法は異例である」と批判する。
91)　参照、清水・前掲注(4)（法時）40頁、岡田・前掲注(4) 76頁等。

係法案は、行政組織法上の事務配分の考え方を踏襲して、それぞれの事項を所掌する行政機関を団体交渉の主体及び不当労働行為の救済命令の対象たる「当局」と定義した。

　(b)　**交渉事項と義務の客体の明確性**　　前記の一切の権限及び義務に関して、権利義務の帰属主体である国、内閣あるいは内閣総理大臣に集約させない限りは、当該事務を所掌する権限を有する者を団体交渉の主体、不当労働行為の救済命令の客体とする以外はないであろう。集約させた場合にも、結局は、交渉事項の内容に応じて、実際の交渉は国公労働関係法案にいう「当局」に該当する者が行うことになるであろうことから、交渉事項、義務の客体の明確化という観点を重視すれば、国公労働関係法案の考え方も評価できよう[92]。

(2)　中央人事行政機関
1)　人事公正委員会

　(a)　**法案の枠組み**　　国公法改正法案は、人事院を廃止し、①職員の勤務条件に関する行政措置の要求及び不利益な処分についての不服申立てその他の職員の苦情の処理、②職員の政治的行為の制限及び営利企業に関する制限に関する事務、③関係大臣その他の機関の長に対する人事行政の改善に関する勧告、等を所掌する人事公正委員会を新たに設置することとしていた（同法案2条による改正後の国家公務員法第3章）。

　(b)　**疑問点**　　しかしながら、警察職員、海上保安庁職員、刑事施設の職員等、団結権を制限されている職員の勤務条件の決定に関しては、第三者機関の勧告又は勧告類似の制度は維持されるべきである[93]。もっとも、①争議権の代償措置としての仲裁制度等の仕組みは、別途、設けられることとされている点、また、②職員と業務の規模の適正と効率性等に照らし、制度改正の下に

---

92)　道幸・前掲注(4) 27頁は、「実際の運営においてどのような事項が各交渉関係の対象となるかについて紛争が生じるケースが多発する」とする。しかしながら、他方において、各交渉関係に関して交渉事項の整理の基準が示されていることには、交渉事項をめぐる紛争の回避につながる側面があることを否定できまい。

93)　渡辺・前掲注(71) 25頁以下、荒木ほか・前掲注(4) 16頁［岩村正彦］。稲葉馨「公務員制度改革関連法案と人事行政組織の再編」自治総研399号（2012年）21頁も、団結権を付与されない職員との関係において、「第三者機関によるチェックなど、適正な処遇を制度的に担保する必要性は否定できない」とする。さらに、参照、人事院『平成23年人事院勧告　別紙第3国家公務員制度改革に関する報告』第2-2-(6)。

おいても人事院の機構をそのまま維持する選択肢を唯一のものとする考え方は、前記の要請のみからは疑問である[94]。

　　2）私　　見

　　　(a) 交渉の基礎データの収集・提供　　まず、総論において述べたように、給与、勤務条件の決定に関する交渉及び国会審議の過程が過度に政治化することを防止するには、人事院が行ってきた給与勧告、勤務条件の決定に係る権能のなかで、労使交渉の基礎となる客観的なデータの提供機能、その他の事項について専門的知見の提供機能を維持することが望ましい[95]（第3節（2）2）(b)(c)）。もっとも、客観的データといっても、調査対象の選定、評価、データ解析手法等において調査・評価者に選択・評価上の裁量的余地が生ずることは否定できない。例えば、人事院が実施している「職種別民間給与実態調査」に関しても、昭和38（1963）年までは事業所規模50人以上のもの、平成17（2005）年までは企業規模100人以上で、かつ、事業所規模50人以上のもの、平成18（2006）年からは、企業規模50人以上で、かつ、事業所規模50人以上のものが、調査対象として選定されてきた[96]（令和5年度調査も同様である）。

　このような調査対象の選定の違いが調査結果に影響を与えることに議論の余地はなく、少なくとも調査対象の選定と評価方法が調査結果に与える影響を含

---

94) ①内閣の所轄の下に置かれている人事院とは異なり、内閣総理大臣の所轄の下に人事公正委員会が置かれている点、②委員会の委員中2名が非常勤とされている点、等から、権限行使の独立性の保障という観点からは問題がある、と批判する見解がある。参照、渡辺・前掲注(4)15頁。もっとも、人事公正委員会の対象となる職員数、その権能等に鑑みるならば、現行の人事院と同様の規模及び位置付けを人事公正委員会に付与すべきかについては議論の余地がある。また、人事公正委員会の勧告に対しては、労働協約締結権を付与した他の職種の公務員との実質的なバランスが求められることとなり、これが準拠すべき基準として機能する点は考慮されてよいであろう。

95) 参照、山本・前掲注(14)5頁、6頁以下、17頁以下。同論文において、山本隆司教授は、「労働組合非加入職員及び国民・住民に対し、協約による勤務条件決定の正当性及び正統性を主張」するためには、「両当事者から一定の独立性をもった第三者機関が、継続的・長期的に調査研究活動を行い、衡量の素材となる情報を収集・分析し両当事者に提示する制度が……必要」であると主張している（同17頁以下）。さらに、参照、西尾勝「現代公務員の資格任用制と政治的中立性の意義」人事院月報740号（2011年）7頁。

96) また、対象産業に関しても、平成24（2012）年までは、官民給与比較の対象とする事務・技術関係職種の従業員は少数であると考えられていた産業を除外していたものの、翌年度以降は対象を全産業へと拡大している。その他にも、調査対象に関して多様な見地から修正が加えられてきている（人事院「民間給与の実態（平成26年職種別民間給与実態調査の結果）」Ⅰ「調査の説明」〔なお、人事院「民間給与の実態（令和5年職種別民間給与実態調査の結果）」に至るまでの各年度のⅠ「調査の説明」において、調査方法に関して大きな変更を加えたとの説明はなかった〕）。

めて明らかにし、団体交渉が評価の妥当性をめぐり紛糾することがないような工夫がされるべきであろう[97]。

(b) 交渉プロセスの監視　加えて、既に述べたように、団体協約に債務的効果が認められるにとどまる仕組みは立法政策上の考慮からはやむを得ないものとはいえ、使用者側が労働組合に対して優位に立つ可能性は否定できない（参照、第4節(2)4)）。そのため、第三者機関が、団体協約実施や交渉のプロセスにおいて看過しがたい問題点を認めた場合に、一定の意見を述べる仕組みを設けるべきであると考える。そのような機能は、制度改正後の第三者機関の新たな役割として期待されよう。

(c) 小括　さらには、公務員の中立性・公正性を確保する機能を発揮する上で「内閣総理大臣の所轄の下に置かれる」人事公正委員会では不十分であるとする意見[98]（人事院は内閣の所轄の下に置かれている）や公務員の人権保障と科学的人事行政の保持を監視・監督する見地からも人事院を存続させるべきであるとする意見[99]もある。

以上のことからは、結論としては、多くの公務員に対して団体協約締結権を認める制度の下においても人事院の制度は維持すべきものと考える。

---

[97] 例えば、現在の職種別民間給与実態調査においても、企業規模500人以上、企業規模100人以上500人未満、企業規模50人以上100人未満が区分され、さらに、職種別、規模別、学歴別、年齢別、産業別に、調査結果が公表されている。参照、人事院・前掲注(96)。
[98] 根本・前掲注(1) 13頁以下。さらに、①人事院に関しては、次の会計年度に必要とする経費の要求書を人事院が内閣に提出し、内閣が要求書を修正するときには、人事院の要求書が内閣により修正された要求書とともに国会に提出されることをもって、予算上も独立性が尊重されていること（国家公務員法13条3項・4項）、②法令の改廃に関して、国会及び内閣に意見を申し出る権限が認められていること（同法23条）に比して、人事公正委員会に関しては、①のような規定はなく、②に関しても、内閣総理大臣に対し、職員の任免、分限及び懲戒に関する政令等の制定・改廃についての意見を申し出る権限のみが認められているにとどまる（国公法改正法案による改正後の同法案147条2項）。参照、稲葉・前掲(93) 25頁。
[99] 田村・前掲注(4) 43頁以下、同「人事行政機構のあり方を考える――国家公務員制度改革関連法案を素材に」人事院月報756号（2012年）4頁。さらに、参照、牧原出「政権交代と公務員制度改革」人事院月報752号（2012年）4頁。

第6節　まとめ

(1)　検討委員会 WG 報告と平成 23 年法案

1)　平成 23 年法案のスタンス

(a)　**検討委員会 WG 報告の性格**　筆者の参加した検討委員会は、学識経験者に加えて、職員団体の代表と総務省人事・恩給局長（当時）や農林水産省官房長等の中央官庁の人事管理責任者が参加し、結果として、参加委員の間において意見の最終的な一致は見られなかった。そもそも検討委員会の下に設置されたワーキンググループの検討委員会に対する報告（以下、「検討委員会 WG 報告」という）が、①労使関係の自律を重視する立場から、法律事項を最小限度のものとし、法令事項以外に関して協約に規範的効力を付与して、労使関係の自律的決定に対する制約となり得る第三者機関の役割を制限する案（パターン I）、②公務の特殊性を重視する立場から、現行法の法律事項を維持し、協約には債務的効力のみを付与して、第三者機関の役割を位置づける案（パターン III）、③両者の中間に位置する案（パターン II）、の 3 案を併記したものであった[100]。

(b)　**平成 23 年法案の骨格**　国公労働関係法案を中心とする平成 23 年法案は、検討委員会 WG 報告の示した多様な論点に関して独自の選択肢をとり、その意味において、前記のパターンのうちの一つを完全に踏襲したものではなかった。ただし、同法案に関しては、全体として、法律事項を維持し、協約については債務的効果のみを認める一方において、第三者機関の役割を大胆に縮減したものとなったとの評価を与えて、誤りではあるまい。

2)　公法学からの視点

(a)　**筆者の立場**　筆者は、検討委員会の場において、行政法の見地から、①労働協約締結権を付与する場合にあっても、近代的公務員制度の維持の見地から国会の関与は必要であり、勤務条件の統一の見地から協約には債務的効力を与えるにとどまるべきこと、他方、②成績主義、科学的人事行政の確保、政治的中立性の確保の見地から、第三者機関の役割を極端に縮減するべきできないこと、を主張した。

(b)　**検討委員会の議論**　検討委員会は自民党・公明党連立政権下にお

---

[100]　検討委員会 WG 報告・検討委員会報告書 2 頁以下。

いて設置されたものの、作業の過程において、第45回衆議院総選挙の結果、民主党・社会民主党・国民新党の連立政権である鳩山由紀夫内閣が成立する政治的な大転換が発生した。そのような背景もあり、報告の最終的な取りまとめへと至る過程においては、労働協約締結権を付与し、自律的労使関係に対する制約、特に人事院による民間給与実態調査や勧告の制度を廃止すべきであるとの声は、次第に強いものとなった。しかしながら、平成23年法案が公になった後に公表された行政法学者による論稿における見解は、このような意見とは異なり、筆者の立場と大きく乖離するものではない[101]。

(2) 本章の射程と残された課題

1) **本章の射程**　冒頭に述べたように、内閣人事局の設置、幹部職員の一元的管理等を中心とする国家公務員法の改正が実施されたことから、労働協約締結権を付与する立法に関し、再度、本格的に検討しようとする機運はない（第1節(2)1)(b)）。本章は、そのような状況下にあって、平成23年法案の内容を学問的に再吟味しようとしたものである。

2) **残された課題**　旧3公社5現業を中心とする公務の民営化の進展、独立行政法人制度の創設、さらに、特定独立行政法人（現在は行政執行法人）の非公務員型への移行等により、労働協約締結権を制限されている国家公務員の絶対数は減少してきた[102]。その結果、国の業務を担うコアの部分のみが、労働協約締結権を制限される対象となっている。ただし、直営へと変更された国有林野事業に従事する職員等のなかには、政策の企画・立案、許認可等の公権力の行使に直接には携わらない職員も存在している。

労働協約締結権を付与する立法の準備作業が再度本格化した場合には、そのような職員等と政策の企画・立案等に携わる職員との違いに着目して制度設計を試みる余地もあり得よう。もっとも、本章においてこの論点を取り上げる用意は筆者にはなかったため、今後の議論に期待したい。

---

101) その意味において、行政法学者の筆者が検討委員会に座長代理として参加した意味はあったものといえよう。

102) 総務省『独立行政法人総覧（平成25年度版）』によれば、特定独立行政法人は、国立公文書館、統計センター、造幣局、国立印刷局、国立病院機構等の8法人となっていた。そして、平成27（2015）年4月1日、7法人は公務員型の行政執行法人に移行したのに対して、多数の職員を抱える国立病院機構は非公務員型の中期目標管理法人に移行した。

（追記〔原文〕）　独立行政法人制度の改革により、平成27（2015）年4月1日に特定独立行政法人は行政執行法人に改組された（国立病院機構を除く。参照、「独立行政法人通則法の一部を改正する法律」〔平成26年法66号〕、「独立行政法人通則法の一部を改正する法人通則法の一部を改正する法律の施行に伴う関係法律の整備に関する法律」〔平成26年法67号。以下、「独立行政法人通則法改正関連整備法」という〕）。もっとも、これらの法人の労働関係に関する規律に基本的に変更はなく（参照、独立行政法人通則法改正関連整備法104条による改正後の「行政執行法人の労働関係に関する法律」〔昭和23年法257号〕）、特定独立行政法人の職員の労働関係に関する本章の記述は、行政執行法人移行後の労働関係に関しても基本的には妥当する。

　なお、本章は、科学研究費補助金（基盤C）「労働基本権付与を前提とした公務員法制に関する研究」（平成23年度―平成25年度。課題番号23530027。研究代表者・高橋滋）の研究成果の一部である。

【追記】　本章の刊行後に本章のテーマに関して論じた論稿の代表的なものとして、下井康史「公共部門労使関係法制の課題」日本労働学会編『講座労働法の再生第1巻　労働法の基礎理論』（日本評論社、2017年）249頁がある。同論稿は、本章において取り扱っていない「地方公務員の労働関係に関する法律案」（第181回国会〔臨時会〕閣法10号）等についても検討の対象としている（例えば、259頁、261頁、265頁以下を参照）。また、同論稿の結論部において、下井教授は、「労働基本権の保障と勤務条件法定主義という、二つの憲法上の要請を両立・調和させる仕組みとして、その（国公労働関係法案と地公労働関係法案-筆者注）立法的妥当性は否定し難いのではあるまいか」と述べる。もっとも、その一方において、教授は、公務員の勤務関係を規律する法律において「いかなる勤務条件につき、どこまで法律（そして条例）で規律すべきかを、公務員法における基本原則―そこには憲法上の原理も含まれよう―に照らして具体的に精査する」ことの重要性を説いている。この指摘は、公務員の労働関係の制度を設計するに際し、日本国憲法の下においてわが国の公務員法制が近代公務員制度の基本原則として確立してきたものの実質を保持する視点を堅持することが重要である点を強調してきた筆者の立場と通底するものとして興味深い。

第5編　国家公務員制度と地方公務員制度

〈解題〉　本書第5編においては、地方公務員制度に関する論稿を収録した。ただし、これらの論稿にあっては、地方公務員制度との対比において国家公務員制度に関しても必要な限度で言及していることから、編の名称を「国家公務員制度と地方公務員制度」とした。

　第1部においては、国家公務員制度と並び、地方公務員制度に関しても改革論議が活発に展開された2000年代初頭の時期に公表した3本の論稿を収録した（第1章・総務省自治行政局公務員部編『地方公務員制度の展望と課題』〔2001年〕、第2章・地方公務員月報464号〔2002年〕、第3章・自治研究80巻5号〔2004年〕）。なお、これらの論稿は公表してから20年余が経過していることから、地方公務員制度における主な改革事項に関しては各章の【追記】において必要な補遺を加えた。また、第1部第3章においては、平成29（2017）年の改革に先立って措置された地方公務員法及び地方公共団体の一般職の任期付職員の採用に関する法律の改正（平成16年法85号）についても言及しており、その意味において、同章は臨時・非常勤職員の法制度に関して論じた第2部各章へと連なる記述を含むものとなっている。

　第2部においては地方公共団体のマンパワーのなかで臨時・非常勤職員の比重が増し、かつ、任用形態・処遇が曖昧であったことを踏まえて、第1部第3章の記述に続けて、地方公務員法及び地方自治法の一部を改正する法律（平成29年法29号）によって実施された臨時・非常勤職員制度の改革に焦点を当てた二つの論稿を収録した（第1章・地方公務員月報664号〔2018年〕、第2章・地方公務員月報694号〔2021年〕）。

第 1 部　地方公務員制度改革

第 1 章　国家公務員制度と地方公務員制度

〈解題〉　国家公務員制度改革について論じた本書第 4 編第 1 部第 1 章と同様に、本章は、中央省庁等改革、第 1 次地方分権改革等が実施に移された時点の前後において、公務員制度の改革の方向性を論じたものである（総務省自治行政局公務員部編『地方公務員制度の展望と課題』〔2001 年〕93 頁）。本書第 4 編第 1 部第 1 章が国家公務員制度を取り扱ったものであるのに対し、本章においては、国家公務員制度と対比しつつ地方公務員制度を主たる対象として検討を行っている。なお、その後の制度の推移に関し、【追記 1】ないし【追記 4】において追補を行った。特に【追記 3】においては、本章の刊行後に実施された地方公務員制度における人事評価制度の導入の経緯を簡潔に紹介したので参照されたい。

第 1 節　はじめに

(1)　公務制度改革

　第 2 次世界大戦直後の改革に次ぐ「第 2 の変革期」とされる時期にあって、公務員制度もその流れと無縁な存在ではない。例えば、国家公務員制度に関しては、「制度と運用の在り方についての全般的な見直し」を任務とする公務員制度調査会が平成 9 (1997) 年 5 月に設けられ、平成 11 (1999) 年 3 月には「公務員制度改革の基本方向に関する答申」（以下、「公制調答申」という）を政府に提出した。また、これらの動きと連動して、任期付研究員法（平成 9 年法 65 号）、退職者再任用法（国家公務員法等の一部を改正する法律〔平成 9 年法 83 号〕）、国家公務員倫理法（平成 11 年法 129 号）、官民交流法（国と民間企業との間の人事交流に関する法律〔平成 11 年法 224 号〕）、任期付職員法（一般職の任期付職員の採用及び給与の特例に関する法律〔平成 12 年法 125 号〕）等、一連の制度改革立法が成立している[1]。

---

1)　平成 11 (1999) 年の時点において公務員改革の問題を概括的に検討するものとして、参照、高橋滋「公務員制度」ジュリ 1161 号（1999 年）136 頁（本書第 4 編第 1 部第 1 章 204 頁）。同論稿の刊

さらに、平成13 (2001) 年に入ってからは政府による抜本的見直しの動きは急速なものとなった。

他方、地方公務員制度に関しても、制度の改正や新設、運用の見直しを提言する地方公務員制度調査研究会（平成9〔1997〕年5月設置。以下、「地公調」という）の報告が平成11 (1999) 年4月に公表されており（以下、「地公調答申」という）、国の制度改革と対応した形での地方公務員法の改正は迅速に実施されている。再任用に係る改正（平成11年法107号）、任期付研究員の採用に係る改正（平成12年法51号）等、がこれである[2]。

(2) 民間部門と公務部門

社会のなかでの公務の在り方が変化するに伴って、公務労働に対する要求は移り変わる。また、公務労働は民間の労働部門と市場を分け合う以上、民間における労働形態の変化は公務労働に影響を与える。加えて、国民主権の下において、公務労働の在り方は主権者たる国民の理解と納得を得るものでなければならない。よって、公務員の政治的中立、科学的人事行政、成績主義等の基本原則に添いつつ、社会変化に対応して公務労働の形態も変化していくことが必要である。前述の公務員制度の改革・修正は、前記の諸点に根ざした要請に応えたものといえよう（なお、本章の【追記1】を参照）。

しかしながら、他方において、公務員制度に関して近代国家において確立され、わが国において採用された幾つかの諸原則は、行政改革や民間労働市場の

行の後に成立した官民交流法に関し、参照、五十嵐元一・法令解説資料総覧220号（2000年）14頁以下。任期付職員任用法に関し、参照、人事院「一般職の任期付職員の採用及び給与の特例に関する法律の制定についての意見の説明」（平成12年8月15日）。

2) 地方公務員制度調査研究会の報告として、参照、「地方公務員制度調査研究会報告 地方自治・新時代の地方公務員制度──地方公務員制度改革の方向」（同研究会の座長を務めた塩野宏教授が、同報告を手掛りとして地方公務員制度の改革の方向性と課題を論じたものとして、同「地方公務員制度改革の諸問題」同『法治主義の諸相』〔有斐閣、2001年〕475頁〔初出2001年〕がある。なお、同論文は本章が収録された総務省自治行政局公務員部編『地方公務員制度の展望と課題』に掲載されたものである）。

また、再任用に係る改正の解説として、参照、松田満・地方自治625号（1999年）108頁、同・地方公務員月報425号（1999年）34頁、同・地方公務員研究58号（1999年）2頁、三冨則江・時の法令1611号（2000年）28頁等。任期付研究員の採用に係る改正に関し、村山卓・地方自治632号（2000年）77頁、同・地方公務員月報444号（2000年）23頁、445号（同）28頁、阿部守一・地方分権14号（2000年）68頁。さらに、「公益法人等への一般職の地方公務員の派遣等に関する法律」につき、参照、阿部・前掲68頁。

変化のなかでも将来にわたり維持されるべきものである。原則を実現するための制度的な手段に関して様々な選択肢はあり得るものの、これらの原則の確保に仕えてきた諸制度に関する変更に際しては慎重な検討が必要である。

（3） 本章の構成

本章は、以上のような観点から、国家公務員制度の改革の現状を概括し、その方向性を探るとともに、可能な限りにおいて地方公務員制度における動きにも言及する（執筆時期の関係上、平成13〔2001〕年に入ってからの改革の動きに関しては、本格的な言及はできない）。もっとも、紙幅の関係からはすべての論点に触れることは不可能である。そこで、国家公務員制度と地方公務員制度との差異等を概観した上で（第2節）、公務における多様な人材と勤務形態の確保の課題（第3節）、新たな人事管理方策の探究（第4節）、労働基本権の制限と中央人事行政機関の在り方（第5節）等に分けて、幾つかの論点に絞って考察を行うことにする。

第2節　制度の同質性と異質性

（1） 制度の同質性

国家公務員制度と地方公務員制度とは、公務員の採用、人事管理、権利・義務の枠組みを定める点において強い同質性を有している。国家公務員法（平成26年法22号による改正前のもの〔以下、同じ〕。以下、「国公法」という）及び地方公務員法（以下、「地公法」という）は、共通して、①人事管理の原則として、平等取扱いの原則（国公法27条、地公法13条）、情勢適応の原則（国公法28条、地公法14条）を掲げ（なお、平成19年法108号の改正により国公法にあっては、採用年次・採用試験の職種等にとらわれてはならないとする27条の2〔人事管理の原則〕の規定が新設された）、②任用に関して、成績主義の原則・身分保障の原則を具体化する諸規定を置き（前者につき、国公法33条以下等、地公法15条以下。後者につき、国公法61条・74条以下等、地公法27条以下）、③給与に関して、職務給の原則を定める（国公法62条ないし70条、地公法24条ないし26条）。さらに、④懲戒の制度、政治的行為の禁止・守秘義務・職務専念義務等の服務に関する規定（国公法82条ないし85条、96条ないし106条、地公法27条・29条等、30条以下等）を置くとともに、⑤任用

権者たる行政機関とは別に、独立した人事行政機関を設置している（国公法3条以下に基づく人事院、地公法7条以下に基づく人事委員会、公平委員会）。

(2) 制度の相違点

　もっとも、国家公務員制度と地方公務員制度との間には、国と地方との制度上の違い等に起因する様々な差異が存在している。まず、第1に、国家公務法の適用のある一般職の公務員に関しては同法が一律かつ画一的な規律を及ぼすものであるのに対し、地方公共団体の自律・自主性を尊重する立場から、地公法は、法律の特別の定めがある場合を除いて、地方公共団体は同法の精神に反しない限りにおいて条例で地方公務員に関する事項を定めることができる、と規定している（地公法5条1項）。国公法の採用する給与法定主義（国公法63条）に対比される地公法の給与条例主義（地公法24条6項〔現行法24条5項〕）も、財政民主主義の要請に基づくものであるのと同時に、勤務条件の決定を当該公共団体の住民の同意に委ねることにより、当該団体の自律への尊重を示したものと考えられる[3]。

　また、第2に、国家公務員に関しては労働基準法等の適用が排除されるのに対し（同法附則16条）、地方公務員には特定の条項を除き適用がある（地公法58条3項）。この点に関しては、「憲法27条2項が勤務条件に関する基準は法律で定めるものと規定していることとの関係上、労働基準法の準用を規定しない限り、地公法のなかに労働基準法の各規定に相当する規定をおく必要が出てくるためである」との説明があり、これは立法技術的な観点から適切に両者の差違を説明するものである[4]。しかしながら、より根本的には、労働基準法が示す最低の労働条件を前提としつつ地公法に示されない事項に関しては地方団体の自主的決定に委ねることとした同法の立場の表明をここに見出すことも可能であろう。

---

[3]　地方公共団体の自主性・自律への配慮が地公法においてどのように現れているかに関し言及するものとして、鹿児島重治『逐条地方公務員法〔第6次改訂版〕』（学陽書房、1996年）42頁以下（橋本勇『逐条地方公務員法〔新版 第6次改訂版〕』〔学陽書房、2023年〕15頁以下）等、園部逸夫監修・栗田久喜ほか編「地方公務員法」『国家公務員法・地方公務員法』（青林書院、1997年）32頁以下。さらに、参照、青木宗也＝室井力編『基本法コンメンタール地方公務員法〔新版〕』（日本評論社、1991年）28頁以下・93頁以下等がある。

[4]　参照、鹿児島・前掲注(3) 295頁以下（橋本・前掲注(3) 396頁以下は立法趣旨としてこの旨を説明する）。

第3に、政治的行為の制限に関して、地方公務員にあっては一定の類型の行為（投票勧誘活動等）を当該職員の属する地方公共団体の区域外（支庁・地方事務所等の勤務の場合はその区域外）において行うことまでも制限されておらず（地公法36条）、かつ、制限違反につき刑事罰による制裁は規定されていない。これに対して、国家公務員にあっては、現業公務員を含め、国公法及び人事院規則に定められた行為が一律に禁止され、違反行為に刑事的制裁が設けられている（国公法102条・人事院規則14-7、同法110条1項17号・19号〔現行法112条の2第1号・2号〕）。

　第4に、人事院と人事委員会・公平委員会とでは、同じ第三者的人事行政機関であっても権限に重要な差異が存在する。人事院は、国公法及びその他の法律に基づき、広範な事項に関して規則を制定する権限を有し、前述の政治的行為の禁止に関する規則等、委任の範囲が包括的な事項は多く存在している。これに対し、人事委員会・公平委員会は、法律・条例によって委任された事項について規則制定権を有するものの、列記事項は特に公平委員会の場合には限定されている[5]。また、人事院は直接に懲戒手続に職員を付することができるのに対し（国公法84条2項）、人事委員会・公平委員会にはこのような権限はない。この点に関しては、人事委員会・公平委員会は市町村を含めた地方公共団体のすべてに設置が義務づけられており（公平委員会の事務の委託は可能である。地公法7条4項）、都道府県・市町村の行財政能力とその差異が考慮されたものといえよう[6]。

（3）　地方公共団体の自律と多様性

　以上、要するに、地公法は、国公法に準拠しつつも、①地方公共団体の自主性・自律、及び②地方公務員制度が規模、行財政能力等において多様性を有する多数の地方公共団体に適用されること等に、配慮を示しているものと解することができる。そして、これらの視点は、公務員制度の改革等の課題を考える上でも踏まえるべきものといえよう（この点に関し、地公調の座長を務めた塩野宏教

---

5)　参照、鹿児島・前掲注(3) 84頁以下（橋本・前掲注(3) 120頁以下）。
6)　その他にも、地公法は、臨時・非常勤の委員等を特別職とし（地公法3条3項3号）、あるいは、単純労務に従事する職員のカテゴリーを設け、現業公務員に準じた取扱いをする等、国公法と異なる規律を置いている。

授は、国の制度改革の視点に加え、地方分権の進展、それを担う人材の育成、住民意識の変化等の視点をも踏まえたものとなっている、と説明している〔塩野・前掲注(2)(『法治主義の諸相』)〕479頁)。

さらに、国家公務員制度と地方公務員制度との間の差異を考える際には、前記の差異に加えて視野に入れておくべき点のあることはいうまでもない。例えば、二元的代表制の下での地方公共団体の首長と議院内閣制度下の各省大臣とにあっては、職業的公務員制度と任命権者さらには政党との関係を論ずる上で議論の前提を異にしている。

第3節　多様な人材と勤務形態の確保

(1) 多様な人材の確保

わが国においては、これまで終身雇用制、企業内における人材育成重視の慣行が、民間と公務とを通じて長期にわたり定着してきた。しかしながら、民間においても労働力の移動が活発になると同時に、行政課題の変化のなかで既存の組織において必ずしも十分には育成してこなかった新たな人材（特に、法律、経営、会計等の専門職）を行政に取り込む必要性が公務においても生じてきた。さらに、国においては、国民内閣制度の理念の下で、国民の選挙により形成された議会の多数党によって組織された内閣の積極的な主導の下で国政の運営がされるべき点が強調されてきたこと等もあり、政治的任用に基づく公務員の範囲を拡大すべきであり、そのために多様な人材を任用できる制度的枠組みを確保すべきであるとの意見が有力となっている[7]。

任期付研究員法及び任期付職員法は、公務に幅広い人材を広く確保する前記の需要に応えようとしたものである。特に、任期付職員法及び同法に基づく人事院規則は、①高度の専門的な知識又は優れた識見を有する者をそれらの知識知見が必要とされる分野に活用するとき、②専門的知見を有する者であって、その知見の性格に鑑み育成が困難であることから部内の確保が一定期間困難であるとき、又は、急速に発展する技術に係る知見であることから、知識経験を有効に活用する期間が一定の長さに限定されるとき、③②に準ずるものとして

---

[7] 参照、公制調答申「各論——多様で質の高い人材の確保具体的方策（政治的任用）」。

人事院規則で定める場合に、人事院の採用試験によらずに任命権者が人事院の承認を得て任命するものである（同法3条）[8]。このうち、「優れた識見」とは、「民間における幅広い分野で活躍し、広く社会的にも高く評価される実績を挙げ、創造性、先見性等を有すると認められる者が有する幅広い知識経験」を指すものとされており[9]、民間の有能な人材を大胆に登用することを目指すものとして特筆に価する。

そして、このような人材の確保方法について、人事院規則は、①性別その他選考される者の属性を基準とすることなく、②情実人事を求める圧力又は働き掛けその他不当な影響を受けることなく、③業務に必要とされる専門的な知識経験等の有無をその者の資格、経験、実務の経験等に基づき経歴評定その他客観的な判定方法により公正に検証すること、を求めている[10]。

以上のように、同法及びこれに基づく人事院規則が、人事院の採用試験によらずして特別な任用を行う場合に、採用過程の公正・透明を確保する措置の実施されることを求めている点は重要である。しかしながら、これらの措置に加えて、採用基準を明らかにした上で公募を実施し、特定分野に専門的知識を有する弁護士、公認会計士等、人材が極端に不足している分野等を別にして、複数の候補のなかから採用面接等を含む慎重な手続を通じた採用を実施することを、原則として確立すべきであろう。かつ、この点は、地公法に制度を導入しようとする場合にも当て嵌まるものと考える（なお、平成24〔2012〕年の採用試験制度の改正によって、任期を伴わない職員に関しても経験者採用試験が新設された。この点について、本書第4編第1部第3章270頁【追記5】を、経験者採用試験の採用実績について、本章【追記2】を参照）。

---

[8] 人事院規則23-0（任期付職員の採用及び給与の特例）第3条は、①専門的な知識経験を有する職員を一定の期間他の業務に従事させる必要があるため、当該専門的な知識経験が必要とされる業務に従事させることが適任と認められる職員を部内で確保することが一定の期間困難である場合、②業務が公務外における実務の経験を通じて得られる最新の専門的な知識経験を必要とするものであることにより、当該業務に当該者が有する当該専門的な知識経験を有効に活用することができる期間が一定の期間に限られる場合、を挙げている。

[9] 参照、人事院が発した「任期付職員の採用及び給与の特例の運用について」（平成12年任企-590）。

[10] 参照、人事院規則23-0第2条。

(2) 任用の柔軟化

また、任期付職員法は、任用基準の①が示すように、縦割りの各省庁間による硬直的な利害調整を排して、総合的かつ迅速な政策調整を可能とするため、内閣府・内閣官房を中心として各省の利害から自由な人材を政治主導により確保することを、一つの目的としている。中央省庁の大括り再編に関する議論等にも示されているように、利害関係団体等と結び付いた形で行われる省庁間の利害調整には、硬直性・閉鎖性等の弊害が目立つことを否定できない。よって、従来の社会経済システムの抜本的改革や機敏で柔軟な外交政策の展開が求められている時代において、制度改正の方向性そのものは評価されるべきであろう。もっとも、このような総合調整機能の向上という枠組みを越えて、政治的任用の枠を幹部職員一般（例えば、国にあっては局長以上）に拡大しようとする場合には、幾つかの問題点を整理することが必要となろう[11]。

例えば、各省庁における政策形成の中心が政治任命となった場合には、人材の確保と継続性の確保等の面において、各省庁における政策形成の質等が低下していくおそれを否定できない。この点、国家行政機関における枢要な職の任免が政治的に行われるアメリカ等においては、公共的な政策形成のための資源が議会、議員個人、民間等において豊富に確保されている。これに対し、わが国にあっては、これらの資源の形成は一部に進展が見られるものの、全体としては遅れており、政党自体、長期的、継続的な見地から政策を形成する能力を十分に備えているかの点に関して疑問が呈されている[12]。

さらに、翻って鑑みるならば、わが国の公務員法制の中核には公務員の政治的中立の確保が存在している。公務のかなりの範囲について政治的任用を拡大することは、一般職の公務員に関して政党所属をはじめとして厳格に政治的行為を禁止する現行法体系の理念との間の緊張関係を生み出すことに、我々は留意する必要があろう。

ちなみに、この問題に関し、地方公務員に関しては、住民の信任を直接に得た単独の首長が強力なイニシアチブを取り得る制度的な構造が存在することを、

---

11) 人事院『平成11年度年次報告書』(2000年) が、この問題に関する3本の論文（人事院月報平成12年4月号から6月号に連載）を特集している。参照、西尾勝「議院内閣制における政治と行政」同69頁、森田朗「政治的任命職の拡大と行政の中立性」同77頁、村松岐夫「高級官僚の運命」同85頁。

12) 参照、前掲注(11)所掲の西尾論文・森田論文等。

併せて考慮に入れる必要がある。この点に関しては、政治的任用の拡張に親和的な要素と位置づけるか、あるいは、逆に解するか等について見解の対立が有り得る。そして、この点につき、①副知事・助役（現行は副市町村長）等、知事が議会の同意を得て選任できるポストは既に存在していること、②政治的イニシアチブを発揮して、政策調整を実施し得る権限・基盤を首長は与えられており、問題は各首長の決断がされるか否かにあると考えられることから、筆者は、地方公務員に関しても政治的任用を抜本的に拡張することには消極的である。ただし、このことは、政治的任用職の政策調整的なポストを設けることに反対する趣旨のものではない。

（3） 勤務形態の多様化

多様な勤務形態の確保という点においては、国家公務員の場合において、大学教員等の職務の性質に適合的な形態として民間の裁量労働制に準じた裁量勤務制度（仮称）の導入も検討の対象となった。この点は、国家公務員としての大学教員の勤務形態に対する国民の理解を得るのみならず、アカウンタビリティを確保する観点からも、制度の導入は重要な意味を有している[13]。しかしながら、国立大学の法人化が議論され、適用法規等については流動的要素があることから、制度改正は先送りになっている。したがって、この問題の解決は公立大学の教員等の問題と共通する課題となっている点を指摘したい（本章の公表後に、国立大学は国立大学法人法〔平成15年法112号〕に基づいて法人化された。また、地方独立行政法人法〔平成15年法118号〕の制定により公立大学に関しても法人化は可能となっている）。

なお、地方公務員の場合には、民間における多様な労働形態の出現、行政改革の進展、財政危機のなかでの人件費抑制の要請という事態のなかで、多様な勤務形態と賃金体系をもつ非常勤職員が多数存在している。かつ、そのなかで、任用の根拠が必ずしも明確ではない職員が存在していると指摘されている[14]。

---

[13] 人事院は、平成11（1999）年6月に「大学教官の勤務の在り方に関する研究会」（座長・塩野宏成蹊大学教授〔肩書は当時のもの。以下、同じ〕）を設置し、同研究会は、同年11月に本文に述べた内容の報告書（「大学教官の勤務形態の在り方に関する研究会報告」）を公表している。

[14] 臨時職員・非常勤職員の任用の根拠としては、地公法3条3項3号（特別職の臨時・非常勤職員）、同法17条（一般職の正式任用）、同法23条（一般職の臨時的任用）の他に、他の法律（地方公共団体の育児休業等に関する法律〔平成3年法110号〕6条等）による臨時的任用がある（なお、

したがって、任用の根拠を明らかにするとともに、地公法の適用のない特別職の臨時職員・非常勤職員に関しては、その勤務形態・条件を明確にする措置がとられる必要があろう[15]（塩野・注(2)〔『法治主義の諸相』〕486頁もその問題点を指摘していた。この点につき、地方公務員法及び地方自治法の一部を改正する法律〔平成29年法29号〕によって会計年度任用職員の制度が創設された。本書第5編第2部第1章377頁及び第2章386頁を参照）。

第4節　新たな人事管理方策の探究

(1)　公務における人事評価の在り方

民間においては、年功序列的な賃金体系を改め、年俸制等、業績・実績を重視する賃金体系の構築、そのための能力・業績評価システムの整備等が進行している。これに対応して、公務においても、成績主義の強化、能力主義の徹底が重視されるようになり、様々な業績評価の結果を給与に反映させる措置等が実施され、さらに、厳格な能力・業績評価システムの下で評価結果を包括的な形で給与に反映させる仕組みの検討が行われている[16]。筆者は、これまでの年功序列的な人事昇進システム、職務給の考え方に基づく給与体系はわが国の労働慣行を通じた成績主義の一つの表現形態であったと考えている。したがって、これまでの給与体系が、成績主義及び能力主義の原則に照らして不適当なものであったとの評価があれば、それは一面的なものといえよう。しかしながら、

本書第5編第2部各章を参照）。

15)　ちなみに、総務省（旧自治省）は、臨時・非常勤職員の問題を、任期付採用の問題と併せて検討するために、平成11 (1999) 年2月に「分権型社会における地方公務員の任用制度のあり方等に関する検討会」を設置して作業を開始している（座長は筆者〔同検討会は、報告書「分権型社会にふさわしい地方公務員の多様な任用制度の実現へ向けて」（平成14年9月）を公表している〕）。

16)　給与体系の修正としては、役職段階に応じ、期末・勤勉手当の支給率に差を設ける、特定幹部職員（本省庁課長等）の期末手当の一部を勤勉手当に振り替える、勤勉手当の成績率の幅を拡大する等の措置を指摘することができる。参照、総務庁人事局監修・(財)能率増進研究開発センター編著『新たな時代の公務員制度を目指して』(1999年)。また、人事院は、「新たな時代の公務員人事管理を考える研究会」を組織し、平成10 (1998) 年3月26日に報告を受けた以外にも、本文に述べたように、平成11 (1999) 年9月に「能力、実績等の評価・活用に関する研究会」（座長・笹島芳雄明治学院大学教授）を設置して検討を進めている（中間報告〔平成12年6月16日〕、最終報告〔平成13年3月30日〕）。総務省（旧総務庁）も、平成11 (1999) 年10月に「人事評価研究会」（座長・今野浩一郎学習院大学教授）を設置して報告を受けている（「人事評価研究会報告書」〔平成12年5月〕）。

公務労働も民間の給与体系の動向と隔絶した存在ではあり得ないこと、公務労働の在り方に関しても国民の幅広い支持を受け、理解されるものである必要のあることから、これらの改革方向は基本的に支持したい。

　もっとも、公務の場合には、個人別の受注量・売上高や利益獲得額等の指標によって個人の業績と能力が測定し得る業務は稀である。社会管理を目的とする行政活動は、社会経済状況のなかでの需要に応じて、かつ、将来予測を含めて課題が定まるため、達成目標を予め定めることは困難である。また、達成度に関して、政治的環境、経済環境等、外在的要因に規定される要素は強く、アウトプットを担当者の能力と業績にどの程度帰すことができるかについて判断の分かれる場合も多いことが予想される。さらに、能力評価に関しては、企画能力、調整能力、組織管理能力等、公務に関しては数値に表わしきれないものがほとんどである。

　これらの点から、年功序列によらない能力主義的昇進システムや短期的な実績を給与に反映させる制度を公務に導入するに際して、個別具体の時期において個々の職務に求められる業務の内容、当該担当者に期待される能力等を、民間部門よりも明確にすることが必要となろう。また、評価の手法も、業績や売上高等の客観的指標を反映させることが可能であって労使の納得も得やすい民間部門よりも、厳格で公平性の高いものが要求されると考えるべきである。

　この点につき、総務庁人事局（当時）の「人事評価研究会報告書」（平成12年5月）は、まず、業務の達成目標を適切な形で定め、その目標に即して評価を実施することを提言している。また、評価の公平性・客観性を確保するため、①評価者による最終的な人事評価の前段階として、②自己評価・自己申告の手続を組み込み、③評価項目・評価基準を公開し、評価結果の被評価者への伝達についても検討すべきであると提言している。さらに、評価者の訓練の充実、外部の専門機関によるアセスメントの実施、同僚・部下による評価を含んだ多面的評価の実施、苦情処理システムの整備等が提案されており、これらの点は基本的に高く評価されるべきであろう[17]。ただし、前述したように、公務においては、時々の状況のなかで業務の重点を柔軟に変更すべきことを求められる職務領域が多い。このような場合には、評価時に達成目標を適切な形に変更す

---

17)　参照、人事評価研究会「人事評価研究会報告書―国家公務員の新たな人事評価システムの基本的指針について―」（平成12年5月）。

る等、評価が硬直的になることを避ける必要がある。

　また、地方公務員における業績・能力手法の開発に関しては、総務省（旧自治省）が研究会を組織し、その報告が公表されている[18]。当該報告においては、能力主義・実績主義を重視した評価システムを導入することが強調された上で、①評定要素と評定項目を職位別に設置することが重要であること、②客観性を確保する制度を開発する必要のあること、③評定者の研修を実施する必要のあること等、が強調されている。ただし、客観性を確保する仕組み等に関しては、水平的な立場にある者も評価に加え、評価項目・評価基準を公表することも一つの方策とされているものの、多面的評価の実施、評価結果の本人開示に関しては各自治体の判断に委ねる形がとられている。地方公共団体の自主性、団体の規模等を考慮した結果と考えられるものの、規模の小さい自治体においてこそ評価の客観性等を確保することが必要であると考えるので、各自治体において踏み込んだ措置が実施されることを期待したい（本章公表後において実施された国家公務員に係る人事評価制度の整備に関しては、本書第4編第1部第3章265頁【追記2】を、地方公務員に係る人事評価制度の動向に関しては、本章の【追記3】を参照されたい）。

（2）　措置要求制度の充実

　年功序列的な横並びの昇進システム、職位に応じた給与体系から、より短いスパンにおける業績の獲得と能力の発揮を重視した昇進システム及び給与体系に移行するに従って、個人に着目した権利保障の制度、個別的な労使紛争の解決・調整の制度を構築することが重要となってくる。民間部門においては、都道府県労働局長に対して個別的労使紛争に関する調整機能を付与する案が厚生労働省（旧労働省）により公表され、法案化に向けた準備がされているようである[19]（本章の刊行後に個別労働関係紛争の解決の促進に関する法律〔平成13年法112号〕が成立した）。

　平成12（2000）年に人事院が苦情処理手続を制度化した背景には、セクシャル・ハラスメント対策等、個人の労働環境の確保の課題と並んで、昇進管理、

18）　参照、地方行政運営研究会公務能率研究部会「地方公務員の評価システムのあり方に関する調査研究」（平成12年2月）64頁以下。
19）　参照、労働省労政局労政課「簡易・迅速な個別的労使紛争処理システムの整備について」（平成12年8月25日）。

給与決定における能力主義と実績主義を重視する傾向に伴う個別的労使紛争の増加がある（参照、平成12年人事院規則13-5（職員からの苦情相談））。この傾向を踏まえ、強制力を伴わない苦情処理制度を定着させていく課題と並んで、個別的労使紛争解決の受け皿となり得る措置要求制度（国公法86条以下）の充実等が求められることになろう（なお、本章の【追記4】を参照）。

（3）　スタッフ職の在り方

　公制調答申は、公務等における専門化、国際化の流れと、戦略性、迅速性の高い意思決定が求められるなかで、総合的・戦略的な意思決定を迅速に行うための簡素で効率的なライン組織と、それを支える機動的で高い専門能力を有するスタッフ組織とが、有機的に結合する職員構成を作り上げることが必要となってきている、との認識を示している。この指摘自体は正当なものであるものの、どのような道筋によってスタッフ組織を整備していくかが問題となる。

　まず、スタッフ職とライン職との関係が検討される必要があろう。公制調答申においては、スタッフ職として、特定分野における高度な専門知識・経験に基づき政策の企画立案の支援に当たる「専門職」に加えて、専門知識と関連分野まで含めた幅広い視野を併せ持ち、機動的に政策の立案調整を行う「政策スタッフ職」が想定されているようである。しかしながら、後者に関しては、中央省庁のラインの基幹的業務と重複するように思われる。したがって、このような職をラインから分離して組織することは可能なのか、また、分離した場合においてラインとの権限配分をどのようにするのか、等の問題点を整理することが必要となろう。専門職に関してもそれにふさわしい給与体系の処遇をどのように構築していくのかが、重要な検討課題となろう。早期退職慣行によるピラミッド型人事構成を維持することが困難となるなかで、ラインの人事構成を保持するための便法としてスタッフ職の拡充が用いられている、との批判を浴びないよう、制度の実質化を図ることが肝要である[20]。

　ちなみに、地方公務員に関しては、①都道府県・政令市等を中心に、地方上

---

20)　公制調答申も、早期退職慣行によるピラミッド型の人事構成を維持することが困難になるなかで、複線型人事システムへの転換が組織の活力を維持することに資する面がある点を認めている（参照、同答申「各論9 高齢化への対応と退職管理の適正化 (1) 公務をライフワークとできるような人事システムの在り方」）。

級職採用試験は幹部要員確保の色彩を弱め、採用後の選抜による昇進管理が一般的となっていること、②その結果、年次が逆転した人事も日常化していること等、国家公務員とは事情を異にする点がある。しかしながら、警察事務等を除いて、一括採用方式がとられている地方公務員の場合にあっては、スタッフ職の整備により行政の専門化に対応していく必要性は高い。

また、機動的な意思決定を確保するためライン職をスリムに保つ必要がある点は、国家公務員の場合と異ならない。このような見地から、都道府県、比較的規模の大きい市等において、スタッフ職の拡充を検討することは有益であると考える[21]（国家公務員制度におけるスタッフ職の措置状況に関し、本書第4編第1部第1章221頁【追記4】を参照されたい）。

（4） 採用試験等の在り方

国家公務員において多様な人材を確保する観点から、Ⅰ種・Ⅱ種・Ⅲ種（現行は総合職・一般職・専門職）、さらには、その区分の在り方、採用後の昇進管理の在り方に関しても検討する必要がある。

まず、Ⅰ種試験に関し、特権的意識をもった官僚層を生み出しているとの批判から廃止論は有力である。しかしながら、民間との間における有能な人材の獲得競争に公務部門もさらされている点に鑑みるならば、制度そのものの廃止は時期尚早であろう。むしろ、Ⅱ種・Ⅲ種採用職員の選抜・登用制度を整備することにより、多様な人材を幹部に昇進させるルートを確保すべきである。また、Ⅰ種は一律に特定の職位（例えば、課長級等）までの昇格が確保される慣行を改め、少なくとも本省課長の承認時には年次が逆転することもあり得る人事が可能となるような競争的昇進システムを導入することが望ましい[22]。

Ⅰ種制度の改革との関係において、Ⅱ種・Ⅲ種、その他の採用職種に関する選抜・昇進のシステムの改革は、これまでも述べたように重要である。この点、人事院も、各省庁に対してⅡ種・Ⅲ種の登用モデルを示し、その促進を図っている[23]（なお、本書第4編第1部第1章223頁【追記5】を参照）。

---

21) 地方公務員制度研究会報告・前掲注(2)「多様な勤務形態の導入等4スタッフ職制・専門職制の活用」も、スタッフ職等の拡充による複線型人事管理システムへの移行が必要であるとしている。
22) 公制調答申も、「昇進と採用年次との結び付きを緩和し、特に幹部職員等を中心に、年次の逆転を含めた能力・実績・適性に基づく厳格かつ的確な運用を進めるべきである」としている（「各論3 能力・実績に応じた昇進・給与 具体的改革方策 (1)」）。

しかしながら、選抜・昇進システムの透明性・公平性を確保するため、各任命権者の完全な裁量に委ねるのではなく、これらの視点が確保されているかに関し、人事院と任命権者が協議するシステムが必要であろう。

ちなみに、地方公務員制度の場合には、採用試験の位置付けが国の場合とかなり異なってきているため、先に述べたことは妥当しない。本章においては、国家公務員・地方公務員に共通する改革ポイントとして、次の点を指摘したい。すなわち、採用試験においては、筆記に加えて、面接等を通じて幅広い見地から選抜が行われるようになってきており、このことは運用における一定の改善といえる。しかしながら、司法試験改革に関しても主張されているように、個人の能力を多面的・精確に判定するためには、短期の1回での試験ではなく、プロセスを通じた判定が望ましい。国家公務員試験の場合に、人事院の試験とは別に、任用権者が一定の期間に複数の担当者による面接を繰り返して具体的な判断を形成するようになっていることも、このような短期・1回の試験の限界を踏まえてのことであろう。

したがって、将来的には、国・地方を通じて、行政大学院・行政スクールを基盤として採用のされる方式が望ましい。また、そのような段階に至る過渡的な期間にあっても、1回のみの筆記記試験・口述試験に加えて、ある程度の期間にわたる長期的な選抜プログラムを実施する試験制度へと転換させることも考えるべきであろう。

(5) 職階制

公務員の人事管理に関する検討の最後として、職階制の問題を取り上げる。国公法（平成19年法108号による改正前のもの）及び地公法（平成26年法34号による改正前のもの）は、職員の任用・給与の基礎として職階制を規定している。職階制はアメリカの公務員制をモデルとしたものであって、様々な領域における職務を共通する職群・職種に分類し、困難度・責任の程度等の見地からこれらを複数の級に分け、採用・昇進・評価、さらには給与支払いの基準とするものである。しかしながら、国公法・地公法ともに職階制の適用は延期され、国家公務員の給与に関しては「一般職の国家公務員の給与に関する法律」（昭和25年

---

23) 参照、「II種・III種等採用職員の幹部職員への登用の推進に関する指針」。人事院における検討の経緯について、参照、人事院「平成10年度年次報告書」8頁、96頁以下、299頁以下。

法95号。以下、「給与法」という）が暫定的な形で制定適用されて、この法律に基づく俸給表が任用について一定の機能を果たす形となっている。地方公務員の法分野においても、基本的に職階制とは別に給与条例及び条例に基づく規則が制定され、同条例・規則に規定される給料表等に準拠して給与の支払い、任用等が行われているのが現状である[24]。

　国・地方を通じて職階制が機能しなかった理由に関しては、厳格な職務分類が現実的でなかったこと、職階制の技術的・専門的内容が関係者によって十分に理解されなかったこと等、様々な要因を指摘することは可能である。しかしながら、職階制が定着しなかった最大の要因は、次のようなものであろう。すなわち、①組織的な連携を前提としつつも、個人への明確な職務分担を公務遂行のスタイルと位置づけ、かつ、②個々のポストに関して個別的な選考を実施し、組織的な昇進管理は行わない、等の慣行を前提として、能力主義・実績主義に基づく任用・給与システムを実現しようとしたのがアメリカの職階制である。これに対し、①組織的・集団的な業務執行のなかで、個人への職務配分は臨機応変に行い、②組織の人事部門の主導によって組織的・集団的に昇進管理が行われること等、を特徴とする日本の公務員の任用・給与システムにとっては、個人の職務の厳密な定義や各ポストの個別的選考を前提とする職階制は適合的なものではなかった[25]。

　ただし、任用・給与の基礎として法体系の柱に位置づけられている職階制が長年にわたり機能していない状況は、法治主義の観点からは不適切である。他方、職階制を再度機能させようとする選択肢は前述の点に照らして適当ではあるまい。もっとも、アメリカの職階制が担っている機能、能力主義・実績主義に基づく任用・選考の保障機能が別の形態により支えられる制度を考案することは、職階制を正式に廃止する際には必要であろう。例えば、本省の課長の職等への任用の際には、中央人事行政機関の職員も加わり、外部に対するアカウンタビリテイが果たされる形での選考が任免権者により実施される、等の措置が考えられるべきであろう（ちなみに、本章の刊行後に、平成19年法108号及び平成26年法34号による改正によって、職階制に関する規律は削除され、人事評価に関する規律

---

[24] 国家公務員に関して、参照、鵜飼信成『公務員法〔新版〕』（有斐閣、1980年）78頁以下等、地方公務員に関して、参照、鹿児島・前掲注(3) 277頁以下等（なお、本章末尾の追補を参照）。

[25] 同旨、鹿児島・前掲注(3) 280頁以下（なお、本章末尾の追補を参照）。

に置き換えられている。この改正につき、塩野宏教授は、「職階制が機能する地盤を欠くものであったので、……人事管理の合理性の追求のために新たな技術を開発した」と評価している〔塩野宏「地方公務員制の変遷」同『行政法概念の諸相』（有斐閣、2011年）492頁（初出2010年）〕。人事評価制度の整備に関しては、本書第4編第1部第3章265頁【追記2】及び本章の【追記3】を参照）。

第5節　職員団体と当局との関係及び中央人事行政機関の在り方

（1）　身分保障の緩和と労働基本権

周知のように、公務員の労働基本権に関しては、特に争議行為について刑罰の制裁をもって現行法が一律に制限している点に対して学説上の批判は依然として強い。この点につき、財政民主主義、人事院等の第三者機関の存在等を理由として、最高裁判所は合憲の判断を示しており、判例変更のきざしはない[26]。もっとも、政治のレベルにおいては、公務員の身分保障を緩和する代償として労働基本権を付与する等の措置が検討されはじめている[27]。しかしながら、国公法・地公法ともに分限の制度を規定している以上、公務においても民間と同様に組織改編に伴う人員整理は可能である。そして、前述のように政治主導の方向が強まる状況のなかで公務員の政治的中立を確保するためには、身分保障を緩和することは不適切といえる。

したがって、身分保障緩和の代償措置として労働基本権を付与する議論は前提を誤ったものと言わざるを得ない（なお、本節の記述に関連して、本書第4編第2部第1章271頁及び第2章284頁を参照）。

（2）　参加の制度と書面締結の仕組み

労働基本権の制限に関連しては、職員団体の一部において、ドイツの職場協

---

[26] 最高裁判所の判例を分析するものとして、参照、芦部信喜『憲法〔新版補訂版〕』（岩波書店、1999年）248頁以下（同書〔第8版〕〔2023年〕302頁以下））、野中俊彦ほか『憲法Ⅰ〔新版〕』（有斐閣、1997年）217頁以下〔中村睦男〕（同書〔第5版〕243頁以下〔同〕）、佐藤幸治『憲法〔第3版〕』（青林書院、1999年）432頁以下、634頁以下（同『日本国憲法論〔第2版〕』〔成文堂、2020年〕180頁以下）。

[27] 参照、平成12（2000）年10月15日の各紙報道。さらに、平成13（2001）年1月1日各紙の報道によれば、政府・自民党は、労働基本権の付与、身分保障の緩和等を柱とする制度改正の基本方針に関して合意したとされる。

議会等の制度を参考として労使協議制度・参加制度の充実を求める動きがある。例えば、公務員制度調査会に設置された「労使関係のあり方に関する検討グループ」において、職員団体側委員は、①賃金・労働条件決定過程への参加を保障する交渉制度、協議制度の確立、②職員参加を保障する「職員代表制度」の確立等を示して検討を求めている[28]。

　勤務条件法定主義の下で、これらの参加制度を取り込める余地がどれだけ存在するかについては慎重に検討する必要がある。しかしながら、これまでも行われている当局・職員団体間の様々な意見交換（法律上は交渉・協議と区別される「会見」と称されるもの）を制度化することは、両者の安定的な関係を構築する点において意味のあることといえよう（なお、人事院勧告に先立つ職員側との意見交換の在り方については別の項を立てて述べることにしたい）。

　ちなみに、法律の定める当局と職員団体との間における交渉の在り方に関して、国公法の規定と地公法のそれとの間には興味深い差違がある。この点は、前述した安定的な関係の構築の視点に係わることから、ここに紹介し検討することにする。

　すなわち、地公法55条1項は、地方公共団体の当局は、勤務条件とこれに附帯する社交的又は厚生的活動等に関する事項に関し、登録職員団体から交渉の申入れがされた場合には、その申入れに応ずべき地位に立つものとし（ただし、同条3項によれば管理運営に係る事項は交渉の対象から除外される）、同条4項以下はその具体的ルールを定めている。特に、同条9項は、「職員団体は、法令、条例、地方公共団体の規則及び地方公共団体の定める規程にてい触しない限りにおいて、当該地方公共団体の当局と書面による協定を結ぶことができる」と規定し、同条10項は、「前項の協定は、当該地方公共団体の当局及び職員団体の双方において、誠意と責任をもって履行しなければならない」、としている。これに対し、地公法55条に対応する国公法108条の5には、地公法55条9項・10項に相当する規定はない。このような差異に関しては、両法の制定時期の違いに伴う労働基本権の制限に対する考え方のズレを反映していると考えられる[29]。そして、①国家公務員制度において、交渉の結果を書面化すること

---

28) 参照、労使関係の在り方に関する検討グループ委員・丸山建蔵・竹林清・萩尾七夫「労使関係の在り方に関する検討グループの運営の在り方と審議すべき基本方向、課題についての意見」（1999年4月9日）。

は禁じられていないこと、②合意内容について誠実に実現に努めることは、合意の性格上、当然のことであること、③勤務条件法定主義の下にあっては、当事者の間で自治的に決定できる事項はなく、合意は紳士協定にとどまると解されること、等から、地公法の上記規定がもつ意義は高くないと解する見解は有力である[30]。

しかしながら、①勤務条件法定主義の下においても、書面による協定の対象となる合意を職員団体と当局が結ぶことのできる点を法律が確認していること、②合意の書面化を認めることにより、内容をめぐる後の紛争の発生を防ぐことが可能となること、③協定の誠実な履行が当局・職員団体の双方に課されること、④議会等への働き掛けは具体的な義務内容となり得るし、福利厚生等の事項で予算措置が可能なものについては当局が措置できるものと解されること、等において、地公法55条9項・10項が地方公務員制度における当局と職員団体との関係の円滑化・安定化に資するところは大きいものと考えられる。したがって、書面化の対象となる事項の範囲、書面による合意内容の効力等に関して明確にした上で、国家公務員制度においても同様の規定を導入することは真剣な検討に値する、と筆者は考える[31]（本項に関しては、本書第4編第2部第2章

---

29) 参照、鹿児島・前掲注(3) 868頁以下（なお、橋本・前掲注(3) 1002頁以下、特に1004頁は、「道義的責任を生ずるにとどまる」とする一方、紳士協定であるとの見解を採用していない）。「労働協約締結権の復活への布石とする意図が込められていた」と解するものとして、参照、浅井清『国家公務員法精義』（学陽書房、1951年）649頁以下、「労働側の反対姿勢に配慮したものであった」と解する見解について、参照、今枝信雄『逐条地方公務員法〔増補版〕』（学陽書房、1965年）714頁以下。

30) 参照、浅井・前掲注(29) 650頁、今枝・前掲注(29) 715頁。さらに、加藤俊平「非現業公務員の交渉制度」『現代労働法講座15 官公労働法』（総合労働研究所、1985年）96頁は、職員団体と当局の間の合意に法的拘束はなく、書面による合意も紳士協定にすぎない、と主張する。

31) 書面協定に一定の範囲において法的拘束力を認める見解として、参照、鹿児島・前掲注(3) 870頁（橋本・前掲注(3) 1004頁も、「条例、規則その他の規程上、問題を生ずる余地がなく、しかも予算措置もなされているような場合には、その範囲内の事項についての書面協定は、法律上の効力を有すると考えてよいであろう」として、鹿児島・前掲注(3) 870頁の記述をより一般化した形で述べる）。なお、菅野和夫教授は、「協約締結権を認め、成立した協定に法的拘束力を付与しつつ、協約が法律や予算に抵触する場合には法的効力を有しないとする制度」について、①現行制度の下では法的効力の生じうる事項はごく限定されたものとなること、②申合せに違反すれば信頼関係破壊の法的評価等を受けること、③協約と法令との抵触関係に関する判断が困難な場合があり、職員団体と当局との間に紛糾を生じさせ、あるいは無効な協定が裁判による確定まで長期に実施されることになる弊害もありうること、等を指摘して、消極的評価を与えている（参照、同「国家公務員の団体協約締結権否定の合憲性判断」下井隆史ほか編『久保敬治教授還暦記念論文集 労働組合法の理論的課題』〔世界思想社、1980年〕146頁）。菅野教授の想定する制度は、本文に述べた制度と

284頁、特に第4節308頁以下を参照。なお、本項は、労働基本権を強く制約している現行法を前提として、これを漸進的に改善するための方策を探る観点から記述したものである）。

（3） 人事行政機関の在り方

公務員制度の改革を考える際には、人事行政機関の在り方について検討する必要がある。国家公務員制度の場合には、中央人事行政機関として人事院以外にも内閣府人事・恩給局（現在は内閣人事局）が存在しており、両者の関係も考察しなければならない。

まず、この間の行政改革にあっては、権限の分散と法的な規制の緩和の見地から中央人事行政機関による任命権者への規制を緩和し、組織・運営の弾力化を目指す必要があるとする指摘が強い。公制調答申においても、同様の見地から人事管理を柔軟化させる必要のある点が指摘されている（同答申「各論12 人事行政のあり方」）。

一般に、規制緩和の手法として、①許可・承認等の事前の規制から届出・是正勧告等の事後的な規制への変更、②事前の規制のなかでも、個別的許可からルールの承認、級別定数等の総枠管理の方式への移行等、より緩やかな規制手法を採用する余地はあるか否かが検討されてきている。このような形で画一的かつ厳格な中央人事行政機関による統制を緩和し、機動的・柔軟な組織運用が任命権者に可能となる制度を追究することは有益であろう。しかしながら、勤務条件・給与の支払い、身分保障、公務員倫理の保持、私企業からの隔離等に関し、政府部内の統制を保持し、あるいは第三者的な立場からチェックする中央人事行政機関によるコントロールの意義は否定されるべきものではない。かつ、これは憲法15条の要請にも合致するものといえよう。その意味からは、これらの機関の役割を根本的に縮減することは、公務員制度保持という観点から消極的に解したい。

もっとも、わが国においては独立行政委員会の存在に対して消極的な意見は伝統的に強く、人事院に関してもその機能を縮小すべきであるとの見解がたびたび示されてきた[32]。しかしながら、国民の選挙によって信任を受けた多数党

類似するものであるものの、団体協約締結権を正面から肯定したものである点が異なる。かつ、筆者は、書面化をめぐる紛争発生のおそれよりも、合意内容の書面化による紛争予防、当局・職員団体間の関係の安定化及び円滑化の効果を重視したい。

により組織された内閣が政治的なイニシアチブを発揮して国政を主導すべきであるという国民内閣制の理念と、専門的・技術的な事項、特に、政治的中立の要請等から国会の多数派とは間接的に切り離された行政機関に公務員制度の制度設計や運営の監視を委ねる制度とは、論理必然的に矛盾するものとは考えられない。ちなみに、行政改革の際に常に参考とされるイギリスにおいてすら、公務の適切な運営の確保・監視のために第三者的な人事官・人事委員会の制度を置いている[33]。したがって、人事院の大幅な権限縮減論には筆者は反対であり、この点は、地方公務員制度における人事委員会・公平委員会に関しても妥当しよう（この点は塩野宏教授も指摘されている〔塩野・注(2)（『法治主義の諸相』）490頁〕）。

（4） 人事院の位置付け

　なお、人事院の位置付けに関しては、先に検討した以外に様々な論点が存在している。例えば、前述した国公法108条の5の定める職員団体と交渉すべき地位に立つ「当局」に人事院が含まれるのかに関しては学説上の対立があり、実務上も必ずしも明確にされていない。この点につき、人事院が中立的・第三者的な立場にあることを重視するならば、「当局」には該当しないとの解釈を導き出すことができる。しかしながら、そもそも、勤務条件法定主義、労働基本権の制限の下で、労働協約締結権を認められない形で行われる職員団体と任命権者との間の交渉は、労使自治の下での交渉とは性格をかなり異にしている。他方、中立的・専門的な中央人事行政機関である人事院は、国公法上、人事院規則の制定（16条）、人事行政改善の勧告（同法22条）、意見の申出（同法23条）、業務の報告（24条）等、公務員の勤務条件等の決定において大きな権限を付与されている。したがって、合意事項の範囲・形態・内容、合意に至る過程

---

32) 公務員制度改革に関する新聞記事においても、公務員制度の改革に際して人事院の機能を縮減する選択肢を検討していることが報道されている。例えば、参照、平成12 (2000) 年10月15日付朝日新聞。

33) 人事官（the civil service Commissioners）・人事委員会（(the civil service Commission）の制度である。人事官及び人事委員会の制度は、昭和43 (1968) 年に一度は政府の省に吸収されたものの、昭和57 (1982) 年に再度省庁から分離され、上級公務員の採用案件の承認、省庁・エージェンシーの運用する採用システムの法令適合性の監視、公務員の行動規範の維持に関する公務員からの異議申立ての審理等に当たっている（本章刊行後のイギリスの公務員制度、特に人事官・人事委員会に関し、本書第4編第1部第2章245頁以下【追記1】ないし【追記3】を参照）。

等に関し、専門的・中立的な機関としての性格に由来する様々な制約を受けるものの、任命権者と同様に、職員団体との間で交渉に立つべき「当局」のなかに人事院も含まれるものと解しておきたい[34]。

さらに、この点との関係において、人事院が法律に定められた意見の申出・報告、勧告を行う際に、職員団体の意見をどのような方法によって聴取すべきかという検討課題が残されている。この点に関して職員団体の参加の見地から団体への意見聴取を法定すべきである、との意見も一部から出されている[35]。しかしながら、専門的・中立的な行政機関としての人事院が法律に定められた国会への報告等の権限を行使する際に、どのような手続が実施されるべきかに関する検討は、職員団体の参加の視点のみならず、幅広い利害関係者、関係機関からの意見聴取、決定過程の透明化・公正の確保の視点を含めて検討する必要があろう。そして、筆者は、これらの権限行使に際して、職員団体からの意見聴取を制度化することには賛成するものの、民間の労使代表、関係省庁の人事管理官、学識経験者等を含む幅広い意見聴取制度の一環として位置づけられるべきであるものと考える。

第6節　おわりに

以上、概括的な形であるが、国家公務員制度と地方公務員制度とを対比させながら、両制度の在り方と改革の課題とを検討してきた。規制緩和の進展、中央省庁の再編、地方分権の推進等の様々な改革課題が一定の成果を挙げたなかにあって、公務員制度改革を残された大きな課題として位置づけ、推進すべきである、とする意見も根強く主張されている。これを受け、政府は、公務員制度改革を一つの柱とする行政改革大綱を決定した[36]。このように、公務員制度は民間の動向をにらみながら着実に改変を加えられてきている。そして、他方において、身分保障の原則、政治的中立の原則等の諸原則は、時代の変化のなかでも基本的に保持されるべきものであろう。もとより、これらの原則をいか

---

[34] 鹿児島・前掲注(3) 875頁（橋本・前掲注(3) 1010頁）は、人事委員会に関し、権限を有する事項について地方公務員法55条にいう「当局」に該当し得るものと解している。
[35] 参照、前掲注(28)。
[36] 行政改革大綱（平成12年12月1日閣議決定）I-2。さらに、参照、注(27)。

なる形で貫いていくかの点に関しては様々なバリエーションを想定することは可能であるものの、公務を担うのは人である以上、公務員制度の根幹を改革する際には慎重な検討が必要であると考える[37]（令和5〔2023〕年10月に総務省自治行政局公務員部は、「社会の変革に対応した地方公務員制度のあり方に関する検討会」を設置した。同検討会においては、労働人口の減少とデジタル化の推進等の社会変化のなかで地方公共団体が時代に即した人事を展開できるための方策を検討することとされている〔第2回検討会（令和6年2月1日）資料2（検討会における検討の視点等について）〕。もっとも、本章の追補時においては、具体的な方向性は示されていない）。

　【追記1】　人事院事務総局において長らく人事行政に従事された嶋田博子教授は、同『政治主導下の官僚の中立性』（慈学社出版、2020年）のなかにおいて政治的中立の概念が様々に理解されてきた点を指摘している（同書17頁以下等）。教授の指摘されているように、「政治的中立」を述べる際には、その使用する脈絡を意識して議論する必要があろう。本章にあっては、「政治的中立」について、①政権が交代するなかにあっても政権の政策に沿って企画・立案と執行がされることが確保される程度に、かつ、②政権党の掲げる政策の具体化・執行に際しての専門性・合理性を担保する点における官僚組織の役割が失われない程度に、政党（ないしはその有力者）と（政治的任用職を除く）公務との距離が保たれていることを意味するものとして用いている。そのような政治的中立性が担保される上では、①政治的任用を認められる職を置くことは認められるべきものの、その職の範囲は限定的なものとされた上で（例えば、局長級）、②政治的任用職と非政治的任用職とを明確に区別し、任命権者（内閣・各省大臣等）による人事権の行使については政治的任用職と非政治的任用職とにおいて明確に区別して用いること等の行使のルールを確立すべきである、と考えている。この点に関しては、高橋滋『ガバナンスと行政法学──組織管理、法学教育と東アジア』（民事法研究会、2025年刊行予定）の補遺において述べる予定である。

　【追記2】　経験者採用試験に関しては、人事院が各年度における「経験者採用試験採用者名簿からの採用状況」を公表しており、そこから実施職種と合格者数を確認することができる。

　それによれば、平成29年度にあっては、①経験者採用試験（係長級（事務））が、合格者40名及び採用者数9名（金融庁・外務省・厚生労働省・経済産業省・国土交通省）、②外務省（書記官級）が、合格者17名及び採用者15名、③国税庁（国税調査官級）が、

37）　参照、高橋・前掲注(1) 142頁（本書第4編第1部第1章217頁）。

合格者250名及び採用者206名、④農林水産省（技術）が、合格者5名及び採用者3名、⑤国土交通省（係長級（技術））が、本省区分で合格者3名及び採用者2名、地方整備局・北海道開発局区分で合格者5名及び採用者5名、⑥観光庁（係長級（事務））が、合格者7名及び採用者6名、⑧気象庁（係長級（技術））が、合格者15名及び採用者14名であった。

これに対し、人事院のホームページによれば、令和5年度にあっては、①経験者採用試験（係長級（事務））が、合格者53名及び採用者15名（人事院・内閣府・金融庁・デジタル庁・外務省・財務省・文部科学省・農林水産省・環境省）、②総務省（係長級（技術））が、合格者2名及び採用者2名、③外務省（書記官級）が、合格者14名及び採用者13名、③国税庁（国税調査官級）が、合格者53名及び採用者46名、④農林水産省（技術）が、合格者1名及び採用者1名、⑤国土交通省（係長級（技術））が、本省区分で合格者1名及び採用者1名、地方整備局・北海道開発局区分で合格者4名及び採用者3名、⑥観光庁（係長級（事務））が、合格者5名及び採用者5名、⑧気象庁（係長級（技術））が、合格者20名及び採用者18名であった。

【追記3】 地方公務員の人事評価に関しては、平成19 (2007) 年に第166回国会（常会）に提出された「地方公務員法及び地方独立行政法人法の一部を改正する法律案」（同国会閣法97号）において、人事評価制度を地方公共団体に義務づけることとされていたものの、同法案は、継続審議の後、平成21 (2009) 年7月の衆議院の解散に伴い審議未了廃案となった。しかしながら、平成26 (2014) 年に、地方公共団体に人事評価制度の構築を義務づける地公法等を改正する法律（平成26年法34号）が成立して公布され、平成28 (2016) 年4月から施行された（改正後の地方公務員法6条〔任命権者の権限としての人事評価の定義〕、15条の2第1項5号〔標準職務遂行能力の定義〕、23条の2以下〔人事評価の実施・人事評価に基づく措置・人事評価に関する人事委員会の勧告権〕を参照）。改正法の施行に際しての総務省自治行政局長の通知（平成26年8月15日・総行公67号・総行経41号）においては、①能力評価及び業績評価の2本立てで実施すること、②評価項目、基準、実施方法等を明示すること、③評価者に対し研修等を実施するよう努めること、④被評価者が自らの業務遂行状況を振り返り自己申告を実施し、評価者と被評価者が話し合い、目標設定やフィードバックする面談を実施し、結果を被評価者に示し、今後の業務遂行にあたっての指導・助言を実施すべきこと、⑤評価に関する苦情に対応する仕組みを整備すること、等が記載されている。

その後においても、地方公共団体における人事評価の在り方、評価の活用の在り方、人材育成への活用の在り方等に関し、総務省は継続的に研究会を設置して検討を進めている（例えば、参照、「地方公共団体における人材マネジメントの方策に関する研究会〔令和3年度〕」）。

【追記4】　本章の刊行後において人事評価制度の整備が行われた（本書第4編第1部第3章265頁【追記2】を参照）。これに伴って、人事院は、下記のような苦情相談体制等の充実を図ってきた（人事院『人事院70年　人事行政の歩み』〔人事院、2018年〕179頁以下を参照）。

具体的には、①人事評価に関する苦情の内容によって、苦情相談、不利益処分不服申立て、給与決定審査申立て（給与法21条に基づくもの）、行政措置要求の手続を通じて適切に対応すること、②公平審査局首席審理官の下に置かれていた職員相談室を同局内の職員相談課に改編し、その下に職員相談業務室（職員からの一般的な苦情相談を担当）と人事評価苦情調整室（人事評価に関する苦情相談・不服申立てを担当）とを置くこと、③人事評価に関する知識の普及を図ること等である。これらの方針の下における紛争解決の状況（平成30〔2018〕年まで）に関しては、人事院・前掲書180頁以下に紹介がある。また、これ以降の年次に関しても、人事院の各年度の年次報告書の第1編第3部第7章（公平審査）のなかに、これらの手続を通じた紛争の解決・処理状況が記載されている。

第2章　地方公務員制度の改革について

〈解題〉　本章は、本書第5編第1部第1章に続き、中央省庁等改革、第1次地方分権改革が実施された後、2000年代初頭の時点にあって、国家公務員制度と対比しつつ、地方公務員制度の改革の方向性を示そうとしたものである（地方公務員月報464号〔2002年〕号2頁）。ちなみに、平成26年法22号による国家公務員法等の改正、特に内閣人事局の創設等によって、政官関係の在り方に関しては議論が活発に展開されている。この点に関連して地方公務員制度について筆者が考えてきたことの骨子が本章第3節(2)及び(4)に記載されていることから、本章を本書に収録した。

第1節　はじめに

(1)　公務労働をめぐる環境の変化

　今日、わが国は様々な社会領域において改革の波に洗われている。民間セクターにおいては、世界的な競争の激化のなかで、企業のガバナンスの強化・リストラクチャリングの推進が求められており、終身雇用を前提としたこれまでの労働慣行は修正を余儀なくされている。また、裁量労働制の導入、派遣社員やパートタイム職員の増加等、雇用形態の多様化も進展している。公的セクターは民間セクターと労働市場を分け合う存在であり、かつ、民間セクターの比重は公的セクターに比べ大きなものであるため、公務労働の制度は民間の雇用制度における変化の影響を受けざるを得ない。

　他方、公的セクターに目を転ずるならば、規制緩和、中央省庁等改革、地方分権改革（第1次）等、国家の枠組みを大きく修正する諸改革が前世紀末から次々と実施されてきており、規制緩和や地方分権改革の取組みは継続中である。そして、組織は「ヒト」により動かされるものであるため、行政組織の改革は、組織のなかで公務に携わる公務員の在り方に直接・間接の影響を与えることになる[1]。

---

1)　参照、髙橋滋「公務員制度」ジュリ11161号（1999年）136頁（本書第4編第1部第1章204頁）。

(2) 「公務員制度改革大綱」(閣議決定)

前記の諸事情を背景として、公務員制度は様々な修正を受けてきた。国にあっては、公務員制度調査会の答申と連動する形で、任期付職員制度の導入と拡大、退職者再雇用制度の創設、官民交流法の制定等が実施されてきた。地方においても、地方公務員制度調査研究会の答申と軌を一にして、再任用制度の創設・任期付研究員採用制度の導入等の措置が行われてきている。しかしながら、①能力・実績主義に基づく人事管理を強化し、②政治主導の政策運営を実現するために大臣の人事管理権を強め、③柔軟かつ機動的な組織運営を実現する必要がある等、抜本的な改革を求める声は次第に大きいものとなり、政府は、平成12 (2000) 年12月1日の閣議決定「行政改革大綱」において、公務員制度を抜本的に改革することを決定した。これを受け、平成13 (2001) 年3月27日には、「公務員制度改革の大枠」(内閣官房行政改革推進事務局公務員制度等改革推進室)が決定され、同年12月25日に「公務員制度改革大綱」が閣議決定されている。①能力等級制度に基づく任用・給与制度の確立を核として、能力・業績重視の人事制度を構築すること、②民間を含めて広く人材を確保し、公募制度の導入等によって多様な人材を確保すること、③適正な再就職のルールを確立すること、④機動的かつ弾力的な組織・定員の管理、国家戦略スタッフの創設等により組織パフォーマンスを向上させること等が、その内容である。

そして、この閣議決定は、同時に、地方公務員制度に関しても、「地方自治の本旨に基づき、地方公共団体の実情を十分勘案しながら、国家公務員法改正と同時期に地方公務員法の所要の改正を行うなど、国家公務員制度の改革スケジュールに準じて所要の改正を実施」するとの方針を示した[2]。

(3) 本章の内容と構成

「公務員制度改革の大枠」(以下、「大枠」という) に関し、筆者は短いコメントを加えたことがあった[3]。そこで、本章においては、「公務員制度改革大綱」(以下、「大綱」という) を含む改革の内容について、筆者の視点から改めて若干

---

[2] ただし、地方公務員制度に関しては、地方の自主権、首長による一元的な人事管理システム等、国とは異なる要素が存在し、改革に際してもこれらの要素を踏まえる必要がある。この点につき、参照、高橋滋「国家公務員制度と地方公務員制度」総務省自治行政局公務員部編『地方公務員制度の展望と課題』(ぎょうせい、2001年) 93頁 (本書第5編第1部第1章328頁)。

[3] 参照、高橋滋「公務員制度改革への視点」日本経済新聞平成13 (2001) 年5月9日朝刊29面。

の検討を加え（第2節）、さらに、地方公務員制度が向かうべき方向性を確認することにしたい（第3節）。

第2節 「大綱」等に示された改革の内容

(1) 制度改革の潮流

「大綱」は、基本的に「行政改革大綱」及び「大枠」に基づいたものである。したがって、「大枠」が公表された段階において示した筆者の見解は、「大綱」についてもほぼ妥当するように思われる。

すなわち、国際競争が激化するなかで、硬直的かつ縦割りの組織原理に支配されてきた官僚組織を改革し、戦略性と機動性のある政策を提示する必要性は強まっている。また、「失われた10年」の言葉に象徴されるように、激変の時代に即応した政策を政府は機敏に実施してこなかったとする批判は高まった。専門的かつ中立的な立場から、適切な政策的選択肢を内閣に提示し実施に移すことが職業的公務員の任務である以上、このような批判の一端は公務員に向けられることになる。さらに、わが国の官僚機構が、情報収集・分析能力と独自のネットワークを誇り、政策執行過程を独占的に担うことによってリーダーシップを発揮してきた経緯を踏まえるならば、官僚組織に対する批判の一部は理解できる。

加えて、効率性の向上、顧客意識の高いサービスを公務に求める潮流は、英国に端を発して多くの国に及び、わが国にあっても一層の公務改革を求める声は強い。そして、前述のように、規制緩和、中央省庁等改革、地方分権改革（第1次）等の諸改革は、行政組織を動かす「ヒト」の在り方にも直接・間接の影響を与える。公務員制度改革は、行政施策を実行する公務員の行動規範に変革をもたらすことによって全体の改革を加速させる意図を有している。

(2) 改革の特徴

第1節(2)に述べた①から③までの諸措置は、多様な人材を公務へ受け入れ、かつ、公務員の資質・能力の向上・発揮を目指すものとして評価できる。さらに、第1節(2)④の措置は、簡素で効率的な業務執行を目指し、機動性ある組織への転換を目標とするものであり、これも前述の諸要請に照らして妥当なも

のといえよう。特に、中央人事行政機関（特に人事院）による網羅的・画一的な事前統制を緩和し、各府省独自の組織人事の運用を認めることは、英国等において採用されている「新公共管理（New Public Management）」の提唱する手法であり、改革の要請に応えたものである[4]。

また、業績や職務遂行能力を評価要素に含める給与制度の導入は、公務の効率化・活性化に資する手段といえよう。さらに、司法試験改革に見られるように、育成・選考のプロセスを重視するのが人事政策の流れである。したがって、ペーパー試験に加え、面接等を通じて判断能力・交渉能力・表現力等の資質を重視した採用政策を選択することは、求められている公務員像を採用の段階において反映させるものと評価できる。

（3）「大枠」の問題点

ただし、「大枠」の段階においては、改革の推進という視点からは不十分な点があり、筆者の立場からは懸念すべき材料も含まれていた。第1に、特定の職種に独占されてきたポストの開放、II種・III種職員（現在は一般職・専門職職員）の抜擢という点に関しては、これまでの経緯に照らすならば、改革の道筋が明らかではなく具体的に進展しないおそれもあった。

第2に、政治主導の強化のなかで内閣・政党と官僚機構との関係をいかに再構築していくのかとの問題意識が改革には希薄である、との印象は払拭できない。例えば、大臣の人事権限の強化に関しては、権限行使のルールの明確化なしには、官僚機構の中立性が損なわれ、専門性が低下するおそれがないとはいえない。

第3に、公務員の政治的中立、情実や縁故に左右されない人事行政、成績主義や能率主義等を確保するため、中央人事行政機関、特に人事院が一定の役割を果たすことは不可欠である。前述のように、「新公共管理」の考え方に基づいて各府省が独自の組織・人事設計ができるように制度を改革する必要はあるにしても、人事院によるコントロール・監視は適切な形で確保されなければならない。柔軟化された各府省の人事政策において成績主義や能率主義等が徹底されているかの監視措置は必要であり、さらに、I種試験（現在は総合職試験。以

---

[4] イギリスのシステムについて、参照、高橋滋「ブレア政権下の英国公務員制度とその動向」小早川光郎編『行政法の発展と変革』821頁以下（有斐閣、2001年〔本書第4編第1部第2章225頁〕）。

下、同じ）の合格者の拡大を通じて各省庁独自の採用の余地を広げる措置や再就職に関する大臣の直接承認制等を考える際にも、人事院の関与は確保されるべきであろう[5]。

(4) 「大綱」の概要（その1）

そして、改革のたどるべき具体的な方向性を打ち出した「大綱」に関しては、「大枠」に関しての前述の評価が「大綱」についてほぼ妥当するものと考える。もっとも、「大綱」においては改革の方向性が具体化された部分があり、また、「大枠」に言及されていなかった内容も盛り込まれている。

「大枠」を具体化した内容としては、次の諸点を指摘することができる。第1に、能力主義・実績主義に基づく人事管理を実現させるため、能力等級制度を導入して、任用、給与、評価の基準として用いることが明確にされた。第2に、民間をも含めた多様な人材の確保等を進めるための措置として、「大枠」において示された人事院の事前承認・協議手続等の見直しに加えて、給与格付けの弾力化、公募制の導入等が示され、民間企業の従業員としての地位の併有を可能とする方向における交流制度改正にも言及がされている。第3に、女性の採用・登用の拡大、国家戦略スタッフの創設・大臣スタッフの強化等に関しても、「大枠」の基本線に沿いながら、より具体的な内容が示されている。

(5) 「大綱」の概要（その2）

また、「大綱」のなかには、筆者の立場から新たに注目すべき内容が含まれており、さらには、「大枠」になかった新たな項目が付加された部分もある。

第1点は、中央人事行政機関の役割に関する点である。「大枠」においては、人事院に関し、「組織としての在り方を含め、今後求められる役割について検討を行う」と記述されていた。そして、「大綱」においては、内閣の企画立案機能、総合調整機能を強化する方向がより鮮明にされるとともに[6]、①職員の利益を保護し、人事行政の中立・公正を確保する必要性、②救済的な機能に対する要請の高まり、③労働基本権が制限された下において、勤務条件に関連す

---

5) 参照、高橋・前掲注(3)。
6) 具体的には、法律案の策定、政令の制定等を通じて、企画立案等の機能を内閣が果たし、人事院規則委任事項に関しても、人事院に内閣が要請を行うシステムが導入される。

る事項に第三者機関が関与する必要性の見地から、人事院が引き続きその役割を果たし、その強化が図られるべきであることも明確にされた（なお、本書第4編第2部第1章271頁、第2章第5節320頁を参照されたい）。

これに関連して、第2点として、再就職のルール化について、内閣の定めた承認基準の下に人事管理権者が承認を与え、併せて、再就職した職員による一定の働き掛けを禁止するとの制度設計に変更はないものの、承認基準への意見の申出、人事管理権者の定める運用基準や承認事務の実施状況についての改善・勧告等、人事院が一定の関与を行うことによって、公正の確保・職員の利益保護を図るべき点が明示されている（再就職の問題につき、本書第4編第1部第1章218頁【追記1】(3)以下を参照されたい）。

さらに、第3点として、人材育成に関して、ある程度の等級（本省では課長補佐級）までの職員を対象として、育成目標と研修の内容、そして人事配置等を明確にした育成コースを定め、採用職種にとらわれない公正・透明な早期昇任システムを構築することが具体化された（本章の刊行後に整備された幹部候補育成課程の制度に関しては、本書第4編第1部第1章221頁【追記3】を参照）。

第3節　地方への示唆と今後の方向性

（1）「大綱」における前進点

「大綱」が打ち出した前述の諸措置に対しては、より肯定的な評価を筆者の立場からは与えることができるものと考えられる。特に、科学的人事行政、成績主義・能率主義、政治的中立の諸原則を公務員制度において確保する見地から、関与の在り方は変わりながらも、引き続き人事院の役割が明確に位置づけられたことは、筆者の過去の指摘に沿うものとして歓迎したい。特に、再就職に関する新たな制度に関しては、基準の明確化等のみでは公正の確保等が十分に図られないのではないか、との批判は強かった点に鑑みるならば、「大綱」が示したような人事院の関与は必須であるといえよう。

また、第2節(5)において言及した育成コースの整備は、I種・II種・III種の区別・採用職種の枠にとらわれずに広く幹部登用の道を開き、かつ、その過程をオープンにすることを目指したものである。同種のシステムとしてはイギリスのフアースト・ストリームの制度があり、一定の評価を獲得している。同

様に、イギリスにおいて一定の実績を挙げている公募制度がわが国において活用される方向性が示されたことも興味深い。もっとも、イギリスの場合にあっては、幹部級の職種の一定割合について民間・他省庁を含めて公募するシステムが採用されており、このような観点からの公募制の活用が期待される[7]。

(2) 政官関係のルール化・人事評価制度

　もっとも、政治主導の下で各省庁の大臣が人事権者として位置づけられ、組織・人員配置の決定権、再就職の承認権が付与された下にあっては、大臣と専門的中立的官僚機構との関係が新たに問題となる。「大枠」「大綱」においては、組織目標を明確にし、公務員としての行動基準を明確することが規定されているものの、大臣が官僚機構に対してどのような形で指示を出し、人事に関与すべきかに関する基準に関しては、具体的に示されていない。この点、イギリスにおいては、「大臣規範」と並んで、人事に関して大臣の関与がどのような範囲まで許されるのかが人事官の示した指針のなかに明確にされており、参考とされるべきであろう[8]。また、新たに導入された給与・任用制度の下において、能力の測定、業績・実績の客観的な判定がどのような形で確保されるのかについて、今後の具体化に期待したい（なお、本章の【追記】を参照）。

　さらに、採用のプロセスを重視する流れのなかで、ペーパー試験ではなく、丁寧な面接・議論形式による選考を行うなかで公務員としての資質を確認するための国家Ⅰ種試験改革も、その基本的な問題意識について評価できる。しかしながら、合格者の枠を単に拡大して各府省の採用の余地を拡大することのみによって、前記の改革意図が実現するかは疑問である。この点につき、筆者は、人事院と各府省が協力して、一定期間に集中的して面接・討議形式の2次選考を実施し、そのなかである程度のランク付けを与えて各府省に推薦する方式がふさわしいものと考えている（なお、採用試験制度改革につき、本書第4編第1部第3章269頁【追記5】を参照）。

---

7) ファースト・ストリームの制度、公募制度の実施状況につき、参照、高橋・前掲注(4) 829頁以下（本書第4編第1部第2章234頁以下）。
8) 参照、高橋・前掲注(4) 837頁（本書第4編第1部第2章239頁）。

(3) 地方公務員法制への示唆

　国家公務員制度における改革の概要を紹介し、かつ、筆者の評価を略述してきた。では、地方公務員法制に関するどのような示唆を、これらの改革のなかに求めるべきであろうか[9]。既に述べてきたように、改革の基本には、国民に対して政治責任を負う機関が公務員制度の設計と運用に責任を負いつつ、各府省が独自の視点から柔軟かつ弾力的に組織・人事の運用を図るべきである、との基本的な理念がある。そして、地方分権の時代においては、地方公務員制度に関しても、住民に対して政治責任を負う首長が議会の定めた条例の下で独自の観点から柔軟かつ弾力的に人事の運用を行うことは認められてよかろう。

　しかしながら、科学的人事行政、成績主義・能率主義、政治的中立の確保の視点は、地方公務員制度においても貫かれなければならない。地方公務員制度においても、このような要請に応える機関として人事委員会・公平委員会が存在するものの、人事院の規模・権限に比較すると限定されたものであることは否定できない。地方公共団体の場合には住民の緊密な監視を期待し得るとはいえ、地方自治体の自主性を損なわない形で法律上の準則が示されることは必要である。その際は、例えば、アカウンタビリティー確保の方法、人事の公正・透明性を保障する能力・実績評価の客観的なシステム等につき、必要な限度において基準を示す等の方式を考えることができよう。

(4) おわりに

　地方分権の時代を迎え、住民監視の下で地方公共団体が自己責任原則に基づいて自主的に地域づくり・まちづくりを進めていくことが求められる時代にあって、地方公務員も能力・実績を発揮し創造性・自主性をもって公務を展開していかなければならない。地方公務員制度は、このような職員の努力を正当に評価するものとなる必要がある。任期付職員制度の導入等、地方においては未実施の改革課題を着実に進めていくことと並んで、柔軟で機動的な人事制度を構築し、能力主義・実績主義に基づく任用・給与制度を着実に導入していくことは、地方公務員制度においても喫緊の課題となっている。

　もちろん、国の場合と異なり、住民からの直接的な信任を受けた首長が人事

---

[9] この点に関する見解を、筆者は短い解説文において示したことがある。参照、高橋滋「公務員制度改革で問われる『公務』の質」ガバナンス 33 号（2002 年）30 頁。

に関して強いリーダーシップを発揮することも可能な地方公務員制度においては、その主導権が誤った方向に行使されたときの弊害は大きくなることを否定できない。このような危険性に関しては、地方公共団体の自主性を損なわない形で法的な準則を設定することにより対処するとともに、適切な情報提供の下で緊密な住民監視がされることに期待すべきであろう。さらに、先に触れたイギリスの例を参考として、各地方公共団体において首長の人事関与に関する一般的なルールが明確化されることが望ましい、と筆者は考えており、最後に、この点を検討課題として指摘しておきたい（塩野宏教授も、平成13〔2001〕年の時点において、地方分権の時代にあって、知事・市町村長への権限集中に結果するならば、人事行政機関の存在の重要性が新たに発生する、と指摘されていた〔同「地方公務員制度の支所問題」同『法治主義の諸相』（有斐閣、2001年）490頁〕）。

【追記】　政官関係のルール化の必要性とその在り方に関し、本章刊行後において筆者が公表した論稿として、高橋滋「政官関係の変化における議会と行政 – 議会による統制とその周辺」公法72号（2010年）64頁、及び同論文に注等の補遺を加えた同「政官関係の変化における議会と行政 – 議会による統制のその周辺（上）（下）」自研87巻1号（2011年）3頁、同2号（同）3頁がある。なお、後者の論文については、高橋滋「ガバナンスと行政法学――組織管理、法学教育と東アジア」（民事法研究会、2025年刊行予定）に収録し、必要な補遺を加える予定である。また、本章刊行後において実施された人事評価制度の整備に関しては、本書第4編第1部第3章265頁【追記2】を参照されたい。

第3章　地方公務員制度改革とその展望

〈解題〉　本章は、2000 年代の初頭の時期にあって、国家公務員制度との対比において地方公務員制度の在り方について平成 16（2004）年に論じたものであり、地方公務員制度の改革論議に関する一連の論稿の最後のものである（自治研究 80 巻 5 号 3 頁）。なお、この論稿は、自治研究創刊 80 周年記念企画の一文として執筆したものでもある（本章の（追記〔原文〕）を参照）が、公表してからかなりの時間が経過したことを踏まえ、本章の【追記 1】及び【追記 2】に補遺を加えた他に、第 4 編各章及び第 5 編第 1 部第 1 章・第 2 章における関連の【追記】についても適宜参照している。

第1節　はじめに

(1)　本章の目的

　公務員制度の在り方に関しては、様々な議論が交わされてきた。これらの議論の多くは国家公務員制度を念頭に置くものであるが、地方公務員制度に関しても着々と制度改革は進められつつあり、一部については国家公務員制度に先行する改革が着手されている。筆者は、これまで進められてきた国家公務員を中心とする公務員制度改革[1]に関して発言する機会を与えられ、そのなかで地方公務員制度に関しても言及してきたものの、その言及は必要な限度にとどまるものであった[2]。そこで、本章においては、地方公務員制度を中心的な検討

---

[1]　公務員制度改革を扱う文献は多く、網羅的な紹介は紙幅の関係上できない。そのなかから、改革全般を扱うものとして、参照、西谷敏・晴山一穂『公務員制度改革』（大月書店、2002 年）1 頁以下に加えて、「特集 公務員制度改革」ジュリ 1326 号（2002 年）6 頁以下、「特集 公務員制度の改革と展望」労研 44 巻 12 号（2002）年）1 頁以下、「特集 公務員制度改革の問題点」季労 202 号（2003 年）60 頁以下、「公務員制度改革と労働法」日本労働法学会誌 101 号（2003 年）3 頁以下、「特集 これからの公務員制度」都市問題研究 55 巻 1 号（2003 年）3 頁以下、「公務員制度改革の展望」年報行政研究 38 号（2003 年）3 頁以下、「特集 公務労働の現状と未来（下）日本の公務員制度の現状と課題」世界の労働 53 巻 4 号（2003 年）2 頁以下、佐藤英善「公務員制度の基本理念と改革大綱の問題点（1）～（3・完）」法時 75 巻 5 号（2003 年。以下、同年）67 頁、7 号 95 頁、8 号 62 頁等。地方公務員制度改革に関しては、「特集 地方公務員制度の人事制度改革の焦点」都市問題 93 巻 12 号（2002 年）3 頁以下の他に、山口道昭「地方公務員制度改革と自治体政策法務」都市問題研究 54 巻 11 号（2002 年）56 頁、今仲康之「公務員制度と地方公務員制度」（前記都市問題研究特集所掲）72 頁、同「地方公務員制度と公務員制度改革」（前記年報行政研究所掲）63 頁等がある。

[2]　高橋滋「公務員制度」ジュリ 1161 号（1999 年）136 頁（本書第 4 編第 1 部第 1 章 204 頁）、同

素材として考察することにしたい[3]。

（2） 考察の視点

そこで、本章においては、これまで実施され又は計画されている諸改革の流れを概観した上で、その方向を探ることとする。ちなみに、筆者は、地方行政に関しても制度改革の必要性を肯定している。しかしながら、特に、職業的公務員制度、制度の柱である科学的人事行政の原則、政治的中立性の原則等の中核を維持しながら、改革の課題に応えることが必要であると考えることから、そのためにはいかなる方策が適当であるかの視点から、検討を行うことにしたい。

第2節　戦後公務員制度とその改革の方向性

（1）　戦後公務員制度の特徴

第2次世界大戦後において実施された公務員制度改革は、公務員制度の民主性（憲法15条）と能率性・公正性の確保、公務員の基本的人権の尊重等を基本原則とするものである[4]。さらに、成績主義・政治的中立性の原則、労働基本権・政治的行為に対する制限を中心として、民間の労働法関係とは異なる体系が構築されてきた。かつ、これらの規定を一般職の公務員に画一的かつ包括的に適用する点において、わが国の制度は独特なものであった[5]。

「エージェンシーの組織・運営原理」公務研究2巻2号（2000年）1頁、同「ブレア政権下の英国公務員制度とその動向」小早川光郎ほか編『行政法の発展と変革（上）』（有斐閣、2001年）821頁（本書第4編第1部第2章225頁）、同「国家公務員制度と地方公務員制度」総務省行政局公務員部編『地方公務員制度の展望と課題』（ぎょうせい、2001年）93頁（本書第5編第1部第1章328頁）、同「地方公務員制度の改革について」地方公務員月報464号（2002年）2頁等（本書第5編第1部第2章353頁）。

3）　本章は、日本自治学会第3回総会・研究会（平成15〔2003〕年11月15日・16日。於中央大学駿河台記念館）の共通論題1「自治体公務員制度」において筆者が行った報告に手を入れ、注等を補ったものである。

4）　参照、塩野宏『行政法Ⅲ〔第2版〕』（有斐閣、2002年）199頁（同書〔第5版〕〔2021年〕284頁）。

5）　各国の公務員制度を紹介する文献として、参照、外国公務員制度研究会編『欧米国家公務員制度の概要──米英独仏の現状』（生産性労働情報センター、1997年）、「特集　公務労働の現状と未来（上）──先進四カ国の公務員制度の現状と課題」世界の労働53巻3号（2003年）2頁以下（ドイツ－縣公一郎、イギリス－西尾隆、アメリカ〔連邦公務員〕－原田三郎、フランス－下井隆史）等。

(2) 改革の基本方向

しかしながら、一連の行政改革が進められるなかにあって、行政スタイル、事務・組織の改革に呼応する形で、公務員の意識改革・勤務スタイルの改革の必要性が叫ばれるようになり、様々な改革が行われてきた。その特徴は、①制度の複線化、多様化、②民間の制度への接近である[6]。

制度の複線化に関しては、平成11（1999）年に公表された公務員制度調査会の答申（「公務員制度改革の基本方向に関する答申」平成11年3月16日）において、(a) スタッフ職・専門職の充実を中心とする複線型の人事制度システムの構築、(b) フレックスタイム制・裁量労働制・退職者再任用制の拡大・導入、(c) 任期付任用、政治的任用の導入・拡大、民間・自治体との間の交流の拡大、等の方向性が明確に打ち出されており、これ以降の改革はその流れに大筋として沿うものであった（制度改革の流れに関しては、末尾に付した〔資料〕を参照されたい[7]）。また、非公務員型を含む独立行政法人制度の創設、官民交流の拡張による民間からの人材供給の拡大は、民間の制度への接近を象徴するものである。

そして、このような改革の背景には、民間部門における労働関係の画期的な変化に呼応して、公務部門の勤務関係にも修正を加える必要がある、との問題意識がある。臨時・下請け・パートタイマーは増加し、派遣・契約社員等の新たな労働関係が登場した。このなかで、公務に従事する者を包括的かつ画一的に把握し、均質的な勤務関係に一律に服させることを継続することは、公務労働の在り方を民間から遊離させる弊害を生むことになる。

民間の労働形態からの乖離は、一国の労働市場を民間と分け合う公務部門の勤務関係の性格に照らして適当ではないし、国民の理解と納得に基づく民主的な公務員制度という制度の基本理念を危うくするおそれもある。

　政治的自由の制限、労働基本権の制限等は、アメリカの公務員制度に準拠したものであるが、アメリカの連邦公務員の場合には、日本の国家公務員には認められていない協約書の締結が一般的に認められている等の差異が認められる。

6) この点を指摘するものとして、参照、高橋・前掲注(2)（「ジュリ」）140頁（本書第4編第1部第1章213頁）、高橋滋＝川田琢之「公務員制度」宇賀克也ほか編『対話で学ぶ行政法』（有斐閣、2003年）265頁〔川田琢之〕。

7) 公務員制度調査会報告を取り上げるものとして、高橋・前掲注(2)（「ジュリ」）136頁（本書204頁）の他、「特集公務員制度改革―公務員制度調査会答申をめぐって」ジュリ1158号（1999年）10頁以下、畠山貴晃「公務員制度調査会『公務員制度改革の基本方向に関する答申』」について」地方公務員月報431号（1999年）26頁等がある。

加えて、規制緩和の流れは労働市場規制にも広く及んできている。その一方において、高齢化社会が到来し、高齢者の労働力を活用して、女性に働きやすい労働環境を整備する課題は、男女共同の下での成熟した市民社会を形成する必要性が強まるなかにあって、ますます重要となっている。そして、公務部門にあっては、民間を先導する形でこの課題に積極的に応えていかなければならない要請もある[8]。

(3) 改革の問題点

そして、改革の流れを一挙に推し進めようとしたのが、平成12(2000)年12月の閣議決定(「行政改革大綱」。以下、「平成12年度行革大綱」という)に端を発する国家公務員法(昭和22年法120号)及び地方公務員法(昭和25年法261号)の抜本的な改正の動きであった。しかしながら、国家公務員制度改革の動きに対しては、その必要性に関して大方の理解は存在したにもかかわらず、基本理念、内容と手続等に批判が集まった[9]。

筆者も、国家公務員制度改革に対しては、幾つかの点において強い疑問の意を表明してきた。例えば、①人事院の機能を縮減し、各省大臣の人事権者としての地位のみを強化することは、公務の政治的中立性の確保、能力主義・成績主義に基づく科学的人事行政の確保の見地から問題のあること、②「能力主義」の強化については賛同すべきであるとしても、肝心の「能力」の内容が不明確であるならば、逆に年功的人事を強めるおそれのあること、能力を判定・測定する手法が開発されなければ、恣意的な人事を許す余地があること、等である。さらに、③お手盛りの天下りを許しかねない改革には問題があることはいうまでもない[10]。加えて、公務員制度改革は、中央省庁等再編によって導入

---

[8] 以上の点につき、高橋・前掲注(2)(ジュリ1161号)140頁以下(本書213頁以下)。

[9] 例えば、ジュリスト1226号の「特集 公務員制度改革」に掲載された二つの座談会においては、改革の必要性を肯定しつつも、改革の内容・手続に対しては様々な批判や疑問が提示されている。参照、稲葉馨=高橋滋=西尾隆「公務員制度改革大綱をめぐる論点」同6頁以下、神代和欣=森田朗=山口浩一郎「公務員制度改革の今後の課題」同28頁以下。さらに、晴山一穂教授の一連の論考を参照されたい。晴山一穂「公務員制度改革をどうみるか」労旬1510号(2001年)13頁、同「公務員制度改革と人事行政機構(公務員制度改革の検討)」行政研究48号(2001年)45頁、同「日本憲法と公務員制度改革」西谷=晴山・前掲注(1)34頁以下等。

[10] 前掲注(2)・注(6)・注(9)掲載の諸文献の他に、参照、高橋滋「公務員制度改革への視点」日本経済新聞平成13(2001)年5月9日朝刊29面(経済教室)。

された「政策調整システム」が最初に適用され、内閣官房の強いリーダーシップの下で改革作業が推進された[11]。この点につき、独立性を保障された人事院に関わる公務員制度改革が、このような政策調整システムの適用第1号として適当であったか否かに関しては、疑問の残るところである。

ちなみに、前記の平成12年度行革大綱以降、「公務員制度改革の大枠」(内閣官房行政改革推進事務局公務員制度等改革推進室。平成13年3月27日)、「公務員制度改革の基本設計」(行政改革推進本部。平成13年6月29日)、「公務員制度改革大綱」(閣議決定。平成13年11月25日)等、具体化の作業が進められ、平成15 (2003)年の第156回通常国会に向けて、国家公務員法及び地方公務員法の改正案の概要がマスコミ等に公表された。しかしながら、前述したような多方面からの様々な批判にさらされたことの結果であると思われるが、この改正案は閣議決定されるには至らなかった。かつ、平成16 (2004)年の第159回通常国会に向けての法案作成作業に関しても具体的な進捗はないようである（なお、第5節（2）を参照）。

第3節　地方公務員制度の改革（その1）——地方公務員法改正案

(1) 改革の概観

国家公務員法改正案の帰趨が衆目を集めたのに対し、平成15 (2003)年の地方公務員法改正案はマスコミ等において注目されていたとはいいがたい。しかしながら、この地方公務員法改正案は、能力等級制度の導入等、国の制度改革に対応した改革を目指すものである一方において、後に述べるように、人事委員会・公平委員会の強化・充実等、独自の方向性をも同時に示したものとして、注目に値する。

さらに、末尾の〔資料〕に示したように、地方公務員に関しては、①国の制度改革に連動する改革が行われてきた他に、②国に先んじて地方が制度改革を実施した例や、地方公務員が従事する業務の特質、人事行政における国と地方との制度の差異等に応じて、独自の改革を試みる例等も現れている（なお、本章の【追記1】を参照）。

---

11) 参照、内閣官房行政改革推進事務局公務員制度等改革推進室「公務員制度改革の大枠」（平成13年3月27日）3（「公務員制度改革への今後の取組み」）。

国の改革に連動して改革が実施された例としては、地方公務員法等の一部を改正する法律（再任用制度の導入。平成 11 年法 107 号）、地方公共団体の一般職の任期付研究員の採用等に関する法律（地方公共団体等任期付研究員法。平成 12 年法 51 号）、地方公共団体の一般職の任期付職員の採用に関する法律（平成 14 年法 48 号）がある[12]。

　また、国に先んじて地方が改革を実施した例としては、公益法人等への一般職の地方公務員の派遣等に関する法律（平成 12 年法 50 号）がある。この法律が制定された背景には、地方公共団体が出資等を行っている公益法人・営利法人等に当該団体の公務員を派遣するに際して、法制度が未整備であったために各種の問題が生じたという事情があった。さらに、同法の成立に前後して示された、派遣公務員に対する給与支出の適法性が住民訴訟を通じて争われた事件に関する最高裁判決においても、職務専念義務等の観点から派遣制度の慎重な運用が求められていた[13]。ちなみに、公益法人等に職員を派遣して、当該法人の業務を支援するとともに、必要な知識・経験を当該職員が修得することに意義がある点は、国家公務員においても同様であることから、国に関しても同様の制度を導入することも検討されてよいであろう。

　さらに、地方公務員が従事する業務の特質、人事行政における国と地方との制度の差異等に応じて独自の改革を試みる例としては、臨時非常勤職員、短時間勤務職員等の活用に向けての検討作業等を挙げることができる。

　そこで、以下においては、まず、平成 15（2003）年に公表された地方公務員法制度改革案の概要を紹介し、その内容を検討することにする。その上で、勤務形態の多様化・複線化、民間の制度への近接という視点から注目すべき動きである、任期付職員・非常勤職員等の活用の試みを取り上げて検討したい。

（2）　地方公務員法改正案

　国家公務員法改正作業に連動して作成された地方公務員法改正案に関しては、その概要が公表されている[14]。その内容を箇条書きにすると、次のようなもの

---

12) 同法を解説するものとして、参照、加松正利・時の法令 1665 号（2000 年）14 頁等。
13) 最判平成 10 年 4 月 24 日集民 188 号 275 頁（茅ヶ崎市職員派遣損害賠償請求事件上告審判決）。
14) 参照、長谷川淳二「地方公務員法改正案の骨子について」地方公務員月報 481 号（2003 年）39 頁。

となる。

① 能力等級制を導入すること。そのため、地方公務員法に以下のような基本的事項を規定するものとされている。具体的には、(a) 能力等級制度の根本基準（能力等級制度の目的、趣旨や能力等級制度の基本的要件等）、(b) 能力等級制の実施上必要な事項として、職員の職の分類方法（能力等級の分類方法、能力等級定数の設定等）、(c) 任用の定義・方法（採用、昇任、降任及び転任の定義、競争試験及び選考による任用等）、(d) 給与原則（職務を遂行する上で発揮した能力に対応した給与）、(e) 勤務成績の評定（職務遂行上発揮した能力に対する評価）、等である。

② 計画的な人材の育成に努めること。そのために、地方公共団体が研修の目標、研修に関する計画の指針となるべき事項その他研修に関する基本的な指針を定めることとされている。

③ 人事行政運営における公正性・透明性を確保すること。そのために、地方公共団体は、能力等級制、任用、給与、勤務時間その他の勤務条件、分限及び懲戒、服務、研修及び勤務成績の評定並びに福祉及び利益の保護等の状況をとりまとめ、概要並びに人事委員会又は公平委員会の業務の状況を公表しなければならないものとされている。

④ 人事委員会・公平委員会の機能の充実を図ること。具体的には、(a) 職員からの苦情の相談の処理に関する事務を委員会の事務として追加すること、(b) 公平委員会に関して、町村の規模に応じて、職員の競争試験及び選考並びにこれらに関する事務を行うことができるものとすること、等である。

④ 再就職後の適正な服務管理を行うこと。国の場合と同様に再就職後に対して一定の行為規制を及ぼすこととされている（再就職後の一定期間、就職した営利企業に対して有利な取扱いをすることを要求し、依頼することの禁止）。この点につき、再就職自体の統制が含まれていないとの批判は国家公務員法改正案と同様に妥当するところであるが、地方公共団体が自主的に規制を設けることを妨げる趣旨ではなく、むしろ自治体の自主性が期待されているものと説明されている[15]。

(3) 地方公務員法改正案の評価

前述のように、平成15 (2003) 年の国家公務員法改正案に対しては様々な観

---

15) 筆者の質問に対する総務省自治行政局公務員部公務員課の回答。

点から批判が寄せられていた。先に紹介した地方公務員法改正案も、内閣官房の積極的なイニシアチブの下で、国家公務員法改正法案と軌を一にして策定されたものである以上は、国家公務員法改正法案と同様の観点からの批判が妥当する部分のあることは否定できない。もっとも、第三者的人事行政機関との関係等に関しては、既に述べたように、地方公務員法改正案は、人事委員会・公平委員会の機能を強化する方向にあるため、国家公務員法改正案に対するのと同様な批判は妥当しないであろう。ただし、地方公共団体にあっては、第三者的人事行政機関の機能は国に比して十分ではないため、能力等級制の導入に際しては第三者機関の地位・権能をより強化すべきであった、との批判はあり得よう。

以下、改正案の内容に関し、幾つかの点を具体的に指摘しておきたい。

第1点は、能力等級制度の実施に関するものである。この点については、国の場合と同様に、運用の科学性を担保するための条件を整備することが制度導入の前提となろう。既に指摘のあるように、国家公務員法改正案・地方公務員法改正案が導入を予定している能力等級制度とは、あくまでも「職務遂行上発揮される能力」を評価するものであり、裸で当該職員の能力を測定する制度ではない。したがって、その運用によっては、これまで実施されてきた「職務給」制度に限りなく近似する可能性がある[16]。また、能力の測定の仕方によっては、民間の一部の企業に見られたように、年功制度を強化するおそれは否定できない[17]。したがって、法案作成者の意図通りに制度が機能するか否かは、「能力」の定義とその定義に従った厳格な判定制度が確立されるか否かにかかっているといえよう。

この点については、総務省に設置された研究会において、能力主義に基づく勤務評定手法の研究・開発が進められており、上述の観点からはこの研究会の成果に大いに期待したい[18]（なお、本章第5節(2)を参照〔さらに、本書第5編第1部第1章351頁【追記3】を参照〕）。

---

[16] 参照、高橋＝川田・前掲注(6) 272頁以下〔川田発言〕、稲葉＝高橋＝西尾・前掲注(9) 18頁以下〔高橋発言〕。

[17] この点は、平成15 (2003) 年8月に人事院が公表した「公務員制度改革の具体化に向けて」3-(1)-イにおいても指摘されている。参照、人事院月報649号 (2003年) 49頁。

[18] 地方行政運営研究会第18次公務能率研究部会（座長・吉田弘正自治医科大学理事長〔肩書は当時のもの〕）。この部会における研究は、平成14年度及び15年度の2年間が予定されている。

第2に、地方公務員制度の特質（標準法としての性格、地方公共団体の自主性・多様性の尊重、第三者機関の位置付けの違い・バリエーション等）に照らし、地方公務員法改正案が予定しているように、地方公共団体の自主的措置に委ねる部分のあることは当然であろう。しかしながら、住民監視の手掛かりとなる豊富な資料が地方公共団体によって整理され、広く住民に提供される必要がある。その意味において、総務省・地方団体の今後の積極的な取組みが求められるところである。

第3に、国の場合において問題となった天下りの適正なコントロールに関して、先に指摘したように、地方公務員法改正案は、この点に関する地方公共団体の自主的な措置を否定しない趣旨であると解される。したがって、地方公共団体の自主的な措置が有効・適切な形で実施されるための環境整備が重要であるといえよう。

第4節　地方公務員制度の改革（その2）
　　　　――任期付職員、非常勤職員の活用

（1）改革の背景

これまで述べてきたように、制度の複線化、民間化の流れのなかで、地方公務員制度改革において注目すべき独自の動きとしては、任期付職員、非常勤職員の活用の検討がある。そこで、まず、任期付職員、非常勤職員の活用方策を検討することが地方公共団体に求められるようになった背景を確認することにしたい。

自治体に対する行政ニーズの多様化が進む一方において、多くの自治体の財政は危機的な状況にある。そこで、多くの自治体においては、事務・事業の廃止及び縮小、行政のアウトソーシングが大胆に進められており、そのなかで、地方公共団体が行う事務事業に関しても、限られた資源を活用して住民の満足の最大化を図ることが求められるようになった。地方公共団体においては、非常勤職員・臨時職員が多数任用されてきた実績はあるものの、これらの職員を配置することのできる業務の範囲等は必ずしも明確ではなかった。

そこで、①多様な人材の活用とライフステージに応じた勤務形態の提供を可能とする、②地方公共団体の自主性に基づく効率的自治体経営を推進する、③多様な任用制度を導入することにより、地方公共団体の公務を広く住民等に開

放する、④多様な任用制度を活用することにより、ワークシェアリングを実現して地域の雇用を確保する、⑤任期の定めのない常勤職員のみでは提供しきれない、住民に対してきめの細かいサービスを提供する、等の観点から、任期付職員や非常勤職員の任用範囲の拡大等の検討が必要となるに至った[19]。

(2) 検討の作業過程

ちなみに、このような検討が必要であることは、平成11 (1999) 年4月の地方公務員制度調査研究会においても一般的な形ではあるが指摘されていた。そして、この指摘を受けて、平成12 (2000) 年11月より「分権型社会における地方公務員の任用制度のあり方等に関する検討会」が総務省自治行政局公務員部に設置され、平成14 (2002) 年9月に同検討会の報告書が公表された[20]。さらに、この報告書を踏まえて、地方公務員制度調査研究会が平成15 (2003) 年12月25日に「任用・勤務形態の多様化に関する報告」[21]を公表している。この報告書においては、先に述べた視点からの任用・勤務形態の多様化・複線化の必要性を指摘した上で、①育児・介護、大学等における自主的な研修等の目的によって、常勤職員が短時間で勤務することを可能にする等の制度を導入すること、②来客の多い時間帯における窓口対応を拡張し、あるいは、保育所、図書館等の開所・会館時間を延長することや、常勤職員が部分休業中の際の業務に対応する等のために、任期付短時間勤務職員制度を創設すること、③任期付非常勤職員の採用を一定期間内に終了することが見込まれる業務にも拡張すること、を検討することが提言された[22]。

この報告を受けて、報告の内容を実現するための地方公務員法等の改正法案が総務省において準備され、平成16 (2004) 年3月に国会に提出された (参照、第5節(2)〔及び本章の【追記2】〕)。

---

19) 参照、「分権型社会にふさわしい地方公務員の多様な任用制度の実現に向けて」(平成14年9月) 2頁以下・9頁以下。ちなみに、構造特区により必要となった臨時的事業に当てるために必要な場合に関して、1年を越えた臨時的任用 (3年以内) を可能とする法的措置が平成15 (2003) 年に実施されている。参照、構造改革特別区域法の一部を改正する法律 (臨時的任用事業に関する特例。平成15年法66号)。
20) 参照、前掲注(19)。この検討会に筆者は座長として参加して取りまとめを行った。
21) 地方公務員制度調査研究会「分権時代の地方公務員制度―任用・勤務形態の多様化」(平成15年12月25日)。
22) 参照、地方公務員制度調査研究会・前掲注(21) 16頁以下。

（3） 改正法案の評価

　退職者の再任用、地方独立行政法人制度の導入等、国の制度改革と軌を一にした地方公務員制度の改革は着実に進んでいる。そのような状況のなかにあって、制度の複線化・多様化、民間化は着実に進行しつつある。さらに注目すべきは、PFI をはじめ様々な業務の民間委託が地方公共団体において進んでおり、公務労働の実質的な民間化がドラスティックに進行した点である[23]。このようななかで、勤務形態の多様化の観点から、任期の定めのない短時間勤務職員の創設、本格的業務に従事する非常勤職員の制度の創設、任期付任用の大幅な拡大等は、公務労働が担いうる（担うべき）業務・サービスの範囲を検討していく上で、適切な選択肢を提供しうるものといえる[24]。同時に、このような形での公務労働の柔軟化は、業務の民間委託の有効性を検証し、限界を画す（守秘義務・公務の中立性確保）上でも意義のあるものといえよう[25]。他方、このような公務労働の柔軟化を進める際には、職業的な公務員制度の中核をどのように維持していくのかの観点からの検討は忘れられるべきではあるまい[26]（なお、短時間・臨時職員の任用、給与・報酬上の諸問題に対処するために、地方公務員法及び地方自治法の一部を改正する法律〔平成29年法29号〕によって創設された会計年度任用職員制度に関しては、本書第5編第2部第1章377頁及び第2章386頁を参照されたい）。

---

[23] 例えば、平成15（2003）年の地方自治法改正（同年法81号）により、地方自治体の公の施設の管理につき指定管理者の制度が設けられ、PFI事業者等の民間法人に対しても施設の管理業務を行わせることが可能となった（参照、篠原俊博「地方自治法の一部を改正する法律の概要について」地方自治669号〔2003年〕17頁）。また、学校給食、保育園等の業務の民間委託、民営化、民間業者への開放が全国的規模で進行している。さらに、行政パートナー制度を導入する一方、正規職員の採用を一定期間停止し、正規職員の数を現在一割程度までに削減しようとする、埼玉県志木市の試みに見られるように、自治体経営において職業的公務員の占める役割を大胆に見直そうとする動きも出てきた（参照、埼玉新聞2002年8月21日）。

[24] 同様に、多様な任用形態を活用する必要性を強調するものとして、辻琢也「『変貌する』日本的雇用慣行と地方公務員人事制度改革」前掲注(1)（「都市問題」）15頁。

[25] 分権型社会における地方公務員の任用制度のあり方等に関する検討会・前掲注(19) 10頁も、「公務の能率性の確保、中立・公正性等の維持」の視点が制度設計において重要であることを強調している。また、地方公務員制度調査研究会・前掲注(21) 6頁において、検討の基本的視点として、「公務の中立性の確保や職員の長期育成を基礎とする公務の能率性の追求等の観点から、任期の定めのない常勤職員を中心とする公務の運営という現行地方公務員制度の原則は維持されるべき」ことが強調されている。

[26] 注(25)に示した観点に照らすならば、注(23)に紹介した埼玉県志木市の構想は性急にすぎるように思われる。同旨、辻・前掲注(24) 15頁。

第5節　地方公務員制度改革の展望

（1）　成績主義、中立確保の要請

　地方公務員制度においても、国家公務員制度の改革と連動して、あるいは、地方独自の視点から、様々な改革が進められつつある。その多くは、地方公共団体をめぐる社会状況や住民の行政需要の変化、民間等における労働慣行・法制の変化に対応しようとするものといえる。

　しかしながら、制度の複線化・多様化、民間化が試みられる際にも、業務の性質に応じて必要最小限ではあるが、業務運営における公益性が確保されるための措置（守秘義務や、公務の中立性の確保、政治活動の制限）を実施することが肝要である。公務労働の在り方は国民の理解を得られるものでなければならない以上、民間の実態から隔絶したものであってはならない。しかしながら、中立性の確保（その際には、政党のみならず、民間からの距離の確保という観点も重要であろう）、成績主義に基づく科学的人事行政確立の要請は、現代にあっても軽視されるべきではあるまい。

（2）　改正法案の提出

　平成16（2004）年3月6日付けの新聞各紙は、①公務員の天下りを内閣が承認する制度を導入すること、②「能力等級制」を導入せず、能力・実績主義の人事評価制度を創設すること、を柱とする新法案を作成する方針を、政府が決定したことを報じた。問題とされてきた諸点が修正されたことを評価するとともに、それ以外の制度設計がどのようなものとなるのかについて注目することとしたい。

　また、平成16（2004）年3月9日、政府は、地方公務員法及び地方公共団体の一般職の任期付職員の採用に関する法律の一部を改正する法律案（閣法123号）を決定し、第159回国会（常会）に提出した。内容は、①常勤職員の勤務時間の短時間化を一定の場合（自主的な研鑽、漸次的な現役離職等）に可能とする点、②任期付短時間勤務職員制度を導入すること（窓口時間の延長等への対処等を要件とするもの）、③任期付職員を拡大すること（特定プロジェクトの実施、業務の拡大、廃止等の事態に対応するもの）、等を一つの柱とするものである。これらの諸点は、先に述べた任用、勤務形態の多様化に関するこれまでの検討結果を忠実

に反映するものとして、評価できる（第4節(2)）。

　加えて、この法律案には、①地方公共団体は「研修に関する基本的な方針」を策定すべきものとすること、②人事行政における公正・透明性の確保を図ること（人事運営状況の公表等）、③人事委員会・公平委員会の機能を強化すること（人事管理に関する職員の苦情を処理する権限を付与し、条例によって公平委員会が職員の競争試験及び選考等の事務を行うこととすることができるものとすること等）、を内容とする改正も含まれている。これらの改革は、平成15（2003）年の地方公務員法改正案のなかで、肯定的に評価されてきた部分を全体の公務員制度改革を待たずに実現しようとするものである（第3節(2)を参照）。その意味において、これらの改正案は積極的に評価されるべきものといえよう（なお、本章の【追記2】を参照）。

〈資料〉　地方公務員制度改革のながれ——国家公務員制度との対比において

	地方公務員制度	国家公務員制度
1997年	地方公務員制度調査研究会設置	公務員制度調査会設置
		任期付研究員法
1999年	地方公務員改正（再任用制度の導入）	退職者再任用法
		国家公務員倫理法
		官民交流法
	地方公務員制度研究会報告	公務員制度調査会答申
2000年	公益法人等地方公務員派遣法	公務員制度改革閣議決定
	地方公務員任期付研究員法	
2001年		「公務員制度改革の大枠」
		「公務員制度改革の基本設計」
		「公務員制度改革大綱」
2002年	地方公務員任期付職員法	
	「分権型社会における地方公務員の任用制度のあり方等に関する検討会」報告	
2003年	構造改革特区法改正法（臨時任用事業の特例）	
	地方独立行政法人法	
	地方公務員法改正案要綱公表	国家公務員法改正案要綱等公表

2004年 地方公務員法及び地方公共団体の一般職の任期付職員の採用に関する法律の一部を改正する法律(案)

(追記〔原文〕) 筆者は、大学院博士後期課程において、行政判例研究会(会長・塩野宏東京大学教授〔肩書は当時のもの〕)に参加を許され、同研究会における判例評釈を自治研究誌に掲載することをお許し頂いた。これが自治研究とのご縁の始まりであり、それ以降、各種シンポジウムでの報告の掲載等、筆者にとって貴重な業績発表の機会を与えて頂いてきた。そのような自治研究創刊80周年記念企画に参加させて頂いたことは、筆者にとってこのうえない喜びである。

また、「自治研究」誌は、若い研究者に門戸が開かれている権威ある行政関係の理論誌として稀有の存在であり、行政法学を中心として若手理論家の登竜門として貴重な役割を今日まで果たして頂いている。かくいう筆者もその恩恵を享受した一員であり、さらに、筆者の研究室に在籍していた(いる)者に限って見ても、野口貴公美(法政大学助教授〔現在は一橋大学教授〕)、磯部哲(獨協大学専任講師〔現在は慶応義塾大学教授〕)、大橋真由美(成城大学専任講師〔現在は上智大学教授〕)、岡森識晃(一橋大学大学院博士後期課程〔現在は甲南大学教授〕)と、他の商業誌では掲載は不可能な、重要ではあるが地味な外国法研究の論文掲載を快くお引き受け頂いてきた。

実務と理論の架け橋となる最先端の理論誌である「自治研究」誌が引き続き実務家・研究者を魅了し続けるであろうことを、もとより筆者は確信している。ここでは、同誌が若手理論家にとっての希望の灯火としての存在であり続けることへの願いを添えて、本章を創刊80周年のお祝いとさせて頂く。

【追記1】 国家公務員制度の改革と地方公務員制度の改革とを対比する際の観点として、平成22(2010)年の文献において、塩野宏教授は、①自己発展型、②国家公務員法改正連動型、③民間雇用法制対応型(例:地方公務員の育児休業等に関する法律〔平成3年法110号〕)、④整備法型(例:行政手続法の施行に伴う関係法律の整備に関する法律〔平成5年法89号〕による地方公務員法53条の改正〔職員団体に対する処分に係る規定の整備〕)の区別を掲げている(同「地方公務員法制の変遷」同『行政法概念の諸相』〔有斐閣、2011年〕483頁以下)。本章第3節(1)において紹介した地方公務員制度改革は、①の自己発展型、あるいは②の国家公務員法連動型に属するものであり、具体の改正に関する基本的な整理も塩野教授のそれと大枠においては一致している。

【追記2】 第159回国会(常会)に提出された地方公務員法及び地方公共団体の一般職の任期付職員の採用に関する法律の一部を改正する法律案(閣法123号)は、同国会において可決され成立した(平成16年法85号)。この法律に関して本文に紹介した他

に付記すべき点としては、①常勤職員の勤務時間の短時間化を一定の場合（自主的な研鑽、漸次的な現役離職等）に可能とすることについては、修学部分休業及び高齢者部分休業として制度化されたこと（地方公務員法 26 条の 2、26 条の 3）、②新たに導入された要件の下における任期付職員又は任期付短時間勤務職員の任期に関しては、3 年（特に必要がある場合として条例で定める場合にあっては、5 年）を超えない範囲内で任命権者が定めるものとされていることがある（地方公共団体の一般職の任期付職員の採用に関する法律 6 条 2 項）。なお、この法改正に関して、塩野宏教授は、同「地方公務員制度改革の一局面」同『行政法概念の諸相』（有斐閣、2011 年）468 頁（初出 2004 年）において、①日本の公務員法制度が公勤務者に一律の規制をしてきたのに対し、この法改正が任期付任用を導入し、本格的な業務についても短時間勤務の仕組みを導入したことをもって、これまでの制度に新たな要素を持ち込むものであるとされ（474 頁）、また、②個別にみれば、既存の制度の拡充にとどまるが、実験的な色彩の強いものでありつつも、新たな制度の活用いかんによっては、身分保障の原則を前提とする地方公務員法制の再検討を要請する立法事実をもたらすと指摘されている（479 頁）。重要な指摘であり、本書第 5 編第 2 部に紹介する会計年度任用職員制度の創設も、塩野教授の強調される、終身雇用と身分保障＝わが国の公務員法制度の基本原則の保持を前提としながら、公務の中核を担う一般職公務員の外にあって様々な事務を多様な勤務形態において担っていた臨時・短時間勤務職員の運用実態を吟味・再検討し、地方公共団体における勤務形態の多様化に対応しようとする試みであるといえよう。この点については、本書第 5 編第 2 部所収の論稿を参照されたい。

第 2 部　臨時・非常勤制度改革

第 1 章　地方公務員の勤務形態を考える
　　　　　──臨時・非常勤職員制度改革を踏まえて

〈解題〉　本章は、地方行政に携わる職員層において臨時・非常勤職員の比重が高まるなかで、これらの職員の任用・処遇等をめぐって顕在化した諸問題に対処する目的をもって、地方公務員法及び地方自治法の一部を改正する法律（平成 29 年法 29 号。以下、本〈解題〉において「平成 29 年改正法」という）によって新設された会計年度任用職員の制度について、紹介・分析したものである（地方公務員月報 664 号〔2018 年〕2 頁）。地方行政における臨時・非常勤職員の任用・処遇に関しては本書第 4 編第 1 部第 3 章第 4 節において言及しており、本章の記述はこれに続くものである。なお、本章は、令和 2（2020）年 4 月の平成 29 年改正法の施行の前に執筆したものであるが、平成 29 年改正法の施行後の状況について紹介・分析したものとして、本書第 5 編第 2 部第 2 章がある。

第 1 節　平成 29 年改正の意義

（1）　非正規化・民間化の進行

　公務部門における職員の勤務の在り方は、民間部門と供給源を共通にする以上、民間部門における労働形態の変化からの影響を様々な形で受けることになる。かつ、民主的な国家における公務員制度は、主権者たる国民の理解と信任とを得るものでなければならないことから、就労者の圧倒的な多数を占める民間部門の労働形態から隔絶したものであり続けることは困難である。これらの点に鑑み、平成 11（1999）年の論文において、筆者は、民間部門において急速に進展しつつあった非正規労働形態の浸透の流れは公務部門においても完全には避け得ないことを指摘した[1]。加えて、国・地方を通じた財政収支の悪化、行財政改革の進行は、公務労働部門における非正規化・民間化を強く促すこと

---

[1]　高橋滋「公務員制度」ジュリ 1161 号（1999 年）136 頁（本書第 4 編第 1 部第 1 章 204 頁）。

となった。

　総務省の公表した「平成29年地方公共団体定員管理調査結果」[2]によれば、調査対象となった一般職の総職員数は、平成6 (1994) 年の約328万人をピークとして、平成28 (2016) 年には273.7万人にまで減少した〔平成29 (2017) 年には約6000人増となっている〔令和4 (2022) 年時点においては280.4万人である〕〕。他方、臨時・非常勤職員については、平成28 (2016) 年時点のものであるが、平成29年法29号による改正前の地方公務員法（昭和25年法261号) 3条3項3号を任用根拠とする特別職非常勤職員は約21.6万人、同法17条に根拠があるとされる一般職非常勤職員が約16.7万人、同じく平成29年改正前の同法22条2項又は5項に基づく臨時的任用職員は約26万人、計64.3万人と、平成17 (2005) 年調査時の約45.6万人に比して増加傾向にある[3]。かつ、平成28 (2016) 年の調査によれば、①フルタイムの職員が20.3万人、②常勤職員の勤務時間の4分の3を超え、フルタイム未満の者が20.5万人、(ⅲ) 常勤職員の勤務時間の4分の3以下の者が23.5万人となっており、勤務の実態が常勤職員に近い者はかなりの割合を占めている[4]（地方公務員法及び地方自治法の一部を改正する法律〔平成29年法29号〕による改正〔以下、同法を「平成29年改正法」という〕の後における臨時・非常勤職員の任用の動向に関しては本書第5編第2部第2章393頁【追記】(1)を参照）。

（2）法的な問題点

　そして、これらの臨時・非常勤職員に関しては、法制度的な観点から様々な問題のあることが指摘されてきた。例えば、特別職非常勤職員に関しては、本

---

2) 当該調査は一般職に属する常勤の職員（再任用、任期付採用を含む）を対象としたものであるが、「一般職に属する臨時又は非常勤の職員で、その職名のいかんを問わず、勤務時間が一般職に属する常勤の職員と同様に定められている者で、その勤務した日（法令の規定により、勤務を要しないこととされ又は休暇を与えられた日を含む。）が18日以上ある月が調査時点において引き続いて12月を超える職員」（平成29年度で全体の0.1％）を含む（総務省自治行政局公務員部給与能率推進室「平成29年地方公共団体定員管理調査結果」〔平成30年3月〕1頁〔なお、令和5 (2023) 年時点において前記の「臨時職員」の割合は2.1％である〕）。

3) 参照、笹野健「地方公務員法及び地方自治法の一部を改正する法律（平成29年法律第29号）について」地方自治837号 (2017年) 15頁、同「地方公務員法及び地方自治法の一部を改正する法律（平成29年法律第29号）について」地方財政56巻12号 (2017年) 62頁等。

4) この点は、総務省公務員部の職員の解説も指摘している。笹野・前掲注(3)（「地方自治」）17頁、同・前掲注(3)（「地方財政」）62頁。

来は学識経験者等の任用を想定されたものであるにもかかわらず、事務補助職員等の「任期の定めのない常勤職員」に近い勤務形態の者が任用されている実態があった。特に、これらの者について守秘義務等の職務遂行上不可欠な規律の及ばない点は、公務運営上の観点から大きな問題であった。臨時的任用職員に関しても、地方公務員法17条に基づく任期の定めのない一般職常勤職員の任用の例外であるとの位置付けを不明確なままにして任用される事例は一部の地方公共団体に広まっていた。また、一般職の非常勤職員に関しても、事務補助職員等の任用形態としてふさわしいものであるにもかかわらず、根拠と手続が曖昧である等のために任用は進まない、という問題があった。かつ、平成29年改正前の地方自治法（昭和22年法67号）203条の2においては、非常勤職員は報酬及び費用弁償のみを認めるものとされていたため、常勤職員に近い勤務形態の一般職の非常勤職員には各種の手当を支給できない処遇上の問題も生じていた[5]。本章の冒頭において、公務労働は民間部門における労働形態から隔絶したものではあり得ない点を指摘した。しかしながら、他方において、公務員法制に対しては、職務と身分の特質を踏まえ、民間部門に比して規律密度の高い法制度の下で合理的かつ適切な勤務形態を、公務労働に従事する者に対し、そして、その従事の機会を国民に対し、提供することを期待されている。このような視点に鑑みるならば、前述の問題点は、公務員法制の趣旨に照らしても看過できないものであった。

（3） 平成29年改正法の成立

地方公務員法及び地方自治法の一部を改正する法律（平成29年法29号）は、前述の諸問題に解決をもたらそうとしたものである[6]。まず、①特別職非常勤職員の任用根拠を厳格化し、任用の適正を図った（改正後の地方公務員法3条3項3号及び3号の2。以下、同じ）。次に、②一般職の非常勤職員に関して、会計年度任用職員の制度を新たに設けて任用等のルールを規定し（同法22条の2、38条、58条の2等）、フルタイムではない職員に関して報酬・費用弁償の体系を維持し

---

5) 以上の点は、筆者が座長を務めた総務省自治行政局公務員部研究会の報告書「地方公務員の臨時・非常勤職員及び任期付職員の任用等の在り方に関する研究会報告書」（平成28年12月27日）3頁以下に詳しい指摘がある。
6) 平成29年改正法を分析するものとして、戸谷雅治「会計年度任用職員制度の課題」年報公共政策学12号（2018年）91頁がある。

つつも期末手当を支給できることにした（会計年度任用職員に対する支給について、改正後の地方自治法203条の2、204条）。さらに、③臨時的任用に関する規定を整備し、任用の厳格化が図られることになった（改正後の地方公務員法22条の3。さらに、参照、平成29年改正法附則3条）。

　臨時・非常勤職員の処遇を抜本的に改善すべきであるとする立場からは、パートタイムの会計年度任用職員に支給できる手当は期末手当のみである点などが批判されている[7]（ただし、パートタイムの会計年度任用職員には営利企業への従事を制限する規定は適用除外とされている[8][9]〔なお、本書第5編第2部第2章395頁【追記】(2)を参照〕）。しかしながら、平成29年改正法は、臨時・非常勤職員の曖昧な任用に歯止めをかけ、これらの職員について、適正かつ円滑に職務を遂行するための環境を整備し、処遇の改善を促す点において、積極的な意義を認めることができよう。

第2節　平成29年改正法を受けた取組み

（1）　各種通知の発出

　総務省自治行政局公務員部は、平成29年改正法の制定に際し、都道府県、市町村、指定都市の担当課長に参集をお願いし、意見照会を実施した。提出された意見を踏まえて、原案に修正が加えられたことに加えて、各地方公共団体において必要な準備を行うべき旨の規定、及び総務大臣は必要な技術的助言・

---

[7]　平成29年改正法に関する批判的な分析も多い。本稿においては代表的なものとして、上林陽治「欺瞞の地方公務員法・地方自治法改正（上）・（下）」自治総研43巻5号（2017年）1頁、同7号（同）1頁、城塚健之「自治体の臨時・非常勤職員をめぐる法改正とその問題点」労旬1891号（2017年）11頁を挙げておく。

[8]　平成29年改正法38条1項。ただし、職務専念義務、信用失墜行為の禁止は適用があることを指摘するものとして、参照、笹野・前掲注(3)（「地方自治」）30頁、同・前掲注(3)（「地方財政」）78頁。

[9]　この点につき、総務省自治行政局公務員部は、後出注(12)及び本文該当箇所掲載の事務連絡中の問2の回答において、過去の判例（茨木市臨時的任用職員に対する一時金の支給に係る損害賠償請求事件）に言及し、「地方自治法第204条の『常勤の職員』に該当するか否かの判断要素の一つとして、『勤務時間が常勤職員4分の3を超えること』を挙げていた」としつつ、それは複数の判断要素の一つとして挙げられているにとどまること、判決後、国においては期間業務職員制度が創設され、現行法令上は勤務時間にかかわらず非常勤職員として位置付けられていること、を指摘している（同事務連絡1頁）。

勧告を行うものとする旨の規定が、平成29年改正法の附則において明文化され、これを受けて、総務省は平成29年改正法に関する丁寧な情報提供を行ってきている[10]。例えば、平成29 (2017) 年8月23日には「会計年度任用職員制度の導入等に向けた必要な準備等について (通知)」[11]が、平成30 (2018) 年8月22日には「会計年度任用職員制度の導入等に向けた質疑応答の追加について」[12]が発出された。特に平成29 (2017) 年の通知は、令和2 (2020) 年4月に平成29年が施行されること踏まえ、「会計年度任用職員制度の導入等に向けた事務処理マニュアル (第1版)」を示し、平成29年改正法の趣旨を踏まえて各地方公共団体が臨時・非常勤職員の任用根拠・処遇を見直していくための手順を提示している。前述のように、平成29年改正法附則は、適正な任用・勤務条件の確保等のために必要があると認めるときにおいて各地方公共団体における準備及び措置につき勧告する権限が総務大臣にあることを明らかにしている（附則2条2項）。各地方公共団体に対しては、この点を踏まえつつ、臨時・非常勤職員の一人一人について、任用根拠、フルタイム・パートタイムの区別をはじめとする勤務形態、給与の支給形態等、全般にわたって適切な見直しを行うことが期待されている。

（2） 特別職公務員について

特に、特別職非常勤職員については、守秘義務規定等が適用されないことに加え、職員の側から見ても、地方公務員の育児休業等に関する法律（平成3年法110号）の適用がなく、人事委員会への措置要求等は認められない等の問題もあった。この点、平成29年改正法によって、臨時又は非常勤の顧問等の職員は、①専門的な知識経験又は識見を有すること、②当該知識経験等に基づき事務を行うこと、③事務の種類は、助言、調査、診断その他総務省令で定める

---

10) まず、平成29 (2017) 年5月17日付け総行公第59号・総行給第23号総務大臣通知の他、総務省自治行政局公務員部長「地方公務員法及び地方自治法の一部を改正する法律の運用について（通知）」（総行公第87号・総行給第33号平成29年6月28日）が発出された。

11) 総行公第102号・総行給第39号・総行女第24号・総行福第191号・総行安第38号（各都道府県知事・各都道府県議会議長・各指定都市市長・各指定都市議会議長・各人事委員会委員長宛て）。

12) 事務連絡・総務省自治行政局公務員部公務員課・総務省自治行政局公務員部女性活躍・人材活用推進室・総務省自治行政局公務員部給与能率推進室・総務省自治行政局公務員部福利課・総務省自治行政局公務員部安全厚生推進室（各都道府県人事担当課・各都道府県市区町村担当課・各政令指定都市人事担当課宛て）。

事務[13]であること、以上の3要件にすべて該当する者に限定されることとなった（根拠条文につき前出第1節を参照。以下、同じ）。また、臨時的任用についても、緊急のとき、臨時の職に関するとき、採用候補者名簿がないときに加え、「常時勤務を要する職に欠員を生じた場合」に限り採用のされることが、法令上、明確化された。さらに、新たに設けられた会計年度任用職員の制度においては、一般職公務員として地方公務員法の制度の適用を受けること、手当等の処遇改善を図っていること等に加えて、これまで問題点として指摘されてきた短期間の反復任用や「空白期間」について、適正化への配慮義務が課されることになった（地方公務員法22条の2第6項）。これらの規定を受けて、地方公共団体において見直しがされるならば、臨時・非常勤職員の処遇の改善や公務遂行上の課題の解消が進むことになろう。

（3） 調査結果への期待

総務省は、平成29年改正法の施行を前にして、各地方公共団体における臨時・非常勤職員の任用見直しの状況につき調査を行っているとのことであり、集計結果は公表されることになろう。公表結果において、平成29年改正法の趣旨に沿った見直しの状況の確認されることを期待したい[14]。

第3節　地方公務員における勤務形態——課題と展望

（1） 会計年度任用職員の任用の在り方

本節においては、地方公務員の勤務形態全般の課題と今後の展望とに関して述べることとする。まず、わが国の社会は、本格的な人口減少を迎えたにもかかわらず、東京圏をはじめとする大都市圏への人口移動が進んでいる。また、IT化やAI技術の発達は、わが国の産業構造・労働形態の大規模な変革を促しつつある。このような大規模な社会変動のなかにあって、地方公共団体は、地域の将来像を的確に見定めつつ、常勤等の公務員に加え、臨時・非常勤の公務員の任用、民間への業務委託等の、法令上与えられた選択肢を活用すること

13） 本章執筆時においては、総務省令は制定されていなかった（参照、平成31年総務省令第35号〔地方公務員法第3条第3項第3号の総務省令で定める事務等を定める省令〕）。
14） なお、筆者は、平成29年改正の際に設置された研究会の座長を勤めた。参照、前掲注(5)。

を通じて、人事行政を公正かつ円滑に遂行していくことが求められている。

　この点につき、平成29年改正法制定時に示された公務員部の整理によれば、一般職の公務員としては、常時勤務を要する職（「『相当の期間任用される職員』を就けるべき業務に従事する職」であって、フルタイムとすべき標準的な業務の量があるもの）に就くべき職員として、①任期の定めのない常勤職員に加えて、②任期付職員（任期付職員法（平成14年法48号）[15] 3条・4条に基づくフルタイム職員）、③再任用職員（地方公務員法28条の4に基づくフルタイム職員）、さらには、④臨時的任用職員があるとされ、短時間勤務の職（「『相当の期間任用される職員』を就けるべき業務に従事する職」であって、パートタイムのもの）としては、⑤任期付短時間勤務職員（任期付職員法5条に基づくパートタイム職員）、⑥再任用短時間勤務職員（地方公務員法28条の5に基づくパートタイム職員）がある。ただし、③・⑥は職員の再任用に限られるものであり、②・⑤は、任期付職員法の要件に該当する場合に任用し得るものである。また、④の臨時的任用職員についても、「常時勤務を要する職に欠員を生じた場合」に限定して採用のされることが明示されている（第2節を参照）。

　そして、一般職の公務員のうち、「『相当の期間任用される職員』を就けるべき業務」以外の業務に従事することを予定されている者が会計年度任用職員であり、当該職員は、勤務時間によりフルタイムの職員とパートタイムの職員に分けられる。特別職公務員に関しては、専門的な知識経験又は識見を有すること等が任用の要件とされている点にも留意は必要である。

　各地方公共団体の人事担当者にとっては、当該団体の人的資源に対する需要を見定め、任期の定めのない常勤職員の任用を基本としつつ、前述のような、任用の要件と服務・処遇に係る規定が明示された多様な選択肢を適切に組み合わせることを通じて、人事行政を運営していくことが肝要となる。

　加えて、団塊の世代の退職等による就労人口の著しい落込み等を背景として、全国的に人手不足が深刻化している。冒頭に述べたように、公務労働も民間部門と供給源を共通にしている以上は、法に沿った任用・処遇を堅持しつつ、民間部門に比して魅力のある就労のチャンスを供給していく視点も今日的には重要となっている。かつ、冒頭において述べたように、公務労働は、職務・身分

15）　正式名称は、「地方公共団体の一般職の任期付職員の採用に関する法律」である。

の特質に照らし、法令の厳密な縛りのなかで合理的かつ適切な就労の機会を国民・住民に保障する役割も期待されていることから、厳しい財政状況や任期の定めのない常勤職員の多忙等を理由として、臨時・非常勤職員の安易な任用に頼ることなく、法の求める厳正な任用と適切な処遇が維持されるべきである。

(2) 中長期的課題——報酬の在り方

次に、中長期的な課題となるが、任期付職員法に基づく任用や会計年度任用職員制度に基づく任用が定着し、任用根拠や処遇のルールを曖昧にした臨時・非常勤職員の任用例が各団体において見られない状況に至った時点においては、会計年度任用職員のうち、フルタイムの職員については給料・手当の支給を行い、パートタイムの職員については報酬費用・費用弁償の他に期末手当のみを給付する、という画一的な区分を柔軟化し、当該職員の能力経験と職の性格に応じ各種手当等を支給できる制度とすることも、視野に置かれるべきであろう(本書第5編第2部第2章395頁【追記】(2)を参照)。

加えて、一極集中の傾向の是正がされず、人口減少が更に進展した場合には、地方公共団体の行政を支える人的リソースが決定的に不足することも予想される。さらに、採用減に伴い年齢別公務員数の山を形成している団塊ジュニアの退職に対応する必要があろう。総務省に設置された「自治体戦略2040構想研究会」の第1次報告及び第2次報告は、これらの点を意識し、AI、ロボティクス、ブロックチェーン等の破壊的技術（Disruptive Technologies）の活用と情報システム等の共通基盤化とを通じたスマート自治体への転換を提唱している[16]。政府の規制改革推進会議・行政手続部会（当時。座長は筆者）は、行政手続の電子化、それに伴う申請システムの共通化等を通じて、事業者の行政手続コストの大胆な削減に取り組んでおり、各地方公共団体に対しても協力のお願いをしている[17]。地方公共団体の手続、特に、自治事務に係る手続の改革は、各地方公共団体の固有の事務であることから、地方分権の要請と調和させて慎重に進められるべきことはいうまでもない。しかしながら、各地方公共団体に対し、

---

[16] 自治体戦略2040構想研究会「自治体戦略2040構想研究会第1次報告——人口現象化下において満足度の高い人生と人間を尊重する社会をどう構築するか」(平成30年4月) 49頁、同「自治体戦略2040構想研究会第2次報告」(平成30年7月) 31頁以下。

[17] この点に関しては、髙橋滋「地方における規制改革と地方分権」自治日報3913号1面コラム（「自治」）を参照されたい。

わが国の社会状況の長期的な推移を見通すなかで、各団体の状況に応じて独自の工夫を加えつつ、積極的に取り組んで頂き、そのなかで、公務部門における人的資源の調達・再構築について適切に配慮して頂くことを期待したい（なお、本書第1編第2部第2章81頁【追記1】を参照）。

第 2 章　会計年度任用職員制度の運用と今後の課題

〈解題〉　本章は、地方公務員法及び地方自治法の一部を改正する法律（平成 29 年法 29 号）によって創設された会計年度任用職員制度に関し、その施行状況を確認するとともに、施行後の課題について検討したものである（地方公務員月報 694 号〔2021 年〕13 頁）。ちなみに、本章の刊行後において、パートタイムの会計年度任用職員に対し、制度上、勤勉手当を支給することが可能となる制度改正が行われた（フルタイムの職員に対する勤勉手当の支給は、改正前は運用上の検討課題であるとの位置付けであったが、当該改正を契機として勤勉手当を支給すべきことが総務省の通知において明確にされている）。この制度改正及び本章刊行後における本制度の施行状況に関しては、本章の【追記】を参照されたい。

第 1 節　会計年度任用職員制度の導入

（1）　平成 29 年改正法の施行

　会計年度任用職員制度の導入を柱とする地方公務員法及び地方自治法の一部を改正する法律（平成 29 年法 29 号。以下、「平成 29 年改正法」という）は令和 2（2020）年 4 月 1 日に施行され、同法の施行に伴い地方公共団体における臨時・非常勤職員の任用等に大きな変化が生じた。地方公共団体に勤務する臨時・非常勤職員に関して、任用の法的根拠が未整理で不明確なケースは多く、時間数等の面において常勤職員に近い勤務形態の職員であっても期末手当をはじめとする各種手当が支給されない等の処遇上の問題が生じていたとともに、常勤職員の業務を補完する事務等を担う職員であっても特別職の非常勤職員であれば守秘義務等の規律は及ばない等、数々の問題があった[1]。この状況を踏まえ、平成 29 年改正法は、地方公務員法の服務等に係る規律が及び、かつ、少なくとも期末手当の支給が可能となるフルタイム又はパートタイムの会計年度任用職員制度を創設し、同時に、会計年度任用職員と区別される特別職非常勤職員と臨時採用職員の任用の根拠や対象となる職種を整理して、臨時・非常勤職員

---

[1]　地方公共団体における臨時・非常勤職員に係る各種の問題点に関して、「地方公務員の臨時・非常勤職員及び任期付職員の任用等の在り方に関する研究会報告書」（平成 28 年 12 月 27 日）3 頁以下に総括的な記述がある。

の任用の根拠と処遇の基準を明確にした[2]。

(2) 施行の準備作業

このように、会計年度任用職員の制度の新設は、地方公共団体における臨時・非常勤職員の勤務形態に大きな変化をもたらすものであることに鑑み、総務省自治行政局公務員部（以下、「公務員部」という）は、平成29年改正法の成立から約3年の準備期間を設定するとともに、各種の通知、運用マニュアルを発出して地方公共団体が円滑かつ適正な形で制度移行を実施できるように助言と支援とを行ってきた[3][4]。また、財源面に関しても、令和2年度地方財政計画において、期末手当の支給等に要する費用として1738億円が計上され、さらに、令和3年度地方財政計画においては、平年度化による期末手当の支給月額の増が見込まれることから、令和2年度に比して措置額について664億円が増額された。

そして、会計年度任用職員制度の実施日である令和2（2020）年4月1日を迎えるに際して、公務員部は、同日時点における臨時・非常勤職員の任用の実態を把握するとともに、会計年度任用職員制度の運用の実情と制度導入の効果を

---

[2] 同法の解説は多い。ここでは、まず、総務省自治行政局公務員部の職員による解説として、笹野健ほか「地方公務員法及び地方自治法の一部を改正する法律（平成29年法律第29号）について（その1～その3）」地方公務員月報647号（2017年。以下、同年）48頁、648号59頁、649号583頁に加え、岡航平・時の法令2042号（2018年）47頁を挙げておく。さらに、参照、後掲注(16)の上林陽治氏の諸論稿の他、戸谷雅治「会計年度任用職員制度の課題」年報公共政策学12号（2018年）91頁、濱和哲「法律相談　会計年度任用職員制度の導入に伴う留意事項」判例地方自治450号（2019年）100頁。

[3] 平成29年改正法成立直後に発出されたものとして、「地方公務員法及び地方自治法の一部を改正する法律の公布について（通知）」（平成29年5月17日付け総行公第59号・総行給第23号総務大臣通知）、総務省自治行政局公務員部長「地方公務員法及び地方自治法の一部を改正する法律の運用について（通知）」（総行公第87号・総行給第33号平成29年6月28日）がある。さらに、参照、「会計年度任用職員制度の導入等に向けた必要な準備等について（通知）」（総行公第102号・総行給第39号・総行女第24号・総行福第919号・総行安第38号平成29年8月23日。以下、「平成29年通知」という）、「会計年度任用職員制度の導入等に向けた質疑応答の追加について」（総務省自治行政局公務員部公務員課ほか関係課室発出の事務連絡平成30年8月22日）、「会計年度任用職員制度の施行に向けた留意事項について」（総行公第95号令和元年12月20日）。

[4] 平成29年通知は「会計年度任用職員制度の導入等に向けた事務処理マニュアル（第1版）」を示したものであり、同マニュアルは平成30（2018）年10月18日付けの公務員部の部長名の通知により改訂された（総行公第135号・総行給第49号・総行女第17号・総行福第211号・総行安第48号）。

明らかにするため、「地方公務員の会計年度任用職員等の臨時・非常勤職員に関する調査」(以下、「令和2年度調査」という)を実施し、同年12月にその結果は公表されている (以下、「令和2年度調査結果」という)[5]。

筆者は、会計年度任用職員制度が創設される契機となった報告[6]を総務省自治行政局公務員部 (以下、「公務員部」という) に提出した研究会において座長を努め、その後も、平成29年改正法の意義を示し、会計年度任用職員制度の円滑かつ適正な実施に向けた取組みの重要性を関係者にアピールする論稿を公表してきた[7]。そこで、本章においては、令和2年度調査結果を踏まえ、会計年度任用職員制度の導入状況に関する所感を述べ、同制度の今後の運用に対する期待を述べることとしたい。

第2節　令和2年度調査結果の概要

(1)　臨時・非常勤職員の任用の概況

本節においては、令和2年度調査結果を確認する。まず、臨時・非常勤職員の任用の概況に関して述べる。第1に、臨時・非常勤職員の数[8]であるが、令和2年度調査結果によれば、平成28 (2016) 年の調査 (以下、「平成28年度調査」という) と比較して、5.1万人増の69.2万人である。近年、災害の多発等を契機して国土強靱化対策や消防部門の強化の要請が強まり、地方創生・子育て支援等の取組みがされ、さらには、教育部門においても特別支援学校や学級の体制強化、臨時的任用職員の任用の適正化が実施されるなかで、常時勤務を要する職を占める職員の数については平成6 (1994) 年から続く減少傾向に歯止めがかかり、令和2年度は前年度に続き微増した (前年比0.8%〔令和3年度・4年度においても増傾向に変化はなく平成28年の273.7万人から280.4万人となっている〕)[9]。も

---

5) 令和2年度調査結果は、「地方公務員の会計年度任用職員等の臨時・非常勤職員に関する調査結果」(以下、「臨時・非常勤職員調査」という) 及び「会計年度任用職員制度の施行状況等に関する調査結果」(以下、「施行状況調査」という) として、公表されている。
6) 参照、前掲注(1)。
7) 高橋滋「地方公務員の勤務形態を考える──臨時・非常勤職員制度改革を踏まえて」地方公務員月報664号 (2018年) 2頁 (本書第5編第2部第1章377頁)。
8) ここで比較の対象とされている職員は、平成28年度調査と同じ「任用期間が6カ月以上かつ1週間当たりの勤務時間が19時間25分以上」の者である。
9) 「令和2年地方公共団体定員管理調査結果の概要 (令和2年4月1日現在)」1頁、3頁 (「令和4

っとも、増加数は平成28年度と比較して約2.5万人であることから、臨時・非常勤職員への依存は進んだことに留意すべきであろう（令和4年度の増加数6.7万人）。なお、令和2年度調査においては、平成28年度調査において調査対象とされていなかった臨時・非常勤職員に関しても独自の調査項目が設けられており、43.1万人が勤務していることが確認されている（内訳は、会計年度任用職員27.9万人、臨時的任用職員0.6万人、特別職非常勤職員14.6万人である）。

　第2に、臨時・非常勤職員の任用の内訳についてである。平成28年度調査と令和2年度調査とを比較すると、平成28年度調査において一般職非常勤職員は16.7万人であったのに対し、令和2年度調査における会計年度任用職員の数は62.2万人となり、調査対象となった臨時・非常勤職員における割合は89.6％と高い数字を示した。これに対し、臨時的任用職員は26万人から6.8万人に、特別職非常勤職員は21.5万人から0.4万人へと大幅に減少している。臨時的任用職員に関しては「教員・講師」の職種が8割以上を占め、また、特別職非常勤職員に関しては「顧問・参与」「調査員等」が約5割、次いで、「医師」（学校医・学校歯科医、公立病院等の嘱託医等）の割合が多いことからは、臨時・非常勤職員の任用の根拠と対象職種等を明確にするとの会計年度任用職員制度導入の趣旨は多くの地方公共団体に正しく受け止められたものと評価することができよう[10]。

　第3は、フルタイム、パートタイムの区別に関するものである。臨時的任用職員は、常勤の職について臨時的な任用を認めるものであり、その性格上はフルタイムの任用となる。これに対し、特別職非常勤職員については、前述したように、その多数を占める職種の性格上、任用期間が短く、週当たりの勤務時間も少ない職員が多数となっている[11]。他方、新たに導入された会計年度任用職員にあっては、制度上、フルタイムとパートタイムとの両方の任用が可能となっており、かつ、フルタイムの職員に関しては、給料・旅費・各種手当[12]が

　　年地方公共団体定員管理調査結果の概要〔令和4年4月1日現在〕」1頁）。
10）　令和2年度調査の結果において、公務員部は、臨時的任用職員のうち、「教員・講師」が8割以上を占めることに関して、児童数が年度開始時点に確定していない等を理由として時限的な教員の確保がされている、との説明を付している。
11）　任用期間6か月以下、又は、勤務時間が週当たり19時間25分未満である職員が14.6万人であり、平成28年度調査との比較対象とされた特別職非常勤職員に比して多い数となっている。
12）　公務員部が公表した「会計年度任用職員制度の導入等に向けた事務処理マニュアル（第2版）」（参照、前掲注(4)。以下、「事務処理マニュアル」という）Ⅱ3(1)③ア(イ)においては、フルタイ

支給されるのに対し、パートタイムの職員に関しては、報酬・費用弁償・期末手当が支給される等、処遇の点において明確な差異がある[13]。この点に関連して、フルタイムの職員は6.9万人（11.2%）であるのに対して、パートタイムの職員が55.3万人（88.6%）と、パートタイムの職員の割合が高い。臨時的任用職員を併せても、現状においてはフルタイムの職員の割合はかなり低いといえよう。

（2）　会計年度任用職員の施行状況

次に、会計年度任用職員の施行状況等に関しての調査結果のポイントを確認する。この調査は、各団体において代表的な会計年度任用職員の職に対する取扱いを抽出調査したものであり、平成29年改正法の施行を控えて発出された「会計年度任用職員制度の施行に向けた留意事項について」[14]のなかに示された留意事項の実施状況を検証することも目的としていた。

ポイントの第1点は、再度任用時における空白期間の設定の有無に関するものである。過去に問題とされてきた空白期間の存在については、すべての団体において不適切な「空白期間」は設定されていないことが確認された。第2点は、勤務時間が常勤にかなり近接しているものの、なおパートタイムとして会計年度任用職員が採用された事例に関するものである。先に紹介したように、フルタイムの会計年度任用職員とパートタイムの会計年度任用職員との間において処遇面に差のあることから、週当たりの勤務時間が37時間30分（フルタイムより1日15分短い）以上の職員に関し、任用例の有無と勤務時間設定の根拠等に関する調査が行われた。結果、任用例のある団体の数は1144であり、任

ムの会計年度任用職員に支給すべき手当として、①時間外勤務手当、宿日直手当、休日勤務手当及び夜間手当、②通勤手当、③期末手当、④退職手当、⑤特殊勤務手当等の職務給的な手当、地域手当、初任給調整手当、特地勤務手当（これに準ずる手当を含む）、へき地手当（これに準ずる手当を含む）を挙げる。ただし、それ以外の手当（管理職手当や単身赴任手当）に関しては支給しないこととされている（勤勉手当については、「各地方公共団体における『期末手当』の定着状況等を踏まえた上での検討課題とすべきものである」との見解が示されている。参照、事務処理マニュアルⅢQ & A 問15-1. 本章の【追記】(2)を参照）。

13)　なお、例えば、会計年度任用職員に関する①地方公務員共済制度、厚生年金保険及び健康保険等の適用関係、②地方公務員災害補償基金法、労働者災害補償保険法、地方公共団体の公務災害補償に関する条例の適用関係に関しては、従前の通りとされている（参照、事務処理マニュアルⅡ3(1)③エ）。

14)　参照、前掲注(3)。

用の件数は66429件であった。この点につき、公務員部は、業務内容に応じて勤務時間を積み上げたことを理由とするものが75%となっていること（複数回答可）等を踏まえ、単に財政上の理由として短い勤務時間を設定している団体の事例は見られなかったものと評価している。

　第3点は、適切な休暇の設定に関するものである。会計年度任用職員制度の導入に際し、公務員部は、①休暇等については、当該休暇等を有給とするか否かも含め、国の非常勤職員との権衡を失しないように適当な考慮が払われるべきであり、②労働基準法の規定によって年次有給休暇の消滅時効は2年とされているところであり、同法における「継続勤務」の要件に該当する場合には、再度任用時に年次有給休暇が繰り越されるべきである、との見解を示していた。この点につき、調査の結果として、①の点に関しては、休暇の措置や有休等の取扱いにおいて、国の非常勤職員との権衡を失する団体が一部存在していたこと、②の点に関しては、99.6%の団体において再度任用時の年次有給休暇の繰越措置がされていること、が指摘されている。

　公表された調査結果概要の最後のポイントは、給与決定が適切に行われているか否かに関する調査結果である。この点に関し、公務員部は、①給与水準については、類似する職務に従事する常勤職員の属する職務の級の初号給の給料月額を基礎として、職務の内容や責任、職務遂行上必要となる知識、技術及び職務経験等の要素を考慮すべきこと、②単に財政上の制約のみを理由として、期末手当の支給について抑制を図ることや、新たに期末手当を支給する一方で給料や報酬について抑制を図ることは、改正法の趣旨に沿わない、との技術的助言を示していた。この点に関する調査の結果、①95.3%の団体が常勤職員の給料表を基礎とし、92.9%の団体が職務経験等を考慮していること、②期末手当を支給していない団体が0.3%あること、③23.8%の団体が制度改正前より給料（報酬）が下がった職種はあるとしているものの、給与決定原則を踏まえて適正化した結果であると説明する団体は多い（あると回答した団体の75.1%）、との認識が示されている。

第3節　令和2年度調査結果を受けて——今後の運用への期待

　以上、公務員部が公表した令和2年度調査結果の概要を確認してきた。まず、

会計年度任用職員制度の成果に関して述べる。第1に、臨時的任用職員、特別職非常勤職員の任用状況からは、臨時・非常勤職員の任用の根拠と対象職種が不明確であり、常勤職員を補完する事務を担う非常勤職員に守秘義務、政治的行為の制限などの規律が及ばなかった問題点については、会計年度任用職員への任用の切替えが実施されることを通じてほぼ解消されたものと評価できる。このことは、制度創設の大きな成果といえよう。第2に、再度任用時における「空白期間」のあることも、地方公共団体における臨時・非常勤職員制度の問題点として指摘されてきた。この点がほぼ解消されたことについても、制度導入の成果として評価できるであろう。加えて、第3に、会計年度任用職員に期末手当の支給がされることを確保するために、地方財政計画において2000億円規模の地方交付税財源が確保され、ごく例外的な団体を除いて期末手当の支給が確認される（第1節及び第2節を参照）等、臨時・非常勤職員の処遇改善も進んだ。パートタイムの会計年度任用職員の給与に関しては、給料でなく報酬・費用弁償とされ、期末手当の支給のみが想定されていること[15]、会計年度任用職員への切替えに際し、報酬額の減額が実施された例のあること等を根拠として、会計年度任用職員制度に否定的な評価が表明されることがある[16]ものの、同制度が地方公共団体の臨時・非常勤職員の処遇を改善する効果を発揮した事実を看過してはなるまい。

　もっとも、会計年度任用職員制度の運用には課題も残されている。まず、地方財政措置が実施されたにもかかわらず、期末手当の支給を行っていない団体（9団体、0.3％）に関しては、制度の適正な実施の観点から問題であると言わざるを得ない。また、フルタイムの会計年度任用職員とパートタイムの会計年度任用職員との間に、給与面等において差のあることに着目して、財政上の理由のみから勤務時間を短く設定してパートタイムの会計年度任用職員とする任用があるとすれば、そのような任用は、勤務時間の設定の本来の在り方に照らして大いに問題であるのみならず、平成29年改正法の趣旨からも逸脱するものである。先に紹介したように、令和2年度調査結果から、公務員部は、「単に

---

15) なお、時間外勤務等に相当するものに関しては報酬としての、通勤費用に関しては費用弁償としての支給が想定されている。参照、事務処理マニュアルⅡ3(1)③ア(ウ)。
16) 代表的な論稿として、上林陽治『非正規公務員のリアル 欺瞞の会計年度任用職員制度』（日本評論社、2021年）206頁以下、227頁（以上、初出2017年）、233頁以下、240頁以下（以上、初出2020年）。

財政上の制約を理由として、短い勤務時間を設定している職は見られな」いとしている。しかしながら、夏季休暇期に勤務を要しない職であること、終了時に実施される常勤職員の確認・点呼を要する時間を設ける必要のある職であること等が理由とされたケースは別として、「業務内容に応じて勤務時間を積み上げた結果によるもの」等を理由とする任用事例については、その内実が精査されることを期待したい。さらに、令和2年度調査結果においては、「報酬水準が制度導入前と比べて減額となった職種がある団体の中に、制度の趣旨に沿わない理由により減額している例が見られた」ことが明確に指摘されている。このような任用事例についても、是正の措置が積極的にとられることが求められているといえよう。

　この点に関し、公務員部は、令和2年度調査結果の公表のタイミングに合わせて、「会計年度任用職員制度の適正な運用等について（通知）」と題する公務員部長名の通知（以下、「運用通知」という）を併せて発出している[17]。地方行政にあっては、公務員の任用は自治事務であり、法制度に関して発する公務員部の通知は技術的な助言である。そして、地方公共団体の財政状況、職員団体等と地方公共団体との人事労務関係も一律でない。しかしながら、平成29年改正法の趣旨に明確に反する運用事例については、地方自治法に基づく関与の手段（同法245条以下）等を尽くして、粘り強くかつ厳正に是正されていくことが求められるものと考える。

　筆者は、以前に、任期付職員法に基づく任用や会計年度任用職員の任用が定着し、任用根拠や処遇のルールを曖昧にした臨時・非常勤職員の任用例が各団体に見られない状況に至った時点においては、会計年度任用職員制度のフルタイムとパートタイムとの画一的な区別を柔軟化し、当該職員の能力経験と職の性格に応じて各種手当等を含めて支給できる制度とすることも視野に入れるべきである、との見解を示したことがあった[18]。このような取組みを行うことのできる環境を早い時期に整えるためにも、前記通知が各団体において厳正に実施され、さらに、平成29年改正法の趣旨が徹底されることを望みたい。

【追記】　(1)　令和4年度及び令和5年度の調査結果　　本章の刊行後、令和4

---

17)　総行公第196号令和2年12月21日（都道府県知事、指定都市市長、人事委員会委員長宛て）。
18)　高橋滋・前掲注(7) 9頁（本書第5編第2部第1章384頁）。

(2022)年4月1日及び令和5(2023)年4月1日の時点における会計年度任用職制度の施行状況等に関し、総務省自治行政局公務員部は、「令和4年度会計年度任用職員制度の施行状況等に関する調査結果（概要）」「令和5年度会計年度任用職員制度の施行状況等に関する調査結果（施行状況等）」として公表している。

　そのポイントは、以下の通りである。①再度任用時における不適切な空白期間を設ける例があった点に関しては、会計年度任用職員に移行したすべての職について、設定された団体は確認されなかった（一部事務組合等を含む。以下、同じ。なお、令和2年度調査は「最も代表的な職種」を対象としたものであった）。

　②1週間当たりの勤務時間が37時間30分以上の職を任用している団体については、令和4年度は1161団体・任用件数56573件、令和5年度1220団体・任用件数58154件であり、令和2年度調査の1144団体、66429件と比較して、団体数は増加、件数は減少の傾向を示した。なお、該当する職員について勤務時間の見直しが令和3年度において実施されなかった職のなかで令和4年度に任用された件数は令和4年度において8598あり、そのなかで令和5年度にあっても見直しのなかった職は822あったとされている。このことに関しては、新型コロナ感染症の対応等、一時的・突発的な業務量の増加が見直しのなかった理由であるとした団体が多かったとされている。

　③(a)会計年度任用職員の給与決定に関しては、全ての部門・職種において常勤職員の給料表を基礎とした給料（報酬）決定を行っている団体は令和4年度にあっては全体の91.9％、職種独自の事情によって一部の部門・職種で基礎としていない団体が全体の4.6％であり、令和5年度にあっては90.7％と5.4％であった。また、(b)すべての部門・職種について、初回任用時の給料（報酬）決定に際し、職務遂行上必要となる知識、技術及び職務経験等の要素を考慮している団体は令和4年度にあっては全体の76.2％、令和5年度にあっては全体の75.6％であった。さらに、(c)全ての部門・職種につき、再度の任用に際し、経験年数等の要素を踏まえた給料（報酬）決定を行っている団体は令和4年度にあっては全体の89.1％、令和5年度にあっては全体の88.8％であった。

　④令和4年度調査においても、前回調査と同様、期末手当を支給しない団体が一部存在している状況にあった。すなわち、代表的な職種を対象とした令和2年度調査にあっては、支給しないとした団体が9団体・0.3％であった。これに対し、すべての職を対象とした令和4年度調査にあっては、すべての部門・職種で支給する団体が2923団体・99.5％、支給しない部門・職種のある団体が14団体・0.5％であり、令和5年度にあっては、2895団体・99.6％、12団体・0.4％であった。

　⑤令和5年度の調査結果の紹介においては、公募の実施についても取り上げられているが、いずれかの部門・職種において公募の実施に関する基準があるかを問うもの

であり、公募の本格的な実施に関しては遅れている状況にあることが伺われる。

(2) 勤勉手当の支給を含む制度の適正実施　また、令和4 (2022) 年の地方分権改革提案において、会計年度任用職員に対して勤勉手当を支給することを可能とすることが提案され、地方分権改革有識者会議・同提案募集検討部会及び内閣府地方分権改革推進室と総務省自治行政局公務員部との折衝が行われた。その結果、総務省自治行政局公務員部は会計年度任用職員にも勤勉手当を支給可能とすることとし、パートタイム職員の支給対象に勤勉手当を明文で追加する地方自治法の改正案が第211回国会（常会）に提案され（閣法39号）、可決され成立した（令和5年法19号）。

具体的には、地方公務員法22条の2第1項第1号に掲げる会計年度任用職員（一会計年度を超えない範囲内で置かれる非常勤の職〔同法28条の5第1項に規定する短時間勤務の職を除く〕を占める職員であって、その一週間当たりの通常の勤務時間が常時勤務を要する職を占める職員の一週間当たりの通常の勤務時間に比し短い時間であるもの）に対して、勤勉手当を支給することができるものとされた（203条の2第4項の改正。支給できる手当に期末手当に加えて勤勉手当を追加）。

ちなみに、フルタイムの会計年度任用職員に関しては、改正前においては勤勉手当の支給につき制度上は可能であったものの、公務員部の通知においては検討課題とされていた（本章第2節(1)注(12)及び本文該当箇所を参照）。そこで、公務員部は、総務大臣名義の改正法施行通知においてフルタイムの会計年度職員に対して勤勉手当を支給可能なことを示し（「地方自治法の一部を改正する法律の公布及び施行について（通知）」〔総行行191号・総行給23号〕）、さらに、公務員部長名義の通知（「地方自治法の一部を改正する法律（会計年度任用職員に対する勤勉手当の支給関係）の運用について（通知）」〔令和5年総行給29号・総行女12号〕）において、フルタイムの会計年度任用職員については勤勉手当を適切に支給すべきこと、パートタイムの会計年度任用職員については対象となる職員に適切に支給されるべきことを明確にしている。

さらに、この点を含めて、令和5 (2023) 年末に、公務員部は、「会計年度任用職員制度の適正な運用等について（通知）」（令和5年総行公141号・総行給78号）を発出した。具体的には、①空白期間を設けないこと（再確認）、②職務の内容や責任、必要となる知識・技術・経験等を踏まえ、地域の民間における同一又は類似の職種の給与水準（最低賃金を含む）を踏まえて、適切に給与決定すべきこと、また、令和6年度から対象となる職員に期末手当を適切に支給すべきこと、③適切な勤務時間を設定すべきこと、④再任用については、平等取扱いの原則及び成績主義を踏まえ、地域の実情に応じつつ、適切に対応されたいこと、を地方公共団体に対し助言する内容となっている。

事項・判例索引

あ行

ILO の結社の自由委員会 …………… 289
あっせん，調停，仲裁の仕組み………… 318
安倍晋三内閣（第2次）…… 23, 32, 45, 61, 223
異議申立て，再審査請求の廃止 ………… 134
異議申立ての状況［英］ ………………… 249
イギリス公務員制度 …………………… 227
意見公募手続 …………………………… 108
一括交付金 …………………………… 32, 37
一般法主義の原則 ……………………… 8
写しの交付 ……………………………… 97
運用マニュアルの徹底 ………………… 161
NPM（New Public Management）
 …………………………… 251, 261, 356

か行

階級制 …………………………………… 183
会計年度任用職員
 ……… 379, 381, 382, 383, 386, 389, 390, 392
各主体の体制の整備 …………………… 160
仮説的補償原理 ………………………… 262
簡素かつ安上がりな公務 ……………… 257
官民人材交流センター ………………… 218
関与の手続 ……………………………… 9
関与のルール …………………………… 8
議会文書等，公安委員会・警察関係文書 …… 125
機関委任事務 ………………………… 6, 21
基準の策定手続 ………………………… 95
規範違反に係る申告の制度［英］ ……… 232
期末手当 …………………… 380, 390, 391, 392
義務付け裁決の創設 …………………… 136
義務付け・枠付けの廃止・縮減 …… 37, 52, 59
　――第1次見直し ……………… 40, 44, 52
　――第2次見直し ………………… 42, 44
　――第3次見直し ……………… 44, 45, 53
　――第4次見直し …………………… 45, 53
義務付け・枠付けの見直し ………… 34～
義務的法定事項 ………………………… 300

行政改革会議 …………………………… 206
行政改革会議最終報告 ………………… 207
行政指導
　――の継続規定 ……………………… 104
　――の中止等の求め ………………… 138
　――への不協力と公表 ……………… 103
行政手続条例 ……………………… 88～
行政手続法
　――2条7号 ………………………… 105
　――7条 ……………………………… 104
　――10条 ………………………………… 99
　――11条 ………………………………… 91
　――27条 ……………………………… 106
　――32条 ……………………………… 103
　――33条 ………………………… 90, 104
　――34条 ………………………………… 90
　――37条 ……………………………… 105
　――74条調査 ………………………… 145
　――の改正 …………………………… 142
行政不服審査会等の設置 ……………… 140
行政不服審査会等の創設 ……………… 137
行政不服審査制度研究会 ……………… 133
行政不服審査制度検討会 ……………… 133
行政不服審査制度の見直しに向けた論点整理に
 関する調査研究 ……………………… 148
行政不服審査法
　――の5年後見直し …………… 147, 148
行政不服審査法事務取扱ガイドライン …… 168
行政不服審査法の改革に向けた検討会 …… 148
行政不服審査法の改革に向けた検討会最終報告
 →検討会報告書
拒否処分の前段階としての意見聴取 ……… 98
緊急事態の特別措置 …………………… 181
勤勉手当 ………………………………… 395
勤務条件
　――の法定 ………………… 297, 299, 303
　――を規定する基準 ………………… 306
勤務条件決定の政治過程 ……………… 307
勤務条件法定主義 ………… 294, 295, 296, 348

397

苦情 ……………………………………… 109
苦情処理の手続 ……………………… 106
国・地方関係の再定義 …………… 76, 80〜
国地方係争処理委員会 ……………… 10〜
国地方係争処理制度 …………………… 73
国・地方の公務員数 ………………… 264
国直轄事業 …………………………… 25〜
国の公物管理 …………………………… 16
国の出先機関の廃止・縮減
　　……………………… 31〜, 35〜, 37, 73
計画策定の義務付け等 ………… 80〜, 83〜
経験者採用試験 ……………………… 270
警察法
　　──旧警察法 ……………………… 172〜
　　──旧警察法下の改正 ……………… 175
　　──旧警察法との相違点 …………… 176
　　──新警察法の制定 ………………… 175
　　──に見る国と地方の役割分担 …… 177
形式的に不備な申請の補正指導 ……… 99
研修制度［英］ ……………………… 242
憲政改正・ガバナンス法［英］ …… 245
検討委員会（平成23年法案） ……… 304
検討委員会報告書（自律的労使関係制度の措置
　　に向けて） ………………… 290, 305
検討会報告書（行政不服審査法の改善に向けた
　　検討会最終報告） ………… 148, 156
公共企業体等労働関係法 ……… 293, 301, 319
公共政策系大学院 ……………… 259, 263, 268
交渉事項，協約締結事項，協約の性格 …… 311
公制調答申 ……………… 207〜, 328, 340, 347
公聴会 …………………………………… 108
　　──の開催 ……………………………… 99
公文書
　　──の作成，管理，保管 …………… 116
　　──の作成，管理，保存 …………… 125
　　──の廃棄，移管，保存 …………… 118
公文書館化 …………………………… 115
公文書管理の在り方等に関する有識者会議
　　………………………………………… 111
公法学からの視点 …………………… 324
公務員
　　──の選定・罷免権 ………………… 297
　　──の労働基本権と憲法 …………… 292
公務員［英］ ………………………… 227

公務員管理規範［英］ …… 227, 234, 238, 246
公務員規範［英］ ……………… 227, 246
公務員試験改革 ……………………… 260
公務員制度改革
　　──の経緯 …………………………… 252
　　──の流れ …………………………… 263
公務員制度改革大綱 …………… 354, 366
公務員制度改革の基本方向に関する答申
　　→公制調答申
公務員制度調査会 ……… 206, 328, 345, 354
公務員大学校［英］ …………… 242〜, 249
公務員庁設置法案 ……………… 282, 286
公務員（管理権限）法［英］ ……… 246
　　──の制定［英］ …………………… 245
公務における法書 …………………… 259
公務労働の民間化・多様化 ………… 256
高齢化への対応 ……………………… 211
国民全体の共同利益 ………………… 302
国家公務員制度改革基本法 …… 222, 272, 285
国家公務員制度と地方公務員制度 …… 330
　　──の相違点 ……………………… 331
　　──の同質性 ……………………… 330
国家公務員の労働関係に関する法律案
　　→国公労働関係法案
国家公務員の労働基本権
　　──制度骨格に係る論点 …………… 277
　　──制度骨格に係る論点等に関する選択肢の
　　　整理 ……………………………… 278
　　──制度骨格に係る論点について …… 274
国家公務員の労働基本権（争議権）に関する懇
　　談会 …………………………………… 290
国家公務員法
　　──平成26年改正法 …………… 287, 288
国家公務員法改正法案（国家公務員法等の一部
　　を改正する法律案） ……… 286, 300, 316
国家公務員法等の一部を改正する法律等の施行
　　に伴う関係法律の整備等に関する法律案
　　→国公法改正関連整備法案
国家戦略スタッフ ……………… 222, 285, 287
　　──の創設 ………………………… 357
国公法改正関連整備法案 ……… 282, 286, 316
国公法改正法案　→国家公務員法改正法案
国公労働関係法案
　　……… 282, 286, 310, 312, 314, 315, 318, 320

さ行

財政民主主義……………………301, 302, 303
裁定的関与……………………………………8
　──の存置…………………………………135
サイバー警察局……………………………187
サイバー特別捜査隊………………………188
財務省［英］………………………………235
採用試験…………………………334, 350
　──の変遷…………………………………269
採用試験制度改革…………………334, 359
サービス・ファーストプログラム［英］……230
参酌すべき基準……………………………41
三位一体の改革……………………………35, 73
施行時特例市…………………………………22
施行状況の総合的評価……………………166
事後救済制度調査研究委員会……………133
市場を通じた抑制力の不在………………302
従うべき基準…………………41, 70～, 77, 78
自治事務…………………………………6, 8, 21
自治体経営……………………………………20
自治紛争処理委員…………………189, 192
　──によるあっ旋と調停………………192
　──の職務……………………………191～
　──の任命・任期………………………193
市町村合併の推進…………………………22, 55
事務委譲………………………………………18
事務権限の委譲……………………13, 59, 73
事務処理基準…………………………………9
諮問機関の設置……………………………130
社会的選択論………………………………262
上級公務員［英］…………………234～, 236, 237
情報共有及び連携の推進…………………162
情報公開・個人情報保護…………………128
条例・規則による制度化………………122, 126
条例による法令の上書き………………45～
職階制………………………………………342
処分等の求め………………………………139
自律的労使関係制度の措置に向けて
　→検討委員会報告書
自律領域の拡張を理由づける要素………304
審査請求人の手続的権利…………………138
人事委員会［英］……………236, 247, 248
人事官［英］………………………………231

人事官任用規範［英］……………236, 239
人事評価……………………………………215
人事評価制度……………………………265, 351
　──の整備………………………………210
申請内容を制限する許認可等と理由の提示…99
審理員
　──の権限………………………………138
　──の設置……………………………136, 139
審理手続の担い手の確保・育成…………161
スタッフ職………………210, 215, 221, 340, 364
政官関係のルール化……………………359, 361
政策スタッフ職……………………………216
成績主義……………………………………337
政府の現代化［英］……………………230, 243
「政府の失敗」と「市場の失敗」…………255
政務スタッフ……………………222, 285, 287
セン，アマルティア………………………262
全体の奉仕者性……………………………297
全逓名古屋中郵事件上告審判決
　……………………………293, 295, 296, 302
全農林警職法事件上告審判決
　……………………………295, 296, 301, 302
総括と展望（地方分権改革有識者会議）……61
「総合行政主体」論…………………………57
組織・定員についての政令基準…………180
空飛ぶ補助金…………………………………72

た行

第1次地方分権改革……2, 18, 21, 22, 24, 35, 38, 48
大綱…………………………………………359
第5次勧告……………………………16, 28, 31
大臣スタッフ………………………………357
体制整備の課題……………………………163
第2次地方分権改革………………………34, 52
　──地方創生と地方分権改革……………70
　──地方分権改革の意義…………………70
第2次地方分権改革後の動き………………47
第2次見直し…………………………………52
男女共同参画の推進………………………212
地域主権………………………………………36
地域主権戦略会議……………………………36, 44
地域主権戦略大綱………………………43～
地公調答申（地方公務員制度調査研究会答申）
　……………………………………………329

地公労働関係法案（地方公務員の労働関係に関する法律案）……………………282
地方警務官制度……………………180, 183
地方公共団体情報システムの標準化……82
地方公共団体の当局……………………283
地方公務員……………………………282
　──に独自の事項……………………280
地方公務員制度調査研究会…206, 329, 354, 371
地方公務員制度調査研究会答申　→地公調答申
地方公務員制度と国家公務員制度
　→国家公務員制度と地方公務員制度
地方公務員の会計年度任用職員等の臨時・非常勤職員に関する調査（令和2年度調査）388
地方公務員の労働関係に関する法律案
　→地公労働関係法案
地方公務員法
　──55条1項……………………………345
地方公務員法及び地方公共団体の一般職の任期付職員の採用に関する法律の一部を改正する法律案……………………373, 375
地方公務員法及び地方自治法の一部を改正する法律……………………………377
地方公務員法改正案……………………367, 368
地方債の起債許可（同意付きの協議）………11
地方創生と地方分権改革…………………68
地方版ハローワークの創設…………24, 63〜
地方分権改革
　→第1次地方分権改革，第2次地方分権改革
地方分権改革推進委員会…23, 24, 31, 35, 36, 38
地方分権改革推進会議……………23, 31, 170
地方分権改革推進会議報告………………170
地方分権改革有識者会議…………24, 32, 61, 76
　──今後の地方分権改革の方向性………78
地方分権推進委員会………………4〜, 27, 28
地方分権の今後……………………………72
地方分権有識者会議………………………84
中央省庁等改革基本法…………………27〜, 29
中央人事行政機関…………………321, 347, 356
調停制度の特長……………………………199
調停の手続…………………………………194
聴聞手続に関する特則……………………101
直轄公共事業………………………………16
直轄事業……………………………29〜, 31, 33
提案募集検討専門部会……………………65〜

提案募集方式……………61, 68, 71, 72, 76, 78, 79
デジタル化……………………………79, 80, 81
東京湾の中央防波堤地の帰属……………201
「当局」の概念……………………………320
統合補助金………………………28, 29, 30, 31
答申における付言の活用…………………162
到達主義………………………………………9
透明性の要請と公務労働の特質…………305
特定の経費についての国庫支弁及び国庫補助
　………………………………………………181
特例市………………………………………22
都道府県警察
　──相互の連携等……………………182
　──に対する指揮監督…………………180
届出に関連する規定………………………105
努力義務規定の義務規定化………………96

な行

内閣官房・内閣府見直し法………………186
内閣人事局……………………………288
内閣府〔英〕……………………………233, 247
Ⅱ種・Ⅲ種等採用職員の登用…………223, 341
2040年問題……………………………81
日本国憲法
　──15条………………293, 294, 297, 300, 347
　──15条1項……………………………298
　──27条2項……………………………331
　──73条4号………………293, 294, 296, 298
　──83条…………………………293, 301
任期付職員……………335, 370, 373, 376, 383
任用原則〔英〕…………………………236, 248
任用実績〔英〕……………………………248
農地転用許可権限の委譲（移譲）…23, 24, 63〜
能力主義・実績主義…………208, 214, 343, 357

は行

パターン………………………………279
非常勤職員
　…………370, 378, 379, 381, 384, 386, 388, 392
必置規制………………………………12, 22
評価…………………………………………338
標準……………………………………………41
標準処理期間徒過に際する説明………98
費用弁償……………………………………392

ファースト・ストリーム［英］………… 234
付言の在り方………………………………… 164
不当性審査…………………………………… 164
不服申立期間………………………………… 137
不服申立ての対象…………………………… 134
ブレア政権［英］……………… 226,230,244
分権型社会における地方公務員の任用制度のあり方等に関する検討会……………… 371
平成 22 年第 2 号事件……………………… 195
平成 23 年法案
　…………………… 286,291,304,308,316,317,324
平成 26 年法改正の評価等を踏まえた総括
　………………………………………………… 160
平成 29 年改正法………… 378,379,380,386,392
弁明手続に関する上乗せ規定……………… 100
保育所の基準…………………………… 22,59,60
法科大学院…………………………………… 268
報告書…………………………………… 272,281
報酬…………………………………………… 392
　―― ・費用弁償……………………… 379,390
法曹有資格者の登用………………………… 266
法定事項の範囲……………………………… 316
法定主義の原則………………………………… 8
法定受託事務……………………………… 6〜,8,21
法務区分…………………………………… 267,269,270
保健所長の医師資格………………………… 50
補助事業…………………………………… 25〜,29,33

ま行

民主党政権………… 23,32,34〜,37〜,40,52,144,
　222,271,282,284,286,325

や行

役割分担原則…………………………………… 4〜

ら行

立法裁量権を行使する際の考慮要素……… 303
臨時職員………… 370,376,378,379,382,383,386,
　388,392

ルール………………………………………… 361
令和 2 年度調査（地方公務員の会計年度任用職員等の臨時・非常勤職員に関する調査）
　………………………………………………… 388
令和 2 年度調査結果………………………… 391
令和 4 年度調査結果（会計年度任用職制度の施行状況等）……………………………… 393
令和 5 年度調査結果（会計年度任用職制度の施行状況等）……………………………… 393
歴史的公文書の保存と利用………………… 120
歴史的公文書の保存，利用，移管・廃棄… 124
労使関係制度検討委員会…………………… 272
労使関係制度検討委員会ワーキンググループ
　………………… 273〜,275,278,280,307,324
労働基本権の付与……………………… 271,344
労働組合とその認証………………………… 308
65 歳定年への移行………………………… 218
論点整理……………………………………… 148
論点整理報告書………………………… 148,150

判例

最大判昭和 48 年 4 月 25 日刑集 27 巻 4 号 547
　頁…………………………………… 294,295
最大判昭和 52 年 5 月 4 日刑集 31 巻 3 号 182 頁
　………………………………………………… 293
和歌山地判平成 7 年 3 月 1 日行集 46 巻 2 = 3
　号 166 頁…………………………………… 197
大阪高判平成 8 年 11 月 26 日行集 47 巻 11 =
　12 号 1155 頁……………………………… 197
最判平成 10 年 4 月 24 日集民 188 号 275 頁
　………………………………………………… 367
最判平成 10 年 11 月 10 日判自 185 号 18 頁
　………………………………………………… 197
最判平成 13 年 12 月 18 日民集 55 巻 7 号 1603
　頁……………………………………………… 129
東京地判令和元年 9 月 20 日判時 2442 号 38 頁
　………………………………………… 201,202
最判令和 3 年 1 月 22 日判自 472 号 11 頁…… 160

【著者紹介】

高橋　滋（たかはし・しげる）
1956年3月　東京に生まれる。
1981年3月　東京大学法学部卒業
1986年3月　一橋大学大学院法学研究科博士後期課程満期退学
　　　　　徳島大学勤務、一橋大学法学部教授・同大学院法学研究科教授等を経て、
現　　在　法政大学法学部教授、一橋大学博士（法学）、一橋大学名誉教授

【著　書】

単著　『現代型訴訟と行政裁量』（弘文堂・1990）、『行政手続法』（ぎょうせい・1996）、『先端技術の行政法理』（岩波書店・1998）、『法曹実務のための行政法入門』（判例時報社・2021）、『科学技術と行政法学』（有斐閣・2021）、『環境政策と行政法学』（日本評論社・2022）、『行政法〔第3版〕』（弘文堂・2023）、『争訟制度と行政法学』（第一法規・2024）

共著　『詳解・改正行政事件訴訟法』（共編著、第一法規・2004）、『行政法事例演習教材〔第2版〕』（共著、有斐閣・2012）

主たる編著書　『行政法と法の支配　南博方先生古稀記念』（共編、有斐閣・1999）、『条解行政不服審査法〔第2版〕』（共編、弘文堂・2020）、『条解行政事件訴訟法〔第5版〕』（共編、弘文堂・2023）、『条解行政情報関連三法〔第2版〕』（共編、弘文堂・2023）

分権・公務改革と行政法学

2024（令和6）年11月15日　初版1刷発行

著　者　高橋　滋
発行者　鯉渕友南
発行所　株式会社　弘文堂　　101-0062　東京都千代田区神田駿河台1の7
　　　　　　　　　　　　　　TEL 03(3294)4801　振替 00120-6-53909
　　　　　　　　　　　　　　https://www.koubundou.co.jp

装　幀　大森裕二
印　刷　三陽社
製　本　牧製本印刷

Ⓒ 2024 Shigeru Takahashi. Printed in Japan

JCOPY 〈(社)出版者著作権管理機構　委託出版物〉
本書の無断複写は著作権法上での例外を除き禁じられています。複写される場合は、そのつど事前に、(社)出版者著作権管理機構（電話 03-5244-5088、FAX 03-5244-5089、e-mail: info@jcopy.or.jp）の許諾を得てください。
また本書を代行業者等の第三者に依頼してスキャンやデジタル化することは、たとえ個人や家庭内での利用であっても一切認められておりません。

ISBN 978-4-335-35999-6

―――――― 条解シリーズ ――――――

条解民事訴訟法〔第2版〕　兼子一=原著　松浦馨・新堂幸司・竹下守夫・
　　　　　　　　　　　　　高橋宏志・加藤新太郎・上原敏夫・高田裕成

条解民事執行法〔第2版〕　伊藤眞・園尾隆司=編集代表
　　　　　　　　　　　　　林道晴・山本和彦・古賀政治=編

条解破産法〔第3版〕　伊藤眞・岡正晶・田原睦夫・中井康之・
　　　　　　　　　　　林道晴・松下淳一・森宏司=著

条解民事再生法〔第3版〕　園尾隆司・小林秀之=編

条解弁護士法〔第5版〕　日本弁護士連合会調査室=編著

条解刑事訴訟法〔第5版増補版〕　松尾浩也=監修
　　　　　　　　　　　　　　　　松本時夫・土本武司=編集顧問
　　　　　　　　　　　　　　　　池田修・河村博・酒巻匡=編集代表

条解刑法〔第4版補訂版〕　前田雅英=編集代表　松本時夫・池田修・
　　　　　　　　　　　　　渡邉一弘・河村博・秋吉淳一郎・伊藤雅人・
　　　　　　　　　　　　　田野尻猛=編

条解行政手続法〔第2版〕　髙木光・常岡孝好・須田守=著

条解行政事件訴訟法〔第5版〕　南博方=原編著
　　　　　　　　　　　　　　　高橋滋・市村陽典・山本隆司=編

条解行政不服審査法〔第2版〕　小早川光郎・高橋滋=編著

条解国家賠償法　宇賀克也・小幡純子=編著

条解行政情報関連三法〔第2版〕　高橋滋・斎藤誠・上村進=編著
　公文書管理法・行政機関情報公開法・
　個人情報保護法

条解信託法　道垣内弘人=編

条解不動産登記法　七戸克彦=監修
　　　　　　　　　　日本司法書士会連合会・
　　　　　　　　　　日本土地家屋調査士会連合会=編

条解消費者三法〔第2版〕　後藤巻則・齋藤雅弘・池本誠司=著
　消費者契約法・特定商取引法・
　割賦販売法

条解独占禁止法〔第2版〕　村上政博=編集代表　石田英遠・川合弘造・
　　　　　　　　　　　　　渡邉惠理子・伊藤憲二=編

条解著作権法　小泉直樹・茶園成樹・蘆立順美・井関涼子・
　　　　　　　　上野達弘・愛知靖之・奥邨弘司・小島立・
　　　　　　　　宮脇正晴・横山久芳=著

―――――― 弘　文　堂 ――――――

オンブズマン法〔新版〕《行政法研究双書1》	園部逸夫／枝根　茂
土地政策と法《行政法研究双書2》	成田頼明
現代型訴訟と行政裁量《行政法研究双書3》	高橋　滋
行政判例の役割《行政法研究双書4》	原田尚彦
行政争訟と行政法学〔増補版〕《行政法研究双書5》	宮崎良夫
環境管理の制度と実態《行政法研究双書6》	北村喜宣
現代行政の行為形式論《行政法研究双書7》	大橋洋一
行政組織の法理論《行政法研究双書8》	稲葉　馨
技術基準と行政手続《行政法研究双書9》	髙木　光
行政とマルチメディアの法理論《行政法研究双書10》	多賀谷一照
政策法学の基本指針《行政法研究双書11》	阿部泰隆
情報公開法制《行政法研究双書12》	藤原静雄
行政手続・情報公開《行政法研究双書13》	宇賀克也
対話型行政法学の創造《行政法研究双書14》	大橋洋一
日本銀行の法的性格《行政法研究双書15》	塩野　宏監修
行政訴訟改革《行政法研究双書16》	橋本博之
公益と行政裁量《行政法研究双書17》	亘理　格
行政訴訟要件論《行政法研究双書18》	阿部泰隆
分権改革と条例《行政法研究双書19》	北村喜宣
行政紛争解決の現代的構造《行政法研究双書20》	大橋真由美
職権訴訟参加の法理《行政法研究双書21》	新山一雄
パブリック・コメントと参加権《行政法研究双書22》	常岡孝好
行政法学と公権力の観念《行政法研究双書23》	岡田雅夫
アメリカ行政訴訟の対象《行政法研究双書24》	越智敏裕
行政判例と仕組み解釈《行政法研究双書25》	橋本博之
違法是正と判決効《行政法研究双書26》	興津征雄
学問・試験と行政法学《行政法研究双書27》	徳本広孝
国の不法行為責任と公権力の概念史《行政法研究双書28》	岡田正則
保障行政の法理論《行政法研究双書29》	板垣勝彦
公共制度設計の基礎理論《行政法研究双書30》	原田大樹
国家賠償責任の再構成《行政法研究双書31》	小幡純子
義務付け訴訟の機能《行政法研究双書32》	横田明美
公務員制度の法理論《行政法研究双書33》	下井康史
行政上の処罰概念と法治国家《行政法研究双書34》	田中良弘
行政上の主体と行政法《行政法研究双書35》	北島周作
法治国原理と公法学の課題《行政法研究双書36》	仲野武志
法治行政論《行政法研究双書37》	髙木　光
行政調査の法的統制《行政法研究双書38》	曽和俊文
行政訴訟の解釈理論《行政法研究双書39》	村上裕章
公共紛争解決の基礎理論《行政法研究双書40》	原田大樹
行政法の時に関する効力《行政法研究双書41》	齋藤健一郎